A ciência da linguagem

Noam Chomsky

A ciência da linguagem
Conversas com James McGilvray

Tradução
Gabriel de Ávila Othero
Luisandro Mendes Souza
Sérgio de Moura Menuzzi

Título original: *The Science of Laguage. Interviews with James McGilvray*

Fundação Editora da UNESP (FEU)
Praça da Sé, 108
01001-900 – São Paulo – SP
Tel.: (0xx11) 3242-7171
Fax: (0xx11) 3242-7172
www.editoraunesp.com.br
www.livrariaunesp.com.br
feu@editora.unesp.br

CIP-Brasil. Catalogação na publicação
Sindicato Nacional dos Editores de Livros, RJ

C474c

Chomsky, Noam
A ciência da linguagem: conversas com James McGilvray / Noam Chomsky; tradução Gabriel de Ávila Othero, Luisandro Mendes Souza, Sérgio de Moura Menuzzi. – 1.ed. – São Paulo: Editora Unesp, 2014.

Tradução de: *The science of language. Interviews with James McGilvray*
ISBN 978-85-393-0507-0

1. Linguagem e línguas – Filosofia. 2. Teoria do conhecimento. I. Título.

14-09274 CDD: 401
CDU: 81:1

Editora afiliada:

Asociación de Editoriales Universitarias de América Latina y el Caribe

Associação Brasileira de Editoras Universitárias

Sumário

Nota dos tradutores

Como o leitor perceberá, James McGilvray, ao editar o texto, tentou manter o tom informal que caracterizou suas entrevistas com Chomsky – inclusive nos trechos que não são propriamente "transcrições de entrevistas", como os apêndices. Essa natureza "falada" do texto frequentemente resultou em omissões, uso ambíguo de pronomes, redundâncias etc. Assim, a tradução do texto envolveu alguma tensão entre dois princípios, o da fidelidade ao texto original e o da obtenção de um texto tão claro quanto necessário à compreensão do leitor. As intervenções de McGilvray serão marcadas com colchetes angulares ("<" e ">"), enquanto as intervenções dos tradutores e dos editores brasileiros são sempre assinaladas pelo uso dos colchetes tradicionais ('[" e "]").

Introdução

Ao mesmo tempo que este livro interessa ao especialista, ele também pretende alcançar um público mais geral. O título, *A ciência da linguagem*, pode parecer assustador, mas as contribuições do professor Noam Chomsky à entrevista podem ser compreendidas por todos. Mesmo assim, se os leitores desejarem algum auxílio ou informação adicional para entender por que Chomsky adota um ponto de vista não usual, eu forneço amplas explicações. Contudo, alguns podem ainda perguntar por que deveriam se interessar pela ciência da linguagem, de maneira geral, ou pela visão de Chomsky sobre a linguagem, de maneira particular.

Uma série recente da PBS (janeiro de 2010), *The Human Spark* [A faísca humana], estrelada por Alan Alda, questionou o que torna os seres humanos contemporâneos únicos. Afinal de contas, os hominídeos existem há centenas de milhares de anos, mas foi apenas recentemente, em termos evolutivos (uma estimativa razoável diria que algo em torno de 50 mil e 100 mil anos atrás), que os humanos começaram a mostrar poderes cognitivos notáveis, que nos distinguem claramente dos chimpanzés e dos demais primatas superiores. Formamos comunidades que vão além da noção de família e não envolvem contato direto com outros; temos ciência e matemática e buscamos explicações derradeiras, às vezes na forma de religiões; pensamos sobre coisas temporal e espacialmente distantes e produzimos e apreciamos ficção e fantasia; organizamos e planejamos o futuro de uma maneira que vai muito além do que as outras criaturas o fazem; especulamos; desenhamos e empregamos outras formas artísticas; produzimos e apreciamos música; vemos conexões entre eventos distantes e buscamos explicações que se mostram confiáveis e geram boas políticas; e assim por diante. A conclusão a que a série da PBS chegou foi que a introdução da linguagem deve certamente estar entre os mais importantes fatores que explicam como essas capacidades notáveis chegaram a nós.

Essa conclusão faz sentido de diversas maneiras. Não se pode especular e pensar sobre alguma matéria distante e próxima a menos que você possua algum jeito de construir um número ilimitado de pensamentos complexos passíveis de separar das circunstâncias correntes e estender sobre tempos e circunstâncias arbitrárias. A linguagem fornece essa capacidade. Não se pode organizar e construir projetos envolvendo cooperações entre indivíduos a menos que você tenha uma maneira de planejar o futuro, cotejando possibilidades e atribuindo papéis específicos; a linguagem fornece isso. Não se pode fazer ciência sem buscar explicações básicas e conceitos matemáticos e maneiras exatas de quantificação; há uma boa razão para pensarmos que a linguagem oferece ao menos a capacidade para contar e medir coisas. E por aí afora. A música pode ser independente da linguagem; isso ainda não está claro. Contudo é óbvio que nem a música nem outras formas de arte podem oferecer todos os benefícios cognitivos que a linguagem pode; nem tornar todos esses benefícios disponíveis aos humanos que desenvolveram a linguagem. A linguagem é o meio expressivo – e criativo – primordial.

Então, uma razão para que alguém se interesse pela ciência da linguagem é porque ela nos mostra o que as línguas naturais são, o que nos dá – e a nenhuma outra criatura – a linguagem e o que explica a introdução da linguagem e os primórdios de nossas capacidades cognitivas notáveis.

É particularmente importante compreender a visão de Chomsky sobre esses assuntos, não apenas porque ele praticamente criou sozinho a ciência moderna da linguagem e, desde então, tem influenciado o trabalho de muitas pessoas que fizeram avançar essa ciência, mas também por aquilo que ele e seus colegas descobriram sobre a linguagem – particularmente nos últimos anos – e pelas implicações dessas descobertas sobre tópicos de interesse mais amplo, que Chomsky adota em seu famoso trabalho político e em seus menos conhecidos, mas importantes, trabalhos filosóficos. Para Chomsky, a ciência da linguagem é uma ciência natural objetiva que trata a linguagem como um sistema de base biológica que evoluiu a partir de um único indivíduo e foi geneticamente transmitido a sua prole. A evolução do tipo que ele descreve – muito diferente das histórias gradualistas comuns sobre a evolução dos sistemas complexos – explica satisfatoriamente como a linguagem surgiu. Existem implicações importantes sobre o fato de que a linguagem é um "objeto natural" e que surgiu pelos meios do tipo de evolução que Chomsky descreve.

Uma implicação da ideia de que a introdução evolucionária da linguagem pode ter nos tornado a espécie única que somos é que ela explica, talvez por si mesma, o que é humano sobre a natureza humana. Se for assim, existe uma causa naturalística – não religiosa, tampouco meramente especulativa – daquilo que nos torna únicos e suas origens. Sendo assim, e supondo que as necessidades fundamentais de uma criatura são baseadas em sua natureza, poderíamos encontrar uma base naturalística para pontos de vista sobre a vida plena desse tipo de criatura. Esse tópico é mencionado até certo ponto na discussão, mas apenas de maneira incipiente – por mais tentador que o prospecto de uma base científica para a vida possa parecer. Chomsky, o cientista, almeja (como qualquer cientista deveria) uma boa teoria da natureza humana antes que possa estar seguro sobre seus comprometimentos. Contudo, tal teoria ainda não existe. Ainda assim, a questão sobre o que é uma vida plena para os seres humanos é suficientemente importante e requer discussão e, ao menos, tentativas de respostas.

O cerne desse volume é a transcrição de quatro sessões de debate/entrevista que eu tive com Noam Chomsky em 2004. Em janeiro de 2009, tive a oportunidade de entrevistá-lo novamente, a respeito da perfeição da faculdade da linguagem – um tema proeminente no programa minimalista chomskyano. Os trechos relevantes da transcrição dessa entrevista de 2009 foram colocadas em lugares apropriados como parte das transcrições das sessões de 2004.

As contribuições do professor Chomsky exigiram pouquíssima edição – em geral, tive de eliminar conversas anteriores e posteriores à entrevista, apagar alguns falsos começos e acrescentar algumas referências. Essas mudanças não estão indicadas no texto. Nos pontos em que as transcrições de seus comentários precisavam de alguma explicação para o público geral, inseri frases e palavras entre parênteses. A transcrição de minhas perguntas para Chomsky e minhas contribuições para a discussão exigiram um pouco mais de edição, e não indiquei no texto essas modificações.

As sessões de entrevista foram informais, mais parecidas com discussões entre amigos que concordam sobre o assunto e que querem explorar as implicações daquilo que se tem chamado de biolinguística do que com uma entrevista formal. Em parte por causa disso, a discussão às vezes pula de um tópico para outro e reintroduz temas em diferentes contextos. Para auxiliar os leitores que não estão familiarizados com os assuntos abordados e que poderiam preferir mais continuidade e organização temática, reestruturei algumas partes da transcrição e introduzi duas seções que organizam a discussão acerca de dois grandes tópicos:

a ciência da linguagem e da mente e o estudo da natureza humana. Dentro de cada um, debatemos vários tópicos de maneira coerente. Cada um deles está organizado em um capítulo com um título específico. Tentei eliminar repetições, mas algumas permanecem. Nos lugares em que elas aparecem, creio que são justificáveis, pois mostram um tema discutido anteriormente em um novo contexto no qual podemos explorar sua relevância dentro de um assunto diferente.

Também tentei fornecer outro tipo de ajuda. Os leitores provavelmente chegarão ao texto com diferentes ideias sobre a linguagem e seu estudo, com diversos níveis de conhecimento em Linguística e em Linguística chomskyana. Em uma tentativa de ajudar aqueles que gostariam de um guia enquanto leem, coloquei no texto principal diversos apontadores como este: <C>. Eles indicam que existem explicações e comentários em uma seção separada do livro e estão indexados pelo número da página ao texto. Contudo, deixei em apêndices específicos os pontos em que os comentários e as explicações são extensivos. Ao longo do livro, tentei fazer comentários e dar explicações tão úteis quanto possível para aqueles que vão ler este material. O professor Chomsky revisou o texto editado e comentado e fez diversas sugestões, que levaram ao aprimoramento do material. Sou muito grato a seus comentários, particularmente àqueles que me fizeram melhorar as explicações e os apêndices. Pelos erros que permanecem, sou completamente responsável.

Também sou grato a muitas pessoas por discussões e trocas de correspondências a respeito de tópicos relacionados a este livro ao longo dos anos. Entre elas, Paul Pietroski, Terje Lohndal, Sue Dwyer, John Mikhail, Georges Rey, Anna Maria diSciullo, Cedrick Boeckx, Rob Stainton, David Barner, Mark Baker, Sam Epstein, Lila Gleitman, Laura Petitto, Wolfram Hinzen, Matthias Mahlmann, Lisa Travis e muitos outros – além de vários estudantes. Devo a eles meu agradecimento.

Agradeço também a Jaqueline French por ter lido e editado cuidadosamente o texto e feito diversas correções; isso foi uma tarefa árdua. Também gostaria de reconhecer a ajuda financeira parcial das bolsas do *Social Sciences and Humanities Research Council of Canada* na preparação deste volume.

Os tópicos que aparecem nas discussões variam grandemente e incluem a natureza humana, a moralidade e a universalidade, a ciência e o senso comum, a natureza da linguagem e seu estudo e a evolução da visão chomskyana sobre esses assuntos. Não obstante, temas concernentes à ciência da linguagem e da mente e suas implicações para teorias da natureza humana e implicações sociais são dominantes. As entrevistas de 2004 aconteceram pouco depois da apresentação de Chomsky na reunião anual da *Linguistic Society of America*, de um artigo que passou a ser conhecido como "Three Factors" (a versão publicada desse artigo aparece na revista *Linguistic Inquiry*; veja Chomsky, 2005a). Alguns segmentos consideráveis da discussão centram-se sobre temas importantes desse texto. Os leitores podem querer ler esse artigo. Eu também sugiro que leiam o texto de Hauser, Fitch e Chomsky sobre a faculdade da linguagem e sua evolução, publicado na revista *Science* em 2002. Alguns podem achar a discussão sobre a teoria da linguagem no artigo da *Linguistic Inquiry* um pouco difícil, mas as primeiras partes do texto são acessíveis ao público geral, desde que lidas com atenção. De qualquer forma, nossas entrevistas se focaram nos assuntos discutidos naquelas partes acessíveis, além de suas fundações e implicações. Nossas discussões evitaram conceitos técnicos, exceto quando são cruciais para esclarecer alguns temas controversos e ainda não usuais da visão chomskyana sobre linguagem e mente e sobre suas implicações para a compreensão da natureza humana e também para a política.

A não ser quando se discute algum tema técnico, os comentários de Chomsky são acessíveis ao público geral, ao mesmo tempo que são interessantes para os especialistas. Tentei tornar minhas contribuições compreensíveis para um aluno de graduação não especialista. Alguns leitores podem se perguntar por que algumas vezes eu contrasto a visão de Chomsky com a visão de filósofos (ao invés de me concentrar em linguistas ou biólogos, dada a ênfase na Biolinguística). Primeiro porque normalmente Chomsky também faz isso. Ele tem pouca simpatia com muito do que acontece na contemporânea filosofia da mente e na filosofia da linguagem. Indicar o quanto e o porquê Chomsky é crítico a respeito desses pontos fornece *insights* sobre sua visão e sobre como justificá-la. Isso também liga seu trabalho em Linguística e estudo da mente humana a temas mais filosóficos que podem ser de interesse a qualquer leitor.

Chomsky se intitula racionalista e liga suas perspectivas teóricas a uma longa tradição na filosofia e na psicologia (o estudo da mente), que inclui cientistas-filósofos e filósofos como Descartes, os platonistas de Cambridge e alguns românticos (Wilhelm von Humboldt e A. W. Schlegel, entre outros). O racionalismo, como entendido por Chomsky, consiste em um conjunto de propostas – um procedimento, uma estratégia ou uma metodologia – para estudar a mente humana e a linguagem de maneira particular. A metodologia não é escolhida ao acaso: ela é adotada porque os racionalistas acreditam que ela ofereça a melhor maneira de proceder na construção de uma ciência naturalista da mente e da linguagem; uma ciência que, enquanto se diferencia da Física e da Química em sua matéria, é, tal como elas, uma ciência natural.

Os racionalistas, em seu estudo da linguagem e da mente, tentam seriamente levar em consideração dois conjuntos de observações sobre a língua e seu uso e sobre como a linguagem e outras capacidades mentais humanas se desenvolvem na criança. Uma é chamada de "pobreza de estímulo" e se aplica a todos os domínios cognitivos, como a visão, a audição, o reconhecimento facial e de objetos etc. O outro, o "aspecto criativo do uso da linguagem", é específico à linguagem. As observações sobre a pobreza de estímulo concernentes à linguagem são as seguintes: as crianças desenvolvem automaticamente uma língua, sem qualquer treinamento formal, em condições nas quais os dados são às vezes limitados e frequentemente corrompidos. Isso ocorre mais ou menos na mesma época e da mesma maneira para toda a população humana, independentemente da inteligência geral do indivíduo e do acesso à escola. Por causa desses fatos, os racionalistas assumem que é razoável acreditar que muito da estrutura da mente humana e de seu "conteúdo" deve, de alguma forma, ser fixo ou inato. Desde mais ou menos um século e meio atrás, e com crescentes evidências de restrições genéticas, físicas, químicas e computacionais sobre as maneiras pelas quais os organismos se desenvolvem e crescem, os racionalistas passaram a aceitar que a melhor maneira de conceber como a mente se desenvolve é aderir à ideia de que a mente é composta de várias partes, ou "órgãos", que crescem ou se desenvolvem de acordo com uma programação estabelecida pelo genoma humano e por outras restrições de desenvolvimento. Ou seja, eles passaram a entender que a melhor maneira de ver a concepção racionalista tradicional de que os poderes da mente humana se desenvolvem sob condições de pobreza de estímulo é assumir que eles devem ser inatos e crescer de tal maneira por causa de restrições biológicas, físicas e computacionais que regulam seu desenvolvimento. Isso explica por que o estudo racionalista tradicional da linguagem e de seu desenvolvimento passou a ser chamado de "Biolinguística".

Quanto às observações sobre o aspecto criativo do uso da linguagem, diz-se que o uso da linguagem humana parece não ter antecedentes causais (pode-se pensar ou dizer qualquer coisa, sem considerar as circunstâncias que estão fora do corpo ou da cabeça). O uso da linguagem permite um número indefinidamente grande de complexos estruturados de conceitos (expressos por sentenças) com relação a qualquer contexto. Ainda assim, as sentenças produzidas em uma ocasião são quase sempre apropriadas às circunstâncias às quais elas "falam". Os racionalistas tradicionais geralmente acreditavam que essas observações indicavam que os seres humanos pudessem ser vistos como livres em seus pensamentos, deliberações e ações. Os racionalistas atuais concordam com isso, mas, por acreditarem que as línguas são mais bem compreendidas como sistemas computacionais que ganham corpo biologicamente como órgãos na mente/cérebro, eles também devem tentar compreender como um sistema determinístico em nossa cabeça pode ter algum papel na derivação de um uso tão obviamente criativo, novo e coerente pelas pessoas. E eles então assumem que o sistema central computacional da linguagem é "modular" e opera mais ou menos de forma autônoma, "gerando" um número indefinidamente grande de maneiras estruturadas de falar, pensar e compreender. Plausivelmente, esta é a raiz da flexibilidade dos poderes cognitivos humanos: as mentes humanas podem colocar, em formas estruturadas, qualquer número de materiais conceituais estruturados, cada qual sendo distintamente discernível um do outro. Mas, juntamente com essas suposições sobre a capacidade do sistema computacional e sobre o que ele permite aos seus usuários, os racionalistas contemporâneos acreditam que o modo como esses recursos unicamente humanos são usados não é determinado pelo sistema computacional. As consequências dessas suposições são importantes. Por causa delas, é razoável afirmar que os humanos são realmente livres na maneira como usam a linguagem; além disso, é possível afirmar que, caso se deseje uma ciência natural da linguagem, a única maneira de consegui-la é focar-se inteiramente na natureza, no desenvolvimento e nas operações do "órgão linguístico" de uma pessoa; *não* nos usos de seus recursos pelas ações linguísticas ou pelos comportamentos de uma pessoa. Por isso, a ciência da linguagem é a ciência de um sistema interno: racionalistas são *internalistas*. Em resumo, então, os racionalistas de hoje, assim como os do passado (porque eles também levavam a sério as observações sobre pobreza e criatividade), são cientistas da mente e da linguagem tanto inatistas quanto internalistas, em suas premissas sobre como proceder.

O racionalismo contrasta com o empirismo, que tenta minimizar seu comprometimento com o inatismo, ou com o inatismo de uma língua específica, no estudo da linguagem e de outras "capacidades cognitivas superiores", sustentando, ao contrário, que muito da estrutura cognitiva e do "conteúdo" da mente humana resulta primordialmente da "experiência" e de algum tipo de mecanismo de "aprendizado" generalizado. Os empiristas não são inatistas e estão comprometidos em incluir o mundo e suas relações no estudo da mente. Ao contrário dos racionalistas, eles acreditam que uma ciência da linguagem deva, em alguma medida, ser uma ciência do comportamento linguístico e de como a mente se relaciona com o mundo exterior à nossa cabeça. Suas suposições sobre a metodologia para o estudo da mente dominam a atual pesquisa na psicologia, na filosofia e nas "ciências cognitivas" correlacionadas. Para os empiristas, a linguagem tende a ser vista como uma invenção humana, uma instituição na qual os jovens são introduzidos por meio de procedimentos de treino, de tal forma que eles adotam as "regras de usos" praticadas por uma comunidade de falantes. Os empiristas acreditam que o estudo da linguagem deve ser feito em bases não inatistas e externalistas.

Obviamente, as diferentes concepções dos racionalistas e dos empiristas levam-nos a desenvolver suas pesquisas sobre assuntos bem diversos, adotando visões variadas sobre o tratamento da linguagem como um "objeto natural", para usar a terminologia de Chomsky. Discuto o racionalismo e o empirismo com algum detalhe no Apêndice III. Para mais detalhes, veja o livro de Chomsky *Linguística cartesiana* (especialmente a terceira edição, com uma introdução escrita por mim) e o capítulo de Norbert Hornstein no livro *The Cambridge Companion to Chomsky* [O guia de Cambridge para Chomsky]. Os leitores devem ser avisados de que "empirismo" não significa "empírico", assim como "racionalista" não significa "não empírico". Os racionalistas não almejam ser menos empíricos que os químicos ou biólogos. De fato, Chomsky tem insistido longamente que a única metodologia apropriada para desenvolver uma teoria da linguagem é aquela também empregada na Química e na Física. O estudo da linguagem difere das outras ciências naturalistas apenas na matéria-objeto e nas técnicas experimentais. Essa abordagem parece ser apropriada, o que pode ser demonstrado por seu sucesso – pelo progresso da adequação explanatória e descritiva, afirmações formais explícitas, simplicidade, objetividade e acomodação a outras ciências (aqui, especialmente a Biologia). Para discussões adicionais sobre o assunto, veja McGilvray (no prelo).

PARTE I

A ciência da linguagem e da mente

1
Linguagem, função, comunicação: a linguagem e seu uso

JM: *Vou começar com uma questão que diz respeito à natureza da linguagem e às funções a que a linguagem serve. Está claro que a linguagem é um elemento central da natureza humana: é provável, inclusive, que seja o elemento que nos distingue. Você concebe a linguagem como tendo uma base biológica e, portanto, como inata – incorporada em nossos genomas de tal modo que seu surgimento é automático durante o crescimento de uma criança normal. E você reconhece que a linguagem é um recurso cognitivo muito útil, que tem muitas funções e que dá aos seres humanos uma extraordinária vantagem cognitiva, quando comparados a outras criaturas da natureza. Mas você resiste à ideia de que a linguagem se desenvolveu no ser humano porque ele aperfeiçoou sua capacidade de comunicação. Além disso, você é contra a ideia de que a linguagem seja algum tipo de invenção social, uma instituição que criamos para servir às nossas necessidades e que transmitimos às nossas crianças por algum tipo de treinamento ou de influência social. Você poderia explicar por que sustenta tais ideias?*

NC: Antes de qualquer coisa, comecemos pela noção de função. Essa não é uma noção biológica ou psicológica clara. Por exemplo, se eu lhe perguntar qual é a função do esqueleto, você dirá:

"O esqueleto serve para que você se mantenha ereto, evita que caia no chão". Isso não é falso, mas o mesmo se pode dizer da função de armazenar cálcio, de produzir células sanguíneas, e de todas as outras coisas que o esqueleto faz. Com efeito, por que o esqueleto? Por que, mesmo, foi que você escolheu o esqueleto? Tentamos olhar para o organismo de um certo ponto de vista a fim de compreendê-lo a partir do que sabemos sobre seus componentes. Mas esses componentes fazem todo tipo de coisa; dizer qual é a função deles depende do que mais interessa a você. Em uma primeira aproximação, sem pensar muito, as pessoas identificam a função de um sistema com o modo como ele é normalmente usado, ou com seu uso "mais fundamental". No caso do esqueleto, por exemplo, alguma outra coisa poderia armazenar cálcio, e o esqueleto seria, ainda assim, necessário para manter o corpo ereto; por isso, essa é sua função. <C>

Agora, consideremos a linguagem. Qual é seu uso característico? Bem, provavelmente 99,9% de seu uso é interno à mente. Você não fica um minuto sequer sem falar consigo mesmo. É necessária uma força de vontade inacreditável para que alguém não fale consigo mesmo. Essas conversas mentais não costumam se dar por meio de sentenças completas. Há obviamente linguagem no que se passa em nossa cabeça, mas ela aparece aos pedaços, em fragmentos paralelos, superpostos etc. Assim, se você olhar para a linguagem do modo como os biólogos olham para outros órgãos do corpo e para seus subsistemas, o que você obtém? O que você está fazendo quando fala consigo mesmo? A maior parte do tempo você está se torturando a si próprio... <Risadas.> Você poderia pensar que está sendo iludido, ou poderia perguntar: por que essa pessoa me trata desse modo? Ou seja lá o que for. Assim, você poderia dizer que a função da linguagem é a de torturar a si próprio. Mas é claro que isso não é sério.
É perfeitamente verdade que a linguagem é usada para comunicação. Mas tudo o que você faz é usado para comunicação – seu

estilo de cabelo, seus maneirismos, seu modo de caminhar, e assim por diante. Portanto, é claro que a linguagem é usada para comunicação.

Na verdade, uma parte muito pequena da linguagem é externalizada – é apenas aquilo que sai de sua boca ou de suas mãos, se você usar uma língua de sinais. Mas mesmo essa parte frequentemente não é utilizada para comunicação em qualquer sentido do termo que tenha algum significado independente. Se por "comunicação" você quiser dizer qualquer forma de interação, o.k., ela é usada para comunicação. Ainda assim, digamos que a noção de "comunicação" *signifique* algo específico – algo como "veicular informação"; mesmo desse modo, uma parte muito pequena dos aspectos externalizados da linguagem será usada para comunicação. Por exemplo, se você está em uma festa, há muita gente falando, conversando. Mas a quantidade de comunicação, no sentido mencionado, que está se desenrolando é minúscula: as pessoas estão apenas se divertindo, ou conversando com seus amigos, ou seja lá o que for. Por isso, a maior parte da linguagem em uso é de natureza interna; o que é externo é uma pequena fração dela <e o que se usa para comunicação é, em um sentido muito importante, uma fração ainda menor dela>. Como as funções da linguagem são usualmente definidas de modo informal, não faz muito sentido dizer que a função da linguagem é a comunicação.

Um tópico interessante, que deveria ser investigado algum dia, é o de que nosso discurso interno [*internal speech*] é, muito provavelmente, constituído de fragmentos de discurso exterior [*external speech*] reinternalizados, e o de que o discurso interior [*inner speech*] é, também muito provavelmente, inacessível à introspecção. Mas essas são questões que abrem muitas portas, portas que continuam no máximo entreabertas.

Bem, então vamos dirigir nosso olhar para a linguagem de um ponto de vista evolucionário. Sabemos que existem sistemas de comunicação animais. Toda espécie, das superiores às formigas, possuem um sistema de comunicação, e há estudos comparativos interessantes desses sistemas. Considere, por exemplo, o livro de Marc Hauser sobre a evolução da comunicação. Não tem muito a ver com evolução propriamente dita; é um estudo comparativo dos diferentes tipos de sistemas de interação entre animais. E esses realmente parecem ser sistemas de comunicação. Todo animal possui um pequeno conjunto de modos de indicar algo para os outros. Interpretamos alguns desses modos como "Águias chegando; dê o fora!". Se você analisa o que está acontecendo, é apenas: aquelas folhas estão se mexendo, e daí algum som sai da boca da criatura. Algumas dessas mensagens são de autoidentificação: "Ei, estou aqui!", e algumas são chamadas de acasalamento. Mas não muito mais que isso.

Existe um tipo de taxonomia dos chamados animais, mas não é possível encaixar a linguagem humana, nem mesmo grosseiramente, em qualquer das categorias da taxonomia. Seja lá o que for que sejam tais chamados, eles constituem, em aparência, um código; mas não há qualquer relação com a linguagem humana. Isso não é tão surpreendente: aparentemente, nossos parentes mais próximos que ainda sobrevivem estão afastados de nós por cerca de 10 milhões de anos em tempo evolucionário; assim, não esperamos, realmente, encontrar nada que se assemelhe à linguagem humana em outros animais vivos. Portanto, alguns animais de fato possuem sistemas de comunicação, mas não parece que possuam qualquer coisa que se assemelhe a uma língua. Considere agora a linguagem humana. De onde ela vem? Bem, tanto quanto podemos afirmar a partir do registro fóssil, hominídeos com um aparato fisiológico superior viveram em uma pequena parte da África por centenas de milhares de anos. Já sabemos, por outro lado, que a linguagem humana surgiu há não mais que cerca de 60 mil anos. E o modo pelo qual sabemos disso é que essa é a data em que começa a difusão da espécie a partir da África em direção à Eurásia. Hoje é possível seguir o curso dessa jornada de muito perto, por meio da análise de marcadores genéticos etc.; há um consenso bastante razoável sobre isso. A jornada a partir da África se inicia aproximadamente naquela data e se desenrola muito rapidamente em tempo evolucionário. Um dos primeiros lugares para onde nossos ancestrais se dirigiram foi o Pacífico – o sul da Eurásia. Chegaram à Nova Guiné, à Austrália, e assim por diante, onde vivem agora o que chamamos de "povos primitivos", que na verdade são, para todos os efeitos, idênticos a nós. Não há qualquer diferença genética cognitivamente significativa que alguém tenha detectado entre nós e eles. Se acontecesse de eles estarem aqui neste momento, estariam falando inglês; e se acontecesse de nos encontrarmos no meio deles, estaríamos falando sua língua. Tanto quanto se sabe, virtualmente não existe diferença genética detectável no seio de nossa espécie que seja relacionada à linguagem – de fato, o mesmo se pode dizer em relação às nossas demais características. Diferenças genéticas entre seres humanos são extremamente pequenas, quando comparadas com outras espécies. Prestamos muita atenção a elas, mas isso não é de surpreender. Então, há algum tempo, talvez 60 mil anos atrás, a linguagem estava lá, em sua forma moderna, sem mudanças adicionais. Bem, quanto tempo antes disso ela surgiu? Do presente, é possível olhar para o registro dos fósseis, e não há, realmente, uma indicação de que estivesse lá antes disso. Na verdade, os efeitos de se possuir um sistema simbólico complexo dificilmente podem ser encontrados lá antes de 60 mil a 100 mil anos atrás. Parece que pouca coisa mudou por centenas de milhares de anos, e então, de repente, houve uma enorme explosão. Por volta de 70 mil ou 60 mil anos atrás, talvez um pouco antes, por volta de 100 mil anos atrás, você começa a encontrar arte simbólica, notações que refletem eventos astronômicos e meteorológicos, estruturas sociais complexas... apenas uma irrupção de energia criativa que de algum modo surge em um instante de tempo evolucionário – talvez 10 mil anos ou algo assim, o que é nada. Desse modo, parece não haver qualquer indicação de que estivesse lá antes, e parece que tudo permaneceu igual depois. Isto é, tem-se a impressão, dado o tempo envolvido, de que houve um súbito "grande salto para a frente"[*great leap forward*]. Alguma pequena modificação genética que de algum modo reconfigurou ligeiramente o cérebro. Sabemos tão pouco sobre neurologia; mas não consigo imaginar como possa ser diferente disso. Assim, alguma pequena mudança genética levou à reconfiguração do cérebro que tornou disponível essa capacidade. E com ela veio toda a gama de opções criativas <C> que estão disponíveis para os seres humanos dentro de uma teoria da mente – uma teoria da mente de segunda ordem, de modo que você sabe que alguém está tentando fazer que você pense o que outra pessoa quer que você pense. É muito difícil imaginar como tudo isso poderia ter evoluído sem a linguagem; ao menos, não conseguimos imaginar outra maneira de fazer isso sem uma língua. E a maior parte de tudo isso é pensar, planejar, interpretar, e assim por diante; é interno à mente.

Bem, mutações acontecem no indivíduo, não em um grupo de pessoas. Sabemos, incidentalmente, que se tratava de um pequeno grupo de procriação – um pequeno grupo de hominídeos em algum canto da África, aparentemente. Em algum indivíduo daquele pequeno grupo, deu-se uma pequena mutação, levando ao "grande salto para a frente". Tinha de acontecer a uma única pessoa. E o que aconteceu foi algo que essa pessoa transmitiu a sua prole. E, aparentemente em um período muito curto de tempo, essa modificação dominou o grupo; por isso, ela deve ter trazido alguma vantagem seletiva. Mas pode ter sido um período muito curto de tempo em um pequeno grupo de procriação. Bem, o que foi que aconteceu? A hipótese mais simples – não há razão para duvidar dela – é que passamos a ter *Merge*. Adquirimos uma operação que nos permite tomar objetos mentais <ou conceitos de algum tipo>, já construídos, e fazer objetos mentais maiores a partir deles. Isso é *Merge*. Assim que você adquire essa operação, passa a dispor de uma variedade infinita de expressões <e pensamentos> hierarquicamente estruturados.

<Quando *Merge* surgiu> já possuíamos sistemas sensório-motores, que eram empregados, provavelmente, apenas de modo marginal. Com efeito, a ideia de utilizá-los para fins de externalização do pensamento pode muito bem ter vindo mais tarde. Além disso, tínhamos sistemas cognitivos de algum tipo. Eram rudimentares – talvez víssemos as coisas de um modo diferente, por exemplo. Seja lá como for, parece que tais sistemas não eram como os sistemas cognitivos de outros animais, por razões que foram bem colocadas nos séculos XVII e XVIII. Aparentemente, tais sistemas já estavam lá. Uma vez que você adquiriu essa técnica de construção e uma infinita variedade de expressões estruturadas hierarquicamente para fazer uso dos sistemas de pensamento disponíveis (ou <o que Chomsky chama de> "sistemas concepto-intencionais"), você pôde subitamente pensar, planejar, interpretar, de uma maneira que ninguém podia até então. E se sua prole tivesse essa capacidade também, ela teria uma vantagem seletiva. E se, em algum lugar dessa cadeia, surgiu a ideia de externalizar isso <esses pensamentos> de algum modo, haveria ainda mais vantagens. Assim, é concebível que tenha sido isso o que aconteceu, ao menos no que diz respeito à evolução da linguagem. E a razão pela qual continuamos usando a linguagem, primariamente, para pensar <dentro de> nós mesmos, é que foi esse o modo pelo qual tudo começou. Afinal, 60 mil ou 70 mil anos <talvez até 100 mil anos> não é muito tempo sob o ponto de vista evolucionário; é <virtualmente> um instante. Por isso, somos ainda muito como éramos quando ainda estávamos na África e a mudança súbita que estamos discutindo aconteceu. Esses são os fatos, tanto quanto sabemos.

É verdade que existem várias teorias mais complicadas, mas não há justificativa para qualquer uma delas. Assim, por exemplo, uma teoria comum é a de que, de algum modo, uma mutação tornou possível a construção de enunciados de duas palavras; e isso resultou em uma vantagem com respeito à memória, pois você poderia agora eliminar dela um grande número de itens lexicais.

Isso trouxe vantagens seletivas. E daí algo aconteceu novamente, e passamos a dispor de enunciados de três palavras e, então, uma série de mutações levou a enunciados de cinco palavras... Finalmente, conquistamos *Merge*, porque leva à infinidade <e isso dá a nossa mente um modo de juntar um número limitado de itens lexicais em um arranjo infinito de combinações>. Bem, *Merge* pode muito bem ter sido o *primeiro* passo, e pode não ter tido nada a ver com externalização; com efeito, é difícil imaginar como poderia ter a ver com isso, uma vez que o primeiro passo tem de ter acontecido em uma pessoa, e não em um grupo ou uma tribo. Assim, deve haver algo que tenha trazido para essa pessoa uma vantagem que levou a novas vantagens para sua prole.

JM: *E assim esse grupo conquista o pensamento. Nessa mesma linha, algumas vezes você especulou, ou sugeriu – não estou certo de qual palavra usar –, que junto com* Merge *vêm os números naturais e a função de sucessor.* Merge, *no caso-limite em que você simplesmente junta um elemento com ele próprio, poderia levar efetivamente à função de sucessor.*

NC: Esse é um problema antigo. Alfred Russell Wallace se preocupou com ele. Admitiu que as capacidades matemáticas não poderiam se desenvolver por meio da seleção natural; é impossível, pois todo mundo as tem e ninguém nunca as usou, exceto por um número muito pequeno de pessoas muito recentemente. É claro, portanto, que tais capacidades se desenvolveram de outro modo. Bem, é natural que se espere que elas sejam uma ramificação de algo como a linguagem – provavelmente como a maior parte do que é chamado de "capacidade intelectual do ser humano" <ou razão>.

Acontece que há maneiras muito simples de obter a aritmética a partir de *Merge*. Considere o conceito de *Merge*, que diz, simplesmente: "Tome duas coisas e construa outra que seja o conjunto das duas"; essa é a forma mais simples de *Merge*. Suponha que você a restrinja e tome apenas uma única coisa, chame-a de "zero", e que aplique *Merge* a essa coisa; você obtém o conjunto contendo zero. Se você aplica *Merge* a esse conjunto, obtém o conjunto que contém o conjunto que contém zero. Essa é a função de sucessor. Os detalhes são um pouco mais complexos, mas esse é um modo de obter a função de sucessor bastante simples e direto. Na verdade, há mais alguns poucos modos de obtê-la; mas essa é basicamente uma complicação trivial de *Merge*, que restringe essa operação e diz: "Quando você junta tudo exatamente desse modo, *Merge* de fato lhe dá a aritmética". Quando você obtém a função de sucessor, o resto vem junto. <C>

Há argumentos contra isso. Brian Butterworth tem um livro (2000) sobre essa questão no qual oferece muitos argumentos contra a ideia de que a capacidade da linguagem e a da matemática estão relacionadas. Não está claro o que a evidência que ele apresenta realmente significa. Ela é constituída, em parte, por casos de dissociação. Encontramos disfunções neuronais em que você perde uma das capacidades e mantém a outra. Entretanto esse tipo de evidência não vai lhe revelar nada, pois não distingue competência de performance. Pode ser o caso de que tais disfunções neuronais tenham a ver com o *uso* da capacidade. Considere, para analogia, os casos em que há dissociações na leitura de uma língua. Ninguém sustenta que há uma parte do cérebro especialmente dedicada à capacidade de leitura. O que há, simplesmente, é um modo de usar a linguagem na leitura, e este pode ser danificado; mas a linguagem continua lá. O mesmo poderia acontecer com a aritmética, bem como com os outros tipos de dissociação de que se tem falado. Na verdade, pode ser que haja todo tipo de explicação para tais dissociações. Seja lá o que for a linguagem, o fato é que ela pode estar distribuída em diferentes partes do cérebro, simplesmente. Talvez ela possa ser copiada, de modo que você pode fazer cópia de uma parte e mantê-la, e pode eliminar o resto. Há um número tão grande de possibilidades que a evidência disponível simplesmente não serve para dizer muito. Assim, o que nos sobra é especulação;

mas, quando você não dispõe de muita evidência, deve adotar a explicação mais simples. E a explicação mais simples que está de acordo com toda a evidência de que dispomos é a de que o conhecimento da aritmética é uma ramificação da linguagem, derivada pela imposição de uma restrição específica sobre *Merge*. Na verdade, há outras restrições específicas, que são muito mais modernas. Considere o que chamamos de "linguagens formais" – digamos... a aritmética, ou sistemas de programação, ou qualquer outra linguagem. Elas são mais ou menos como uma língua natural, mas são tão recentes e autoconscientes que sabemos que não se parecem muito com o objeto biológico, a linguagem humana.

Veja como elas, de fato, não se parecem. Tome *Merge* [o princípio computacional básico de todas as línguas naturais]. É questão de lógica que, se você pega duas coisas, chame-as X e Y, e forma o conjunto de X e Y (isto é, {X, Y}), há duas possibilidades. A primeira é que X é distinto de Y; a outra é que eles não são distintos. Se tudo é construído por meio de *Merge*, o único modo de X ser não distinto de Y é se um dos dois estiver dentro do outro. Digamos que X está dentro de Y. Bem, se X estiver dentro de Y e você aplicar *Merge* juntando-o com Y = [... X ...], o resultado é {X, Y} = {X, [... X ...]} – com efeito, o resultado é <o que Chomsky chama de> *Merge* interno. Isso é uma transformação. Assim, de fato, os dois tipos de *Merge* possíveis são: tomar duas coisas e colocá-las juntas; ou tomar uma coisa e um pedaço dela, e prender esse pedaço na borda ou margem [*edge*]da coisa. Essa é a propriedade de deslocamento ou movimento das línguas naturais, que é encontrada em todos os lugares. Sempre pensei <até recentemente> que o deslocamento era um tipo de estranha imperfeição da linguagem, comparada com *Merge* ou concatenação; mas isso era um engano. Como *Merge* interno, o deslocamento simplesmente vem de modo automático, se você não o impedir. Esta é a razão pela qual a linguagem usa esse recurso para todo tipo de coisa: porque vem "de graça". Admitindo isso, você pode então perguntar: "Como esses dois tipos de *Merge* são empregados?". E aqui você olha então para a interface semântica; é o lugar mais natural para verificar o emprego dos dois tipos. Há enormes diferenças. *Merge* externo é usado, em essência, para fornecer a estrutura de argumentos. *Merge* interno é basicamente usado para fornecer informação relacionada ao discurso, como foco, tópico, informação nova – todo tipo de coisa que se relaciona com a situação do discurso. <C> Bem, isso não é perfeito, mas é próximo o suficiente da perfeição, de modo que é provavelmente verdadeiro; e, se pudéssemos entender melhor o emprego de *Merge* externo, ou se pudéssemos entendê-lo bem o suficiente, descobriríamos que é perfeito.

Suponha <agora> que você está inventando uma linguagem formal. Ela não possui qualquer propriedade relacionada ao discurso. Nesse caso, você usa apenas *Merge* externo. Com isso, coloca uma restrição sobre sistemas formais – com efeito, a restrição de não usar *Merge* interno. E assim você obtém, efetivamente, apenas a estrutura de argumentos. Agora, é interessante que, se esses sistemas nos fornecem propriedades de escopo, eles o fazem de certas maneiras. Acontece que estas são um tanto similares à linguagem natural, isto é, ao modo como a linguagem natural fornece propriedades de escopo. Assim, se você estiver ensinando, digamos, lógica quantificacional a seus graduandos, o modo mais fácil de fazê-lo é usar a teoria-padrão da quantificação – você coloca variáveis por fora da fórmula atômica e usa parênteses, e assim por diante. Bem, você sabe perfeitamente que há outros modos de ensinar lógica quantificacional – há lógica sem variáveis, como se sabe desde Curry (1930; Feys, 1958).

E a lógica quantificacional expressa por uma lógica sem variáveis possui todas as propriedades corretas. Mas é extremamente difícil de ensinar. Você pode aprendê-la, depois que a aprendeu na notação ordinária, isto é, a teoria-padrão da quantificação. Não creio que alguém tenha tentado – e imagino que seria extremamente difícil – fazer o inverso, isto é, ensinar o sistema de Curry primeiro e depois terminar mostrando que você poderia também fazer a lógica quantificacional desse outro modo que é a teoria-padrão. Mas por quê? Afinal, os dois sistemas são logicamente equivalentes. Suspeito que a razão seja que o modo-padrão possui várias das propriedades da linguagem natural. Na linguagem natural, você realmente usa propriedades de borda [*edge properties*] para escopo; e o faz por meio de *Merge* interno. Linguagens formais não possuem *Merge* interno; mas devem ter algo que seja interpretado como escopo. Por isso, você usa o mesmo recurso da linguagem natural: coloca o elemento que tem escopo por fora com variáveis restritas, e assim por diante.

Essas são coisas que simplesmente decorrem do fato de você ter um sistema com *Merge* em seu interior; e provavelmente o mesmo seja verdade a respeito da música, isto é, do conhecimento musical, e de várias outras coisas. Temos essa capacidade que veio junto conosco e que nos dá opções extraordinárias para planejar, interpretar, pensar etc. E ela então começa a alimentar tudo mais. Você tem essa revolução cultural massiva, bastante surpreendente, que se deu provavelmente cerca de 60 mil ou 70 mil anos atrás. Em todo lugar onde há seres humanos, é basicamente a mesma coisa. É verdade que talvez na Austrália eles não tenham aritmética; o warlpiri, por exemplo, não a possui. Mas eles possuem sistemas intrincados de parentesco que, como Ken Hale observou, têm várias das propriedades dos sistemas matemáticos. *Merge* simplesmente parece estar na mente, trabalhando sobre problemas formais interessantes: você não tem aritmética; então, você tem um sistema complicado de parentesco.

JM: *Isso sugere que ao menos a possibilidade de construir as ciências naturais foi algo que também veio com* Merge.

NC: Sim, veio, e isso começa de imediato. Bem nesse período você começa a encontrar esse tipo de interesse – e aqui temos evidência de fósseis e evidência arqueológica do registro de eventos naturais, como os ciclos lunares e coisas do tipo. As pessoas começaram a perceber o que estava acontecendo no mundo e passaram a tentar interpretar o que ocorria. E daí isso começa a aparecer em cerimônias e coisas assim. O processo continuou nessa direção por um bom período de tempo.

O que chamamos de ciência <isto é, ciência natural com teorias explícitas, formais, e com a suposição de que aquilo que elas descrevem deve ser tomado seriamente, ou concebido como "real"> é algo extremamente recente, e bastante limitado. Galileu penou para convencer os que o financiavam – os aristocratas – de que havia algo de importante em estudar uma bola descendo um plano sem fricção inclinado. "Quem se importa com isso? Há todo tipo de coisa interessante acontecendo no mundo. O que você tem a dizer sobre o fato de que as flores crescem? Esse é um tópico interessante. Fale-me sobre isso." Galileu, o cientista, nada tinha a dizer sobre o crescimento das flores. Em vez de se dedicar a isso, ele tinha de tentar convencer quem o sustentava de que era importante estudar um experimento que ele não conseguia sequer realizar – metade dos experimentos que Galileu descreveu são experimentos de pensamento[*thought experiments*], e ele os apresenta como se os tivesse realizado, mas se mostrou, mais tarde, que ele não poderia ter feito isso. A ideia de não olhar diretamente para o mundo porque ele é muito complicado, de tentar limitar o estudo a algum pedaço artificial do mundo que você possa realmente estudar com profundidade e do qual você, talvez, possa depreender alguns princípios que poderão ajudá-lo a entender outras coisas <o que poderíamos conceber como a ciência pura, a ciência que se dedica às estruturas básicas, sem se preocupar com aplicações> – essa ideia é um passo gigantesco nas ciências e, na verdade, é um passo que só foi dado muito recentemente. Galileu convenceu algumas pessoas de que os princípios que identificou eram leis que você simplesmente tinha de memorizar. Mas já no tempo dele foram usados como instrumentos de cálculo. Eles forneceram um modo de construir coisas que não poderiam ser construídas antes, por exemplo. Na verdade, foi só no século XX que a Física teórica foi reconhecida como um domínio legítimo por si própria. Boltzmann, por exemplo, passou a vida toda tentando convencer as pessoas a levar os átomos e as moléculas a sério, e não apenas a considerá-los meros recursos de cálculo – mas ele não conseguiu. Mesmo grandes cientistas, como Poincaré – um dos maiores cientistas do século XX –, simplesmente riam disso. <Os que riam> estavam sob uma forte influência machiana <de Ernst Mach>: se você não pode ver a coisa, não pode tocá-la... <você não pode levá-la a sério>; portanto, você dispõe apenas de um modo de calcular certas coisas. Boltzmann, de fato, acabou cometendo suicídio – em parte, aparentemente, por causa de sua inabilidade de fazer que o levassem a sério. Por ironia terrível, ele se matou em 1905, ano em que o artigo de Einstein sobre o movimento browniano foi publicado e todos começaram a levá-lo a sério. E assim vai.

Tenho andado interessado na história da Química. Ainda nos anos de 1920, quando nasci – portanto, não faz tanto tempo assim –, cientistas que eram líderes simplesmente ridicularizavam a ideia de levar essas coisas a sério, incluindo alguns químicos ganhadores do Prêmio Nobel. Eles concebiam <os átomos e outros "instrumentos" semelhantes> como modos de calcular os resultados dos experimentos. Átomos não podiam ser levados a sério, porque não tinham uma explicação física. Bem, na verdade agora se sabe que a Física da época tinha sérias inadequações; você teria de revisar radicalmente a Física para juntá-la e unificá-la com uma Química não modificada.

Mas mesmo depois disso, mesmo depois de Pauling, a Química era, para muitos, principalmente uma disciplina descritiva. Dê uma olhada em um texto de algum pós-graduando em Química teórica. O texto não será, na verdade, uma tentativa de apresentar a Química como um domínio unificado; o que você tem são diferentes tipos teóricos de modelos para diversos tipos de situações. Se você olha os artigos em revistas técnicas, como a *Science* ou a *Nature*, a maior parte deles será bastante descritiva; eles se concentram em torno dos limites de um tópico, ou algo do gênero. E se você sai das ciências naturais "duras" [*hard-core*], a ideia de que você deveria, na verdade, construir situações artificiais em um esforço de entender o mundo – bem, isso é considerado exótico ou maluco. Considere a Linguística. Se você quiser conseguir uma bolsa de pesquisa, o que deve dizer é "eu quero fazer Linguística de *corpus*" – colecionar uma massa gigantesca de dados e jogá-la em um computador, e ver se algo acontece. Isso foi abandonado nas ciências "duras" séculos atrás. Galileu não tinha dúvida alguma sobre a necessidade de foco e idealização na construção de uma teoria. <C>

Além do mais, ainda falando da capacidade de fazer ciência <na forma que a praticamos até muito recentemente, é preciso se lembrar disso>, ela não só é muito recente como também é muito limitada. Os físicos, por exemplo, não cometem suicídio por causa do fato de que não conseguem encontrar 90% do que acreditam que compõe o universo <matéria escura e energia escura>. Em um número <recente> da *Science*, relataram o fracasso da tecnologia mais sofisticada até agora desenvolvida, que se esperava fosse capaz de encontrar <algumas das> partículas que se acredita que compõem a matéria escura. Isto é, ainda não conseguiram encontrar cerca de 90% do universo; portanto, estamos ainda no escuro no que diz respeito a 90% da matéria do universo. Bem, isso é considerado como um problema científico em Física, não como o fim desse campo de investigação. Em Linguística, se você estiver estudando o warlpiri ou outra língua semelhante e não conseguir entender 50% dos dados, conclui-se que você não sabe do que está falando.

Como você pode entender um objeto muito complexo? Se conseguir compreender alguma parte dele, isso já é impressionante. E o mesmo acontece em todo lado. O único sistema de comunicação animal que parece ter o tipo de complexidade ou de complicação no qual você poderia achar que descobrirá algo <do que sabemos> das línguas naturais é o sistema das abelhas. Elas possuem um sistema de comunicação extremamente complicado e, como obviamente você sabe, não há qualquer conexão evolucionária entre as abelhas e os seres humanos. Mas é interessante olhar para seus sinais. É muito confuso. O fato é que há centenas de espécies de abelhas – abelhas que produzem mel, abelhas sem ferrão etc. Os sistemas de comunicação estão dispersos entre essas espécies – algumas delas os possuem, outras não; as que os possuem apresentam-nos em diferentes graus; algumas usam o modo de exposição, outras usam vibração... Mas todas as espécies parecem ter o mesmo grau de sucesso. Assim, é difícil ver qual é a vantagem seletiva <dos sistemas de comunicação das abelhas>. E não se sabe quase nada sobre sua natureza. Sua evolução é complicada; praticamente não foi estudada – há <apenas> alguns artigos. Mesmo sua neurofisiologia básica é extremamente obscura. Estive lendo algumas das mais recentes resenhas dos estudos das abelhas. Há estudos descritivos muito bons – reporta-se todo tipo de coisas malucas. Mas você não consegue realmente compreender a neurofisiologia básica, e a evolução está quase além dos limites da investigação, embora seja um tópico perfeito – centenas de espécies, período curto de gestação, você pode fazer qualquer experimento que queira, e assim por diante. Por outro lado, se você compara a literatura sobre a comunicação das abelhas com a literatura sobre a evolução da linguagem humana, é ridículo. Sobre a evolução da linguagem humana, há uma biblioteca; sobre a evolução da comunicação das abelhas, há uns poucos manuais e artigos técnicos. E é um tópico muito mais fácil de ser estudado. A evolução da linguagem humana está condenada a ser um dos tópicos mais difíceis. Ainda assim, de algum modo sentimos que temos de entendê-lo, ou não poderemos ir adiante. É uma abordagem muito irracional para a investigação. <C>

2
Sobre uma teoria formal da linguagem e sua acomodação à Biologia; a natureza distintiva dos conceitos humanos

JM: *Permita-me ir mais adiante em alguns dos pontos que você tocou perguntando-lhe uma questão diferente. Em seu trabalho nos anos de 1950, você efetivamente transformou o estudo da linguagem em uma ciência formal, matemática – não no sentido em que os sistemas de Markov são matemáticos, mas ainda assim claramente uma ciência formal que fez um progresso considerável. Algumas das marcas desse progresso têm sido – nos últimos anos, por exemplo – a eliminação sucessiva de todo tipo de artefatos das versões anteriores da teoria, tais como a estrutura profunda, a estrutura de superfície e coisas do gênero. Além disso, as teorias mais recentes têm mostrado uma habilidade notável para resolver problemas tanto de adequação descritiva quanto de adequação explanatória. Há um considerável progresso no grau de simplificação. E também parece haver algum progresso em direção à Biologia – não necessariamente a Biologia tal como tipicamente entendida por filósofos e por muitos outros, como uma história evolucionário-selecional da introdução gradual de estruturas complexas, mas a Biologia como entendida por gente como Stuart Kauffman (1993) e D'Arcy Thompson (1917, 1942, 1992). Quero saber se você poderia comentar em que medida aquele tipo de abordagem matemática tem progredido.* <C>

NC: Desde que esse negócio começou no início dos anos de 1950 – dois ou três estudantes, Eric Lenneberg, eu, Morris Halle, e aparentemente ninguém mais –, o tópico em que estávamos interessados era como seria possível levar essa investigação em direção à Biologia. A ideia era tão exótica que ninguém mais falava nela. Parte da razão é que a Etologia estava...

JM: *Desculpe-me; então aquilo <colocar a teoria da linguagem no interior da Biologia> era uma motivação desde o começo?*

NC: Sem dúvida: estávamos começando a ler Etologia, Lorenz, Tinbergen, Psicologia comparativa; essas coisas estavam acabando de se tornar conhecidas nos Estados Unidos. A tradição americana era o behaviorismo descritivo. Os zoologistas comparativistas alemães e holandeses estavam se tornando disponíveis; de fato, muito do material estava em alemão. Estávamos interessados e dava a impressão de que esse era o caminho que a Linguística deveria tomar. A ideia era tão exótica que praticamente ninguém falava dela, exceto os poucos que éramos. Mas foi o começo do trabalho de Eric Lenneberg; aqueles nossos estudos foram realmente o ponto em que tudo isso teve início. O problema era que, tão logo você tentava olhar para a linguagem de modo mais cuidadoso, descobria que praticamente nada era conhecido. É preciso lembrar que a maior parte dos linguistas presumia, naquele momento, que quase tudo já estava estabelecido em Linguística. Um tópico comum quando os estudantes de pós-graduação em Linguística conversavam uns com os outros era: o que faremos quando houver uma análise fonêmica para cada uma das línguas? Evidentemente, esse era um processo que terminaria em algum momento. Você poderia tentar talvez uma análise morfológica, mas ela também teria um fim. E também se presumia que as línguas eram tão variadas que você jamais encontraria qualquer coisa que fosse geral. De fato, um dos poucos casos em que havia um afastamento disso se encontrava nos traços distintivos da abordagem praguiana: os traços distintivos podiam ser universais, de modo que muito mais poderia ser universal também. Se a linguagem tinha uma base biológica, teria de ser assim. Mas, assim que começamos a tentar formular as regras universais que eram pressupostas por essa perspectiva, tornou-se imediatamente óbvio que não sabíamos nada de substancial sobre a linguagem. Tão logo tentamos dar as primeiras definições das noções de palavra – o que uma palavra significa? etc. –, não precisamos de mais de cinco minutos de reflexão para perceber que o *Oxford English Dictionary* não estava nos dizendo nada de significativo. Era óbvio que teríamos de começar do zero. A primeira questão era descobrir o que estava acontecendo quando tentávamos entender o que era a linguagem. E isso, de certo modo, nos afastava da questão de como íamos responder às questões de natureza biológica.

Agora, a questão biológica fundamental é: quais são as propriedades desse sistema de linguagem específicas a ele? De que modo ele difere do sistema que controla a ação de caminhar, digamos – que propriedades específicas fazem de um sistema cognitivo um sistema especificamente linguístico? Mas você não pode responder a essa questão até que saiba algo sobre o que é o sistema. Então – com os esforços para dizer o que é o sistema – aparecem as tensões entre a adequação descritiva e a explanatória. A pressão descritiva – a tentativa de fornecer uma descrição para todas as línguas naturais possíveis – fez <o sistema> parecer muito complexo e diversificado; mas o fato óbvio acerca da aquisição da linguagem é que tudo tem de ser basicamente a mesma coisa, isto é, todas as línguas possíveis têm de ser basicamente pequenas variações de uma mesma linguagem universal. Desse modo, estamos presos nessa tensão entre descrever a diversidade de línguas e explicar como todas são basicamente manifestações de uma única linguagem.

Apenas recentemente comecei a ler os registros de algumas das conferências dos anos 1960 e 1970. Os participantes eram em sua maioria jovens biologistas em ascensão, uns poucos neurofisiologistas, alguns linguistas, uns outros poucos. E esse tipo de questão surgia a toda hora – alguém dizia, bem, quais são as propriedades desse sistema linguístico que o faz diferente de outros sistemas cognitivos? E tudo que podíamos fazer era listar um complicado conjunto de princípios que eram tão diferentes <uns dos outros> e tão complexos que não há modo de conceber uma maneira por meio da qual eles teriam evoluído: isso estava simplesmente fora de questão.

Além disso, para além da questão comparativa, há uma outra questão oculta, que está precisamente na fronteira para a Biologia neste momento. É a questão na qual Kauffman está interessado: por que os sistemas biológicos possuem essas propriedades – por que essas propriedades, e não outras? Reconhecia-se, na época de Darwin, que isso era um problema. Thomas Huxley admitia isto – que se a natureza não impuser limites há de haver muitos tipos diferentes de formas de vida, incluindo as formas de vida humana; talvez a natureza, de algum modo, permita apenas formas como a humana e algumas outras – talvez a natureza imponha restrições às formas de vida possíveis. Isso permaneceu como uma questão periférica em Biologia: deve ser verdade, mas é difícil de estudar. <Alan> Turing (1992), por exemplo, devotou grande parte da vida a seu trabalho sobre morfogênese. É um de seus principais trabalhos – ele não se limitou a fazer apenas aquele estudo sobre a natureza da computação – e se tratava de um esforço para mostrar que, se você algum dia viesse a entender alguma coisa realmente crítica sobre Biologia, você estaria no departamento de Química ou de Física. Há algumas pontas soltas que de fato pertencem ao departamento de História – isto é, às perspectivas selecionais da evolução. Mas mesmo a seleção natural – isso é perfeitamente bem compreendido, é óbvio a partir de sua lógica –, mesmo a seleção natural sozinha não pode fazer tudo; ela tem de funcionar dentro de algum tipo de canal prescrito de possibilidades físicas e químicas, e esse tem de ser um canal restritivo. Você não tem como obter sucesso biológico a não ser que só possam acontecer certos tipos de coisas, e não outros. Bem, agora isso é mais ou menos compreendido para coisas primitivas. Ninguém acredita, por exemplo, que é a seleção natural que determina que a mitose <o processo da duplicação do DNA celular, que leva à divisão celular> se dê em esferas e não em cubos; há razões físicas para isso. Ou considere, digamos, o uso de poliedros como materiais de construção – seja para os invólucros dos vírus, seja para os favos de mel das abelhas. As razões físicas para isso são compreendidas, e por isso você não precisa de razões selecionais. A questão é: até onde vai isso, ou seja, a redução de fenômenos biológicos a princípios básicos da Química ou da Física?

As questões básicas sobre o que é específico à linguagem realmente têm a ver com problemas que vão além dos que dizem respeito à adequação explanatória <isto é, que vão além de ter de enfrentar o Problema de Platão, ou de ter de explicar os fatos acerca da pobreza de estímulo na aquisição da linguagem>. Assim, se você conseguisse atingir a adequação explanatória em Linguística – se você pudesse dizer: "Eis a Gramática Universal <GU>; forneça experiência linguística a ela e você obterá uma Língua-I" –, esse seria um começo para a Biologia da linguagem, mas seria apenas um começo <C>. E o próximo passo seria precisamente responder à pergunta que fizemos antes: por que a GU possui as propriedades que possui? Essa é a questão básica. Bem, uma possibilidade é que simplesmente uma coisa aconteceu depois da outra – um conjunto de acidentes históricos, asteroides atingindo a terra, ou seja lá o que for. Nesse caso, trata-se de algo essencialmente inexplicável; não tem suas raízes na natureza, mas em acidentes e na história. Mas há outra possibilidade, que é razoável, dado o que sabemos sobre a evolução humana. Parece que o sistema da linguagem evoluiu muito repentinamente. Se isso é verdade, um longo processo de acidentes históricos está excluído, e podemos começar a olhar para uma explicação em algum outro lugar – talvez, como Turing imaginou, na Química ou na Física.

A perspectiva-padrão na Biologia evolucionária – a razão pela qual os biologistas pensam que encontrar algo perfeito (isto é, um sistema biológico perfeito) não faz qualquer sentido – é a de que você está olhando para coisas que se estendem por um longo período de história evolucionária. E há, é claro, muitos casos do que François Jacob chama de "bricolagem", ou de remendo e improvisação[*tinkering*]; em qualquer momento particular da história evolucionária, a natureza faz o melhor que pode com o que tem à disposição. Você observa caminhos na evolução que ficaram trancados aqui, ou que saem dali, mas que não recomeçam nem vão a qualquer outro lugar. E assim você fica com o que parecem ser coisas muito complicadas, que você poderia ter feito melhor se tivesse tido a chance de projetá-las e construí-las [*engineer them*]desde o começo. Essa perspectiva pode nos ocorrer porque não as compreendemos bem. Mas talvez Turing estivesse certo: talvez esses processos se desenvolvam desse jeito porque assim deve ser. De qualquer modo, faz algum sentido ter aquela perspectiva se você está diante de um longo desenvolvimento evolucionário. Por outro lado, se algo acontece muito rapidamente, não faz qualquer sentido levar a sério aquela perspectiva.

Por algum tempo, não parecia provável que a evolução da linguagem pudesse ter acontecido muito rapidamente. A única abordagem que parecia fazer algum sentido era a de que a GU <ou o dote biológico que possuímos e que nos permite adquirir uma língua> é um sistema muito intrincado, com princípios altamente específicos que não possuiriam qualquer análogo em nenhum outro lugar do mundo. Mas isso leva ao fim de qualquer discussão dos problemas centrais da Biologia da linguagem – o que há de específico na linguagem? Como ela chegou aonde chegou? O motivo para aquela visão estava no elo entre a teoria – o formato da teoria linguística – e o problema da aquisição. O quadro que todos tinham em mente – inclusive eu – era o de que a GU fornece algo como um formato para as gramáticas possíveis, bem como algum tipo de técnica para escolher a melhor entre elas quando exposta a um conjunto de dados. Mas, para esse quadro funcionar, o formato tem de ser altamente restritivo: você não pode deixar um monte de opções abertas. E, para tornar o formato altamente restritivo, parece necessário que ele também seja altamente articulado e complexo. Desse modo, você é obrigado a postular uma teoria da Gramática Universal que é altamente articulada e específica, basicamente por razões de aquisição. Bem, aos poucos surge a abordagem de Princípios e Parâmetros <P&P>, que tomou forma por volta do início dos anos 1980. Ela não resolve o problema <de dizer o que é distintivo na linguagem e como a linguagem chegou aonde chegou>, mas elimina a principal barreira conceitual para resolver esse problema. O grande ponto da abordagem P&P é que ela dissocia o formato para gramáticas dos problemas da aquisição. A aquisição, de acordo com essa abordagem, deve ser basicamente uma questão de se aprender propriedades lexicais (provavelmente), e é indubitável que tais propriedades são aprendidas a partir da experiência; eis um outro modo pelo qual a aquisição é dissociada do formato para gramáticas.

Bem, se tudo isso é dissociado dos princípios da GU, então não há mais qualquer razão conceitual pela qual tais princípios devam ser extremamente intrincados e específicos. Assim, você pode começar a perguntar: estávamos errados sobre a complexidade e o alto nível de articulação dos princípios da GU? Podemos mostrar que, na verdade, eles são simples? É aqui que começa o Programa Minimalista. Podemos fazer a pergunta que estava sempre escondida mas que não podíamos enfrentar por causa da necessidade de resolver o problema da aquisição. Com a dissociação entre o processo de aquisição e a estrutura da linguagem – principalmente por meio da escolha de parâmetros, ou melhor, por meio da estratégia de deixar que a aquisição se dê pela fixação de valores para parâmetros de natureza lexical –, podemos ao menos considerar tais questões. Depois dos primeiros anos da década de 1980, eu começava quase todo curso que ministrei dizendo: "Vejamos se a linguagem é perfeita". Tentávamos então verificar se ela era perfeita, e isso não dava certo; terminávamos com algum outro tipo de complexidade. E, na verdade, a tentativa de investigar essa questão não conseguiu chegar muito longe até mais ou menos o começo dos anos 1990, e então, nesse ponto, as coisas começaram a se encaixar. Começamos a ver como você poderia tomar o <modo mais recente de compreender> a tecnologia – isto é, os recursos técnicos postulados pelos gerativistas – e desenvolver uma explicação fundamental para eles, e assim por diante. Estranhamente, uma das últimas coisas a ser percebidas, por volta do ano 2000, foi que o deslocamento <movimento> é necessário. Este parecia ser o maior problema: por que a linguagem precisa de deslocamento? A resposta certa – que essa operação é simplesmente *Merge* interno – se apresenta por si mesma uma vez que você olhe para a questão do modo correto.

JM: *A história não era a de que o deslocamento estava lá para que a derivação de uma estrutura gramatical satisfizesse as condições de interface – restrições sobre o sistema nuclear da linguagem que eram impostas pelos sistemas cognitivos com os quais a linguagem deve "se comunicar"?*

NC: Bem, acontece que a linguagem de fato deve satisfazer condições de interface; mas isso está lá, de qualquer modo. É preciso que haja condições de interface; <a questão que podíamos responder agora, isto é> o maior problema era: por que usar deslocamento para satisfazê-las? Por que não usar índices, ou alguma outra coisa? Qualquer sistema, isto é, qualquer teoria da linguagem <precisa> satisfazer tais condições, mas o faz com diferentes tecnologias. Bem, considerando cuidadosamente a questão, conclui-se que a gramática transformacional é um método ótimo para satisfazê-las, porque é de graça.

JM: *...quando concebida como* Merge *interno e externo...*

NC: Sim, isso vem de graça, se você não estipular que um deles não acontece.

JM: *O.k., e isso ajuda a entender por que* Merge – *portanto, recursão na forma que a empregamos na linguagem (e provavelmente em matemática) – está disponível apenas para os seres humanos.* <C> *Isso, então, é tudo o que é necessário para se compreender o que é distintivo na linguagem humana – que dispomos de* Merge? *Posso presumir, ao menos com algum fundamento, que outras espécies possuem capacidades conceituais...*

NC: Mas veja, isso é questionável. No que diz respeito ao componente <de interface> sensório-motor, isso provavelmente é verdade. Pode haver algumas adaptações para a linguagem, mas não são muitas. Considere, por exemplo, os ossos do ouvido médio. Eles foram magnificamente desenhados para interpretar a linguagem, mas ao que parece eles chegaram ao ouvido a partir das mandíbulas reptilianas, por algum processo mecânico de expansão do crânio que se deu, digamos, há cerca de 60 milhões de anos. Ou seja, isso é algo que simplesmente aconteceu. O aparato articulatório-motor dos seres humanos é um pouco diferente do de outros primatas, mas a maior parte das propriedades do sistema articulatório é encontrada em outros lugares, isto é, em outras espécies, e se macacos ou símios tivessem a capacidade humana para a linguagem, eles poderiam ter usado sejam quais fossem os sistemas sensório-motores de que dispusessem para externalização, como fazem em grande parte os humanos que são usuários nativos das línguas de sinais. Além disso, nosso sistema sensório-motor parece ter permanecido disponível para os hominídeos em nossa linha evolutiva por centenas de milhares de anos antes que fosse usado para a linguagem. Assim, não parece ter havido quaisquer inovações particulares aqui.

No que diz respeito ao componente conceitual, é totalmente diferente. Talvez não saibamos o que importa, mas tudo o que se sabe sobre o pensamento e as mentes dos animais é que os análogos aos conceitos humanos – ou seja lá o que for que atribuamos a eles – de fato possuem relações similares a relações referenciais com as coisas. Desse modo, possuem algo como uma relação palavra-objeto. Todo sinal vocal particular dos macacos está associado com um estado interno específico, como a fome, ou com um estado externo específico, como "Há folhas se movendo ali, portanto corra!".

JM: *Como Descartes sugeriu.*

NC: Exato. Isso parece verdadeiro em sistemas animais, tanto que o levantamento dos sistemas de comunicação animal feito por Randy Gallistel (1990) simplesmente o dá como um princípio. A comunicação animal está baseada no princípio de que símbolos internos estão em uma relação um-para-um com algum evento externo ou algum estado interno. Mas isso é simplesmente falso para a linguagem humana – totalmente. Nossos conceitos simplesmente não são assim. Aristóteles já havia notado isso; mas foi no século XVII que a ideia se tornou predominante. Considere, por exemplo, o capítulo 27 de Locke, que ele adiciona ao estudo sobre pessoas em *Ensaio sobre o entendimento humano*. Ele percebe muito bem que uma pessoa não é um objeto. O conceito tem algo a ver com continuidade psíquica. Ele envereda para experimentos de pensamento [*thought experiments*]: se duas pessoas que parecem idênticas possuem os mesmos pensamentos, estamos diante de uma pessoa ou de duas? E todo conceito para o qual você olha é assim. Por isso, eles parecem ser completamente diferentes dos conceitos animais. <C>
Na verdade, temos apenas uma compreensão superficial de como são nossos conceitos. Foi principalmente no século XVII que se investigou esse problema. Hume, mais tarde, reconheceu que nossos conceitos são apenas construções mentais evocadas de algum modo por propriedades externas. Então, o assunto começa gradualmente a perder interesse e muito pouco acontece. No

século XIX, ele é absorvido por teorias no estilo da referência fregeana, e então pela moderna filosofia da linguagem e da mente, que, acredito, são simplesmente extravagantes no que diz respeito a esse tópico.
Mas, para voltar à sua questão, creio que você está diante do fato de que o sistema conceitual humano parece não ter nada de análogo no mundo animal. A questão que se coloca é de onde vieram os conceitos animais, e há modos de estudar isso. Mas a origem do aparato conceitual humano permanece bastante misteriosa até hoje.

JM: *E o que você acha da ideia de que a capacidade para se dedicar ao pensamento – isto é, para pensar de modo independente das circunstâncias que poderiam acionar ou estimular pensamentos – poderia ter surgido como um resultado da emergência de uma sistema de linguagem, também?*

NC: A única razão para duvidar dessa ideia é que a capacidade de se dedicar ao pensamento parece ser a mesma entre grupos que se separaram há cerca de 50 mil anos. Assim, exceto se houve algum desenvolvimento cultural paralelo – o que é concebível –, parece que ela estava aguardando lá de algum modo. Portanto, se você perguntar a um nativo da Nova Guiné o que é uma pessoa, por exemplo, ou um rio... <obterá uma resposta como a que você próprio daria.> Além disso, os bebês possuem <pensamento>. Este é o aspecto mais surpreendente – que eles não o tenham aprendido <e, ainda assim, o conteúdo interno de seus pensamentos é rico e intrincado, e, como mencionei antes, além do alcance do *Oxford English Dictionary*>.
Considere as histórias para crianças; elas são baseadas nesses princípios. Leio essas histórias para meus netos. Se eles gostam de uma história, querem que ela seja lida 10 mil vezes. Eles gostam muito de uma sobre um burro que alguém transformou em uma pedra. O resto da história é sobre como os burrinhos tentam dizer a seus pais que a pedra é um bebê burrinho, embora ela seja

obviamente uma pedra. Alguma coisa ou outra acontece no fim, e a pedra se torna um bebê burrinho de novo. Mas toda criança, não interessa quão pequena seja, sabe que a pedra é um burro, que não é uma pedra. É um burro porque possui continuidade psíquica, e assim por diante. Isso não pode apenas ter se desenvolvido a partir da linguagem ou da experiência.

JM: *Bem, e o que você pensa sobre algo como a morfologia distribruída? Seria plausível que pelo menos alguma parte da estrutura conceitual – digamos, a diferença entre nomes e verbos – fosse diretamente resultante da linguagem como tal? Isso é plausível?*

NC: Depende do que você quer dizer com isso. Considere a noção de um burro, de novo. É uma noção linguística; e é utilizada pelo pensamento. Portanto, é um item lexical e um conceito. São coisas diferentes? Pense, por exemplo, na ideia de Jerry Fodor de uma linguagem do pensamento. O que sabemos sobre a linguagem do pensamento? Tudo o que sabemos sobre ela é que é a língua inglesa. Se é alguém no Leste da África que está pensando, então é a língua swahili. Não possuímos qualquer noção independente do que seja a linguagem do pensamento. De fato, não temos nenhuma razão para acreditar que há qualquer diferença entre itens lexicais e conceitos. É verdade que outras culturas vão dividir as coisas, isto é, a experiência do mundo de um modo um pouco diferente, mas as diferenças são realmente pequenas. As propriedades *básicas* são simplesmente *idênticas*. Quando dou exemplos em minhas aulas, como o da noção de um rio, e faço esses estranhos experimentos de pensamento <no que diz respeito à identidade dos rios – o que uma pessoa está disposta a chamar de um rio, ou de "o mesmo rio">, não importa muito a que cultura linguística a pessoa pertence, todas o reconhecem do mesmo modo em aspectos fundamentais. Qualquer bebê faz isso. Portanto, de algum modo, é preciso dizer que essas coisas estão lá. Elas se manifestam na linguagem; se elas estão "lá" independentemente da linguagem, não temos nenhum modo de saber. Não temos nenhum modo de estudá-las – ou são muito poucos os modos de fazê-lo, ao menos.

Podemos estudar *algumas* coisas sobre o desenvolvimento conceitual separadamente da linguagem, mas elas têm a ver com outras coisas, como a percepção do movimento, a estabilidade dos objetos, coisas desse tipo. É interessante, mas bastante superficial quando comparado com seja lá o que for que esses conceitos sejam. Desse modo, a questão sobre se tais conceitos vêm diretamente da linguagem parece estar além de nossas capacidades de investigação; não temos como entender o pensamento das crianças para muito além disso.

Mas então a questão é: de onde vieram esses conceitos? Você pode imaginar como uma mutação genética poderia ter nos dado *Merge*, mas como nos daria o conceito de identidade psíquica como uma propriedade definidora de um certo tipo de entidades? Ou muitas outras propriedades bastante afastadas da experiência?

JM: *Às vezes fico pensando sobre se os conceitos lexicais poderiam ou não ser gerativos em algum sentido ou outro. Parece plausível à primeira vista – ofereceria alguns modos de compreendê-los.*

NC: Os que foram mais bem estudados não são aqueles de que estávamos falando – os que usamos às vezes para nos referir ao mundo <tais como ÁGUA e RIO>, mas conceitos relacionais, como os de relação temporal – verbos estativos *versus* ativos <por exemplo> – ou conceitos relacionais envolvendo movimento, analogias entre espaço e tempo, e assim por diante. Há uma quantidade razoável de trabalhos descritivos interessantes <sobre esses conceitos>. Mas eles são partes do aparato semântico relacionadas à sintaxe de modo muito próximo, de maneira que <ao estudá-los> você está na verdade estudando um sistema relacional que tem algo de uma natureza sintática.

O ponto em que isso se torna um impasse é quando você pergunta como essas coisas são usadas para falar sobre o mundo – a questão tradicional da semântica. Quase tudo o que é feito – digamos, tudo o que é feito – em semântica formal ou semântica linguística ou na teoria sobre aspecto verbal, e assim por diante, é quase tudo interno <e sintático em um sentido amplo>. Funcionaria do mesmo jeito se não houvesse mundo externo algum. Assim, você poderia colocar o cérebro em um balde, ou seja lá o que for. E então a pergunta surge: "Veja bem, usamos essas coisas para falar sobre o mundo; como fazemos isso?". Aqui, acho que filósofos, linguistas e outros que pertencem à moderna tradição intelectual estão presos em uma espécie de armadilha, a armadilha de presumir que há uma relação de referência entre expressões e coisas do mundo. <C>

Achei que seria útil e tentei convencer outras pessoas – sem sucesso – de pensar sobre esse problema por meio de uma comparação com a fonologia. Depara-se com a mesma questão. Todo o trabalho em fonologia é interno <à mente/ao cérebro>. Você de fato presume que a fonética em sentido estrito dá algum tipo de instrução ao sistema articulatório e auditivo – ou seja qual for o sistema que você está usando para externalização. Mas isso está fora da faculdade da linguagem. É tão esquisito que ninguém sugira que exista uma relação som/símbolo; ninguém pensa que o símbolo *æ* (o som "a" de *cat* em inglês), digamos, pega algum objeto externo à mente. Você poderia jogar o jogo que os filósofos jogam; você poderia dizer que há um construto quadridimensional de movimentos de moléculas que é o valor fonético de *æ*. E então *æ* pega esse objeto, e quando digo *æ* (ou talvez *cat*) conseguimos entender, pois se refere ao mesmo construto quadridimensional. Isso é tão insano que ninguém – bem, quase ninguém, como você sabe – o faz. O que realmente acontece – isso é bem compreendido – é que você dá instruções para, digamos, seu aparelho articulatório e ele as converte em movimentos de moléculas que se dão de diferentes maneiras e

em diversas circunstâncias, e dependem de você ter ou não uma dor de garganta, ou de estar gritando, ou algo assim. E alguém interpreta isso, se estiver perto o suficiente de você, por meio de sua linguagem interna, de sua concepção do mundo, de sua compreensão das circunstâncias, e assim por diante; nessa medida, as pessoas podem interpretar o que você está dizendo. É um jogo de "mais ou menos". Todo mundo presume que esse é o modo como o lado sonoro da linguagem funciona.
Então, por que o lado do significado da linguagem não funcionaria assim: nada de semântica – isto é, nenhuma relação de referência –, apenas instruções sintáticas para o aparato conceitual que então age? Agora – uma vez que você está no aparato conceitual e em ação – você está no domínio da ação humana. E quaisquer que sejam as complexidades da ação humana, o aparato – mais ou menos – pensa sobre elas de uma certa forma. E outras pessoas que são mais ou menos como nós, ou que pensam em si mesmas da mesma maneira, ou que se colocam em nosso lugar, obtêm uma compreensão razoavelmente boa do que estamos tentando dizer. Não parece haver muito mais que isso. <C>

Material suplementar da entrevista de 20 de janeiro de 2009

JM: *Agora vou tratar do que você chamou de "informação semântica" em uma palestra em 2007 no MIT sobre a perfeição do sistema da linguagem, bem como em outros lugares. Você mencionou que na interface semântica (SEM) da faculdade da linguagem há dois tipos de informação semântica: uma relativa à estrutura de argumentos, que você presume se deve a* Merge *externo; e outra que diz respeito a coisas como tópico, escopo e informação – aspectos dessa natureza –, que você presume se deve a* Merge *interno.*

NC: Bem, é mais ou menos isso. Há argumentos contrários, como a teoria do controle de Norbert Hornstein, que diz que você pode pegar papéis temáticos por meio de *Merge* interno. Então, não quero sugerir que é uma questão fechada, de modo algum, mas se você adotar um ponto de vista como o de Deus, o que você espera, mais ou menos, é que, se você vai ter dois tipos diversos de *Merge*, então eles deveriam fazer coisas diferentes. Não tenho provas. Mas os dados parecem sugerir que isso está muito perto da verdade, tão perto que parece perto demais para ser um acidente. Os casos-padrão de relações de estrutura argumental são resultantes de *Merge* externo, e os casos normais de orientação para o discurso e coisas desse tipo são de *Merge* interno.

JM: *É um tipo muito diferente de informação.*

NC: É muito diferente, e se soubéssemos o suficiente sobre o pensamento animal, suspeito que descobriríamos que algumas partes de *Merge* externo podem até mesmo ser, em alguma medida, comuns aos primatas. Você provavelmente pode encontrar coisas como esquemas de ator-ação em macacos. Mas eles não podem fazer muita coisa com isso, é como uma espécie de reflexo das coisas que eles percebem. Você vê isso em termos de propriedades do tipo observado por Cudworth, de propriedades de Gestalt, de relações causais; é um modo de perceber.

JM: *Eventos com propriedades n-ádicas – tomando vários números de argumentos, e coisas do tipo.*

NC: Sim, esse tipo de coisa. E isso pode ser simplesmente o que *Merge* externo lhe dá. Por outro lado, há um outro tipo de *Merge* e, se ele for usado, estará relacionado a outras propriedades. Descritivamente, as coisas se distribuem, muito aproximadamente, entre a estrutura temática básica por um lado, e a orientação do discurso, estrutura de informação, propriedades de escopo, e assim por diante, de outro.

JM: *Parece se tratar de informação pragmática...*

NC: Afinal de contas, a interface é semântico-pragmática. <C> Neste momento, há muita discussão em torno ao trabalho de Dan Everett com uma língua brasileira, pirarrã – como descrito no *New Yorker* e em outros lugares. David Pesetsky tem um longo artigo sobre a discussão com outros dois linguistas <Nevins; Pesetsky; Rodrigues, 2007>, e, segundo eles, o pirarrã é simplesmente como as demais línguas. A discussão chegou à literatura filosófica também. Algumas pessoas inteligentes – um bom filósofo inglês escreveu um artigo sobre isso. É embaraçosamente ruim. Ele argumenta que a discussão sugere que o pirarrã mina a Gramática Universal, porque mostra que a linguagem não é baseada em recursão. Bem, se Everett estivesse certo, isso mostraria que o pirarrã não utiliza os recursos que a Gramática Universal disponibiliza. Mas isso é como se você tivesse encontrado em algum lugar uma tribo de pessoas que rastejam em vez de andar. Eles veem outras pessoas rastejar, e por isso rastejam. Isso não mostra que você não pode andar, que não está geneticamente programado para andar <e que de fato caminha, se você tiver o tipo relevante de experiência que aciona a capacidade, e se não for de alguma outra maneira inabilitado>. De qualquer maneira, o que Everett afirma provavelmente não é verdade; mas, mesmo que fosse, isso simplesmente significaria que essa língua tem recursos lexicais limitados e não está usando *Merge* interno. Bem, talvez não esteja: o chinês não o usa para a formação de perguntas. O inglês não usa um monte de coisas; não usa a opção bakeriana da polissíntese, por exemplo. Nenhuma língua usa todas as opções que estão disponíveis na GU.

3
Representação e computação

JM: *Continuando na mesma linha, sua compreensão do que é computação parece diferir da noção filosoficamente favorecida, pela qual ela é entendida como ligada à teoria representacional da mente. Computação, nessa teoria, é vista como algo parecido com as operações de um dispositivo de resolução de problemas que opera sobre símbolos, os quais são entendidos em termos semânticos tradicionais (não em seus termos), isto é, em termos de relações em que itens dentro da cabeça representam coisas do lado de fora, no mundo.*

NC: O termo "representação" é usado em uma espécie de sentido técnico, na literatura filosófica, que eu acho que basicamente remonta à teoria da ideias. Você sabe que há algo lá fora, e a impressão dessa coisa sobre seus sentidos se torna uma ideia, e então há uma relação – por exemplo, como na teoria representacional da mente proposta por Jerry Fodor –, uma relação causal entre *o gato que está lá* e o conceito de *gato* em sua língua do pensamento. Kripke, Putnam e Burge têm também uma concepção mais ou menos como essa.

JM: *Bem, é mais que apenas causal – quero dizer, para Fodor, é realmente uma relação semântica...*

NC: Sim, mas é causal <no sentido de que algo "lá fora" causa a formação de uma representação interna que é "sua ideia" do que a causa>. Quero dizer, é assim que você obtém a conexão. Há alguma relação causal, e então, sim, a relação semântica de referência se estabelece. E há uma questão factual quanto a saber se algo disso tudo acontece. Obviamente, há uma relação causal entre o que está lá fora no mundo e o que está em nossa cabeça. Mas disso não segue que há um relação de símbolo-objeto <algo como o inverso da relação causal>. E o grande problema com essa abordagem é: qual é o objeto? Bem, aqui estamos de volta ao estudo dos conceitos lexicais, e já estava muito claro por volta dos séculos XVII e XVIII que não haveria uma relação como essa, mesmo para os conceitos mais simples. Nós simplesmente individualizmos as coisas de maneiras diferentes.
A discussão de Locke sobre a identidade pessoal é um exemplo famoso de como simplesmente não individualizamos as coisas daquela forma <nós, ou melhor, nossas mentes, produzem o conceito PESSOA>. A discussão remonta a Aristóteles e à dicotomia entre forma e matéria, mas então ela se estende muito no século XVII; e depois, simplesmente sai de cena. Tanto quanto sei, depois de Hume a discussão virtualmente desaparece da literatura. E agora – por estes dias – estamos de volta a um tipo de concepção neoescolástica das relações palavra-coisa. É por isso que você tem livros intitulados *Word and Object* [*Palavra e objeto*] <de W. V. O. Quine> e esse tipo de coisa. Mas não há razão alguma para acreditar que essa relação exista. Então, sim, as teorias representacionais da mente estão ligadas a um conceito de representação que possui origens históricas, mas nenhum mérito particular, tanto quanto eu sei.

JM: *Eu perguntei em parte porque, quando você lê obras de pessoas como Georges Rey, ele parece supor que, quando Turing fala de computação, está essencialmente comprometido com algo como uma abordagem representacional.*

NC: Não entendo de onde isso vem – não vejo qualquer evidência para isso em Turing. Essa é a maneira como Turing é interpretado por Rey, por Fodor e por outros. Mas não vejo nenhuma base textual para isso. De fato, não acho que Turing tenha sequer pensado no problema. Não há nada no que eu li, pelo menos. Você pode acrescentar isso, se você quer, a Turing, mas não está lá. Agora, Georges Rey em particular realizou uma pesquisa muito intensa da literatura para encontrar usos da palavra "representação" em meu trabalho e em outros lugares, e sempre os interpreta mal, em minha opinião <veja a contribuição do Rey e a resposta de Chomsky em Hornstein e Antony (2003)>. Se você olhar para a literatura sobre ciência cognitiva, neurologia, e assim por diante, as pessoas estão constantemente falando sobre representações internas. Mas elas não querem dizer com isso que há uma conexão entre o que está dentro e alguma entidade independente da mente. O termo "representação interna" significa apenas que há alguma coisa dentro. E quando você adiciona aquela tradição filosófica a essa noção, sim, você obtém conclusões engraçadas – de fato, inúteis. Mas se aprendemos alguma coisa na pós-graduação quando estávamos lendo o último Wittgenstein, é que isso é um erro filosófico tradicional. Se você quer entender como um neurocientista cognitivo ou um linguista está usando a palavra "representação", tem de ver como eles a estão usando, e não adicionar uma tradição filosófica a ela. <Para voltar a um ponto anterior,> considere a noção de representação fonética – que é o padrão, o termo linguístico tradicional a partir do qual todos os outros vêm. Ninguém pensa que um elemento em uma sílaba transcrita no IPA <o Alfabeto Fonético Internacional> se refere a uma entidade apartada da mente no mundo. Se o elemento é chamado de uma representação fonética, é apenas para dizer que há algo acontecendo na cabeça. <C>

4
Mais sobre conceitos humanos

JM: *Falamos previamente sobre a distinção de conceitos humanos, e eu gostaria de esclarecer um pouco mais sobre as implicações disso. Acredito que, ao menos em parte, essa distinção tenha a ver com o fato de que os seres humanos, quando usam conceitos – diferentemente de vários outros animais –, não o fazem em circunstâncias nas quais exista algum tipo de aplicação direta do conceito a situações imediatas.*

NC: Bem, até onde sabemos – e talvez não saibamos o suficiente sobre outros animais –, o que tem sido descrito na literatura sobre os animais é que cada ação (local ou o que seja) está conectada – por aquilo que Descartes teria chamado de uma máquina – ou a um estado interno ou a um evento externo que tenham servido de gatilho. Pode ser apenas um estado interno – então o animal emite um grito particular <ou alguma outra forma de comportamento>, "dizendo" alguma coisa do tipo "estou aqui", ou uma ameaça, como "fique longe", ou ainda um grito de acasalamento. <Encontramos isso> até em insetos. Ou então pode ser uma reação a algum tipo de evento externo: pode ser que uma galinha esteja olhando para cima e veja algo que interpretamos como "há um pássaro caçando" – ainda que ninguém saiba o que a galinha esteja fazendo de fato. Parece ser assim, na medida em que – como mencionado anteriormente – Randy Gallistel (1990), em sua introdução a um volume sobre comunicação animal, sugere que, para todos os animais, até mesmo os insetos, não importa qual seja a representação interna existente, ela está associada de maneira unívoca ou a um evento externo independente do indivíduo ou a um evento interno. O mesmo não se aplica à linguagem humana. Então, se <o que ele afirma> está próximo da verdade no que diz respeito aos animais, existe uma divisão profunda aqui.

JM: *Há uma profunda divisão no que diz respeito ao que poderíamos chamar de "uso" ou aplicação de tipos relevantes de conceitos, mas o que eu acho é que existe mais que isso...*

NC: Bem, é de sua natureza, qualquer que seja a natureza de CASA ou LONDRES, ARISTÓTELES ou ÁGUA – qualquer que seja sua representação interna –, ela simplesmente não é conectada a eventos externos ou internos independentes da mente. Basicamente essa é uma versão do argumento de Descartes, que parece bem apurado.

JM: *O.k., então isso não está ligado ao uso de conceitos nem ao...*

NC: Pensamento. É alguma coisa relacionada a sua natureza ou a seu uso? Seu uso depende de sua natureza. Usamos CASA de maneira diferente que usamos LIVRO; isso porque existe alguma coisa diferente sobre CASA e LIVRO. Então não vejo como alguma distinção útil possa ser feita...

JM: *De qualquer maneira, existe uma diferença muito considerável entre quaisquer características que os conceitos humanos têm e quaisquer tipos de coisas e propriedades no mundo que podem ou não estar "lá fora" –*

ainda que possamos usar alguns desses conceitos para nos referirmos a tais coisas...

NC: Sim, de fato, a relação me parece ser, em alguns sentidos, semelhante ao lado sonoro da linguagem <como mencionei anteriormente>. Há uma representação interna, mas não existe um evento físico independente do ser humano ao qual esteja associado.

JM: *Assim, para os conceitos, segue-se que apenas uma criatura com um tipo semelhante de mente pode, de fato, compreender o que um ser humano está dizendo quando ele diz algo e expressa os conceitos que aquela pessoa tem...*

NC: Então, quando você ensina alguns comandos a um cachorro, ele está reagindo a algo, não a seus conceitos...

JM: *O.k. Bem, gostaria de lhe perguntar, então, com mais detalhes, sobre o que pode ser considerado como um tipo relevante de teoria, se quisermos explorar os conceitos. Faz sentido dizer que existem conceitos atômicos? Não estou sugerindo que eles devam ser atômicos tal como Jerry Fodor pensa que eles devam ser – porque para ele, obviamente, eles são definidos semanticamente com base em uma classe de propriedades idênticas...*

NC: Externas...

JM: *Sim, propriedades externas.*

NC: Simplesmente não vejo como isso possa funcionar, porque não vejo nenhuma maneira de individualizá-los em separado da mente. Mas não vejo outra alternativa a não ser supor que existam conceitos atômicos. Ou eles são todos atômicos – e nesse caso existem alguns conceitos atômicos, portanto –, ou existe alguma maneira de combiná-los. Eu realmente não tenho nenhuma ideia de como seria uma alternativa a essa proposta. Se eles existem, há alguns que são atômicos. Parece uma questão lógica.

JM: *Eu me pergunto se o ponto de vista que afirma que devem existir conceitos atômicos não tenha mais ou menos o mesmo* status *que a suposição de Newton de que devem existir corpúsculos, porque simplesmente é assim que pensamos...*

NC: Está certo... devem existir corpúsculos. O fato é que Newton tinha os corpúsculos errados. Toda forma de Física supõe que existam algumas coisas elementares, mesmo que sejam cordas. As coisas de que o mundo é feito, inclusive nossas naturezas internas, nossas mentes, são compostas ou não. Se não são compostas, são atômicas. Portanto, existem corpúsculos.

JM: *Existe algum trabalho feito em Linguística, atualmente, que está se aproximando de uma clareza maior sobre qual a natureza dessas entidades atômicas?*

NC: Sim, mas o trabalho que tem sido feito – e é um trabalho interessante – é baseado quase inteiramente em conceitos relacionais. Há uma vasta literatura sobre verbos télicos etc., em coisas relacionadas à sintaxe. Como os eventos desempenham um papel, agentes, estados...? O tipo de coisa davidsoniana. Mas é relacional.

As preocupações dos filósofos trabalhando em filosofia da linguagem e dos linguistas trabalhando em semântica são quase complementares. Ninguém da Linguística trabalha com o significado de ÁGUA, ÁRVORE, CASA etc.; eles trabalham com CARREGAR, PREENCHER e COMEÇAR, na maioria conceitos verbais.

JM: *As contribuições de alguns filósofos trabalhando em semântica formal podem ser entendidas – como você já apontou em alguns outros lugares – como uma contribuição à sintaxe.*

NC: Por exemplo, o tipo de trabalho davidsoniano...

JM: *Exatamente...*

NC: Seja o que for que alguém pense sobre isso, é uma contribuição do lado significativo da linguagem para a sintaxe. Entretanto, contrariamente ao que alguns davidsonianos e outros entendem, é completamente interno, tal como eu entendo. Pode-se associar a condições de verdade, ou indicações de verdade de algum tipo; isso faz parte da decisão sobre a verdade das declarações. Isso e um milhão de outras coisas. <C>

5
Reflexões sobre o estudo da linguagem

JM: *Você costumava traçar uma distinção entre a faculdade da linguagem estreita e a faculdade da linguagem ampla, que pode incluir alguns sistemas de desempenho. Essa distinção assim compreendida ainda é plausível?*

NC: Estamos supondo – não é uma certeza –, mas estamos basicamente adotando o modelo aristotélico de que existe som e significado e alguma coisa que os conecte. Então, para começar com essa ideia de uma maneira aproximada, existem um sistema sensório-motor voltado para a externalização e um sistema conceitual que envolve pensamento e ação. Esses últimos são, ao menos em parte, independentes da linguagem – internos, mas independentes da linguagem. A faculdade da linguagem em sentido amplo inclui isso e qualquer coisa que os conecte. Aquilo que os conecta, o que quer que seja, é o que chamamos de sintaxe, "semântica" <no sentido mencionado, não no sentido usual>, fonologia, morfologia... E supomos que a faculdade da linguagem estreita produz a variedade infinita de expressões que fornecem informações usadas por essas duas interfaces. Para além disso, o sistema sensório-motor – que é o mais fácil de ser estudado e provavelmente o periférico (na verdade, ele é bem externo à linguagem) – faz o que faz. E quando olhamos o sistema conceitual, estamos olhando para a ação humana, que é um tópico de estudo demasiadamente complicado. Podemos pegar algumas partes para estudar, tal como Galileu quis fazer com aviões inclinados, e talvez consigamos elaborar alguma coisa, com certa sorte. Mas não importa o que façamos, isso ainda vai se conectar à maneira com que as pessoas se referem às coisas, falam sobre o mundo, fazem perguntas e – mais ou menos no estilo de <John> Austin – efetuam atos de fala. Se você preferir, dizemos que é pragmática, tal como entendida no modelo tradicional <que distingue sintaxe, semântica e pragmática>.[1] Todas essas distinções conceituais ainda permanecem. Questões muito interessantes surgem a respeito dos limites dessas fronteiras. Assim que você começa a compreender realmente como a coisa funciona em detalhes, creio que exista evidência persuasiva – nunca conclusiva, mas muito persuasiva – de que o sistema de conexão realmente seja baseado em alguma operação do tipo "concatenar", de tal forma que seja composicional até o núcleo. Ele vai construindo as peças e então as transferindo para as interfaces enquanto as interpreta. Logo, tudo é composicional, ou cíclico, em termos linguísticos. Então o que poderemos esperar de um sistema que esteja funcionando bem é que existam restrições de carregamento de memória, o que significa que, quando você envia algo para a interface, você processa essa informação e esquece ela; você não precisa ter de reprocessá-la. Então, você passa para o próximo estágio e não precisa reprocessá-la. Isso parece funcionar muito bem e fornece vários bons resultados empíricos.

1 O argumento de Chomsky referente à pragmática parece ser que é muito improvável que a pragmática seja uma ciência natural (ao menos tal como ela é compreendida hoje), ainda que seja possível encontrar aspectos sistemáticos na maneira como as pessoas usam a linguagem. Cf. Apêndice VI.

Mas há um problema: é que existem propriedades globais. Então, por exemplo, no componente sonoro, as propriedades prosódicas são globais. Se a entonação da sentença vai subir ou descer no fim, isso depende do tipo de complemento com o qual ela começa. Se for uma pergunta que começa com "quem" ou "o que", isso vai dizer muito sobre a prosódia inteira da sentença. E por essa e outras razões, isso é uma propriedade global; não é construída parte por parte. De maneira semelhante, no componente semântico, coisas como a ligação de variáveis ou o princípio C da teoria da ligação são plenamente globais. Ora, o que isso significa? Pode significar que esses sistemas – como a prosódia e a teoria da ligação – que consideramos como pertencentes à sintaxe estrita podem estar completamente fora da faculdade da linguagem. Não temos a arquitetura dada *a priori*. E sabemos que, de alguma forma, existe lá fora um homúnculo que está usando todo o som e todo o significado – é assim que pensamos e falamos. Pode ser que aquele ponto em que toda a informação é recolhida seja o ponto a que as propriedades globais se aplicam. E algumas dessas propriedades globais estão relacionadas a situações, assim como aquilo que você decide também depende daquilo que você sabe que está falando, que contexto informacional você está usando etc. Mas isso está disponível ao homúnculo; não deve estar na faculdade da linguagem. A faculdade da linguagem é como o sistema digestivo, que processa coisas e produz outras. Não sabemos exatamente quais são as fronteiras, mas elas podem ser descobertas. Você poderia descobri-las de maneiras como essas. <C>

Na verdade, poderemos descobrir que toda a ideia da interface está errada. Peguemos, por exemplo, o componente sonoro, sobre o qual é mais fácil de pensar, já que temos alguma informação sobre ele. Aceita-se universalmente – o que nos remete ao começo desse assunto – que a linguagem interna constrói um tipo de representação fonética estreita que é então interpretado pelo sistema sensório-motor; pode-se postular de maneira diferente, mas em geral é assim que se concebe esse funcionamento. Bem, isso não é uma necessidade *lógica*. Poderia ser o caso de que, no curso da geração da face sonora de uma elocução, estivéssemos enviando algumas partes para o sistema sensório-motor antes de enviar outras. Por isso, não existiria uma interface fonética. É possível criar um sistema que funcione assim, e não sabemos ao certo se a língua não funciona dessa maneira. Apenas aceitamos que ela não seja assim porque a suposição mais simples é a de que existe uma interface. Mas o fato de que essa seja a primeira ideia que nos vem à mente não a torna necessariamente verdadeira. Poderia ser o caso de que nosso entendimento da arquitetura da linguagem seja uma mera primeira tentativa. Não é necessariamente errada, mas a maioria das primeiras tentativas é. Dê uma olhada na história das ciências avançadas. Não importa o quanto elas estejam estabelecidas; na maioria dos casos, elas estavam erradas.

JM: *É verdade, mas sua construção tem geralmente se guiado pela intuição de que a simplicidade da estrutura é algo crucial, e você chega <ao menos parcialmente> a algum sucesso quando segue essa linha de pensamento.*

NC: Ninguém sabe por quê, mas essa tem sido uma intuição norteadora. De fato, isso é quase o núcleo da concepção de ciência que Galileu tinha. É isso que me guiou. E na Biologia, foi isso que guiou gente como Turing em seus esforços para colocar o estudo da Biologia nos departamentos de Física e Química.

JM: *História, livre ação e acidentes bagunçam as coisas e fogem ao escopo da ciência natural. Quando você começou isso tudo, imaginava que a Linguística se tornaria cada vez mais parecida com uma ciência física?*

NC: Estou um pouco perplexo. Quer dizer, eu acreditava realmente no que estava aprendendo <com Zellig Harris e outros professores>; como um garoto judeu bem–educado fazia. Mas cada vez menos aquilo fazia sentido. Pelo fim dos anos 1940, eu estava meio que trabalhando sozinho e pensando que isto – a ideia de que o estudo da linguagem fosse uma ciência natural – fosse um problema pessoal. Foi apenas no começo da década de 1950 que comecei a pensar que esse problema pessoal fazia algum sentido. Então comecei a falar sobre ele. Por isso, foi um processo difícil de superar. E então, obviamente, <eu tive um longo caminho a percorrer>. Por anos, quando eu pensava que estava fazendo gramática gerativa, estava na verdade tirando coisas da gramática tradicional.

6
Parâmetros, canalização, inatismo e gramática universal

JM: *Ainda sobre o que temos conversado, eu gostaria de perguntar sobre o desenvolvimento linguístico (desenvolvimento da linguagem) no indivíduo. Você tem empregado – ou ao menos aludido a – o conceito de canalização, um termo já antigo de C. H. Waddington, de cerca de cinquenta ou sessenta anos, sugerindo que o desenvolvimento linguístico na criança seja com uma canalização. Os parâmetros podem ser entendidos como uma maneira de capturar a canalização?*

NC: A canalização soa como a ideia certa, mas, até onde eu sei, não existe muito trabalho empírico em termos biológicos.

No que diz respeito aos parâmetros, há algumas perguntas básicas que devem ser respondidas. Uma pergunta é a seguinte: por que não existe apenas uma única língua? Por que as línguas variam? Então suponha que essa mutação tenha acontecido; por que ela não consertou a linguagem? Não sabemos quais são os parâmetros, mas, quaisquer que sejam, por que são esses e não outros? Então essas questões devem aparecer, mas dificilmente são tópicos de pesquisa. Existe uma resposta que pode ser concebida em termos de eficiência ótima – eficiência de computação.

Essa resposta poderia ser algo assim, ainda que ninguém a tenha proposto; é realmente uma especulação. Na medida em que a Biologia origina uma única língua, isso aumenta a carga genética: você precisa ter mais informação genética para determinar uma única língua do que para permitir uma variedade de línguas. Então, há uma espécie de "economia" em não ter línguas demasiadamente mínimas. Por outro lado, isso torna a aquisição muito mais complicada: é mais fácil adquirir uma língua que seja mínima. E poderia ser o caso de que exista uma solução matemática a esse problema da maximização simultânea: como é possível otimizar esses dois fatores conflitantes? Seria um bom problema, mas não conseguimos formulá-lo.
E há outras especulações por aí; você leu o livro *Atoms of Language* [Átomos da linguagem], de Mark Baker, não?

JM: *Sim, eu li.*

NC: Bem, lá aparece essa ideia legal de que os parâmetros existem para que possamos enganar uns aos outros...

JM: *E usar essa opção em tempos de guerra.* <C>

NC: Obviamente, compreender quais parâmetros existem se torna rudimentar demais para que consigamos uma resposta baseada em princípios. Mas essas questões vão surgir.
Veja a fonologia. Geralmente presumimos – plausivelmente, mas sem uma evidência direta – que o mapeamento da sintaxe estrita à interface semântica é uniforme. Existem muitas teorias sobre isso, mas todas elas dizem que é assim que deve funcionar para todas as línguas – o que é razoável, uma vez que temos apenas evidências limitadas para isso. A sintaxe estrita se parece uniforme até os parâmetros. Por outro lado, o mapeamento para o componente sonoro varia por todos os lados. É muito complexo; parece não ter nenhuma das propriedades computacionais

interessantes do resto do sistema. E a pergunta é por quê. Bem, existe uma resposta do estilo "floco de neve", a saber: o que quer que a fonologia seja, é a solução ótima ao problema que surgiu em algum ponto da evolução da linguagem: como externalizar o sistema interno e como externalizá-lo por meio do sistema sensório-motor. Temos esse sistema interno de pensamento que pode estar lá há milhares de anos. Bem, talvez a melhor maneira de externalizá-lo seja fazendo uma confusão. Essa seria a resposta mais interessante; contudo, é um pensamento estranho para mim. E é possível pensar em perguntas de longo prazo como essa, seguindo essa linha.

JM: *E a otimização seria uma exigência para o caso conceitual-intencional?*

NC: Isso é realmente um enigma. Então por que nossos conceitos sempre têm essa propriedade curiosa invariável de se conformar aos nossos "poderes cognitivos", para usar a terminologia de Ralph Cudworth, ao invés de se conformar à natureza do mundo? Realmente é estranho. E parece ser completamente independente. Não há origens sensatas, vantagens selecionais, nada...

JM: *Frequentemente você tem enfatizado a importância de fatos relacionados à pobreza de estímulo com o conhecimento de todos os aspectos da linguagem – a saber, estruturais, fonético-fonológicos e semântico-conceituais. Você diz que os fatos demandam uma explicação e que a teoria da Gramática Universal é uma hipótese, talvez uma hipótese viável, que explica esses fatos particulares. Você poderia falar sobre a relação que o inatismo tem com isso, dado nosso conhecimento sobre a GU e a computação nela envolvida?*

NC: Em primeiro lugar, eu deveria dizer que foi um erro tático trazer a questão da pobreza de estímulos – olhando em retrospecto, vejo isso com clareza agora. A razão para isso é que pode parecer que se trata apenas de uma questão sobre linguagem, mas é uma propriedade universal do crescimento. O fato de que nós temos braços e pernas é uma propriedade da pobreza de estímulo – a nutrição não determina esses membros. Então, qualquer aspecto do crescimento – físico, cognitivo ou qualquer outro – terá de lidar com questões relacionadas à pobreza do estímulo. E, ao menos nas ciências, não é Deus ou alguma outra coisa, aceita-se universalmente que isso tenha a ver com nossa dotação genética. Então, presumivelmente, o caso da linguagem está relacionado com dotação genética. Essa é a Gramática Universal, como tem sido concebida geralmente.

Agora, na verdade, essa visão está errada, porque não é graças à dotação genética: é graças à dotação genética e às leis sobre a maneira como o mundo funciona. Ninguém sabe como ele funciona, mas alguns biólogos sérios acreditam que alguns tipos de restrições de desenvolvimento ou fatores de arquitetura desempenham um papel crucial no crescimento e também na evolução – em ambas as formas de desenvolvimento. Alguma noção de evolução e crescimento, que em casos genéticos são conceitos próximos, vai desempenhar um papel. Então, temos de considerar dois fatores. Ou melhor, três. A experiência vai fazer algumas escolhas. A Gramática Universal ou a dotação genética vão determinar as restrições. E as restrições de desenvolvimento, que são independentes da linguagem e talvez sejam independentes da Biologia, vão desempenhar algum papel determinante no curso do crescimento. O problema é separar as consequências de cada um desses fatores.

Bem, o que é a Gramática Universal? É a melhor teoria sobre o que a língua é, neste momento. Posso fazer uma tentativa. Há a questão dos itens lexicais (de onde eles vêm?). Esse é um assunto imenso. Entre as propriedades dos itens lexicais, eu suspeito, estão os parâmetros. Então, eles são provavelmente lexicais e provavelmente estão em uma pequena parte do léxico. Fora isso, há ainda a questão da construção das expressões. Cada vez mais parece que é possível eliminar tudo, exceto a restrição de *Merge*.

Aí você precisa afinar essa noção. É fato, um fato claro, que os objetos sintáticos que você constrói contêm informação relevante para a computação linguística. Bem, otimamente, essa informação deve ser encontrada em um elemento único que possa ser facilmente descoberto, que poderia ser, tecnicamente, seu rótulo. Os rótulos terão de sair do léxico e ser carregados adiante pelo processo computacional; e eles deverão conter, otimamente, toda a informação relevante para os próximos passos da computação. Bem, isso significa que, para a concatenação externa, algumas propriedades selecionais estarão envolvidas – onde isso encaixa o próximo objeto que está vindo? Para a concatenação interna, parece que – assim esperamos nesse domínio – é a sonda que encontra o *input* para a concatenação interna e anexa-o na ponta, porque você não quer interferir no processo, apenas rearranjá-lo. Bem, isso te leva bem longe, até os traços – o que eles são, de onde eles vieram etc. <C>

JM: *Noam, isso é tudo por hoje. Muito obrigado...*

JM: *<Retomando a discussão> para continuar no assunto que abordamos na última seção: estivemos discutindo o conceito de inatismo, e estive pensando que chegamos à compreensão de que, no que diz respeito aos conceitos lexicais, não temos uma ideia clara do que significa dizer que eles são inatos... mas eles são.*

NC: Parte do motivo para isso – não saber o que significa dizer que eles sejam inatos – é que não fazemos muita ideia do que eles realmente sejam.

JM: *Sim, indo mais a fundo na lista de áreas que já conhecemos um pouco melhor, sabemos que, no que diz respeito aos traços estruturais, a melhor maneira de compreender o inatismo está provavelmente relacionada com o conceito de Merge, ou seja, um conceito de linguagem que se foca na ideia de que a maior parte da estrutura da língua está de alguma forma relacionada a essa introdução de Merge por volta de 50 mil ou 60 mil anos atrás. Isso é plausível?*

NC: Bem, isso é muito plausível. Entretanto, ainda não sabemos o quanto sobre a linguagem podemos explicar com esse conceito – basicamente descobrir isso é o que propõe o Programa Minimalista: o quanto conseguimos explicar com essa única inovação? Sobre *Merge* em si, todas as teorias concordam; se você tem um sistema com infinitas expressões organizadas hierarquicamente, você deve ter *Merge*, ou alguma coisa equivalente, qualquer que seja a formulação desse princípio equivalente. A gente apenas supõe que *Merge* tenha surgido em algum ponto, e podemos mais ou menos estimar a data. Então, a questão é a seguinte: tendo isso e as condições externas que a linguagem deve enfrentar – condições de interface e propriedades independentes dos organismos, ou talvez além dos organismos (leis da Física etc.) –, até que ponto a linguagem é determinada por esses fatores? Isso é uma questão de pesquisa – muito mais do que estimei há dez anos.

JM: *O.k., continuando com a lista, e as propriedades e os traços fonéticos e fonológicos?*

NC: Bem, não há dúvida de que exista um conjunto específico desse tipo de traços e não é possível simplesmente inventar algum. E eles são sintonizados ao aparato sensório-motor <satisfazem as condições de interface sem, obviamente, ser "sobre" elas>. Na verdade, o mesmo vale se você usa uma modalidade diferente, como os sinais em uma língua de sinais: o que você faz é sintonizado ao aparato sensório-motor. O sinal não usa traços fonéticos, mas uma contrapartida. Os mesmos tipos de pergunta sobre os conceitos lexicais surgem a respeito dos sinais. É que eles – nos traços fonéticos – são mais fáceis de estudar. Não que sejam fáceis. Aqui no MIT, há meio século de estudos sérios com equipamentos de ponta que tentam descobrir quais são esses traços; então, não é um estudo fácil, mas ao menos é mais fácil formular um tipo de programa como esse. Além disso, do lado sensório-motor, é possível imaginar evidências evolucionárias comparativas. No lado léxico-semântico, não é sequer possível imaginar alguma evidência comparativa que funcione. Mas <no lado sensório-motor>, outros organismos têm um sistema sensório-motor; ao que parece, esses sistemas são bem semelhantes ao nosso. Então, podemos traçar suas origens. Esse é um problema difícil da teoria evolutiva. Até onde sabemos, a maioria desses sistemas é precursora da linguagem. É possível que haja uma adaptação do sistema sensório-motor à linguagem – é bem provável –, mas definir exatamente qual é uma tarefa complicada.

JM: *Existe alguma evidência evolucionária de outros primatas, ou de outras criaturas, para o sistema sensório-motor?*

NC: Outros primatas? Bem, eles possuem línguas, orelhas etc.

JM: *Mas não a famosa "laringe mais baixa".*

NC: Bem, os primatas não têm laringe mais baixa, mas outros organismos têm – como os veados (Fitch; Reby, 2001), eu acho; mas esse não é um ponto crítico. Não parece muito claro que isso faria diferença. Não seria possível pronunciar alguns sons, mas seria possível pronunciar outros. Entretanto, os humanos aprendem a linguagem e a usam livremente mesmo com um sistema sensório-motor altamente defeituoso, ou sem controle do sistema sensório-motor. Isso é um dos pontos que Eric Lenneberg descobriu cinquenta anos atrás. <Ele descobriu> que crianças com disartria <que não possuem controle sobre seu sistema articulatório> –, as quais, acreditava-se, não poderiam possuir linguagem, na verdade possuíam. Ele descobriu isso ao acompanhar crianças com esse problema, dizer a elas alguma coisa e notar suas reações. Há trabalhos mais recentes; então, não é uma exigência da linguagem – na verdade, nem é preciso usar a laringe; a língua de sinais não usa –, então, é muito difícil sustentar um argumento de evidência sensório-motor para o não desenvolvimento da linguagem. Além disso, o sistema parece ter surgido há centenas de milhares de anos, como é possível ver pelas evidências fósseis. Mas não há nenhuma indicação de nada parecido com o uso da linguagem ou com o conjunto de capacidades cognitivas que, parece, surgiram com a linguagem. Vamos pensar sobre isso em termos meramente evolucionários. Em algum ponto da linha evolutiva, aconteceu uma mutação que levou a conexões cerebrais que nos permitiram desenvolver *Merge*. Todos deveriam aceitar esse fato, gostando de admitir ou não. Bem, a suposição mais parcimoniosa é que isso foi tudo o que aconteceu. Provavelmente não foi só isso, mas não temos evidência contra esse fato. Então, a menos que tenhamos uma evidência contrária, vamos manter esse conceito e ver o quão longe conseguimos ir. Bem, as mutações acontecem em um indivíduo, não em uma sociedade; por isso, o que deve ter acontecido em algum ponto é que a mutação ocorreu em uma pessoa e, então, essa mutação foi transferida para a prole dessa pessoa, ou para alguma prole, pelo menos. Era um grupo muito pequeno. Então, pode ser que, se essa mutação levou a uma vantagem selecional, esse grupo dominou o resto do grupo muito rapidamente, talvez em algumas poucas gerações. Isso poderia ser feito sem nenhuma comunicação, já que essa mutação lhe dá a habilidade de pensar, de construir pensamentos complexos, de planejar, de interpretar... é difícil pensar que isso não daria uma vantagem selecional; então, pode ser o caso de que, depois de algum tempo, por meio de seu grupo, a capacidade de pensar estivesse incrustada. O uso dessa habilidade para se comunicar pode ter aparecido muito mais tarde. Além do mais, esse uso parece periférico: pelo que podemos dizer a partir dos estudos da linguagem, não parece que a comunicação afeta a estrutura da linguagem de maneira substancial. E ela parece ser largamente independente de modalidade. <Sem dúvida>, existem vantagens do som sobre a visão – é possível usá-lo no escuro e ele pode dobrar esquinas, coisas assim. Mas é bem provável que a comunicação seja um desenvolvimento tardio que apareceu com a linguagem, e ela não teve grandes efeitos sobre a estrutura da linguagem. <C>

JM: *Realmente independente de modalidade? Parece ser claramente bimodal...*

NC: Bem, ao menos bimodal. Mas não sabemos ao certo quantas modalidades podem ser usadas. Não temos um senso de olfato bem desenvolvido, então provavelmente não podemos fazer muito com isso. Pode-se fazer com o tato. Não sei se as pessoas conseguem aprender braile como primeira língua. Mas é possível conceber isso...

Não, na verdade, existe evidência para isso. Não muitas, mas tem havido alguns estudos – na verdade, Carol <a esposa de Chomsky> estava trabalhando sobre esse assunto no MIT com algumas pessoas que tiveram meningite por volta de 1 ou 2 anos de idade e que perderam todas as modalidades, exceto o tato. Elas eram cegas e surdas; poderiam falar; tinham um aparato articulatório, mas eram cegas e surdas. Há um método de ensinar linguagem a elas usando as mãos, colocando as mãos na face. Então, se você fosse um desses pacientes, você poderia colocar sua mão na face – assim –, eu acho que o polegar fica nas cordas vocais e os outros dedos em volta da boca. Eles tinham uma capacidade incrível para linguagem.

Esse é um grupo no MIT que estava trabalhando com ajudas sensoriais, mas Carol estava trabalhando <no projeto> como uma linguista, para verificar o quanto eles sabiam. E ela teve de fazer testes bem sofisticados com eles – *tag questions* e coisas do tipo – para tentar chegar a um ponto em que eles não tivessem <ou parecessem ter> o sistema completo <de linguagem> em suas cabeças. Eles se viraram bem – ninguém notaria que há um defeito na linguagem. Entretanto, eles precisam ter constante treinamento: não recebem nenhum *feedback* sensorial, então perdem suas capacidades articulatórias; por isso, precisam constantemente ser treinados para usar a linguagem. Por exemplo, seu melhor paciente era um fabricante de ferramentas e matrizes em algum lugar em Iowa. Ele chegou lá por si próprio. Andava com um cartão que mostrava para as pessoas se ele estivesse perdido ou se precisasse de orientações. Ele poderia mostrar e dizer "posso colocar minha mão em seu rosto?", e explicar por quê. Ele conseguia circular bem, vivia com sua esposa, que também era cega e surda. O único problema que eles tinham era se localizar. Então eles tinham um sistema vibratório <instalado> pela casa, que usavam para localizar um ao outro. Mas o ponto central é que <ele tinha> uma capacidade para a linguagem em que não se percebiam deficiências na interação cotidiana – você realmente precisava testá-lo para encontrar deficiências.

Essas pessoas são como Helen Keller. <Seu problema> não era de nascença, e ninguém realmente sabe quais foram os efeitos naquela tenra idade de experiência, digamos, 1 ano e meio. <É verdade que> nunca se encontrou um caso bem-sucedido de alguém que tenha nascido cego e surdo. Então, há muita coisa acontecendo no primeiro ano de vida, ainda que nada esteja sendo exibido. <Ainda assim,> pode ser feito; <a linguagem pode aparecer em outras modalidades além do som e da visão>. Helen Keller, por exemplo, foi uma escritora fantástica.

JM: *Para voltar a um outro assunto que debatemos, perguntei se a canalização poderia ser expressa em termos de parâmetros, e também questionei sobre os possíveis canais e caminhos de desenvolvimento que eles fornecem. Acredito que a canalização para a linguagem envolveria não apenas contribuições daquilo que chamamos de desenvolvimento biológico inato que nos fornece a linguagem, mas também de outros sistemas não linguísticos.*

NC: O ponto de Wadington foi que é preciso existir restrições de arquitetura e de desenvolvimento que são independentes do organismo, e elas funcionam para canalizar o crescimento do organismo em direções específicas. Então, por exemplo, se condições de localidade ou outras condições computacionais eficientes contribuem para o êxito da linguagem, provavelmente isso não tem nada a ver com a linguagem, nem com humanos, talvez nem com organismos biológicos. Essa é a ideia. Não acredito que os biólogos realmente duvidem de que algo assim aconteça. Mas é difícil determinar o quanto.

JM: *Mas em termos de seus três conjuntos de fatores...*

NC: Esse é o terceiro fator. A escolha de parâmetros pode ser tanto o primeiro fator <genético> ou o terceiro fator <de outra restrição>, mas o ajuste deles deve ser o segundo fator. <C>

JM: *O.k.*

7
Desenvolvimento, genes mestres e de controle

JM: *Quem foi a pessoa que fez aquele trabalho interessante sobre o olho e o gene PAX-6? Eu esqueci.*

NC: Walter Gehring.

JM: *Gehring, na Suíça. Esse tipo de trabalho poderia iluminar de um modo completamente diferente a questão de como um sistema que tivesse* Merge *incorporada a ele...* <C>

NC: O trabalho de Gehring é extremamente interessante, e o que ele mostra, basicamente – não tenho nenhum julgamento de especialista, mas parece ser muito bem aceito –, é que todos os sistemas visuais (talvez até mesmo plantas fototrópicas) parecem começar com algum evento estocástico que resulta em uma classe particular de moléculas em uma célula – as moléculas de rodopsina que possuem a propriedade de transmitir energia da luz sob a forma de energia química. Assim, você tem a base para reagir à luz. E depois disso vem uma série de desenvolvimentos que, aparentemente, são muito restritivos. Há um gene regulador que parece emergir em todos os lugares, e os desenvolvimentos subsequentes, segundo a proposta de Gehring, são altamente restringidos pelas possibilidades de inserir novos genes em uma coleção de genes, o que provavelmente dispõe apenas de umas poucas possibilidades físicas...

JM: *O terceiro fator...*

NC: Sim, o terceiro fator, que resulta na variedade dos olhos. Isso é muito sugestivo, é bastante diferente da perspectiva tradicional.

JM: *Isso tem alguma importância para a linguagem?*

NC: Somente que sugere que há um outro sistema que parece ter efeitos de terceiro fator poderosos.

JM: *Já fiquei pensando, algumas vezes, sobre... bem, considere as pessoas que trabalham com crianças com síndrome de Williams. Os cérebros dessas crianças têm diferentes morfologias – eles realmente são muito, muito diferentes. E ainda assim eles têm essa incrível capacidade de...*

NC: Bem, algumas das descobertas de Eric Lenneberg são ainda mais dramáticas, como o trabalho que ele fez sobre anões nanocefálicos, que é realmente interessante. Eles não têm quase nenhum córtex, e mesmo assim possuem uma capacidade de linguagem quase perfeita.

JM: *Bem, isso certamente joga areia na ideia de que a linguagem deve ser localizada...*

NC: E simplesmente mostra como nosso entendimento é bruto. Mas isso não é muito surpreendente. A linguagem é a última coisa que deveríamos esperar entender, pois é o único sistema que – por razões éticas – você não pode investigar diretamente. Qualquer outro sistema você pode investigar em outros animais. Uma vez

que não existem estruturas homólogas para a linguagem, não há nenhum trabalho comparativo. O único trabalho comparativo que se pode fazer é sobre os precursores da linguagem – como o sistema sensório-motor.
E o mesmo é verdade sobre o lado conceitual. Só não vejo como você pode – com nosso entendimento atual, pelo menos – ter a esperança de obter qualquer *insight* sobre a evolução dos conceitos elementares com suas estranhas propriedades internalistas. <Novamente> elas são universais – se você se dirige a um nativo da Nova Guiné, ele vai ter basicamente o mesmo conceito de RIO que temos. Mas não temos a menor ideia de como isso aconteceu.

JM: *Há muitas histórias segundo as quais isso tem algo a ver com a evolução no sentido de que a seleção dá vantagens.*

NC: Mas o que é vantajoso em ter um conceito RIO que tem as características a que somos sensíveis, aparentemente, e que poderiam não ter qualquer influência perceptível sobre a sobrevivência ou a seleção natural? Podemos fazer experiências de pensamento sobre o conceito RIO que você não poderia sequer imaginar se fosse um nativo da Nova Guiné. Imagine uma pequena mudança de fase que transforme o Rio Charles em uma substância dura, o que aparentemente é possível. E então você pinta uma linha sobre ele, e começa a dirigir caminhões em ambos os lados da linha, e assim ele se torna uma estrada e não um rio. Você não pode explicar isso para um nativo da Nova Guiné; nenhuma das outras noções que você precisa para entreter a ideia de um rio passando por uma mudança de fase e tornando-se uma autoestrada está disponível; desse modo, como poderia a seleção natural ter desempenhado um papel em nos levar a adquirir as características do conceito RIO que entram em jogo quando nos envolvemos em experimentos de pensamento como esses, experimentos que nos levam a declarar que um rio tornou-se uma autoestrada?

Na verdade, o nativo da Nova Guiné tem o mesmo conceito de RIO que temos; se ele crescer aqui ou ali, terá esse conceito de RIO. E por isso ele possui esse conceito. Mas como seria possível um conceito com tais propriedades ser selecionado? Aliás, qual a função que isso tem na vida humana? E, uma vez que a situação é a mesma para todos os conceitos elementares, podemos colocar a mesma questão para todos eles: considere, digamos, o exemplo de Paulo Pietroski em seu recente artigo sobre a França ser hexagonal e também ser uma república. Por que devemos ter essa noção de FRANÇA? Isso não pode ter qualquer papel seletivo...

JM: *Isso parece bastante óbvio para mim. Deixe-me voltar a Laura Petitto por um momento e ao que ela tinha para sugerir sobre a maneira como o GTS (giro temporal superior) olha para certos tipos de padrões. A ideia dela era que, ao menos em parte, a razão de sermos bimodais – de podermos desenvolver a linguagem sem dificuldade em um ou em ambos os modos, isto é, verbalmente ou por gestos, é porque estamos usando o mesmo sistema em ambos os casos.*

NC: Suspeito que há outros domínios em que isso poderia acontecer. Talvez você possa fazer o mesmo na dança. Eu não sei, mas presumo que as crianças seriam capazes de exteriorizar sua linguagem por meio de movimentos de dança – com as pernas, digamos. Ou, talvez, todos os movimentos de sua cabeça, ou o piscar de olhos... Na verdade, as pessoas com paralisia severa...

JM: *Mas se eles fizessem isso com a dança, por exemplo, ainda precisariam do sistema visual e de certos tipos de padrões...*

NC: Não podemos fazer isso, isto é, externalizar a linguagem com o cheiro, porque não somos suficientemente desenvolvidos quanto a esse sentido; não podemos usar o gosto porque não dispomos da gama sensorial adequada – talvez cães pudessem, mas nós não podemos. Então, você está limitado à visão e à audição. Essas são as únicas capacidades sensoriais adequadas que temos. Então, tudo que fazemos vai usar a visão e a audição, e algum tipo de ação que possamos realizar com nossos corpos. Isso é simplesmente dado. O.k., isso elimina algumas possibilidades. Mas, talvez, qualquer possibilidade que faça uso daquelas capacidades funcionará para a externalização. E Laura Petitto pode estar certa, tudo terá de ser subsumido por umas poucas subcategorias, pois são tudo que nosso cérebro consegue processar. Assim, sempre que a externalização surge como um aspecto da linguagem, terá de fazer uso desses fatos sobre nossa natureza. Se os cães de repente sofressem uma mutação em que passassem a dispor de *Merge*, talvez usassem o sentido do olfato.

JM: *Outro aspecto fascinante de obra de Laura é que ela sugere que* rhesus, *macacos e várias outras espécies têm o que parecem ser partes perfeitamente homólogas do cérebro – o GTS –, mas eles simplesmente não possuem essa capacidade que nós temos de desenvolver nem mesmo rudimentos de expressão verbal ou gestual. É porque eles não possuem, além disso, a faculdade de linguagem? Qual poderia ser a razão? Você a atribui a alguma característica específica do GTS humano, ou...*

NC: Você pode imaginar diferentes histórias. Poderia ser que nossos ancestrais hominídeos não tivessem essas estruturas cerebrais, desenvolvessem *Merge* e, em seguida, desenvolvessem as estruturas cerebrais necessárias. Mas não há tempo suficiente para isso. As estruturas do cérebro devem ter estado lá por um longo período antes de que uma coisa como essa explosão súbita da linguagem na espécie ocorresse. E sabemos que não aconteceu nada de novo desde então, por causa da identidade essencial das pessoas que vivem em todo o mundo. Então, você tem um limite superior e um limite inferior, e eles parecem ser terrivelmente próximos um do outro. Desse modo, a menos que algo inteiramente novo tenha surgido, a única história plausível parece ser a de que o aparato estava disponível, seja por que razão for. Talvez adaptações especiais tenham sido inicialmente utilizadas para grunhidos; você pode ter itens lexicais polissilábicos, e talvez tais itens fossem utilizados, inclusive com as características complexas dos conceitos humanos, por alguma razão inexplicável e incompreensível. Mas ainda era necessário adquirir a capacidade gerativa infinita, que aparentemente surge em um piscar de olhos, trazendo todo o resto consigo.

JM: *Seja o que for, qualquer que seja o gene que introduziu* Merge *e o carrega, se ele agiu como um gene de controle tal como PAX-6 de Gehring, ele poderia…*

NC: … ele poderia afetar o desenvolvimento de outras coisas. Não conhecemos o suficiente sobre neurologia para saber. Então, talvez tenha surgido algum gene regulador que tanto forneceu *Merge* quanto permitiu <que sistemas neurais lhe dessem corpo>.

JM: *Especulações fascinantes…*

NC: Sabe-se tão pouco sobre a evolução do cérebro que ninguém pode dizer o que aconteceu.

JM: *Há alguém que especule sobre esse tipo de coisa…*

NC: Acho que não, pois a suposição dominante é que a linguagem evoluiu lentamente por meio da seleção natural. Entretanto, isso não parece de modo algum consistente mesmo com os fatos mais básicos. Se você olhar para a literatura a respeito da evolução da linguagem, tudo o que se diz é sobre como a linguagem poderia ter evoluído a partir dos gestos, ou do ato de jogar objetos, ou algo como a mastigação, ou outra coisa qualquer. Nada disso faz sentido.

8
Perfeição e *design* (Entrevista do dia 20 de janeiro de 2009)

JM: *Quero fazer algumas perguntas sobre a "perfeição" da faculdade da linguagem. Em primeiro lugar, uma questão de fundo: se você fala de perfeição, e em particular de perfeição no* design *da faculdade da linguagem – ou, pelo menos, do mapeamento para a interface SEM –, parece-me que você deve ser convidado a responder à pergunta: "*Design *para quê?"*.

NC: Eu acho que isso é enganador. A questão surge por causa da conotação da palavra *design*. *Design* sugere alguém que faz o *design*, bem como uma função para a coisa ou para a operação para a qual se concebeu o *design*. Mas, em Biologia, *design* significa apenas o modo como algo é.

JM: *A estrutura, seja o que for...*

NC: De que modo a galáxia adquiriu seu *design*? Porque as leis da Física dizem que ela deve possuir o *design* que possui. Não é por nada, e ninguém fez isso. É simplesmente o que acontece sob determinadas circunstâncias físicas. Eu gostaria que houvesse uma palavra melhor para usar, porque a palavra *design* sem dúvida carrega essas conotações infelizes. Em um certo sentido – em um sentido negativo – há uma função, isto é, tudo o que possui um *design* possui uma função. Se a estrutura fosse disfuncional, não sobreviveria. O.k., nesse sentido, ela possui um *design* para algo. Isso não significa que seu *design* é próprio à sua sobrevivência. Considere a linguagem e a comunicação. A linguagem é mal projetada para a comunicação, mas damos um jeito nela, de forma que não seja disfuncional o suficiente para desaparecer <ou, ao menos, para desaparecer no que diz respeito a seu uso para a comunicação, que não é, de modo algum, seu único uso>. Pense, por exemplo, no apagamento de vestígios <ou, na terminologia mais recente das cópias, a não pronúncia de cópias>: é bom para a eficiência da estrutura, mas é muito ruim para a comunicação. Qualquer um que tente fazer um programa de *parsing* <para encontrar um vestígio> percebe que a maior parte do programa diz respeito a como encontrar os vestígios. Onde estão e o que há neles? Se você apenas repetisse – se você externalizasse [*spelled out*] <ou pronunciasse, ou exibisse de algum modo> as cópias –, o problema teria desaparecido. Mas, de um ponto de vista computacional, isso seria um *design* pobre, pois é computação extra, de modo que não há vantagem nisso. Então você corta. E há casos e casos como esse. Tome as sentenças labirínticas [*garden path sentences*] e as ilhas, isto é, as restrições sobre extração por movimento, por exemplo. As ilhas o impedem de dizer coisas que você gostaria de dizer. Você não pode dizer "Quando você imagina por que João partiu?" <querendo dizer "Que momento x é tal que você imagina por que João partiu em x?>.[1] É um pen-

1 A frase de Chomsky é "Who did you wonder why visited yesterday?". Mas esse exemplo apresenta vários problemas para ser utilizado em português: diferentemente do verbo *to visit* em inglês, "visitar" não pode ser usado intransitivamente em português; além disso, frases com a estrutura sintática do exemplo de Chomsky, por razões específicas do português e de outras línguas, não são agramaticais nessas línguas, cf. exemplos como "Quem você imagina por que voltou ontem?" ou "Quem você imagina por que gosta de Maria?". (N. T.)

samento; você sabe o que significa. Mas o *design* da linguagem, por motivos computacionais, não permite isso. Na medida em que as entendemos, pelo menos, essas coisas são consequências de uma estrutura computacional eficiente. Mas uma estrutura computacional não tem função alguma. É como as células que se dividem em esferas em vez de cubos: é simplesmente funcional; mas, caso se dividissem em cubos, funcionaria também. Porém, isso simplesmente não acontece <por causa de restrições do terceiro fator[2] sobre as formas possíveis – nesse caso, sobre as formas físicas>. Aqui também creio que o que você acha, mais e mais, é simplesmente *design* eficiente de um ponto de vista computacional independentemente de qualquer uso que você pudesse querer fazer dele. E creio que, do ponto de vista evolucionário, é isso exatamente o que deveria ser esperado. É disso que tratam os artigos que eu provavelmente me esqueci de enviar para você. Não sabemos quase nada sobre a evolução da linguagem, razão pela qual as pessoas enchem as bibliotecas com especulações sobre o assunto. Mas na verdade sabemos algo. Você pode fixar, grosseiramente, o intervalo de tempo que a linguagem levou para emergir. Você pode argumentar que é de 50 mil anos mais ou menos, mas isso não importa: é basicamente instantâneo <de um ponto de vista evolucionário>. Algo aconteceu de repente, e então há essa enorme explosão de artefatos e tudo o mais. Bem, o que aconteceu? A única coisa que poderia ter ocorrido – é difícil pensar em uma alternativa – é que de repente a capacidade para enumeração recursiva se desenvolveu. Isso permite que você tome quaisquer pensamentos simples que um chimpanzé possa ter, como a noção de ato ou ação ou uma coisa assim, e transforme-os em uma série infinita de pensamentos. Bem, isso traz vantagens. Mas mesmo isso não é tão trivial, porque Haldane (acho que foi ele) provou – há oitenta anos ou mais, creio – que mutações benéficas quase nunca sobrevivem.

2 Ver Glossário. (N. T.)

A probabilidade de uma mutação benéfica sobreviver é quase minúscula. É claro que acontece às vezes, de modo que você vê algumas mudanças. Mas isso sugere que, seja lá o que for que deu nessa coisa que é a linguagem, pode ter acontecido muitas vezes e simplesmente desapareceu. Contudo, em algum momento, por algum acidente, a mutação benéfica sobreviveu. Porém, sobreviveu em um indivíduo; uma mutação não acontece em um grupo. Assim, era um indivíduo que tinha essa propriedade – que de fato traz vantagens: você pode falar consigo mesmo, ao menos, e pode planejar, pode imaginar, pode fazer coisas desse tipo. Isso é transmitido, parcialmente, aos descendentes. Por meio de um número suficiente de acidentes, poderia vir a dominar um pequeno grupo de procriação. E nesse ponto surge um motivo para se comunicar. E assim você desenvolve sistemas auxiliares. Você sabe – morfologia, fonologia, e todos os sistemas de externalização. E eles são desorganizados. Não há nenhuma razão para que sejam bons computacionalmente. Você está usando dois sistemas completamente independentes. O sistema sensório-motor parece ter estado disponível por centenas de milhares de anos. Não parece ter se adaptado para a linguagem, ou, caso contrário, o fez apenas marginalmente. Então, ele está ali, apenas. Você obtém esse outro sistema – seja lá o que for que se desenvolveu internamente –, e há todas as razões para esperar que ele pudesse estar perto de ser computacionalmente perfeito, pois não há forças agindo sobre ele. Ele seria como a divisão celular. Então, quando você vai mapear os dois sistemas independentes um no outro, será uma bagunça.

JM: *Mas espere: quando eu penso para mim, eu penso para mim...*

NC: Em inglês, sim. Mas isso é quando você pensa para si mesmo conscientemente. E, claro, não sabemos o que está acontecendo inconscientemente. Então, conscientemente, sim, porque esse é nosso modo de externalização, e nós o reinternalizamos. Aqui, acho, é onde muito da experimentação que anda acontecendo é bastante enganador. Recentemente, surgiram vários trabalhos mostrando que, antes de as pessoas tomarem uma decisão, há algo acontecendo no cérebro que está relacionado a ela. Por exemplo, se é uma decisão para pegar um copo, algo está acontecendo nas áreas motoras do indivíduo antes de ele tomar a decisão. Acho que isso é uma má interpretação. O que está acontecendo se passa antes da decisão se tornar consciente. Mas inconscientemente muitas coisas estão acontecendo. Há esse dogma filosófico de que tudo tem de ser acessível à consciência. Isso é apenas uma crença religiosa. Considere os ratos. Não sei se eles estão conscientes ou não, mas suponho que eles tomam decisões inconscientes. Então, quando falamos de nós mesmos, a parte que está chegando à consciência é reconstruída em termos da forma de externalização que usamos. Mas não acho que isso diz muito sobre o uso interno da linguagem. É evidência para esse uso, assim como a fala também é evidência para ele. <C> De qualquer forma, seja qual for essa primeira pessoa que sofreu a mutação, talvez isso apenas tenha lhe dado *Merge*. Essa é a hipótese mais simples. Se isso aconteceu, aquela pessoa não estaria consciente de estar pensando; ela estaria simplesmente pensando. Seria capaz de tomar decisões com base em planejamento interno, observações e expectativas, e coisas desse tipo. Agora, se um número suficiente de pessoas na comunidade passou a dispor da mesma mutação, chegaria um ponto em que alguém teria a brilhante ideia de exteriorizar seu pensamento, de modo que ele pudesse entrar em contato com outra pessoa. Isso pode não ter envolvido passo evolucionário algum. Pode ter <sido apenas uma questão de> usar outras faculdades cognitivas para resolver um problema difícil. Se você olha para a linguagem, uma das coisas que sabemos sobre ela é que a maior parte da complexidade está na externalização. Está na fonologia e morfologia, e esses componentes são uma bagunça. Eles não funcionam por meio de regras simples. Quase tudo o que tem sido estudado há milhares de anos diz respeito à externalização. Quando você ensina uma língua, ensina principalmente a externalização. Seja lá o que for que estiver acontecendo internamente, não é algo de que somos conscientes. E é provavelmente muito simples. Quase poderíamos dizer que tem de ser, dadas as condições evolucionárias.

JM: *Se você desiste da ideia de que tem de responder à pergunta "para o que é, isto é, para o que serve"...*

NC: Para nada, isto é, não serve para nada...

JM: *Mas me deixe colocar desta maneira: você não tem, então, de abandonar também qualquer história sobre as interfaces, e qualquer história sobre órgãos mentais, porque...*

NC: O que aconteceu tem de se relacionar com as interfaces, pois de outro modo teria desaparecido. Seria uma mutação letal. Mas mutações letais não são diferentes das mutações benéficas do ponto de vista da natureza; elas simplesmente desaparecem. Na verdade, muitas delas permanecem. Por que temos um apêndice?

JM: *Você não pode sequer dizer que isso serve para o pensamento, então?*

NC: Se não fosse adaptável para o pensamento, provavelmente teria apenas desaparecido. Mas funcionar para alguma coisa é uma contingência remota; esse foi o ponto de Haldane. Se é benéfico, provavelmente desaparecerá de qualquer jeito, porque em termos estatísticos é o que acontece, simples assim. Mas algo pode sobreviver. E, se sobrevive, pode ser por razões físicas. Quanto mais se descobre sobre a evolução e o desenvolvimento, tanto mais parece que a maior parte das coisas acontece porque tem de acontecer; não há outra saída. Especulações na década de 1970 que sugeriam, ao menos para mim, a abordagem de princípios e parâmetros para o estudo da linguagem – como as especulações de <François> Jacob sobre a proliferação de organismos – acabaram se revelando bastante sólidas. A ideia de que, basicamente, há um único organismo, de que a diferença – como ele dizia de forma poética – entre um elefante e uma mosca é apenas o rearranjo do calendário [*timing*] de alguns mecanismos reguladores fixos, essa ideia parece cada vez mais estar correta. Há conservação profunda; você encontra em bactérias a mesma coisa que encontra em seres humanos. Agora existe até uma teoria, que é levada a sério, de que há um genoma universal. Por volta da explosão cambriana, esse genoma teria se desenvolvido e todos os organismos seriam uma modificação dele.

JM: *Por causa da diferença de tempo no desenvolvimento, da diferença da posição do gene...*

NC: Sim, por isso não soa tão louco como costumava soar. Eles descobriram no tipo de coisa que estudavam, como as bactérias, que o caminho tomado pelo desenvolvimento evolucionário parece ser surpreendentemente uniforme, fixado por lei física. Se algo disso se aplica à linguagem, você espera que o sistema interno, inconsciente, que provavelmente está mapeando expressões linguísticas em sistemas de pensamento em uma interface, esteja próximo da perfeição.

JM: *Ou seja, a linguagem surgiu como o resultado de um acidente – talvez de algum rearranjo menor do genoma humano –, e outras criaturas não a têm porque não sofreram o mesmo acidente, pelo menos em uma forma que tenha sobrevivido...*

NC: Na verdade, a linha evolutiva humana pode ter tido o acidente muitas vezes, e ele simplesmente nunca decolou. E o acidente poderia ter sido... não se sabe o suficiente sobre o cérebro para dizer coisa alguma, mas houve uma explosão do tamanho do cérebro em torno de 100 mil anos atrás que pode ter tido algo a ver com isso. Poderia ser uma consequência de alguma mudança na configuração do cérebro sobre a qual as pessoas nada sabem. E é quase impossível estudar o que aconteceu porque não há evidência comparativa – outros animais não possuem a linguagem como a possuímos –, e você não pode fazer experimentação direta em seres humanos do modo como se costumava fazer na McGill <University>...

JM: *Para nossa vergonha... O que acontece então com a tese minimalista forte?*

NC: Talvez ela seja até mesmo verdadeira. É claro que teria de ser limitada a se aplicar apenas à interface cognitiva <concepto-intencional, ou SEM>, e o mapeamento para a interface sensório-motora pode até mesmo não ser parte – estritamente falando, pode não ser um parte da linguagem no que diz respeito a aspectos substantivos, no sentido técnico relevante de linguagem. A interface sensório-motora é apenas parte do esforço para conectar esses dois sistemas que não têm nada a ver uns com os outros, e por isso ela pode ser muito desorganizada, sem satisfazer a quaisquer propriedades computacionais interessantes. Ela é muito variável; por exemplo, a invasão normanda a transforma radicalmente; ela muda de geração em geração, de modo que você obtém dialetos e divisões, e assim por diante. E é o tipo de coisa que você tem de aprender; a criança tem de aprender esse tipo de coisa; quando você estuda uma língua, você tem de aprender isso. E boa parcela dela é, provavelmente, muito rígida. Não é que tudo seja possível, existem certas restrições sobre o mapeamento. Eu acho que há um projeto de pesquisa aqui, para tentar descobrir <precisamente quais são as restrições>. É isso que a fonologia e a morfologia sérias deveriam ser – a busca para descobrir as limitações sob as quais esse mapeamento atua e de onde elas vêm. São restrições computacionais? Acho que isso abre novas

perguntas. E o mesmo vale para a sintaxe. Você encontra alguns casos para os quais pode argumentar que a eficiência computacional explica os princípios, mas...
É interessante que as pessoas têm expectativas com relação à linguagem que nunca existem com relação à Biologia. Eu tenho trabalhado sobre a Gramática Universal por todos esses anos; há alguém que possa lhe dizer exatamente como ela funciona <como ela se desenvolve em uma língua específica, para não mencionar a questão de como a linguagem que se desenvolve é usada>? É irremediavelmente complicado. Alguém pode dizer como um inseto funciona? Estiveram trabalhando em um projeto no MIT sobre nematoides por trinta anos. Você conhece os poucos <302> neurônios, você conhece o diagrama de ativação [*firing diagram*]. Mas como funciona o animal? Isso nós não sabemos.

JM: *O.k. Mas então o que acontece com os parâmetros? Creio que você se compromete a dizer que toda a pesquisa sobre eles deveria mudar o foco para o mapeamento da interface sensório-motora, PHON.*

NC: Creio que a maior parte dos parâmetros, talvez todos, têm a ver com esses mapeamentos <para a interface sensório-motora>. Pode até mesmo ser o caso de que não haja um número finito de parâmetros, se houver vários modos de resolver esse problema de mapeamento. Na pesquisa da área, as pessoas tentam fazer uma distinção entre macro e microparâmetros, falando grosso modo. Nesse sentido, há o trabalho sério de Janet Fodor sobre o tema. Há o tipo de coisa de que Mark Baker tem falado – o parâmetro do núcleo final, da polissíntese <que, segundo Baker, está entre os melhores candidatos a macroparâmetros>. É provável que haja um pequeno estoque de parâmetros que dizem respeito apenas a questões computacionais <e, daí, ao mapeamento para a interface SEM, de "semântica">. Mas nesse caso você chega aos microparâmetros. Quando você realmente tenta estudar uma língua, quaisquer dois falantes são diferentes. Você se vê no meio de uma proliferação massiva de diferenças paramétricas – o tipo de coisa que Richard Kayne investiga – quando estuda dialetos de modo realmente sério. Mudanças muito pequenas às vezes têm grandes efeitos. Bem, isso pode ser uma das maneiras de resolver o problema cognitivo de como conectar esses dois sistemas não relacionados. E esse tipo de solução pode variar; os microparâmetros podem mudar facilmente.

JM: *Então você acha que, com a possível exceção do parâmetro da posição do núcleo e do parâmetro da polissíntese, todos os demais parâmetros terão de ser realocados para o mapeamento para FON, de "fonética/fonologia"?*

NC: Bem, mas considere o parâmetro do núcleo. Ele parece o mais sólido dos macroparâmetros (reinterpretado, se Kayne está certo, em termos de opções de alçamento[*raising*]), embora não seja realmente sólido pois, ainda que haja línguas para as quais ele funciona, como inglês e japonês, muitas línguas "misturam" os valores do parâmetro e adotam uma coisa para sintagmas nominais e outra coisa para sintagmas verbais, e assim por diante. Mesmo o parâmetro do núcleo é um parâmetro de linearização, e linearização tem provavelmente a ver com externalização. Não há qualquer razão pela qual esperar que a computação interna deva envolver linearização; essa parece ser uma propriedade relacionada ao sistema sensório-motor, que tem de lidar com o sequenciamento no tempo. De modo que o parâmetro do núcleo parece ser um parâmetro de externalização, também. O mesmo é verdade a respeito da polissíntese, o principal parâmetro de Baker. Ela tem a ver com a possibilidade de os argumentos da sentença – o sujeito, o objeto, e assim por diante – serem indicados na estrutura sintática apenas por marcadores morfológicos, similares a pronomes, e os próprios argumentos, isto é, os sintagmas nominais ficarem "pendurados" por fora da estrutura sintática. Mas esse também é um tipo de problema de linearização. Assim, pode ser que não haja qualquer parâmetro interno <isto é, da computação interna>. Talvez haja apenas um único sistema fixo.

JM: *O que acontece, então, com a marcação paramétrica[parameter setting]?*

NC: Esse é o problema da aquisição da linguagem, e muito dela se dá muito cedo...

JM: *Como o trabalho de Jacques Mehler indicou...*

NC: Toda a questão fonética – com efeito, muita coisa – acontece antes mesmo que a criança fale.

JM: *Familiarização com a língua nativa...*

NC: É sabido que as crianças japonesas perdem a distinção entre R e L antes mesmo de começarem a falar. Portanto, algum tipo de coisa acontece ali que diz respeito à sintonia fina do aparato sensório. E, de fato, esse aparato é sintonizado muito cedo também em outras áreas.

JM: *Portanto, em princípio é possível que você não precise marcar quaisquer parâmetros (isto é, "aprender" seus valores). É possível que tudo aconteça extremamente cedo e de modo automático, mesmo antes de a criança começar a falar.*

NC: Certamente nenhuma criança está consciente do que está acontecendo em sua cabeça. E então você vê uma criança de 3 ou 4 anos de idade falando a língua, especialmente a de seus pares [*peers*].

JM: *O.k. Como essa aquisição precoce e automática se combina com o tipo de dados que Charles Yang revelou, dados que sugerem que, quando uma língua "cresce" nas crianças, estas passam por um estágio, por volta dos 2 anos e meio, no qual exibem um tipo de experimentação de marcação paramétrica: suas mentes "tentam" padrões computacionais disponíveis em outras línguas, padrões que se extinguem à medida que as crianças desenvolvem um padrão característico, digamos, o do inglês...*

NC: Há interação, mas não é tão óbvio que o *feedback* faça tanta diferença, porque a maior parte da interação se dá com outras crianças. Não sei quanto a você, mas meu dialeto é <o de> um pequeno canto da Philadelphia onde cresci, e não o dialeto de meus pais – que é totalmente diferente. E quanto a você?

JM: *Eu cresci falando tanto inglês quanto tamil.*

NC: Como assim?

JM: *Eu nasci no sul da Índia.*

NC: Seus pais sabiam tamil?

JM: *Meu pai sabia; ele aprendeu brincando agachado com as crianças no chão das escolas.*

NC: Seus pais falavam tamil em casa?

JM: *Não, não falavam. Mas alguns de meus amigos falavam tamil.*

NC: Portanto, você pegou o tamil de seus amigos, de outras crianças. Isso é normal. Ninguém sabe por quê, mas as crianças quase sempre pegam a língua de seus pares. Elas não recebem de seus pares qualquer *feedback* – certamente não recebem ensino por parte das outras crianças. Seus pais podem esforçar-se para tentar ensinar algo a você, mas tudo o que conseguem ensinar são artificialidades <irregularidades>. Assim, o modo como as crianças aprendem sua língua parece ser um problema de sintonia. Isso funciona com outras coisas também. Há estilos para o caminhar. Se você vai à Finlândia – Carol e eu observamos assim

que chegamos lá –, percebe que eles simplesmente caminham de um modo diferente. Essas mulheres mais velhas carregando suas sacolas de compra pelas ruas; mal conseguíamos acompanhá-las. Simplesmente é o modo como caminham.
As pessoas pegam isso, simples assim. Lembro-me de uma vez em que Carol e eu estávamos caminhando em Wellfleet <Massachusetts> em um verão e Howard Zinn estava caminhando à nossa frente, e ao lado dele estava seu filho, Jeff Zinn. E os dois tinham exatamente a mesma postura. As crianças simplesmente pegam essas coisas. Se as pessoas realmente estudassem coisas como o estilo do caminhar, tenho certeza de que encontrariam algo como a variação dialetal. Pense nisto: você pode identificar alguém que tenha crescido na Inglaterra apenas por suas maneiras [*mannerisms*].

JM: *Presumindo que assim seja, o que então é colocado no léxico que corresponda aos traços fonológicos?*

NC: Bem, ambos concordamos que muito do que acaba no léxico vem de dentro. Ninguém tem consciência disso, nem pode ter. Essas coisas não estão no dicionário...

JM: *Mas desejamos que seja acessível a alguma teoria, certamente.*

NC: Tem de estar; tem de haver algum tipo de teoria sobre tais coisas, se for possível que você as entenda. Tanto quanto sei, não podemos ir muito além do que o século XVII descobriu sobre tais coisas. Parece que se descobriu uma quantidade considerável daquilo de que temos consciência. <Mas, é claro, isso não tem nada a ver com o que uma teoria científica pode revelar.>
Assim, isso <quer dizer, a questão do que acaba sendo colocado no léxico> é um tópico de pesquisa, mas que não será investigado até que as pessoas compreendam que a história externalista <sobre a linguagem e seus sons e significados> simplesmente

não leva a lugar nenhum. Até que as pessoas compreendam que a questão do que acaba no léxico é um problema, isso simplesmente não será investigado. <C>
Algumas das coisas que têm aparecido na literatura são simplesmente incompreensíveis [*mind-boggling*]. Você lê o periódico *Mind and Language*?

JM: *Sim...*

NC: O último número tem um artigo – nunca pensei que fosse ver isso... Você conhece essa teoria maluca de Michael Dummett segundo a qual as pessoas não sabem sua própria língua etc.? Esse cara está defendendo isso.

JM: *Terje Lohndal <um estudante de pós-graduação em Linguística da Universidade de Maryland> e Hiroki Narita <outro, de Harvard>, escreveram uma resposta à teoria de Dummett. Acho que é uma boa resposta. Não sei se será publicada. Espero que sim. <Veja Lohndal; Hiroki, 2009.> Há alguma coisa que você queira adicionar sobre* design?

NC: Bem, a principal coisa é que precisamos encontrar um outro termo, porque esse confunde demais. E isso é verdade mesmo para a Biologia. Em Biologia, as pessoas normalmente não se confundem com ele, embora as diferentes conotações estejam lá. Bem, na verdade talvez alguns biólogos se confundam. Por exemplo, se você lê o livro de Marc Hauser sobre a evolução da linguagem – que é excelente, e Hauser é uma das pessoas mais sofisticadas trabalhando em Biologia –, se você lê os capítulos, não há praticamente nada sobre evolução lá. Os capítulos discutem o quão perfeitamente adaptados são os organismos a seu nicho ecológico. Um morcego pode perceber um mosquito qualquer a uma longa distância e pode se dirigir diretamente a ele. E isso mostra que os animais estão ajustados a seu nicho ecológico. A presunção <por trás disso> é, evidentemente, a de que isso acontece por causa da seleção natural; de que os animais evoluíram <para se ajustar a seu nicho>. <Mas o livro> não diz nada sobre evolução <sobre como ela se deu nesses casos específicos>. <Naquilo que diz respeito à discussão do livro,> um criacionista poderia aceitá-la: Deus fez o *design* dos morcegos de modo a que fossem capazes de pegar mosquitos. Mas essa sugestão seria apressada demais. Tentar demonstrar algo sobre a evolução é extremamente difícil. Richard Lewontin tem um artigo que está saindo sobre isso, sobre como é difícil – apenas com base na genética de populações – tirar conclusões sobre o que seria necessário para a seleção natural realmente ter atuado. Do modo como as coisas se apresentam nesse momento, a ação da seleção natural realmente parece ser uma possibilidade remota.

JM: *Jerry Fodor é contra a seleção natural como o processo de evolução biológica que leva à linguagem também...*

NC: Mas ele é contra a seleção por outras razões, que têm a ver com intencionalidade e esse tipo de coisa sobre para que serve algo. Os instintos de Fodor estão certos, mas acho que a linha que ele toma não é a que se deve tomar. Você não pergunta se um urso polar é branco para sobreviver em seu ambiente ou para acasalar, ou para algo desse tipo. Ele simplesmente é branco e, porque ele se ajusta ao ambiente, ele sobrevive. Essa é a razão pela qual pessoas como Philip Kitch e outros o perseguem. Você acha que há qualquer outra coisa a dizer sobre *design*?

JM: *Não, embora eu tenha certeza de que a discussão sobre o tópico não terminará nisso.*

9
Gramática Universal e simplicidade

JM: *O.k., agora eu gostaria de esclarecer o* status *corrente da Gramática Universal (GU). Quando você começa a focar em análise da aquisição na noção de desenvolvimento biológico, parece jogar para dentro do estudo da linguagem mais questões – ou pelo menos questões diferentes – do que as que eram imaginadas antes. Com esse movimento, não há apenas as questões sobre a estrutura da faculdade particular que por acaso temos, mas também o estudo de como essa faculdade particular se desenvolveu...*

NC: Como ela se desenvolveu? Ou como ela se desenvolve no indivíduo? Geneticamente, ou do ponto de vista do desenvolvimento individual[*developmentally*]?

JM: *Bem, certamente do ponto de vista genético no sentido de como tal faculdade surgiu biologicamente, mas também do ponto de vista da noção de desenvolvimento em um indivíduo particular, em que se deve levar em conta – como você deixou muito claro em seu trabalho recente – as contribuições desse terceiro fator que você vem enfatizando. Eu me pergunto se isso não coloca em questão a natureza da modularidade* <*da linguagem*> *– é uma questão que se costumava discutir com um conjunto de premissas que, na* *verdade, equivaliam a pensar que se poderia investigar uma determinada parte do cérebro e ignorar o resto dele.*

NC: Eu nunca acreditei nisso. Bem antes, há cerca de cinquenta anos, quando estávamos começando a falar disso, não creio que ninguém presumia que isso tinha de ser verdade. Eric Lenneberg estava interessado – todos nós estávamos – em qualquer coisa que se soubesse sobre a localização de sistemas cognitivos no cérebro, a qual sem dúvida nos diz algo sobre o que é essa falcudade. Mas se fosse distribuída por todo o cérebro, que fosse...

JM: *Não é tanto a questão da localização que me interessa, mas antes a questão do que você tem de levar em conta a fim de fornecer uma explicação para o desenvolvimento. E essa discussão parece ter crescido nos últimos anos.*

NC: Bem, o terceiro fator sempre esteve por trás da discussão. E a razão pela qual estava fora do alcance da discussão, como tento explicar no trabalho apresentado na LSA[1] (Chomsky, 2005a), era que, à medida que o conceito de Gramática Universal (GU), ou de teoria linguística, é entendido como um formato e um procedimento de avaliação para gramáticas, então você é quase compelido a presumir que ela é altamente específica à linguagem e altamente articulada e restrita, ou, do contrário, você não consegue lidar com o problema da aquisição. Isso torna quase impossível compreender como a GU poderia seguir quaisquer princípios gerais não específicos à linguagem. Não é uma contradição lógica, mas os dois esforços tendem a levar a direções opostas. Se você está tentando fazer que a GU seja articulada e restrita o suficiente para que o procedimento de avaliação precise verificar apenas alguns poucos exemplos nos dados fornecidos

1 Isto é, no encontro da *Linguistic Society of America.* (N. T.)

pela experiência, porque isso é tudo o que é permitido, então a GU será muito específica à linguagem, e não haverá princípios gerais em operação. Na verdade, só depois que a abordagem de princípios e parâmetros surgiu é que foi possível realmente ver um modo pelo qual as duas questões poderiam ser divorciadas. Se há qualquer coisa de verdade quanto à abordagem de princípios e parâmetros, a questão acerca do formato para as gramáticas é completamente divorciada da questão de como se dá a aquisição; a aquisição será simplesmente uma questão de marcação paramétrica. Isso deixa várias questões abertas sobre o que são os parâmetros; mas significa que as propriedades da linguagem são seja lá o que for que sobra, isto é, que não é coberto pelos parâmetros. Não há mais razão conceitual pela qual as gramáticas devam ser altamente articuladas e muito específicas e limitadas. Foi removida uma barreira conceitual para a tentativa de verificar se o terceiro fator realmente tem algum papel na explicação das propriedades da linguagem. Foi preciso um longo período de investigação antes que se estivesse em condições de chegar a algum lugar com esse tipo de questão.

JM: *Mas à medida que as propriedades da linguagem se tornam mais e mais focadas em Merge e, digamos, em parâmetros, a questão do desenvolvimento da linguagem no indivíduo parece se tornar mais e mais difícil, porque parece exigir o recurso a outros tipos de investigação, nos quais os linguistas nunca haviam de fato tocado antes. E me pergunto se você acredita que o estudo da Linguística também vai abarcar tais áreas.*

NC: Na medida em que noções como computação eficiente têm algum papel na determinação de como a linguagem se desenvolve em um indivíduo, isso deve ser um fenômeno geral biológico ou até mesmo físico. Portanto, se você consegue obter evidência para isso de algum outro domínio, é muito bom. Essa é a razão pela qual, quando Hauser, Fitch e eu estávamos escrevendo nosso artigo

(Hauser; Chomsky; Fitch, 2002), mencionamos as estratégias ótimas de busca de alimentos. É a razão pela qual em artigos recentes mencionei coisas como o trabalho de Christopher Cherniak <sobre inatismo biológico e estrutura cerebral[*brain wiring*]; veja Cherniak et al., 2004>, que é sugestivo. Embora você possa ter certeza de que esse tipo de resultado aparecerá por todos os lugares em Biologia, essa questão não é muito estudada pelos biológos. Há razões para isso. A intuição dos biológos é basicamente a de Jacob, de que a simplicidade é a última coisa que você procuraria em um organismo biológico, o que faz algum sentido se você tem uma longa história evolucionária com vários acidentes e em que isso e aquilo acontecem. Nesse caso, você vai encontrar muito de adaptação, isto é, de aproveitamento de velhas estruturas para solucionar novos problemas [*jerry-rigging*]; e parece, ao menos superficialmente, que, quando você olha para um animal, ele é sempre adaptado [*jerry-rigged*]. Portanto, trata-se de improvisação[*tinkering*], como Jacob diz. Isso talvez seja verdade, talvez não seja – talvez pareça verdade porque você não compreende o suficiente. Quando você não entende nada, tem a impressão de que está diante de um monte de engrenagens, alavancas, e coisas desse tipo. Talvez, se você compreendesse o suficiente, descobriria que há mais nisso. Mas ao menos a lógica faz sentido. Por outro lado, essa lógica não se aplica se a linguagem é um caso em que a faculdade emerge subitamente. E é isso o que a evidência arqueológica parece sugerir. Você tem uma extensão de tempo que é muito pequena.

JM: *Para acentuar uma questão de simplicidade por um momento: você mostrou de modo notável que há um grau bastante considerável de simplicidade na própria faculdade – no que poderiam ser tomados como aspectos distintamente linguísticos da faculdade de linguagem. Você esperaria esse tipo de simplicidade em quaisquer contribuições do terceiro fator que sejam necessárias para que se compreenda o crescimento da linguagem na criança?*

NC: Na medida em que tais contribuições são reais, sim – na medida em que contribuem para o crescimento. Por exemplo, como a criança consegue adquirir o conhecimento da condição da subjacência <que limita o movimento de um constituinte à possibilidade de cruzar um único nó de fronteira>? Bem, na medida em que isso segue de algum princípio de computação eficiente, simplesmente emergirá como a divisão celular emerge em termos de esferas. Não será porque é geneticamente determinado, ou por causa da experiência; será porque esse é o modo como o mundo funciona.

JM: *O que você diz a alguém que afirme que o custo de introduzir tanta simplicidade na faculdade de linguagem é o de ter de lidar, no longo prazo, com outros fatores externos à faculdade de linguagem que contribuem para o crescimento linguístico? E que afirme que tal hipótese consiste, em parte ao menos, em empurrar para uma outra área sejam quais forem os tipos de considerações globais que poderiam ser relevantes não apenas à linguagem, mas também a seu uso?*

NC: Não compreendo por que tem de ser considerado um custo; é um benefício.

JM: *O.k.; para o linguista interessado em produzir uma boa teoria, isso é plausível.*

NC: Em primeiro lugar, a questão de ser um custo ou um benefício não se coloca; ou é verdade ou não é. Se for verdade – na medida em que é verdade –, é uma fonte de gratificação que eleva o estudo da linguagem a um nível superior. Mais cedo ou mais tarde, esperamos que a Linguística seja integrada ao todo da ciência – talvez de modos que não tenhamos vislumbrado. Assim, talvez ela seja integrada ao estudo de sistemas como o da navegação de insetos algum dia; se isso acontecer, será para o bem do estudo da linguagem.

JM: *Inclusividade [inclusiveness]: essa noção ainda é considerada?* [C]

NC: Sim, é um princípio natural de economia, creio. Falando em termos simples, na medida em que a linguagem é um sistema no qual a computação envolve apenas o rearranjo daquilo de que você já dispõe, ela é mais simples do que seria se o sistema adicionasse novas coisas. Se ele adiciona novas coisas, é específico à linguagem; então, é mais complexo. Portanto, você não quer isso, se não puder provar que está lá. Ao menos, o ônus da prova está na presunção de que você precisa adicionar novas coisas ao computar as expressões linguísticas. Desse modo, a inclusividade é a hipótese nula. Ela diz que a linguagem é apenas o que o mundo determina que seja, dado o fato inicial de que você terá um procedimento recursivo. Se você vai ter um sistema desse tipo, o melhor sistema possível seria aquele em que tudo o mais segue da computação ótima. Estamos muito longe de mostrar que a linguagem é assim, mas, na medida em que você pode mostrar que alguma coisa funciona desse modo, isso é um resultado positivo. Ao fazê-lo, o que você está demonstrando é que há uma propriedade da linguagem que não precisa ser atribuída à herança genética. É precisamente como a descoberta de que poliedros são materiais de construção. Isso significa que você não precisa procurar pela codificação genética que lhe dirá por que animais como as abelhas construirão seus ninhos na forma de um poliedro; esse é simplesmente o modo como elas fazem seus ninhos, e isso é tudo.

JM: *Costumava-se presumir que a inclusividade dependia, em larga medida, do léxico como a fonte do tipo de "informação" a ser considerada na computação. O léxico ainda tem o importante papel que costumava ter na teoria da computação linguística?*

NC: Sim, se não houver algo mais primitivo que o léxico. O léxico é uma noção complicada; ao utilizar esse termo sem qualificações, você torna indistintas muitas questões. O que dizer sobre nomes compostos, expressões idiomáticas, e seja lá qual for o tipo de procedimentos construtivos que têm lugar no desenvolvimento do léxico – o tipo de coisa com que Kenneth Hale estava trabalhando? Desse modo, "léxico" é um termo que cobre uma grande gama de problemas. Mas se há um aspecto da linguagem que é inevitável, é o de que, em qualquer linguagem, a computação inicia quando há alguma reunião das possíveis propriedades da linguagem – traços, que são simplesmente propriedades linguísticas. Há, portanto, algum processo de reunião desses traços e, então, nenhum outro acesso à fonte de onde são tirados é possível além do acesso àqueles já reunidos. Essa parece ser uma propriedade da linguagem para a qual há evidência massiva e irresistível; e é extremamente natural do ponto de vista da computação, ou do uso. Desse modo, você tem de ter algum tipo de léxico, mas a questão de como ele é, de como é sua estrutura interna, de como a morfologia se integra a ele, de como os processos de composição lexical se integram a ele, de onde as expressões idiomáticas entram – todas essas são questões que estão ainda ali esperando.

JM: Merge – *o princípio computacional básico: quão longe ele vai?*

NC: Sejam quais forem os átomos lexicais, eles têm de ser unidos, e o modo mais fácil de reuni-los é por meio de algum processo que simplesmente forma o objeto que consiste desses mesmos átomos. Isso é *Merge*. Se você precisa mais que isso, então o.k., há mais do que *Merge* – e tudo o que for a mais será específico à linguagem.

JM: *Então, em princípio, Von Humbolt pode ter estado certo ao dizer que o léxico não é essa... creio que seu termo foi "massa inerte completada"...*

NC: ... mas algo criado...

JM: ... *mas algo criado e reunido. Mas, se é reunido, é reunido em uma ocasião, ou há algum tipo de estocagem envolvido?*

NC: Tem de haver estocagem. Podemos criar novas palavras, mas isso é periférico <às operações computacionais nucleares do sistema da linguagem>. <C>
Quanto a Von Humbolt, de fato, creio que, quando ele falava sobre a *energeia* e o léxico, estava na verdade se referindo ao uso [das expressões linguísticas]. Realmente, quase todo tempo, quando ele fala de uso infinito de meios finitos, ele não quer dizer o mesmo que queremos dizer quando usamos esses termos, isto é, geração infinita; ele quer dizer uso; por isso, é parte de nossa vida.

JM: *Mas Von Humboldt na verdade reconheceu que o uso depende bastante pesadamente dos sistemas que subjazem a ele e que efetivamente sustentam e fornecem a oportunidade para o uso...*

NC: ... esse é o ponto no qual o que ele diz se rarefaz em obscuridade. Acho agora que o modo como eu e outros o citamos foi um pouco enganador, no sentido de que o modo como o citamos soa como se ele fosse um precursor da gramática gerativa, quando na verdade ele é, antes, um precursor do estudo do uso da linguagem como sendo ilimitado, criativo, e assim por diante. Em um certo sentido, Von Humbolt vem direto da tradição cartesiana, porque é disso que Descartes estava falando. Mas a ideia propriamente dita de que você pode de algum modo distinguir uma competência interna, que já é infinita, do uso dela é uma noção muito difícil de se conceber. De fato, a pessoa que chegou mais perto disso, das que eu encontrei, não foi nem Von Humbolt nem Descartes, mas <A. W.> Schlegel em suas estranhas observações sobre poesia <veja Chomsky, 1966, 2002, 2009>. Mas era como tatear no escuro em uma área na qual não há qualquer possibilidade de compreensão, porque a própria ideia de infinidade recursiva simplesmente ainda não existia.

JM: *Mas Von Humbolt não distinguiu... Ele de fato fazia uma distinção entre o que chamava de "forma" da linguagem e seu "caráter", e isso parece levar a algo como uma distinção entre competência e uso...*

NC: É difícil saber o que ele queria dizer com esses termos. Quando você lê com atenção o que Von Humbolt escreveu, percebe que ele simplesmente estava tateando em um labirinto do qual você não consegue obter nenhum sentido enquanto não fizer a distinção entre competência e desempenho, no mínimo. E isso requer a noção de um procedimento recursivo e de uma capacidade interna que está "lá" e que já é infinita e pode ser usada de todos os modos de que ele estava falando. Até que você comece a fazer, no mínimo, essas distinções, não pode fazer muito exceto tatear no deserto.

JM: *Mas a ideia da infinidade recursiva já estava circulando, como você apontou. John Mikhail a identificou em Hume; ele já circulava nos séculos XVII e XVIII...*

NC: ... alguma coisa semelhante já circulava, sim. O que Hume diz, e John observou, é que você tem um número infinito de responsabilidades e deveres, de modo que tem de haver algum procedimento que os determine; tem de haver algum tipo de sistema. Mas note, de novo, que é um sistema de uso – ele determina o uso. Não se trata de dizer que há uma classe de deveres caracterizada de modo finito em seu cérebro. É verdade que tem de ser isso; mas não é disso que Hume estava falando. Você poderia dizer que a ideia já está em Euclides, em algum sentido. A ideia de um sistema axiomático finito incorpora, de algum modo, a ideia; mas ela nunca foi claramente articulada.

JM: *Então a noção de infinidade recursiva só teve, na verdade, início com o trabalho que você fez nos anos 1950 – até onde se possa afirmar, pelo menos?*

NC: Bem, no que diz respeito à linguagem, sim. Mas a ideia já estava, então, mais ou menos formulada; já existia a tese de Church, e os conceitos de algoritmo e de procedimento recursivo já eram bem compreendidos antes dele. Você podia, naquele momento, simplesmente aplicar essas noções a sistemas biológicos, sendo a língua o caso óbvio.

10
Sobre as doenças intelectuais de alguns cientistas

JM: *Você mencionou que alguns que seriam cientistas são demasiadamente orientados por dados, sendo incapazes de idealizar e abstrair suficientemente para simplificar e construir uma ciência. O fenômeno que você seguidamente menciona – que até mesmo químicos renomados <e outros cientistas> no começo do século XX queriam negar que o trabalho teórico deles tinha algum valor além de instrumental – é um aspecto do que acontece no estudo das línguas humanas, que queremos falar sobre o que as pessoas dizem e sobre as circunstâncias em que elas dizem – seu comportamento – e não nos princípios e sistemas que subjazem a linguagem e a tornam possível?*

NC: Há alguma conexão, mas me parece ser um assunto distinto. Havia uma forte tradição machiana nas ciências, do tipo que não podia ser vista, mas que estava lá – <que os princípios teóricos> são apenas alguma hipótese que você está criando para fazer que sua computação funcione melhor. Isso valia também para a Física, como para a Química, nos idos dos anos 1920. Poincaré, por exemplo, dispensou as moléculas e disse que a única razão pela qual falamos delas é que conhecemos o jogo de bilhar, mas que não há base para elas – não podemos vê-las, elas são apenas uma hipótese útil para computar coisas. E isso continua na década de 1920 – cientistas de ponta estavam dizendo que a Química estrutural de Kékulé ou o átomo de Bohr eram simplesmente modos de computação. E o motivo era interessante: não era possível reduzi-los à Física. Eu citei Russell em 1929. Ele conhecia muito bem as ciências, e dizia que as leis químicas *naquele momento* não poderiam ser reduzidas a leis físicas – assumindo a ideia de que o curso normal da ciência é reduzir tudo às leis da Física. Enquanto não sejam <reduzidas>, não é ciência de verdade. Bem, sabemos o que aconteceu; essas ideias nunca foram reduzidas. A Física passou por uma mudança radical e foi unificada por uma Química virtualmente inalterada. Bem, nesse momento, reconheceu-se – na verdade, nunca foi explicitamente reconhecido, apenas tacitamente compreendido – que toda a discussão do último século havia sido doida; então foi meio que esquecida e ninguém mais falou sobre o assunto. E a história foi esquecida. Mas é uma história interessante.

Há anos, tenho tentado (em vão) convencer os filósofos da mente que seus debates de hoje são uma repetição do que acontecia nas ciências naturais há alguns anos – até a década de 1930 – e que deveríamos aprender alguma coisa com isso. <C> E esse não é o único caso na história da ciência; há diversos outros casos assim. O momento clássico na história da ciência sobre um caso desse tipo foi o de Newton. Ele mesmo considerava suas propostas <principalmente a lei do inverso do quadrado da gravitação> absurdas, pois elas não podiam ser reduzidas à Física, ou seja, à filosofia mecânica <de Descartes>, que <ele e muitos outros achavam> era obviamente verdade. Então ele considerava suas propostas um disparate que nenhuma pessoa sensata poderia aceitar. Contudo, devemos aceitá-las, porque elas parecem ser verdadeiras. E isso era extremamente complicado para Newton, e ele passou o resto da vida tentando escapar disso, assim como os cientistas que vieram depois dele. Mas o que Newton realmente mostrou – e, em retrospectiva, é compreensível, esquecendo a história, infelizmente – foi que a verdade do mundo não é redutível ao que era então chamado de “Física”, e que a Física deveria ser abandonada e revista. Esse é o momento clássico na história da ciência, e continua dessa forma. A interpretação teórica do quantum sobre a ligação química foi outro desenvolvimento parecido. Por que deveríamos esperar que o estudo dos aspectos mentais do mundo quebre a tradição da história das ciências? Talvez eles quebrem, mas não há motivo particular para esperar que isso aconteça.

JM: *E o que dizer do curioso fenômeno do behaviorismo? Parte da motivação para o behaviorismo claramente teve relação com o primeiro desses fatores que você mencionou: os behavioristas ofereceram às pessoas no poder algum tipo de legitimidade, porque se autorretrataram – ou tentaram se autorretratar – como especialistas e cientistas...*

NC: ... e benignos também. Estamos controlando o comportamento das pessoas para seu próprio bem – tipo Mill.

JM: *Exatamente. Mas outra parte da retórica behaviorista foram obviamente seus esforços machianos de se manter ao observável.*

NC: É uma visão muito estranha de ciência, que não é mais realizada no núcleo das ciências naturais. Mas uma vez já foi – essa ciência é o estudo dos dados. Na verdade, todo o conceito <do behaviorismo> é muito interessante. Na década de 1950, todos os campos da Ciência Social e da Psicologia eram ciências comportamentais; <e> assim que vemos essa palavra, <sabemos que> algo está errado. Comportamentos são dados – como as leituras de medidas são dadas na Física. Mas a Física não é uma ciência de leitura de medidas. Quer dizer, olham-se os dados para ver se é possível encontrar evidência, e a evidência é um conceito relacional; é evidência de algo. Então, o que se está procurando é evidência para alguma teoria que vai explicar os dados – e explicar novos dados e fornecer alguma compreensão sobre o que está acontecendo, e assim por diante. Se você apenas se atém aos dados, não está fazendo ciência; está fazendo qualquer outra coisa. As ciências behavioristas, em princípio, estão se atendo aos dados; então, sabemos que há algo errado com elas – ou deveríamos saber. Mas isso se baseia em um conceito de ciência que prevaleceu até mesmo no núcleo das ciências físicas por um longo tempo. No final do século XIX, a Física era considerada pelos físicos – físicos de ponta – basicamente como uma ciência de medições e correlações entre medidas de quantidade e pressão e relações gerais sobre elas, uma posição que alcançou sua forma sofisticada com Mach.

JM: *E o que dizer de formas recentes desse tipo de visão, como no conexionismo e similares?*

NC: São manifestações disso, acho. De alguma forma, precisamos começar com a coisa mais simples que compreendemos – como uma conexão neural – e elaborar uma história que possa dar conta de tudo. É como a Física corpuscular no século XVII, que fez suposições parecidas. Gente como Boyle e Newton e outros reconheceram, plausivelmente, que devia haver algum bloco de matéria elementar – os corpúsculos – e que eles deviam ser como os tijolos que usamos para construir prédios. Então, suponhamos que seja assim. Portanto, eles devem tentar mostrar como é possível dar conta de todas as coisas por meio de diferentes arranjos de corpúsculos.

Hoje em dia, o interesse de Newton por alquimia é considerado um tipo de aberração, mas não devia ser; era muito racional. Está perfeitamente correto que, se a natureza é constituída de simples blocos de construção, organizados de maneiras distintas, seria possível transformar chumbo em ouro. É mera questão de descobrir como conseguir fazer tal coisa; não há nada de irracional nisso.

Na verdade, em certo sentido, Newton está certo: existem coisas elementares – não como ele dizia –, mas, sim, existem coisas semelhantes. E o conexionismo me parece estar no mesmo nível que a Física corpuscular está para a Física. Temos qualquer motivo para crer que, ao pegar essas poucas coisas que achamos – provavelmente de maneira equivocada – que compreendemos e construir uma estrutura complexa com elas, vamos encontrar algo? Bem, talvez, mas é altamente improvável. Além disso, se você der uma olhada nas coisas centrais que os preocupam, como conexões entre neurônios, essas coisas são *bem* mais complexas. Eles estão abstraindo radicalmente da realidade física, e quem sabe se essas abstrações estão indo na direção certa? Contudo, como qualquer outra proposta, ela deve ser avaliada em termos de suas realizações teóricas e suas consequências empíricas. Acontece que, nesse caso, é bem fácil, porque elas são quase inexistentes <C>.

JM: *Há um novo crescimento no conexionismo que pretende estudar tópicos que eles pensam ser evolucionários. Imagino que sempre tenha existido esse tipo de conexão entre certos pontos de vista sobre a evolução e o behaviorismo...*

NC: Skinner, por exemplo, foi muito explícito sobre isso. Ele apontou que (e estava certo nesse ponto) a lógica do behaviorismo radical era mais ou menos a mesma lógica de uma forma pura de selecionismo para a qual nenhum biólogo sério poderia dar muita atenção, mas que é <uma forma de> Biologia popular – a seleção pega *qualquer* caminho. E partes disso foram postas em termos behavioristas: os caminhos certos recebem reforço e são estendidos, e assim por diante. É como se fosse uma versão para a sexta série da teoria da evolução. Simplesmente não pode ser verdadeira. Mas ele estava certo ao mostrar que a lógica do behaviorismo é como aquela <do adaptacionismo ingênuo>, assim como fez Quine. Ambos estão corretos ao afirmar que essas lógicas são semelhantes, e ambos estão errados pelas mesmas razões.

11
O lugar da linguagem na mente

JM: *Voltando... podemos conversar sobre o lugar da linguagem na mente?*

NC: O.k.

JM: *Não é um sistema periférico; você mencionou que a linguagem tem algumas das características de um sistema central. O que quer dizer com isso?*

NC: Bem, os sistemas periféricos são sistemas de *input* e *output*. Então, o sistema visual recebe dados do exterior e transmite alguma informação para o interior. E o sistema articulatório recebe alguma informação do interior e faz certas coisas e tem um efeito no mundo exterior. É isso que são sistemas de *input* e *output*. A linguagem faz uso desses sistemas, obviamente; estou ouvindo o que você diz e estou produzindo alguma coisa. Mas isso é só alguma coisa que está sendo feita *com* a linguagem. Existe um sistema interno que você e eu mais ou menos compartilhamos que permite que os ruídos que eu faço entrem em seu sistema auditivo, e o sistema interno que você tem está fazendo alguma coisa com esses ruídos e os compreendendo mais ou menos da mesma maneira que meu próprio sistema interno os está criando. E esses são sistemas de conhecimento; são capacidades fixas. Se isso não for um sistema interno, então não sei o que essa palavra significa.

JM: *O.k.; há outros sistemas, como o reconhecimento facial. Esse também não é um sistema periférico. Ele recebe informação do sistema visual.*

NC: Bem, o sistema de reconhecimento facial é um sistema de *input*, mas é claro que faz uso de conhecimento interno que você tem sobre como interpretar faces. As pessoas interpretam faces de maneira muito diferente de como interpretam outros objetos. Mostre a uma pessoa um rosto de cabeça para baixo, e ela não irá reconhecê-lo.

JM: *Então não é suficiente (para ser um sistema central) receber informação de algum outro sistema.*

NC: Todos os tipos de processamento interno estão acontecendo – pensamento, o que quer que seja. E a maior parte deles é totalmente inconsciente e escapa do alcance da consciência. Mas há muita evidência de que eles estejam acontecendo. A evidência, obviamente, é sempre de fora. Mesmo que você esteja vendo imagens do cérebro, o que vê são evidências dos efeitos do objeto interno; mas essa evidência bem conclusiva mostra que há muitas operações mentais internas acontecendo, usando sistemas de conhecimento, interpretação, planejamento, ação, entre outros. E a linguagem parece ser um desses sistemas. Pode até ser o caso de a linguagem ser o sistema que une todos os outros. Na verdade, essa ideia já foi proposta de forma clara por gente como Elizabeth Spelke (2003, 2004, 2007) em Harvard. Ela é uma eminente psicóloga do desenvolvimento cognitivo que argumenta em seu trabalho (que lida especialmente com crianças) que, como as capacidades linguísticas parecem estar se desenvolvendo, essas capacidades estão sempre presentes, mas não se manifestam até certa idade. À medida que elas começam a se manifestar, você recebe interações entre outros tipos de atividade cognitiva. Há formas primitivas de reconhecimento sobre o lugar onde você está e o lugar aonde você deve ir, por exemplo, que são compartilhadas entre os mamíferos e que são usadas por crianças. Há também outras mais sofisticadas que são utilizadas por adultos. Por isso, uma criança pode aprender sobre a diferença entre uma parede azul e uma parede vermelha, tanto quanto um rato consegue aprender essa diferença. Mas, se você quiser aprender, digamos, sobre a diferença entre minha esquerda e minha direita, ou sobre alguma coisa que seja bem mais complicada – bem, nesse caso Spelke argumenta que essas capacidades mais complexas parecem estar integradas mais ou menos quando as capacidades linguísticas forem manifestadas; por isso, ela sugere, plausivelmente, que as capacidades para a linguagem facilitam esse tipo de interação – o que certamente faz sentido.

Os registros arqueológico-antropológicos sugerem que cheguemos a conclusões semelhantes. Como mencionado anteriormente, há o que às vezes é chamado de "grande salto para a frente" na evolução humana em um período de aproximadamente 50 mil a 100 mil anos atrás, quando os registros arqueológicos subitamente mudam de maneira radical. Aparece todo o tipo de indicação de imaginação criativa, planejamento, uso sofisticado de ferramentas, arte, representação simbólica e cuidados detalhados de eventos externos, como as fases da lua etc. E parece que foi nessa época que surgiu o que quer que tenha desenvolvido a linguagem. Então, não é mera especulação pensar que essas coisas estejam conectadas. Se algum hominídeo tem uma capacidade de linguagem, ele pode planejar, pensar, interpretar, imaginar outras situações – situações alternativas, que não estão em seu entorno – e fazer escolhas ou tomar uma atitude em relação a elas. Em algum ponto, ele poderá transmitir um pouco disso para os outros. Tudo isso poderia muito bem ser a fonte do que agrupa todas as outras várias capacidades juntas, que já deveriam existir – pelo menos, em uma forma rudimentar, não sofisticada –, une essas capacidades e dá origem a essa repentina atividade complexa e criativa.

JM: *É quase certo que a linguagem tem o papel de constituir ou fornecer formas altamente estruturadas e muito mais complexas de "objetos" conceituais – oferecendo um alcance conceitual que simplesmente não está disponível para outros tipos de criaturas. Mas parece que a linguagem, tendo esse tipo de capacidade – e tendo a capacidade de coordenação e mesmo talvez de integração de informação de outros sistemas...*

NC: E também inovadora. A linguagem não apenas congrega informação; ela não é um mecanismo de gravação. Sabemos disso por introspecção – podemos pensar sobre como o mundo seria se escolhêssemos esse caminho e não outro. Na verdade, podemos imaginar as coisas que nem ao menos podem ter uma realização física. Há todo um leque disponível de atividades criativas – até certo ponto, temos essa capacidade disponível a partir de outros sistemas internos também: com a visão, podemos imaginar figuras, esse tipo de coisa –, mas é muito mais rico quando podemos realmente formular expressões internas. Temos atitudes proposicionais; descrições de organizações possíveis e interações com pessoas; eventos físicos possíveis e por aí afora. E isso tudo está disponível se você tiver uma linguagem interna; todos sabemos disso, meramente por introspecção. Todos temos essa capacidade. E presumivelmente nossos ancestrais hominídeos daquela época também tinham.

Uma coisa muito certa é que os seres humanos existentes são praticamente idênticos nesse sentido. Isso quer dizer que o que quer que tenha nos dado essa capacidade não deve ter surgido depois de cerca de 50 mil anos atrás, que foi quando a jornada a partir da África teve início. Hominídeos fisicamente muito semelhantes a nós estiveram lá por centenas de milhares de anos – pelo que mostram os registros arqueológicos. Começou com um grupo pequeno, um dos muitos pequenos grupos de reprodução. E esse grupo repentinamente se expandiu por todo o mundo. É difícil imaginar que isso não esteja relacionado aos mesmos desenvolvimentos que levaram os humanos à capacidade de inovar.

JM: *Mas se a linguagem tem esse papel na mente, há alguma necessidade no que Jerry Fodor costumava pensar como sendo um "processador central"? Isso não tiraria o papel do homúnculo como sendo, o que quer que seja, aquele que coordena e congrega todos os tipos de informações, toma decisões e assim por diante?*

NC: Mas é *o* processador central? Como você sabe? Provavelmente não, eu diria. Há maneiras de integrar, digamos, som e olfato e visão que não saberíamos nem como começar a descrever com a linguagem. E isso é certamente parte de nossa vida. Imagino que deva haver processadores centrais para isso.
Uma sugestão que Jerry <Fodor> propõe e que me parece demandar mais evidência é que existe uma linguagem do pensamento. E a pergunta é se a linguagem do pensamento é de alguma maneira diferente da forma de nossa linguagem interna, universal. Tanto quanto eu entendo, não podemos dizer nada sobre a linguagem do pensamento além de que ela é um reflexo daquilo que nossa linguagem é. E se for verdade – como parece ser – que as línguas existentes e possíveis são apenas superficialmente diferentes, então o núcleo que elas compartilham tem uma boa chance de ser a linguagem do pensamento – tanto quanto vislumbro.

JM: *Que tal, então, as ciências? Elas parecem ter uma sintaxe que é diferente da sintaxe das línguas naturais.*

NC: Não apenas isso, mas elas parecem operar de maneiras diferentes. Há um debate sobre esse assunto. Há pessoas como

Sue Carey, por exemplo, que tentaram mostrar que nossas capacidades científicas são apenas o desenvolvimento de nossas capacidades ordinárias de senso comum para raciocinar, explorar etc. Não estou convencido. Tenho a impressão de que a ciência envolve capacidades bem diferentes da mente.
Realmente não existe evidência séria sobre essas coisas. Mas, se você der uma olhada para a história das ciências, parece que também houve um grande salto para a frente, mas bem mais tarde, à diferença do que veio junto com a linguagem, presumivelmente não exigindo alguma mudança biológica. Não é que não houve precursores, mas por volta do século XVII a postura frente à investigação e ao entendimento do mundo simplesmente mudou radicalmente. Na época de Newton, houve uma mudança dramática – tão dramática que Newton, que basicamente ajudou a criar essa mudança, não conseguia aceitá-la. A suposição anterior – sem que ninguém expressasse exatamente – era que o mundo era inteligível. Deus o criara perfeito, e se fôssemos espertos o suficiente, poderíamos ver como Ele fez o mundo, e tudo seria inteligível para nós. Tudo o que tínhamos de fazer era trabalhar duro. O principal efeito psicológico das descobertas de Newton, eu acho, é que isso não é verdade. Envolve coisas que são, para nós, intuitivamente, forças misteriosas. Foi por isso que Newton resistiu as suas próprias conclusões, que efetivamente minaram o que era chamado de "filosofia mecânica" – a ideia de que o mundo trabalha como uma máquina, com mecanismos, alavancas e coisas empurrando umas às outras, meio parecido com um relógio medieval. Devia ser alguma coisa do gênero. Mas o que ele mostrou é que isso simplesmente não é verdadeiro.

JM: *Esse é o fim da Física do senso comum e da Psicologia do senso comum?*

NC: Esse é o fim da Física do senso comum. A Psicologia do senso comum não é refutada. Simplesmente não funciona com a Física. A mecânica cartesiana era um rascunho de algo que era tipo a Física do senso comum. É nosso entendimento de senso comum de como o mundo funciona. Se eu bato naquilo ali, então aquilo vai se mover. Mas não consigo mover aquilo apenas movimentando meu braço. É intuitivamente óbvio que não consigo movimentar aquilo pelo movimento de meu braço; mas acontece que isso é falso. A ideia de que existam princípios de ação e reação, interação, crescimento, desenvolvimento e outros que não são do tipo mecânico – ao longo do tempo, isso causou uma mudança real nos padrões de inteligibilidade para a ciência. Não é que o mundo vá ser inteligível; nós é que desistimos. Mas as teorias devem ser inteligíveis. Então, queremos teorias inteligíveis sobre o mundo que atendam nossos critérios epistemológicos e funcionem com eles, que sejam apenas outros aspectos de nosso sistema cognitivo. Então a ciência avança em um rumo bem diferente. Não é que as pessoas desistiram dos modelos baseados no senso comum; converse com um matemático estudando algum tópico abstrato sobre topologia, e em seu estudo ele provavelmente está desenhando figuras e pensando sobre elas etc. Mas você sabe que existe uma lacuna, e que sua compreensão intuitiva de senso comum a respeito do mundo não pode simplesmente ser um guia para o que o mundo realmente é. Essa é uma mudança importante, que leva a outras direções. Ela aconteceu apenas em pequenas áreas da ciência. Ainda assim, é evidente que a outra representação do mundo – a científica – é bem distinta da do senso comum.

Isso vem até os dias recentes. Até a década de 1920, a Química não era considerada parte das ciências centrais, mas um meio de cálculos, porque ela tinha essas figuras e diagramas a partir dos quais podíamos obter aproximações muito boas dos resultados dos experimentos. Mas ela era considerada, por muitos pesquisadores de ponta, apenas como um meio de cálculos; não podia ser real. Ela não podia ser reduzida à Física tal como era entendida. Isso porque, por razões que mais tarde foram descobertas, a Física simplesmente não tinha as ferramentas conceituais necessárias para incorporar a Química. A Física passou por outra mudança radical e se tornou mais ininteligível do ponto de vista do senso comum – apesar de que a teoria, obviamente, era inteligível. Então a Química passou a fazer parte das ciências naturais. E ainda continua.

Se você der uma olhada nos debates modernos que estão acontecendo sobre a "realidade psicológica" – a mente pode estar seguindo as regras? E outras questões nesse sentido –,vai ver que eles são muito parecidos com os debates que aconteciam nos anos 1920 sobre se a Química era "real". O que significa perguntar se a Química está seguindo as leis? Mostre-me como explicar o que você observa em termos de mecânica newtoniana, ou alguma outra coisa que eu compreenda.

JM: *Essa disputa em particular – se a mente está seguindo regras ou leis, ou se elas são "psicologicamente reais" – tem estado por aí desde pelo menos Helmholtz, com sua ideia de que a mente executa, de alguma forma, inferências, e faz isso no caso da visão, da audição e de faculdades como essas.*

NC: Sim, essas ideias frequentemente voltam; foi também um debate cartesiano, de certa forma.[1] Os debates modernos sobre a realidade psicológica em Linguística e em processamento

1 Descartes ofereceu o equivalente a uma teoria computacional da visão, que indica que o sistema visual "resolve problemas" como determinar a profundidade visual, mediante um cálculo geométrico na mente, dado algum *input* sobre a convergência dos globos oculares. Pode parecer confuso que ele tenha introduzido os rudimentos de uma ciência da mente que mostra como a mente oferece sensações humanas de profundidade ao mesmo tempo que insistia que uma ciência da mente que oferecesse sensações de profundidade e outros fenômenos mentais estava fora de alcance. A confusão se desfaz quando se torna claro que o que ele tinha em mente quando pensava em ciência era uma mecânica de contato, que – se esta discussão estiver correta – está profundamente associada ao senso comum e à Física popular. Para ver algum debate, remeto a minha introdução da edição de 2009 de Chomsky (1966, 2002, 2009).

cognitivo – metáforas computacionais e coisas do tipo – são muito semelhantes aos debates sobre a Química e o átomo de Bohr nos anos 1920. Agora a questão é "como podemos explicar isso em termos neurofisiológicos?". Não podemos. Mas também não conseguíamos explicar a Química em termos físicos, do jeito que a Física era então entendida. A conclusão, naquela época, foi que havia um problema com a Química. Mais tarde, passou-se a entender que havia um problema com a Física. Sabemos mais sobre neurofisiologia hoje do que se sabia sobre a Física na década de 1920? Longe disso; bem o contrário. Você tem de saber que está olhando para as coisas certas. E não há nada no caminho de qualquer profundidade de teoria. Há um *slogan* – que a mente é, em um nível mais abstrato, neurofisiologia. Mas a Química não era a Física em um nível mais abstrato, como se descobriu. Ao invés disso, outra Física surgiu; era uma Química em um nível diferente. E não sabemos se isso não vai acontecer com o estudo da mente.

O ponto é que, se você realmente aceita as conquistas das ciências naturais desde Newton, o que está tentando fazer é construir a melhor teoria explanatória que conseguir. E seria bom unificá-la com outras suposições sobre quais são as melhores teorias e outros fenômenos. Mas, se um deles não for redutível a outro, isso não quer dizer qualquer coisa. Apenas mostra que há algo de errado. <C>

JM: *Retornando à sua afirmação sobre a linguagem fornecendo inovação, além da coordenação, integração e outros. As ciências, ao contrário da linguagem, parecem fornecer um tipo diferente de inovação – apesar de, mais uma vez, único no reino animal. Ela fornece novos materiais conceituais, novos conceitos. A linguagem é inovadora, mas sua inovação é composicional; ela pega o que está disponível e coloca as peças juntas.*

NC: A faculdade da linguagem, em si mesma, utiliza os recursos conceituais que estão disponíveis... É um pouco difícil dizer o que a língua é "em si mesma". Será que a língua inglesa inclui a palavra *gravitação*? Estamos agora em uma área mais ou menos na qual nossas capacidades linguísticas e de criação científica estão interagindo. Não compreendemos nenhum desses sistemas de maneira suficiente para saber aonde ir.

JM: *Estou pensando a linguagem como sendo primordialmente o sistema central, o sistema computacional que opera de tal maneira que um tipo de* Merge *fornece uma estrutura de argumentos e outro fornece vários tipos de efeitos de borda, como o foco. Esse sistema parece mais bem equipado para lidar com conceitos que estão disponíveis e que vão servir a nossos interesses enquanto usamos nosso senso comum para tentar lidar com o mundo e pensar sobre sua posição e como eles podem mudar etc. A ciência, por outro lado, realmente parece oferecer a oportunidade de introduzir novos materiais conceituais de uma maneira diferente.*

NC: As ciências fornecem formas completamente diferentes de enxergar o mundo, que são totalmente contrárias ao senso comum. Na verdade, o senso comum – pelo menos nas ciências avançadas – tem sido completamente abandonado; não é sequer um critério a ser considerado. Mas esse é um desenvolvimento muito especial e moderno, que vale <apenas> em algumas áreas.

12
As contribuições intelectuais de Chomsky

JM: *Noam, deixe-me perguntar sobre quais você acha que sejam suas principais contribuições. Você gostaria de dizer algo sobre isso?*

NC: Bem, creio que a ideia de estudar a linguagem em toda a sua variedade como um objeto biológico deve se tornar uma parte da ciência futura – e o reconhecimento de que algo muito semelhante tenha de ser verdade sobre qualquer outro aspecto da capacidade humana. A ideia de que a crença – e falei um pouco disso em *Aspectos da teoria da sintaxe*, mas não me ative detidamente... <Espere; vou começar falando sobre B. F.> Skinner: a observação de Skinner sobre a semelhança entre a lógica do behaviorismo e a lógica da evolução está correta. Mas creio que essa conclusão – e a conclusão de outros – está equivocada. Ou seja, a conclusão que diz que ambas estão corretas. Ao contrário, mostra que ambas estão incorretas, porque a lógica do behaviorismo não funciona com crescimento e desenvolvimento, e, pela mesma razão, a noção de seleção natural funciona apenas de maneira limitada para a evolução.[1] Então, há outros fatores. Como eu disse em *Aspectos*, certamente não há possibilidade de se pensar que o que uma criança sabe seja baseado em um procedimento geral aplicado à experiência; tampouco há qualquer razão para supormos que a dotação genética seja somente o resultado de várias coisas diferentes que aconteceram na história evolutiva. Deve haver outros fatores envolvidos – do tipo que Turing <em seu trabalho sobre morfogênese> estava procurando, e que outros estavam e ainda estão procurando. E a ideia de que talvez seja possível fazer alguma coisa com essa noção é potencialmente importante. Hoje em dia, é mais ou menos aceita a ideia de que possamos fazer alguma coisa com essa noção para as bactérias. Se também for possível fazer alguma coisa com isso para as consequências mais recentes – e, em alguma medida, mais complexas – da história evolutiva como a linguagem, isso sugeriria que a ideia se sustenta.

JM: *Bem, seria um progresso muito radical se nós de fato estivéssemos em um estágio agora em que poderíamos fazer aquela velha pergunta sobre a linguagem: "por que as coisas são do jeito que são?". Imagino que você pensa que estejamos nesse estágio.*

NC: Em alguma medida. Creio que até existam algumas respostas... Em trabalhos recentes, tenho tentado comparar o que hoje parece plausível com o que parecia plausível há dez anos. E boa parte da maquinaria que se pensava necessária à época foi, na verdade, cortada. Quanto mais podemos avançar assim – quem pode dizer? Isso é o mesmo que perguntar o que é específico da linguagem. Essas questões continuam aparecendo; é por isso que eu mencionei aquela conferência sobre Biolinguística de 1974

---

1 Veja a discussão sobre as variedades de pontos de vista sobre a evolução que aparece no Apêndice II, além da ênfase na ideia de que a evolução hoje reduz sua dependência ao que Lewontin e Turing chamam de "história" e enfatizam, em seu lugar, conexões com outros fatores – como considerações com o "terceiro fator", na terminologia chomskyana.

<anteriormente>. Quando lemos a transcrição da conferência, as perguntas continuavam surgindo – o que pode ser específico da linguagem? Como poderia ser algo tão remoto de tudo o mais que existe no mundo biológico? Do ponto de vista biológico, não fazia sentido. Mas estávamos emperrados. Bem, hoje em dia estamos menos emperrados com esses pontos, e pode-se começar a estruturar mais seriamente perguntas sobre a Biologia da linguagem – e mesmo responder a algumas delas. Ainda existem enormes lacunas. Veja o primeiro ponto que você mencionou, sobre a natureza dos conceitos. Não temos nada a dizer sobre a maneira como eles evoluíram.

JM: *Mas você supõe que eles já existiam quando a linguagem se desenvolveu pela introdução de* Merge...

NC: Isso parece ser necessário para que faça sentido, dadas as aparentes contribuições da linguagem. Eles já deviam existir, e a razão é que cada ser humano tem basicamente os mesmos conceitos. Por isso, eles já deviam estar presentes antes da separação – antes da viagem da África –, o que significa aproximadamente 50 mil anos. Então, eles datam de 50 mil anos atrás. E não há evidência real de que *Merge* existia antes dessa época. Dê uma olhada nos trabalhos sobre a evolução da linguagem. Em sua maioria, são mal interpretados. Há muitos trabalhos interessantes mostrando adaptações do sistema sensório-motor que aparentemente estão relacionadas à linguagem. Assim, por exemplo, o ouvido e os músculos articulatórios parecem ter sido orientados para a gama de sons que são usados na linguagem. Mas isso não quer dizer nada. Tudo o que isso quer dizer é que quaisquer que fossem os grunhidos que os hominídeos estavam usando, eles podem ter desempenhado um papel ao longo das centenas de milhares de anos na alteração da estrutura do ouvido médio. Isso não seria tão surpreendente. É o que acontece com qualquer outro animal, como os sapos, por exemplo. Se pegarmos uma espécie em particular de sapos, veremos que seus sistemas auditivos estarão correlacionados com seu sistema articulatório. Mas isso são precursores da linguagem. Sim, isso será verdade para qualquer organismo. Então, tudo o que é encontrado a respeito do sistema sensório-motor no máximo vai lhe dizer sobre, bem, sobre esses precursores da linguagem do tipo que encontramos nos sapos. Mas deve haver um ponto em que recebemos subitamente aquele crescimento explosivo – aquele grande salto na atividade criativa. Parece que é mais ou menos o ponto de separação do grupo por todo o mundo. Na medida em que isso seja verdade, temos uma janela muito estreita de tempo em que alguma coisa tenha acontecido, e a suposição mais simples é que o que aconteceu foi que o desenvolvimento recursivo se desenvolveu.

JM: *No domínio fonético – você obviamente conhece o trabalho de Laura Pettito –, Laura tem sugerido que o fato de que podemos ser, pelo menos, bimodais no uso de nossa linguagem tem algo a ver com o fato de que em algum lugar no giro frontal superior <humano> existe alguma coisa que reconheça certos padrões de sons e sinais que se repetem na ordem de 1 ou 1,5 Hertz. A sugestão é que isso esteja subjacente às estruturas silábicas linguísticas humanas do tipo que aparece em todas as línguas naturais. Isso levanta duas questões. Uma diz respeito ao que você acaba de dizer. A faculdade da linguagem fornece instruções aos sistemas articulatórios, sejam eles com base em sinais, sejam em fala. Essas instruções devem ser de um tipo particular...*

NC: Bem, esses sistemas vão ter determinadas características que evoluíram ao longo de milhares – na verdade, talvez milhões – de anos. Eles terão suas características, quaisquer que elas sejam. E se a capacidade para usar um sistema infinito se desenvolve de maneira bastante abrupta, eles vão fazer uso dessas propriedades. Na verdade, não me parece nem um pouco impossível... Se você pensar nas propriedades mais elementares da lógica minimalista da evolução, todos devem concordar que, em algum momento, uma mutação permitiu o surgimento de um processo gerativo infinito. Não se pode evitar isso, a menos que você acredite em milagres. Então, em algum momento, algo como *Merge* surgiu. As mutações acontecem em indivíduos, não em comunidades, o que significa que <*Merge*> surgiu em um indivíduo. Esse indivíduo de repente tinha a capacidade de uma gama infinita de pensamento, planejamento, interpretação etc. Ele não precisava externalizar isso. Na verdade, não havia motivo para externalização, já que isso aconteceu em um indivíduo. Bem, se essa capacidade está em um indivíduo, será transmitida por meio de seus filhos – e pelo grupo, de certa forma. A habilidade de planejar e pensar e interpretar tem vantagens selecionais. Então, quem quer que tivesse essa capacidade provavelmente teria boas chances de reprodução, comparado a outros indivíduos. Assim, um pequeno grupo passaria a ser um grupo dominante em um curto espaço de tempo. Logo, todos teriam essa capacidade. Sem que nada tivesse sido articulado ainda. Em algum momento, a externalização aconteceu; e isso trouxe outras vantagens. Mas a externalização vai se utilizar do aparato sensório-motor que já existia. Pode ter sido por meio de sinais; pode ter sido por sons; pode ter sido qualquer coisa que estivesse disponível. E, sim, a externalização irá se adaptar a isso.

JM: *Mas isso não requer, pelo menos, um sistema que envolva modulação de algum tipo de sinal linear?*

NC: Bem, se vai externalizar essa habilidade, ela deve vir em determinado tempo, e isso significa que ela precisa ser linearizada. O sistema interno não precisa ter qualquer ordem linear; talvez tudo aconteça de maneira simultânea.

É nesse ponto que questões intricadas e interessantes sobre o estudo da estrutura da linguagem vêm à tona. Existe alguma evidência, por exemplo, que no mapeamento da sintaxe estreita para a interface semântica – naquela parte da linguagem que vai para a interface semântica, mas não para o sistema sensório-motor – nessa parte da linguagem, existe alguma evidência para um ordenamento linear? É uma pergunta interessante. Essa pergunta foi levantada há muito tempo por Tanya Reinhart, nos anos 1970, quando ela foi a primeira a argumentar que o c-comando[2] – que todos estavam usando, apesar de chamarem por nomes diferentes, mas que agora se chama c-comando – não envolvia linearidade, apenas hierarquia. É uma proposta surpreendente; mas soa como se fosse plausível. Então, surgiram mais e mais trabalhos tentando perguntar se, na verdade, na geração de objetos na interface semântica – logo, sintaxe estreita, não importa qual seja o mapeamento – existe qualquer tipo de linearidade. Bem, se não existe – que é a suposição ótima, porque requer a menor complexidade –, então isso sugeriria, de um ponto de vista evolutivo, que a externalização é, na verdade, alguma coisa periférica, e que o efeito do sistema sensório-motor é mínimo na natureza da linguagem. Aqui estamos realmente integrando questionamentos profundos sobre a estrutura e a natureza da linguagem com especulações sobre a evolução. Elas interagem. <C>

2 Sobre o c-comando e seu papel, veja o Apêndice VII.

13
A simplicidade e seu papel no trabalho de Chomsky

JM: *Poderíamos falar um pouco mais sobre a noção de simplicidade e seu desenvolvimento em seu trabalho? Sempre houve a noção de simplicidade teórica; ela é recorrente em todo o seu trabalho. Ela é simplesmente tomada como característica da natureza da investigação científica. Mas também tem aquela simplicidade interna que você busca em* LSLT <The Logical Structure of Linguistic Theory> *e no* Aspectos da teoria da sintaxe... <C>

NC: ... e também em trabalhos anteriores. Esse segundo levou diretamente ao que se chama de "Programa Minimalista". É apenas outro nome. Em algum momento – ali pelos anos 1950, quando tentamos reenquadrar os estudos metodológicos de linguagem em uma perspectiva biológica –, às vezes podíamos reenquadrar as condições metodológicas em hipóteses empíricas sobre como os sistemas orgânicos, ou talvez qualquer sistema, eram formados. E, na medida em que isso pode ser feito, é possível investigá-los como hipóteses empíricas e procurar por evidência em outro lugar – digamos, na formação de flocos de neve ou na navegação dos insetos etc. – e ver se realmente existem princípios de complexidade computacional, ou o que seja, talvez coisas que façam parte da natureza, assim como outras leis naturais. E se você conseguir reduzir aspectos da linguagem a esses princípios, você dá conta de maneira que transcende a adequação explanatória – na terminologia técnica da Linguística, em que a adequação explanatória resolve o problema de Platão. <C> Você pode começar a perguntar por que os princípios da Gramática Universal têm essas formas e não outras. Isso se torna um problema empírico da Biologia; e essa questão está em pé de igualdade com outras – na verdade, é o tipo de questão em que Turing estava interessado.

JM: *Esse é o terceiro fator.*

NC: Esse é o terceiro fator.

JM: *E os parâmetros? Eles são, de alguma forma, um desenvolvimento da noção de simplicidade interna?*

NC: De certo modo. O que realmente aconteceu – não de maneira súbita, mas se você olhar para trás, poderá ver o que aconteceu – foi isso. Veja a Linguística estruturalista, incluindo o trabalho de <Zellig> Harris, que era essencialmente um conjunto de procedimentos para reduzir materiais linguísticos – um *corpus* – a alguma forma organizada. Harris, por sinal, seguiu <esse projeto> com o mesmo tipo de integridade que Goodman <discutido a seguir>, e isso levou a conclusões que me parecem incorretas pelas mesmas razões. Para ele, não havia nenhum fato essencial: você podia fazer assim ou assado, dependendo de qual processo funcionasse. Era essencialmente um conjunto de procedimentos para reduzir materiais organizados a uma descrição estrutural de um tipo particular, e era guiado por algumas considerações metodológicas de simplicidade, tais como a utilidade. Eu passei um longo tempo tentando trabalhar com esses procedimentos e finalmente me convenci de que eles não iriam funcionar, por razões fundamentais. Dá para ver isso no nível mais elementar. Vamos repensar esses temas em termos de aquisição da linguagem <porque isso leva aos parâmetros>. Harris não teria feito isso, mas é uma questão paralela. Reduzir um corpus, ou materiais organizados, a uma forma específica é semelhante a pegar dados da experiência e chegar à Língua-I; é um procedimento análogo, mas acontece que o segundo é um problema empírico da Biologia, e isso é preferível ao problema metodológico de organizar materiais. O primeiro passo teria de ser decompor os ruídos em pequenas unidades – talvez sílabas, talvez fonemas, o que seja. O próximo passo terá de ser o que George Miller chamou, nos anos 1950, quando pensava sobre essas coisas, de "*chunking*"; você tem de ter unidades maiores. Qual é a unidade imediatamente superior ao fonema ou à sílaba? Sob esse ponto de vista da organização da estrutura da gramática, a unidade superior são os morfemas. Mas não pode ser assim, pois não pode existir um procedimento que encontre morfemas, uma vez que um morfema é uma noção abstrata em relação aos dados. Uma coisa é um morfema por causa do jeito que se enquadra em um sistema mais amplo. Portanto, você não conseguirá encontrar morfemas por meio de um procedimento. É por isso que a abordagem de Harris com a análise estatística de sequências de elementos para encontrar fronteiras de morfemas simplesmente não funciona; ela pode servir apenas para as unidades que são como contas em um colar – em que uma aparece ao lado da outra; e os morfemas simplesmente não são assim. É mais ou menos assim em inglês, mas o inglês é uma língua morfologicamente pobre. Mesmo em inglês não funciona, mas em línguas morfologicamente um pouco mais ricas, <é óbvio que> a análise não funciona mesmo. Na verdade, a próxima unidade superior será algo que às vezes é chamado de palavra fonológica – algo que tem propriedades fonológicas integradas e é mais ou menos como uma palavra, mas não é o que nós entendemos como palavras;

é como se eu dissesse *whyd'ja leave* [*"por-que-qui* você saiu?"], em que "whyd'ja" ["por-que-qui"] é uma palavra fonológica, ainda que seja um tipo de coisa complicada do ponto de vista de sua sintaxe ou de sua semântica. Mas essa é a unidade imediatamente superior. Bem, isso deveria ser uma unidade periférica para a Linguística estrutural, mas será a unidade fundamental de um ponto de vista processual. Se você quiser obter qualquer coisa linguisticamente mais significativa, como um morfema ou um sintagma, ou uma construção – o que seja –, não conseguirá encontrar nada disso por meio desses procedimentos. Eles param de funcionar já no primeiro passo. Isso leva à conclusão natural, mas que hoje eu acho equivocada, de que aquilo que você recebe da Gramática Universal, sua dotação genética, determina um formato: é esse tipo de sistema que vai contar como sendo uma língua. Então, a tarefa da criança – de outro ponto de vista, do linguista – é encontrar a instanciação ótima do formato, com base nos dados. É aí que a medida de simplicidade aparece – aquilo que é ótimo, em alguma medida – e então você precisa decifrar a medida. A medida serão todas as notações que as pessoas usam – sintagmas, <t> vira <<tʃ> antes de <i> etc. Essas coisas, em meu entendimento, desde a década de 1950, simplesmente são expressões de sua concepção interna de simplicidade. São maneiras de mapear um sistema de regras em uma forma à qual se pode atribuir um número, a saber, o número de símbolos, e medir a simplicidade numericamente: em última análise, a simplicidade será uma medida numérica. Então, isso tudo são maneiras de atribuir um número a um sistema de regras, e você espera que o método capture generalizações linguísticas autênticas; por isso, elas devem realmente significar alguma coisa – elas serão parte de sua estrutura cognitiva e da natureza da linguagem etc. É, portanto, um problema empírico, mas não existe um método computacionalmente praticável que vá dos dados à descoberta da instanciação ótima do formato. É por isso que meu trabalho *Morphophonemics of Modern Hebrew* (Chomsky, 1951, 1979) traz uma máxima relativa: "Bem, peguemos isso aqui e mostremos que é melhor que qualquer versão levemente modificada". Mas a questão não é pegar algo dos dados. Foi assim nos anos 1940; e isso é inconcebível, não pode ser feito. É computacionalmente intratável. Então não pode ser o método de aquisição da linguagem; não pode ser a verdade sobre a linguagem.

Bem, esse modelo – formato, instanciação, medida de simplicidade, avaliação –perdurou nos anos 1970 e trouxe à tona barreiras conceituais sérias ao tentar encontrar o que é distintivo sobre a linguagem – qual é o terceiro fator, para que possamos atribuir isso a alguma outra coisa, e o resíduo será aquilo que é distintivo sobre a linguagem. Simplesmente é uma barreira: você pode levantar essa questão e segui-la em certa medida, mas não muito. Foi aí que o modelo de princípios e parâmetros se tornou importante: ele separou a questão da aquisição da linguagem da questão do formato. A aquisição da linguagem, sob esse ponto de vista, era uma questão de ajustar os valores dos parâmetros, e o formato da Gramática Universal não tinha mais de atender à condição de ser tão restritiva e altamente articulada a ponto de levar a um pequeno número de escolhas e, por isso, tornar a tarefa computacional tratável. Pode ser o caso <agora> que a Gramática Universal seja altamente irrestrita. Se você tem um modelo do tipo formato-instanciação, é necessário que o formato seja altamente restrito e articulado, ou então você nunca conseguirá escolher uma instanciação, ou selecionar uma ao invés da outra. É como o problema da projeção <que Nelson Goodman discutiu em seu *Fato, ficção e previsão*>: se você não tiver restrições, não conseguirá resolver o problema da projeção. Você deverá ter restrições muito estritas para conseguir uma abordagem tratável para selecionar uma instanciação que seja correta – talvez não apenas uma, mas, ao menos, um número muito pequeno. Então, ao longo de todo <período> do modelo formato-instanciação-avaliação, era necessário que o formato fosse altamente restrito e articulado, com muitos mecanismos especiais, e coisas do tipo – e, portanto, com pouca contribuição ao terceiro fator, e muitos componentes altamente específicos da linguagem. Isso também fez que o estudo da evolução da linguagem fosse completamente infrutífero.

A abordagem de princípios e parâmetros rompeu com esse impasse ao separar completamente o problema da aquisição do problema “Qual é o formato?”. Ele deixa todas as perguntas em aberto. Mas, pelo menos, a barreira conceitual no estudo do terceiro fator foi removida. Então, não é impossível – e pode-se mostrar que isso é verdade – que o formato para a gramática na verdade envolva, em grande medida, princípios de eficiência computacional etc. – que podem não ser apenas extralinguísticos, mas extraorgânicos – e o problema da aquisição é então posto de lado. É uma questão de fixar os parâmetros.

Claro, isso suscita uma outra questão: “Por que a linguagem tem princípios e parâmetros e por que são esses os parâmetros e não outros?”. Isso acaba se tornando uma questão empírica interessante que talvez possa ser respondida com base no terceiro fator, ou não. De qualquer maneira, <os princípios e parâmetros> tornaram possível buscar de maneira muito mais séria fatores como eliminação de redundância, sistemas de regras simples, eficiência computacional etc., com base em princípios que podem muito bem não ser linguísticos, que não fazem parte da Gramática Universal e, por isso, que não fazem parte de características distintivas da linguagem. Lá pelos anos 1990, algumas pessoas – eu, entre elas, mas também Michael Brody, Sam Epstein e outros – passaram a achar que já havia progresso suficiente nessa abordagem, que era um domínio de pesquisa identificável, e foi aí que o nome <minimalismo> surgiu, como uma forma de identificar esse domínio. Foi questão de pegar problemas antigos e olhar para eles com base em novos entendimentos e muitas suposições – como a hipótese de que a abordagem de princípios e parâmetros estivesse correta. Há muitos pressupostos aí; ninguém sabe dizer o que são os parâmetros. O mais próximo a que alguém tentou chegar foi com o trabalho de Mark Baker – que é muito interessante, mas, como muita gente já apontou, não chega a definir aquilo que tem sido chamado frequentemente de "microparâmetros", o tipo de coisa sobre a qual Richard Kayne tem se debruçado em seu trabalho. São coisas bem diferentes. Então, desvendar o conjunto de parâmetros continua uma questão em aberto.

JM: *Desembaraçar todos os diversos fatores é uma tarefa complicada, lidar com o curso de desenvolvimento da criança...*

NC: Mas <isso não é um assunto para a maioria dos linguistas, com certeza>. A maioria dos linguistas – e cientistas sociais, em geral – é tão orientada pelos dados que eles acham escandaloso aceitar os princípios <metodológicos> que realmente deveriam ser óbvios – por exemplo, a ideia <veja Chomsky, 1986 e a introdução de Chomsky, 1980, 2005> de que você deveria tentar estudar a aquisição da linguagem em um caso puro, não contaminado pelos inúmeros fatores que realmente exercem influência – seus pais falam uma língua, e as crianças na rua falam outra. É claro que isso vai trazer todo tipo de efeitos complicados para a aquisição da linguagem. Mas, se você quiser realmente encontrar os princípios da linguagem, deve abstrair esses efeitos. É por isso que os cientistas fazem experimentos. Galileu teve de encarar essa batalha, que já deveria ter acabado. Bem, ela ainda não acabou na área dele. E o mesmo é verdade aqui <na Linguística>. Então, por exemplo, muita coisa do que aparece em qualquer língua – em árabe, por exemplo – é resultado de eventos históricos que, eles mesmos, não dizem nada sobre a faculdade da linguagem. Veja a conquista normanda. Ela teve um efeito enorme no que eventualmente se tornou a língua inglesa. Mas claramente não teve nenhuma relação com o desenvolvimento da linguagem – que já tinha se encerrado muito antes da conquista normanda. Então, se você quiser estudar as propriedades distintivas da linguagem – o que realmente a torna diferente do sistema digestivo – e, algum dia, <estudar> a evolução dessas propriedades, terá de abstrair a conquista normanda. Mas isso significa abstrair toda aquela quantidade de dados que interessa ao linguista que quer trabalhar com uma língua específica. Não existe contradição aí; é apenas uma abordagem sadia à tentativa de responder certos tipos de questões profundas sobre a natureza da linguagem. Mas frequentemente isso é considerado escandaloso.

JM: *<Mudando um pouco de assunto>, o que você acha hoje do* status *de* LSLT?[1] *O trabalho que você tem desenvolvido recentemente é um retorno ao projeto que aparece em* LSLT? *Como você enxerga essa relação histórica entre esse trabalho e o Programa Minimalista?*

NC: É diferente. *LSLT* foi feito entre muitos impulsos conflitantes. Um era fazer uma análise distribucional, por razões metodológicas, por alguma entidade chamada "linguagem", o que quer que significasse; e <esse impulso> tinha como <pano de> fundo motivação<ões> como reduzir um *corpus* a uma gramática. Outro impulso foi o modelo biológico que estava começando a ser pensado. Ele foi discutido na resenha de Skinner que saiu mais ou menos na mesma época – talvez um pouco depois – e em outros trabalhos daquele período. *LSLT* surgiu mais ou menos entre eles: agora largue o primeiro e vá para o segundo e <tente> ver o que você está observando.

Algumas das propostas específicas que apareceram em *LSLT* – bem, foi possível ressuscitá-las em uma forma diferente, tal como as transformações generalizadas. Por outro lado, como Howard Lasnik me apontou recentemente – e eu tinha completamente

1 LSLT é a abreviatura de *Logical Structure of Linguistic Theory*, "A estrutura lógica da teoria linguística", que é a tese de doutorado de Noam Chomsky. Veja Chomsky (1955, 1975). (N. T.)

esquecido –, *LSLT* não traz uma regra de movimento. Esse tem sido um tópico central na gramática gerativa desde os anos 1960 – como formular as regras de movimento. Comecei a falar sobre esse assunto em *Current Issues in Linguistic Theory* [Discussões atuais em teoria linguística]; e estávamos falando sobre isso até mesmo antes desse trabalho, lá pelos anos 1960. A ideia de tentar formular os princípios de uma regra de movimento e encontrar condições que atuassem sobre ela – condições de ilha-WH e isso e aquilo – tornou-se um ponto central na área. Há um volume que deve ser publicado com os trabalhos de uma conferência sobre movimento-WH e cadeias. Dá uma amostra bem sofisticada de onde tudo isso deve figurar, além de mostrar um aspecto das regras de movimento e do conceito de *Merge*. *Merge* interno é um esforço para mostrar que é natural – e de fato inevitável – que exista tal processo na linguagem. <Bem,> isso não aparece lá em *LSLT*. Eu havia me esquecido completamente, estou tão acostumado a isso agora, mas Howard foi verificar que, de fato, o que está na linguagem são noções de permutação e apagamento, que dão o efeito de movimento, mas não há movimento lá. Então, isso é uma mudança substancial. E dá para ver em que ponto, na abordagem semimetodológica da época, as regras de permutação e apagamento pareciam fazer sentido, ao passo que, de um ponto de vista mais fundamental e baseado em princípios, elas não deveriam existir, e você deveria ter apenas *Merge*, que gera o movimento como um caso especial. É um constante repensar; algumas coisas antigas acabam voltando, e outras não. Se elas voltam, geralmente voltam de um modo diferente.

14
Chomsky e Nelson Goodman

JM: *Podemos falar um pouco sobre Nelson Goodman? Sua relação com ele como aluno de graduação (e mesmo depois) frequentemente não é documentada, ao passo que sua relação com Zellig Harris está documentada em diferentes lugares, ainda que nem sempre de maneira correta. Mas em relação a Goodman: não há muita discussão sobre quais de suas ideias foram influentes em seu trabalho, Noam, nem sobre o que você acha que é valioso nos trabalhos dele. Ele foi seu professor na Penn. Ele...*

NC: Mantivemos contato bem próximo por muitos anos depois.

JM: *E você deve ter sido seu protegido; ele certamente deve ter feito um esforço considerável para assegurar que você obtivesse uma posição como um Harvard Junior Fellow, o que fez grande diferença em sua vida. Sei que há diferenças filosóficas importantes entre vocês, mas também existem alguns aspectos – me parece – em que você tem uma dívida com ele. A concepção de sistemas estruturais de Goodman, por exemplo... Qual é sua concepção de simplicidade – em alguma medida ela se deve a Goodman?*

NC: Meu interesse nisso certamente foi estimulado pelo trabalho dele. E você pode encontrar notas de rodapé ocasionais em seus trabalhos em que nós conversamos...

Conheci Goodman quando eu tinha 17 anos de idade, mais ou menos. Nunca havia tido experiência em Filosofia e comecei a fazer seus cursos com gente que já tinha muita experiência na área, e ele foi muito amável e prestativo; não considerava nem um pouco inapropriado o fato de eu não saber nada. Goodman me orientou com algumas leituras e coisas assim. Ele estava ensinando à época o que veio a ser a *Structure of Appearance* [Estrutura da aparência], e os cursos posteriores a que assisti dele foram sobre o que veio a ser *Fato, ficção e previsão*. O que particularmente me impressionou foi que – concordando ou discordando de suas conclusões – qualquer coisa que ele estivesse fazendo era sempre feita com uma integridade intelectual absoluta, e isso é incomum e surpreendente. E valia a pena acompanhar suas ideias com detalhe, mesmo se discordasse, porque você estaria testemunhando uma grande mente trabalhando, levando muito a sério o que estava fazendo, enfrentando dificuldades – tentando encontrá-las e vendo se conseguiria resolver o problema – sobre assuntos consideravelmente significativos. E ele tinha um projeto muito ambicioso – mais do que eu achava na época, creio eu. A *Structure of Appearance* devia ser um estudo preliminar para a *Structure of Reality* [Estrutura da realidade] – que, obviamente, nunca se concretizou. Ele se desviou para *Fato, ficção e previsão*.

Seu nominalismo, obviamente, também foi uma expressão de extrema integridade intelectual. Ele pensava que o conceito de um conjunto era incoerente. Se as coisas são compostas pelos mesmos elementos, elas não podem acabar sendo diferentes se você organizá-las de maneira diferente. Ele queria perseguir essa ideia extremamente parcimoniosa até o limite – qualquer coisa que não se encaixasse nisso era, de alguma forma, ilegítima. É possível ver os méritos disso. Na verdade, meu trabalho mais antigo – que sumiu; não apareceu em lugar nenhum – tratava, de fato, de um esforço para fornecer uma explicação nominalista no sentido de Goodman sobre as fundações básicas da estrutura sintática. Há um artigo no *Journal of Symbolic Logic* sobre isso, lá pela década de 1960.

E um outro trabalho que eu estava fazendo era mais ou menos nesses mesmos moldes. E, sim, a noção de um sistema estrutural e sua significância vem diretamente disso. E também a preocupação pela simplicidade.

O que se tenta fazer é encontrar princípios que sejam verdadeiros – e seu único acesso à verdade é através de alguma forma de coerência e elegância internas e outras propriedades que ele tentou encontrar. Agora, existe uma noção diferente de simplicidade que é interna à teoria. Talvez devêssemos usar uma palavra diferente; às vezes chamo de "avaliação". O que se tenta fazer vem de um modelo teórico que é tomado como verdadeiro – talvez você queira mudar esse modelo, mas está trabalhando nele – e se deseja encontrar sua manifestação ótima, dada uma evidência particular. E isso é a aquisição da linguagem.

JM: *Isso aparece claramente em* Aspectos; *aparece também em* LSLT...

NC: Aparece em *The Logical Structure of Syntactic Theory*; ali há uma seção em que eu tento distinguir noções de simplicidade dizendo que a simplicidade mede... na verdade, aparece em *Morphophonemics of Modern Hebrew* [Morfofonêmica do hebreu moderno] (1949), que traz uma noção interna. Na realidade, muito disso é um esforço detalhado para demonstrar que um sistema de gramática particular que se desenvolveu é uma máxima relativa em termos de simplicidade, uma medida interna de simplicidade – o que significa que, se você trocar quaisquer duas regras, seria menos simples. Não existe nenhuma forma de mostrar que isso é uma máxima absoluta. E boa parte da Linguística desde então tem estado – você pode pensar que ainda está – preocupada com esse problema, até que se chega ao nível dos princípios e parâmetros, nos anos 1980. Todas as abordagens à teoria linguística geral que eu conheço e que trabalhavam com cuidado e interesse estavam essencialmente procurando por uma máxima relativamente fixa dentro de um formato fixo. E essas noções – ainda que não sejam a noção de simplicidade de Goodman – foram inspiradas por sua busca por uma noção absoluta de simplicidade, o que era raro. Ele tentou, Pat<rick> Suppes desenvolveu algum trabalho com essas ideias, outros também. É algo que perpassa por todas as ciências. Hermann Weyl escreve sobre simetria; é um tipo semelhante de concepção.

O assunto nos leva diretamente a Galileu. Não sei se Goodman teria visto dessa maneira, mas para Galileu tratava-se de uma questão física – a natureza é simples, e a tarefa do cientista, primeiramente, é desvendar o que isso significa; depois provar. Desde as marés até o voo dos pássaros, o objetivo do cientista é descobrir que a natureza é simples; se você falha nisso, está equivocado. A simplicidade foi tópico de grande interesse – e ainda é – por toda a história das ciências. Newton, por exemplo, tinha uma abordagem sobre a Química que era diferente da abordagem de Dalton – eles não foram contemporâneos, mas a abordagem newtoniana e o que passou a ser chamado de abordagem daltoniana eram muito diferentes. Os newtonianos queriam reduzir a Química, os fenômenos da Química – os campos ainda não eram completamente distintos –, a princípios elegantes fundamentais, um pouco como o princípio da gravitação. Essa era uma abordagem à Química baseada em princípios, uma abordagem que envolveu o trabalho de muita gente no século XVIII. Dalton simplesmente disse "vamos assumir qualquer nível de complexidade que for preciso para darmos conta dos fenômenos". Essa foi sua teoria atômica – um anátema para os newtonianos. E foi a abordagem de Dalton que se mostrou bem-sucedida, pelo menos por um longo período – embora você possa argumentar que a Química contemporânea esteja voltando a uma abordagem newtoniana com a interpretação da Química em termos de uma teoria quântica. De qualquer modo, esses assuntos sempre estiveram muito vivos – e ainda estão. Eles aparecem por todo o lado nas ciências, e Goodman tinha integridade suficiente não apenas para reparar neles, como também para tentar fazer alguma coisa com eles.

JM: *Ele quase fez que isso, essa busca por esse tipo de simplicidade, se tornasse uma condição necessária para fazer ciência. Qual era o* status *da simplicidade, no que diz respeito a Goodman? Era um princípio metodológico?*

NC: Isso foi algo que debatemos durante anos, e nunca entendi <qual era sua visão a esse respeito>. Acontecia o mesmo em todos os outros aspectos de seu trabalho. Veja, por exemplo, *Fato, ficção e previsão*. A parte desse trabalho que se tornou influente na Filosofia foi aquela pela qual ele tinha menos interesse. Se você der uma olhada no livro, ele está composto de duas partes. A primeira é o novo enigma da indução; a segunda, a solução desse enigma. O que interessava a Goodman era a solução do enigma. Creio que seja quase impossível encontrar algum artigo sobre esse assunto na literatura recente. Há inúmeras referências a *grue* [palavra fictícia, mistura de *green*, verde, e *blue*, azul] e *green* e *bleen* [palavra fictícia, mistura de *blue*, azul, e *green*, verde] e *blue* e isso e aquilo. Mas, no que diz respeito a Goodman, isso era uma observação. Mesmo que se pudesse elaborar uma solução para *green* e *grue*, era possível encontrar outros exemplos desse tipo. O que interessava a ele era sua solução para o problema – projetibilidade. E eu me lembro de, por volta de 1949 ou 1950, discutir com ele (porque eu não compreendia) como isso poderia funcionar, a menos que se aceitassem princípios inatos. Então, tome uma pomba – ou uma pessoa, tanto faz. Ela vê que as esmeraldas são verdes, então isso fica enraizado e se torna um predicado projetável etc. Mas a mesma pessoa vê que as esmeraldas são *grue*; por que isso não se torna enraizado? A única resposta possível que eu posso imaginar é que *verde* seja, de alguma forma, parte da natureza da pomba e da pessoa, ao contrário de *grue*. E aí voltamos ao tipo de inatismo a que ele se opunha. Quine e Goodman estavam trabalhando bem próximos, mas Quine cortou o nó górdio nesse ponto. Ele simplesmente admitiu que as propriedades projetáveis seriam inatas; esse foi seu espaço de qualidade. Goodman não queria fazer isso; queria uma razão para fazê-lo. A teoria da projetibilidade deveria servir como um argumento para isso, mas não vejo como poderia funcionar. E a mesma questão surge quanto à simplicidade: de onde ela vem? É um fato metafísico, como Galileu pensava? Ou é um fato cognitivo – algo sobre a maneira como nós enxergamos o mundo? Bem, se for um fato cognitivo, então não vai servir para que descubramos a verdade no mundo, mas será uma maneira de descobrir nossa melhor concepção sobre o mundo, dadas nossas habilidades cognitivas e limitações. Ele nunca teria aceitado essa interpretação; e também não teria aceitado a interpretação metafísica, tenho certeza. Por isso, Goodman não teria entendido uma palavra do que eu disse – e terminou sem nenhuma interpretação. E isso eu não conseguia entender – e ainda não compreendo. Não consigo encontrar nenhum esclarecimento em seu trabalho nem consegui encontrá-lo em suas discussões.

JM: *Suponho que o behaviorismo de Goodman pode ter influenciado. Parece que desempenhou um papel em sua chamada solução do problema da projetibilidade.*

NC: Ele achava que sim, mas não vejo como. A menos que se pressuponha alguma estrutura cognitiva, não vejo como distinguir a totalidade da experiência em que os predicados serão projetáveis do contrário. Simplesmente dizer "esses são os que devem ser usados" não vai funcionar; como saber quais são os que devem ser usados?

JM: *Existem alguns paralelos entre o que ele tinha a dizer e o que Wittgenstein tinha a dizer sobre "dado" – que equivalia a dizer "é simplesmente assim que usamos a linguagem".*

NC: Bem, não posso dizer que realmente conheço o trabalho de Wittgenstein a fundo, mas uma das coisas que menos me impressionaram em seu trabalho foi que ele simplesmente evitava esse assunto. Goodman tentou encarar o problema de frente. Por que é "dado"? Bem, nesse ponto Wittgenstein, tal como entendi, recua e diz "estamos dando descrições, não explicações". Tudo bem dar descrições, mas para alguém que procura as respostas para perguntas que começam com "por que", isso não é interessante. Goodman não queria isso; ele queria explicações. Mas me parece que as explicações devem ser ou cognitivas – algo relacionado às nossas estruturas mentais – ou talvez extraorgânicas: talvez elas tenham algo que ver com a maneira com que as criaturas orgânicas conseguem lidar com o mundo, dadas as leis da Física etc. Portanto, as explicações serão cognitivas e epistemológicas. Ou serão metafísicas. E não vejo como estar a favor disso, por questões essencialmente kantianas – não podemos ir além do que conseguimos compreender. Ou então elas <as explicações> estão em algum domínio metodológico – que eu não consigo vislumbrar onde encaixar, exceto em nossas capacidades cognitivas.

JM: *Por isso, pelo menos alguns aspectos da capacidade de formação da ciência (o equipamento cognitivo que devemos ter para que possamos construir uma ciência) devem, de alguma forma, ser uma propriedade inata. Essa busca por simplicidade... é de difícil definição, obviamente...*

NC: Meramente pessoal, mas em meu próprio desenvolvimento, as ideias <envolvidas no esforço para a construção de uma ciência da linguagem e, de maneira mais ampla, da natureza humana> de certa forma se desenvolveram de um esforço para chegar a um consenso com o impossível mas emocionante projeto ao qual

Goodman se dedicava. E foi uma educação excelente. O projeto foi um contraponto perfeito, porque ele desenvolvia sua pesquisa com completa integridade e comprometimento; e era um projeto muito claro. E se você pode respeitar o projeto, então pode – pelo menos em meu caso pessoal – chegar à conclusão de que ali está uma razão por que ele pode dar certo. Você pode ser levado, como eu, a uma direção diferente, que conduz à gramática universal e, de maneira mais ampla, a princípios morais universais; e também a algum tipo de capacidade de formação da ciência – <tudo> é parte de nossa natureza.

JM: *Kant falava que <a ciência era guiada> pelo que ele chamava de ideal regulativo – não sei exatamente o que é isso; provavelmente algum rótulo para algo que ninguém realmente compreenda. Eu creio que sua ideia, Noam, de que a capacidade de formação da ciência seja...*

NC: Prefiro a versão de Hume. Ele diz "veja, é um instinto animal". Ele não sabia para onde ir a partir dali, mas acho que estava certo. Assim, sua solução ao problema da indução, distinta da solução de Goodman, é que se trata de um instinto animal. É da nossa natureza; e não podemos ir além disso, somente temos de descobrir nossa natureza – e isso nos leva à ciência cognitiva. Mas não para ele, é claro.

JM: *Há algum resíduo desses primeiros esforços de construção de um programa nominalista em seu trabalho, Noam?*

NC: Creio que seja um projeto para o futuro. Nos trabalhos que tenho desenvolvido desde *The Logical Structure of Linguistic Theory* – que somente assume a teoria dos conjuntos –, eu pensaria que, em um modelo biolinguístico, seria preciso explicar o que isso significa. Não temos conjuntos em nossa cabeça. Então, precisamos saber disso quando desenvolvemos uma teoria sobre nosso pensamento, sobre nosso processamento computacional, sobre nossos processamentos internos etc., em termos de conjuntos; isso terá de ser traduzido de alguma maneira que seja realizável em termos neurológicos. Não sei o quão útil pode ser o nominalismo puro, mas existe uma lacuna aí em que o empreendimento nominalista está focado. É uma lacuna que deve ser superada. Existem muitas notas promissórias quando se fala de uma gramática gerativa baseada em uma operação de *Merge* que forma conjuntos etc. Sendo isso uma prioridade hoje em dia ou não, eu não sei dizer. Mas na década de 1950, sendo então um aluno de Goodman – e eu estava muito impressionado com ele, como todos que o conheciam –, eu estava convencido de que tínhamos de fazer isso daquele jeito. Entretanto, cheguei à conclusão de que ainda não era o momento, ou que não tínhamos esperança; se quisermos um <esforço> produtivo em teoria construtiva, devemos atenuar nossos critérios rigorosos e aceitar coisas que sabemos que não fazem sentido – e esperar que, algum dia, alguém consiga fazer sentido a partir dessas coisas, como acontece com os conjuntos.

JM: *Há alguma outra coisa que você gostaria de acrescentar à discussão sobre Goodman?*

NC: Mantivemos uma relação pessoal bem próxima, até o momento que ele percebeu que eu realmente estava falando muito sério sobre as estruturas inatas – e, para ele, era quase um princípio religioso, não se podia levar essa ideia a sério. Basicamente, tivemos de encerrar nossa relação, o que foi algo lamentável.

JM: *Muito lamentável mesmo; parece que foi uma relação completa e produtiva...*

NC: Foi uma relação pessoal próxima... Carol e eu éramos estudantes, Goodman e sua esposa – para nossos padrões – eram velhos, na casa dos 40; e eles eram ricos, e nós pobres. Eles faziam o que chamavam de "empobrecimento com os Chomsky". Eles

nos pegaram quando estávamos mochilando na Europa e aí passeamos de carro. Fizemos viagens muito interessantes com eles. Bem, eles estavam fazendo uma viagem romanesca pelo sul da França, planejada por Meyer Shapiro – que eu também conhecia –, um grande historiador. Então, ficamos seguindo os dois por lá. Ela (a sra. Goodman) era uma artista; ele, um negociante de arte e um especialista de alto nível sobre a arte romanesca e outras coisas que nunca teríamos apreciado com a devida atenção, não fosse por essa experiência.
De alguma forma, fomos parar na Suíça – não me lembro muito bem como – e estávamos (acho) na Basileia. Lembro que havia um enorme museu Klee e entramos e olhamos a mostra Klee. Mas Goodman não ficou satisfeito – e ele era bem imperioso. Foi ao diretor do museu e pediu para que lhe mostrassem a coleção verdadeira, que estava guardada em algum lugar no porão do museu. Então o cara, muito mansamente, nos levou à sala de armazenamento onde estava a maior e mais magnífica coleção de quadros de Klee que você possa imaginar. Não sei quantos daqueles quadros chegaram a ser exibidos. E fomos acompanhados de uma ótima exposição do diretor. Aconteceram outras coisas do tipo. Costumávamos cuidar da casa deles durante o verão – eles tinham um lugar nos arredores da Filadélfia, onde moravam. Às vezes, levávamos os filhos da irmã de Carol; por muitas razões, tínhamos de cuidar deles quando eram pequenos. Então, era uma relação muito pessoal. E também intelectual. Fiquei muito desolado ao terminarmos a relação.

JM: *Ele tinha um olho incrível. Lembro-me de tê-lo levado uma vez para ver um conjunto de esculturas inuítes, e ele foi direto às melhores peças. Elas não eram as mais caras, mas haviam sido feitas de maneira magnífica. Seus olhos deviam estar afiados de tantos anos como negociante de arte.*

NC: Depois que ele saiu de Harvard no começo da década de 1930 – devia fazer uns quinze anos que ele trabalhava majoritariamente como um negociante de arte. Estava profundamente imerso na arte – e escrevia sobre isso, obviamente.

JM: *Com certeza ele tinha uma visão interessante sobre a natureza da arte – e uma visão extraordinária da sintaxe da arte, baseada em seu empreendimento nominalista.*

NC: De seus alunos – ele não tinha muitos –, quem prosseguiu mais seriamente seus projetos e levou-os mais adiante foi Israel Scheffler, que era um filósofo muito bom; ele pegou os projetos de Goodman e os aplicou. Joseph Ullian também fez isso por um tempo. Mas era um caminho árduo a ser seguido. O modelo era tão parcimonioso e havia restrições tão estreitas que se tornava um regime muito difícil de manter. Era muito mais fácil aceitar todo o tipo de coisa que não faz muito sentido e tentar ver se seria possível seguir dali.

PARTE II

A natureza humana e seus estudos

15
Chomsky fala sobre a natureza e a compreensão humanas

JM: *Agora, passemos à natureza humana...*

NC: O.k.

JM: *Como espécie, os seres humanos são incrivelmente semelhantes em termos de sua genética. Ainda assim, os humanos provaram ser extraordinariamente adaptáveis a vários ambientes, extremamente flexíveis em sua habilidade de resolver problemas, infinitamente produtivos em seu* output *linguístico e únicos em sua capacidade de inventar explicações científicas. Alguns (muitos, na verdade) acreditam que tudo isso seja uma razão para pensar que a natureza humana seja plástica, talvez moldada pelo ambiente – inclusive o ambiente social e a invenção individual. Alega-se que os mecanismos dessa flexibilidade e dessa invenção estão em algum reconhecimento de similaridades, na indução ou em alguma outra técnica não especificada e geral de invenção e de aprendizado. A visão plástica da natureza humana até já foi considerada como sendo progressiva, socialmente responsável. Você claramente discorda dessa visão. Você poderia explicar por que acredita que uma natureza humana uniforme e biologicamente determinada é compatível com tal flexibilidade, produtividade, adaptabilidade e inventividade conceitual?*

NC: Em primeiro lugar, existe uma questão factual – será que uma capacidade biológica fixa está na base dessas capacidades humanas? Não conheço outra alternativa. Se alguém conseguir me dizer o que é um mecanismo geral de aprendizagem, aí podemos discutir o problema. Mas, se você não souber me dizer o que é isso, aí não temos nada para discutir. Então, aguardemos uma proposta. Hilary Putnam, por exemplo, vem argumentando há anos que é possível dar conta do desenvolvimento cognitivo, do desenvolvimento da linguagem, por mecanismos gerais de aprendizagem. O.k., vamos ver um desses mecanismos então.

Na verdade, há alguns trabalhos sobre o assunto que não deixam de ser interessantes. Por exemplo: o trabalho de Charles Yang (2004), em que ele tenta combinar um mecanismo geral de aprendizagem bastante sensível e sofisticado com os princípios da Gramática Universal (significando o primeiro ou o terceiro fator) – não sabemos exatamente, mas alguma coisa além da experiência. Ele tenta mostrar como dar conta de alguns aspectos interessantes do crescimento e do desenvolvimento da linguagem por meio da combinação desses dois conceitos. Creio que isso é perfeitamente razoável.

Ninguém duvida de que existe algum tipo de mecanismo de aquisição em curso. Mas, a menos que alguém consiga nos dizer que mecanismo é esse, não há nada a fazer. Dizer que é alguma coisa como a indução não ajuda, porque você tem de dizer o que é a indução, e nenhum conceito de indução que temos nos leva a algum lugar. O próximo passo é dizer que é algo como a abdução, a abdução de Peirce. O termo é usado na Filosofia contemporânea, mas – da maneira que eu vejo – perde o ponto central de Peirce. Agora, isso é chamado de indução à melhor explicação, ou algo assim. O.k., isso é abdução, mas o ponto central de Peirce é o que hoje se chama de um tipo de canalização. Ou seja, deve existir um leque fixo e restritivo de opções; caso contrário, não temos abdução, e aí não se vai a lugar algum. E ele forneceu alguns argumentos ruins sobre por que isso deveria ter sido selecionado. Entretanto, o ponto central de Peirce – ele usou a abdução de maneiras muito distintas, mas em seus textos mais valiosos, aqueles que valem a pena ler e que fazem sentido hoje em dia –, o que ele enfatizou, é que isso é um instinto. Ele compara com uma galinha bicando sementes: temos um instinto abdutivo que restringe, *a priori*, a gama de hipóteses que podemos selecionar; a menos que tenhamos isso, nada irá acontecer. Bem, foi mais ou menos esse tipo de modelo que dominou a gramática gerativa – <embora eu não conhecesse> Peirce nessa época, evidentemente. A Gramática Universal, ou talvez o terceiro fator, nos dá uma gama de opções, e a aquisição trabalha nessa direção. Aí vêm as questões <verdadeiramente difíceis> sobre como funcionam o primeiro e o terceiro fatores e como eles contribuem para a aquisição. Bem, essa parte é deixada de lado na discussão filosófica contemporânea; mas, se essas questões são deixadas de lado, então não há nada a ser debatido. Dizer que buscamos a melhor explicação não significa nada. Como decidimos por qual caminho seguir? Se existem infinitas teorias que podemos escolher, não chegamos a lugar nenhum. Então, devemos ter algum tipo de restrição. Bem, agora voltamos ao ponto de partida. Se você não for um místico, essas restrições vêm do primeiro ou do terceiro fator; ou vêm de alguma dotação genética específica, ou de princípios gerais do funcionamento do mundo. Você tem de aceitar a ideia de que eles devem estar integrados para conduzi-lo ao conjunto estrito de hipóteses que Peirce identificou que você deveria aceitar. Então, sobre a questão factual, simplesmente não vejo nenhuma maneira de discuti-la. Há algumas propostas específicas e alguns meros acenos, e não é possível um debate ficar entre meros acenos e propostas específicas. E as propostas específicas não conseguem avançar o suficiente, mas isso não chega a ser surpreendente. Quer dizer, se não conseguimos responder à maioria dessas perguntas quando falamos sobre insetos, como podemos respondê-las quando falamos sobre seres humanos?

Então, o que nos resta é a hipótese de que alguma combinação entre o primeiro e o terceiro fator deve estar nos dando a capacidade de desenvolver as melhores explicações na ciência – ou na vida cotidiana. Será que acontece o mesmo na ciência e na vida cotidiana? Bem, isso é uma pergunta empírica. Sue Carey, por exemplo, está tentando mostrar que elas são mais ou menos iguais, ciência e vida cotidiana, mas ainda não sabemos isso. A ciência, em uma concepção moderna, é uma realização humana extremamente restrita, desenvolvida nos últimos séculos em um pedaço minúsculo da Terra. A maioria das ciências sequer sabe como essa capacidade funciona. Então, poderia muito bem ser alguma capacidade humana que não seja usada – como a capacidade para a matemática. Ela está conosco o tempo inteiro – sabemos disso –, mas <quase> nunca é usada. Esse tipo de coisa era um enigma para gente como Wallace – temos, mas quase nunca usamos <por isso, uma teoria selecional simplesmente não funciona>. E o mesmo poderia ser verdade sobre a capacidade de formação da ciência. Ela vem a ser usada apenas sob circunstâncias muito específicas e é usada de uma maneira predeterminada <ao> primeiro e terceiro fatores. Isso pode gerar criatividade, exatamente como no caso da linguagem, o caso clássico. Mas não se pode ter essa capacidade a menos que se tenha uma determinação apriorística. Não se pode ter um uso criativo da linguagem a menos que esteja predeterminado o modo como o sistema vai funcionar, de uma maneira muito específica; caso contrário, não é possível adquirir nada. Descartes e seus seguidores reconheceram isso, e certamente é verdade. <C> Isso não lhe diz como o uso criativo <da linguagem> é derivado, ou de onde ele vem. Esse é um tópico com o qual não podemos lidar; é uma questão de vontade e de escolha, e isso, no momento (talvez permanentemente), está fora do alcance das ciências. Se der uma olhada nos estudos sobre o comportamento de insetos, você vê que existem alguns estudos muito complexos e interessantes sobre mecanismos, mas ninguém pergunta sobre as escolhas. Por que uma barata virou para a esquerda? Essa não é uma pergunta geral para as ciências. E o mesmo vale até para capacidades muito restritas, que consideramos mais passivas, como a percepção visual. Helmholtz lançou seu famoso problema nos anos 1850. De alguma forma, ele percebeu que, com uma imagem de retina fixa, você consegue focar em uma parte ou em outra, conforme sua vontade. O que isso significa? Bem, há muitos trabalhos contemporâneos sobre o mecanismo, mas nenhum sobre a escolha. E quando falamos em uso criativo da linguagem, estamos muito longe dessas questões – e também da ciência, é claro. Por isso, certamente não conseguimos lidar com essas questões com nossa compreensão contemporânea – e é bem possível que elas estejam fora do alcance de compreensão da capacidade cognitiva humana.

Hoje, existe uma visão na filosofia chamada misterianismo, que supostamente deve ser uma coisa ruim. É a crença de que nossas capacidades cognitivas sejam parte do mundo natural; assim, portanto, essas capacidades têm alcance e limites. E se você acredita nisso, você é, de algum modo, um místico. Isso é uma coisa muito estranha – é como dizer que, ao adotar uma racionalidade científica elementar, você é adepto do misterianismo. Não sabemos quais são os limites de nossas capacidades, é óbvio, mas devem existir capacidades cognitivas invariáveis – por razões apresentadas por Peirce ou por Hume. <É questão de instinto.> É um pouco difícil explicar <o que o misterianismo representa nas mentes daqueles que o ridicularizam>, mas já conhecemos essa tendência. <Não há dúvida de que> é <intencionalmente> algo para ser ridículo, mas não creio que eles se deem conta de que aquilo que eles estão ridicularizando é a racionalidade científica comum. O alcance de nossas capacidades cognitivas é uma questão factual empírica. Não somos anjos. E eles podem ou não incluir as respostas às perguntas que nos incomodam. Na verdade, pode ser que nem sequer saibamos formular as perguntas. Qualquer um que tenha trabalhado com ciências sabe – ou em qualquer campo, mas nas ciências isso é muito claro – que formular as perguntas certas é uma tarefa bem complicada. Você trabalha muito duro e segue muitos caminhos falsos antes de começar a encontrar algo que se pareça com a pergunta certa.

Muitas questões que deixam as pessoas intrigadas aparecem sob a forma de pergunta, mesmo que não esteja necessariamente claro qual é questão. Por exemplo, "como é ser um morcego?" – a pergunta de Nagel (1974). Ela aparece sob a forma de pergunta, mas será mesmo uma questão? Se for uma questão, deve existir alguma resposta possível a ela. Na verdade, em semântica formal, é comum sugerir que o significado da questão seja o conjunto de proposições que sirvam de possíveis respostas a ela. Talvez isso seja muito rígido, mas ao menos é um tipo de condição do significado. Suponha que não existam respostas possíveis – será mesmo uma questão? Qual será uma resposta possível à pergunta "como é ser eu?". Eu não consigo imaginar uma resposta possível; então, trata-se de uma questão? Ou talvez a questão seja algo do tipo "como as coisas funcionam?", que tem uma forma interrogativa, mas não é realmente uma questão.

JM: *E é precisamente esse tipo de questão – se podemos chamá-la assim – que exercita os filósofos.*

NC: É verdade, mas a primeira coisa que eles devem fazer é transformá-las em questões significativas. Muito da discussão sobre a consciência é algo assim.

JM: *Mas deixe-me insistir um pouco sobre esse ponto – pegue, por exemplo, o sistema visual – o ser humano...*

NC: Espere um pouco. Nem falamos das implicações sociais. No que tange às implicações sociais, elas podem ir para qualquer direção. A crença de que as teorias sobre organismos vazios são, de alguma maneira, socialmente progressivas se baseia em uma premissa oculta de que existe algum mestre, em algum lugar, que vai organizar o ambiente de tal maneira que as pessoas sejam treinadas do jeito certo. Isso, basicamente, é leninismo – e essa é uma posição natural para os intelectuais, porque eles se tornarão administradores. Então, temos de suspeitar de coisas assim desde cedo. Mas não existe nada socialmente progressivo nisso. Na verdade, ou é socialmente vago (se você eliminar a premissa oculta), ou então é essencialmente totalitário (se você acrescentar essa premissa). Por outro lado, o que deve ser verdade, supondo que sejamos parte da natureza, é que as capacidades são fundamentalmente predeterminadas. Depois disso, nada se segue, a menos que você nos diga o que as capacidades são. Se o liberalismo clássico está correto – Hume, Adam Smith, entre outros – e uma das capacidades fundamentais é a simpatia... bem, aí teremos um tipo de sociedade. Se as capacidades fundamentais são agressividade e avareza... bem, aí teremos um tipo muito diferente de sociedade. Não é possível fazer uma afirmação apriorística sobre isso. Quando olhamos para os outros primatas, vemos que nossos primos mais próximos variam radicalmente. Veja os bonobos e os chimpanzés, por exemplo. Eles são completamente diferentes – um é agressivo e violento, o outro pode ser chamado de *hippie* da natureza. Mas ambos são igualmente distantes de nós, e não podemos fazer julgamentos *a priori* sobre sua natureza. Temos de ir lá descobrir – o mesmo vale para os seres humanos. Então, talvez Adam Smith e Hume estivessem certos – eles eram otimistas com relação à natureza humana.

JM: *Existe uma premissa que está subentendida aí, de que a natureza humana é fixa.*

NC: Como você pode evitar isso? Se não é fixa, não podemos fazer nada – somos apenas bolhas amorfas. Não podemos alcançar nenhum desenvolvimento cognitivo ou social, nenhum crescimento físico nem nada mais – a menos que tenhamos uma natureza humana fixa.

JM: *Deixe-me mudar o assunto para algumas questões relacionadas, questões que foram primeiramente levantadas nos anos 1970. Nessa época, você sugeriu que a Gramática Universal, talvez complementada por outros fatores que não sejam especificamente parte de nossa dotação linguística, continha todas as línguas biologicamente possíveis. Eu me pergunto se é possível pensar sobre isso de maneira mais geral: a linguagem somada às outras capacidades cognitivas biológicas e às emoções que nos estão disponíveis, de alguma forma, conteriam todas as estruturas sociais biologicamente possíveis?*

NC: Não vejo como isso possa ser falso. É a mesma questão – a menos que se tenha uma estrutura inicial, nada pode acontecer. Não é possível nenhum tipo de crescimento. Aceitamos como dado que isso aconteça nas partes visíveis do corpo, mas deve ser verdade também para as partes não visíveis. Então, sim, é claro, a resposta é que apenas certos tipos de estruturas sociais são possíveis, e a investigação sobre os fundamentos da natureza humana dará a resposta a isso.

John Mikhail, em sua tese de doutorado em filosofia (2000, veja também Mikhail, 2011), me chamou a atenção para o fato de que – e eu nunca havia notado isso – Hume teve a ideia básica do que se tornou a gramática gerativa e tudo mais em sua teoria da natureza moral. <Ele aponta para isso> naqueles trechos em que diz algo do tipo "a quantidade de nossos deveres é, em certo sentido, infinita". E "deveres" significa responsabilidades morais; então, temos um número infinito de responsabilidades morais. Aí ele prossegue e diz que nós sabemos quais são essas responsabilidades e as usamos em situações inéditas, de alguma forma. Devemos, então, já possuí-las de alguma maneira. Não pode ser algo que tenhamos aprendido por indução ou experiência; isso é impossível. Então, ele diz que isso vem da mão oculta da natureza, aquilo que hoje chamaríamos de dotação genética, ou contribuição do terceiro fator. Mas esse é o argumento básico; se você levá-lo a sério, ele vale também para nossa natureza moral e tudo mais.

JM: *Conheço alguns especialistas em Hume que desconhecem essas afirmações.*

NC: Eu nunca as tinha notado, devo admitir. Mas eu as li.

JM: *O.k., vamos ver mais um pouco essa última pergunta. Você já sugeriu levar adiante o projeto de estudar a ciência social humanística pelo viés dos limites biológicos das capacidades humanas, oferecendo, assim, uma ciência da natureza humana; e você proporia uma forma idealizada de organização social nessa ciência e em um entendimento das necessidades fundamentais da natureza humana. Alguma coisa mudou desde o discurso em que você disse isso – e que foi publicado ("Language and Freedom"* [Língua e liberdade]) *– há 35 anos? Nesse intervalo de tempo, alguma coisa o levou a uma concepção diferente desse projeto ou a algum sinal (ou ausência) de progresso?*

NC: Em primeiro lugar, esse projeto <do estudo da natureza humana> remonta a centenas de anos, obviamente. E não tem havido qualquer progresso. Acontece que se trata de questões demasiadamente difíceis.
Já existe algum estudo – como o de John Mikhail –, algum estudo empírico de elementos da natureza moral humana. A filosofia ética contemporânea tem trazido exemplos interessantes, do tipo que Judith Thompson tem comentado, além de Gil Harman e outros – o problema do trem, por exemplo. Há situações em que temos apenas uma intuição sobre qual é a resposta certa – e é uma intuição bem estranha. Por exemplo, às vezes somos levados a preferir um resultado que seja responsável pela morte de muitas pessoas do que apenas uma; e os resultados são bem

sistemáticos. Nesse momento, John, em sua tese, juntamente com Elizabeth Spelke, está fazendo estudos com crianças, e está bem estabelecido que, em crianças muito novas, encontramos os mesmos julgamentos. Esses julgamentos são interessantes porque, de certa forma, são contraintuitivos – como escolher a morte de mais pessoas; não se trata de retirar órgãos de pessoas e coisas do tipo. Esses são estudos interessantes sobre o que nossa natureza moral fundamental deva ser. E há hoje algumas pesquisas – Marc Hauser vai fazer uns trabalhos comparativos com outros primatas – e pode ser que algum entendimento venha a partir desses estudos <também>. Mas será algo primitivo – esses problemas simplesmente são complexos demais. Não entendemos nada sobre como os humanos se comportam em circunstâncias complexas. <C>

<Lembre-se de que esses> problemas complexos são demasiadamente difíceis para a Física, mesmo em seu próprio domínio. A Física não estuda o que acontece no mundo – ela estuda o que acontece sob condições altamente controladas de experimentos extremamente artificiais. Essa foi a revolução de Galileu. O que acontece no mundo é simplesmente complicado demais; então, tentamos descobrir alguns princípios por meio do estudo de situações artificiais simples. E, obviamente, isso <nos leva a resultados que> não são necessariamente verdadeiros para nada além das entidades altamente simples que a Física se restringe a estudar. Não tem sido uma tarefa trivial mostrar que os engenheiros, por exemplo, podem melhorar substancialmente suas práticas se forem baseados em princípios fundamentais da Física; ou médicos na Biologia, e assim por diante. Esse é um dos motivos por que sou cético a respeito dos trabalhos que alguns amigos meus têm feito projetando uma sociedade ideal. Muita coisa aí é interessante, mas não acho que tenhamos uma vaga ideia de como os seres humanos poderiam viver em tal sociedade.

JM: *Bem, pouco progresso tem sido feito. Mas o projeto em si ainda é plausível?*

NC: Acho que é plausível, e todos estão comprometidos com ele o tempo inteiro. Se você é mesmo um agente moral – se se preocupa com os efeitos de suas ações –, você está pressupondo algo sobre a natureza humana. Não importa se você seja um revolucionário ou um conservador, ou um reformista, ou o que seja. Se você se considera um agente moral – você está tentando pensar sobre as ações ou as morais ou os planos ou as ideias que possam tornar a vida humana melhor –, então está pressupondo algo sobre o que é a natureza humana fundamental. Você não consegue articular isso, o que não é nenhuma surpresa – a maior parte do que fazemos, fazemos sem conseguir formular razões que expliquem nossas ações, mas elas existem; do contrário, as ações humanas não fariam sentido. Se você lida com seus filhos de determinada maneira, presumivelmente está tentando ajudá-los, e não prejudicá-los. Você deve estar pressupondo o que seja bom para eles. Bem, de onde isso vem? Isso vem de alguma concepção intuitiva sobre sua natureza fundamental. E isso deve se aplicar a qualquer interação humana.

JM: *Você não vai negar que existam ao menos alguns tipos de distinções que poderiam ser feitas mesmo agora?*

NC: Há algumas distinções bem impressionantes. Eu acabei de dar uma palestra na Inglaterra <no Royal Institute of Philosophy (cf. Chomsky, 2005b)>... Foi uma palestra sobre truísmos – truísmos morais e por que eles são importantes. Comecei a palestra pedindo desculpas porque eu iria apresentar apenas trivialidades. Mas elas não podem ser dispensadas, porque sempre são ignoradas – quase universalmente –, e ignorá-las acaba resultando em efeitos terríveis. Então, vejamos o truísmo mais elementar que podemos imaginar – o princípio da universalidade. Aplicamos a nós os mesmos padrões que aplicamos aos outros – provavelmente até padrões mais rigorosos, se você for uma pessoa séria. Se você aceitar esse princípio, praticamente toda a discussão e política de negócios internacionais cai por terra, porque essa área é baseada na negação do princípio da universalidade. Às vezes, é algo explícito. Eu dou meus parabéns a quem diz abertamente que somos semelhantes aos nazistas – como Henry Kissinger. Quando a estratégia de segurança nacional do presidente veio à tona em setembro de 2002, ela foi alvo de muitas críticas, embora as críticas tenham sido limitadas – e a maioria delas era algo como "Bem, os princípios estão certos, mas estão tomando o rumo errado". Contudo, Kissinger foi bem direto sobre o assunto. Bom para ele. Ele disse algo como "sim, é um bom princípio, mas não deve ser universalizado". Isso serve para nós; nós temos direito à agressão. Talvez deleguemos para alguns clientes, mas certamente ninguém mais faz isso. E, como eu digo, ele deve ser congratulado por ter dito abertamente o que fica sempre pressuposto: devemos adotar as doutrinas dos nazistas. Não podemos aceitar o mais elementar dos truísmos. Temos de rejeitá-lo firmemente. Se você olhar além, verá que isso comumente é verdade. Então, acho que dá para falar bastante coisa sobre truísmos morais, e as pessoas vão aceitar tudo de maneira abstrata, mas vão rejeitar tudo no momento em que esses truísmos forem aplicados a suas próprias ações e a seus próprios negócios.

JM: *Então, existem ao menos alguns fatos razoavelmente reconhecidos sobre nossa natureza moral...*

NC: Bem, se existe alguém que não aceita pelo menos isso, então esse alguém deve, no mínimo, ter a decência de ficar quieto e não dizer nada. Isso realmente apaga boa parte dos comentários sobre negócios internacionais, ao menos – e sobre negócios domésticos também. Então, não se trata de um assunto simples, ainda que seja uma trivialidade.

16
Natureza humana e evolução: reflexões sobre Sociobiologia e Psicologia evolucionária

JM: *A respeito de como você tem estudado a natureza humana, podemos começar percebendo algumas diferenças claras entre sua abordagem do estudo biológico da natureza humana e a abordagem de alguns sociobiólogos e psicólogos evolucionistas, como Wilson, Pinker, Dawkins e muitos outros. Eles parecem pensar que a ciência da natureza humana deve tentar explicar o comportamento humano e concebem várias capacidades cognitivas e emoções de base biológica, que apresentam como tendo evoluído biologicamente de maneira longa e seletiva, tal como os darwinistas propõem. Sua abordagem a respeito da ciência da natureza humana, Noam, presta pouca atenção à explicação do comportamento – na verdade, você sustenta, desde pelo menos o final da década de 1950, que – ainda que nossas explicações cotidianas intencionais e de senso comum sobre o comportamento possam alcançar algum sucesso para fins práticos – a explicação científica do comportamento é um projeto sem solução, excetuando-se os casos, talvez, de organismos extremamente simples. E, ao mesmo tempo que você não tem objeções sobre a busca de explicações de base selecional para o desenvolvimento de emoções e de capacidades cognitivas, você enfatiza que, no caso da linguagem humana (certamente nossa faculdade mental mais distinta e mais central, que nenhuma outra criatura possui e que parece estar por trás de muitas de nossas realizações cognitivas), não existe evidência de que uma explicação com base evolutiva será bem-sucedida. Há razões para crermos que a linguagem foi introduzida com um único golpe, com a introdução de* Merge, *talvez há cerca de 50 mil ou 60 mil anos. Você poderia comentar sobre essas divergências e sobre o que poderíamos esperar alcançar com uma ciência naturalística da natureza humana?*

NC: Em primeiro lugar, para mantermos uma acuidade histórica, aquilo que hoje em dia se chama Psicologia evolucionista ou Sociobiologia começou com Kropotkin em sua crítica ao darwinismo social. Mas ele era um darwinista. Kropotkin argumentou, com base na seleção natural, que deveríamos esperar algo que ele chamou de "ajuda mútua" – sociedades cooperativas que eram sua visão de anarquismo comunitário. Bem, por que Kropotkin é ignorado? Porque as pessoas não gostam de suas conclusões. Se você menciona Kropotkin para Dawkins – e para outros –, Kropotkin é ridicularizado. Será que é porque ele não tinha nenhuma evidência? Bem, ele não tinha nenhuma evidência que fosse cientificamente relevante. Alguém tem esse tipo de evidência para alguma outra coisa? Raramente. Eles não gostam das conclusões de Kropotkin.

Há várias questões diferentes aqui. O que é "natureza" – o que é natureza humana ou natureza animal, qual é a natureza de uma formiga? Bem, essas são questões científicas. A questão sobre qual papel a seleção natural teve no desenvolvimento dessas naturezas é algo separado. Trata-se de duas questões científicas distintas, que não devem ser confundidas – é que está pressuposto que, se existe natureza, ela deve ter sofrido seleção. Isso não faz sentido – não faz o menor sentido ao lidarmos com o rim ou com o sistema visual ou com qualquer outra coisa; e não faz sentido aqui também.

Existe uma natureza, sem dúvida. Quem argumenta contra ela, em favor de uma tábula rasa... isso não passa de propaganda espalhafatosa para o público geral. Não quer dizer nada – nenhuma pessoa sensata alguma vez acreditou nisso. Então, sim, existe uma natureza fixa, e, de alguma forma, ela se desenvolveu; contudo, não sabemos, por qualquer aspecto dela (seja o queixo, seja o sistema visual, sejam os ossos no ouvido ou qualquer outra coisa), não sabemos a resposta à pergunta "como ela se desenvolveu". E as respostas – quando as encontramos – serão frequentemente surpreendentes. Então, não há nenhum ponto controverso aqui sobre *se* a seleção natural atua – ela obviamente é atuante –, mas existem algumas questões importantes sobre o *canal* em que sua atuação acontece e sobre outros fatores envolvidos na evolução, dos quais muitos são conhecidos. Então temos de separar completamente o tipo de postura retórica sobre a seleção natural da questão da natureza humana intrínseca.

Bem, há alguns trabalhos recentes – como, por exemplo, o trabalho de Ed Hamilton sobre seleção de parentesco – que sugerem alguma base evolutiva plausível para coisas que parecem ser altruísmo. Mas é algo muito restrito. Se você seguir a ideia da seleção de parentesco até o limite, vai passar por alguma dificuldade ao tentar explicar por que os seres humanos dedicam uma quantidade enorme de energia e acabam assumindo riscos muito grandes para tentar salvar os golfinhos, ao mesmo tempo que não se importam com o número de crianças que morrem na África. Há alguma outra coisa acontecendo nesses casos. Há trabalhos interessantes, claro; não quero denegri-los. Mas os resultados que têm alguma aplicação humana se resumem ao fato de que vou prestar mais atenção em meus filhos do que em meus sobrinhos. Não precisamos que a Biologia nos diga isso, e ela, de qualquer modo, não nos diz muito mais que isso. Ela também não diz por que vou dedicar a mesma atenção a um filho adotivo que dedico a um filho natural – e tomar as mesmas atitudes com ele, mesmo sabendo que ele foi adotado. <Ela também não diz> por que muitas pessoas se importam mais com seus gatos ou cachorros que com seus filhos – ou com golfinhos, como mencionei. Ela simplesmente não nos dá muitas explicações. Há trabalhos interessantes, e aprendemos alguma coisa sobre os insetos e outros organismos e alguma coisa sobre comportamento, mas muito pouco sobre os seres humanos. Sabemos de antemão que isso será verdadeiro. A ciência lida com questões simples; não consegue lidar com questões que estão além dos limites da compreensão. Nós vamos desbastando os limites.

Veja a evolução da linguagem. É uma questão, assim como a evolução da comunicação das abelhas também é uma questão. Mas veja a diferença de literatura que existe entre esses dois temas. Existem bibliotecas de materiais sobre a evolução da linguagem humana e alguns poucos artigos técnicos sobre a evolução da comunicação das abelhas – e a maioria aponta o fato de que esse assunto é muito complexo para ser estudado, ainda que seja imensamente mais fácil de estudar que a evolução da linguagem humana. Isso é simplesmente irracional. Não que seja errado estudar a evolução da linguagem humana – e acredito que existam algumas direções para onde podemos olhar, como aquela que você mencionou. Existem evidências comparativas sobre o sistema sensório-motor que podem acabar sendo bem periféricas – mas existem. Então, claro, estudo o assunto até quando você quiser, mas de maneira sensata – sabendo quando você produz ciência de verdade e quando você está apenas fazendo gestos retóricos para o público em geral, iludindo-o. São distinções importantes, e acho que, se fizermos essas distinções, muito dessa literatura sobre a evolução da linguagem humana acaba desaparecendo.

Até certo ponto, há outros fatores que desempenham seu papel e acabam tornando essas explicações enganosas. Muitos desses pesquisadores, como Dawkins, acham que estão travando uma batalha entre a racionalidade científica e os criacionistas – e fanáticos etc. E, sim, essa realmente é uma atividade social importante com a qual se engajar, mas não se pode iludir as pessoas sobre a natureza da evolução – isso não é uma contribuição à racionalidade científica. Contar a todos a verdade sobre a evolução, qual seja: ela desempenha algum tipo de papel, mas não se sabe quanto até que se descubra. Pode ser um papel grande, pode ser pequeno; pode <em princípio nem mesmo> existir. Temos de descobrir isso. Nos poucos casos em que aprendemos alguma coisa, normalmente é algo surpreendente, como no caso da evolução do olho. O que parece ser o caso é algo completamente diferente do que se especulou por séculos na Biologia, e o mesmo vale para outras coisas – poderia valer para a linguagem humana. Então, não há nada de errado com a Sociobiologia ou com a Psicologia evolucionária – o campo que Kropotkin basicamente inventou –, mas os trabalhos na área devem ser feitos de maneira séria e despretensiosa.

JM: *Existem algumas hipóteses específicas – deixe-me seguir uma. Robert Trivers sugeriu, na década de 1970, que o comportamento cooperativo poderia ter evoluído entre as criaturas biológicas que são consideradas essencialmente egoístas. Ele presume que a cooperação poderia ter evoluído entre criaturas egoístas se envolvesse reciprocidade – quando x faz alguma coisa para y, x pode esperar algo em troca. O resultado é uma concepção de cooperação e comportamento social do tipo "uma mão lava a outra". O trabalho de Trivers está no centro das atenções entre os sociobiólogos e os psicólogos evolucionistas. Eles sugerem – de um modo que lembra o pensamento utilitarista – que essa forma de altruísmo recíproco oferece a chave para a compreensão da base biológica da moralidade. Da maneira como entendo seu ponto de vista, Noam, não creio que você ache que os humanos sejam essencialmente céticos. Você acha que as pessoas são capazes de ajudar os outros, mesmo que não sejam parentes ou membros da mesma tribo e mesmo sem esperar reciprocidade – e, ainda assim, experimentam certa satisfação com isso. Além do mais, você não acredita que as teorias selecionais neodarwinistas digam tudo o que tem a ser dito sobre as bases biológicas da linguagem – e talvez sobre outros assuntos. Existem alternativas à proposta de Trivers sobre as bases da moralidade? Será que algo como a simpatia de Hume pode ser tal alternativa?*

NC: O trabalho de Trivers é bem interessante. Mas não acho que nos dê maiores explicações. Não acho que ele explique por que as pessoas estão dispostas a apoiar o sistema de seguridade social que vai dar comida a uma viúva inválida do outro lado da cidade – nem o caso de gente que se preocupa mais com os golfinhos que com outras pessoas bem mais próximas que poderiam auxiliá-las em troca de ajuda. Esse trabalho apenas trata de um assunto bem pequeno. É interessante; há abordagens de teoria dos jogos que tentam computar as consequências. Tudo isso é interessante e deve ser feito. Mas isso tudo resulta em conclusões de interesse científico ou de importância humana? Bem, não de importância humana, da maneira como eu vejo. De interesse científico, sim. Mas dentro de um domínio bem específico. Existem outras capacidades humanas que perpassam nossa natureza moral? Simplesmente não vejo como se pode duvidar disso. Sabemos muito a partir de nossas próprias experiências e intuições – e isso nos mostra que existe uma enorme área (na verdade, virtualmente toda ação, pensamento e interpretação humana) que não se encaixa nessa categoria.
Existe alguma outra explicação biológica para todo o resto? Não. Mas isso vale para quase tudo o mais. Não existe uma explicação evolucionista para a comunicação entre as abelhas, nem para questões elementares sobre como organismos simples funcionam – nematódeos, por exemplo. Então, é claro que a ciência ilumina com uma luz muitas vezes penetrante questões extremamente simples. Um dos motivos por que a Física é uma ciência tão bem-sucedida é que ela ganhou o privilégio único de ficar com as questões extremamente simples. Se um átomo de hélio é muito complexo de ser estudado, passe-o aos químicos. Outras áreas da ciência não têm esse privilégio e lidam com o nível de complexidade que aparece. Como resultado, elas são comparativamente muito superficiais. Nessas áreas – com explicações evolucionistas – ainda estamos apenas tateando no escuro; não há boas ideias, mesmo para organismos muito mais

simples. Então, todo esse trabalho é interessante. Se você conseguir alcançar algum resultado plausível que seja cientificamente comprovado, todo mundo aplaude; e não há problemas. Quais são as implicações para a vida e a sociedade humanas? Bem, isso deve ser investigado, e acho que elas serão extremamente limitadas. Acho que as suposições de Hume e de Smith são muito mais plausíveis e levam a sugestões sobre o comportamento no mundo que são mais razoáveis – e que, na verdade, são adotadas por nós o tempo todo.

JM: *Se formos decentes, pelo menos.*

NC: Se formos decentes. E é por isso que gente como Kissinger é importante – eles nos dizem que devemos rejeitar nossa natureza moral fundamental por razões de poder e coisas do tipo. O.k., isso é interessante de ouvir. Agora, me conte algo sobre a natureza da moral humana.

JM: *Kissinger me parece patológico.*

NC: Ou talvez honesto. Eu até prefiro Kissinger a gente que se horroriza com o que ele diz, mas que acaba aceitando como pressupostos exatamente as mesmas coisas.

17
Natureza humana, de novo

JM: *Podemos voltar a falar sobre a natureza humana? Ainda estou tentando descobrir exatamente o que é distintivo a respeito da natureza humana. O que quero dizer com "distintivo" é "algo que nos distinga de outros tipos de primatas, como os macacos". Certamente* Merge, *algum tipo de sistema recursivo, sistemas conceituais humanos... nisso, somos distintos. Há mais alguma outra coisa em que você pensou?*

NC: Se você der uma olhada na linguagem, vai encontrar milhares de coisas que parecem ser diferentes. Se você olhar algum sistema que não compreende, tudo parece especial. À medida que você vai passando a entender o sistema, as coisas começam a se encaixar, e você percebe que algumas coisas que pareciam especiais na verdade não são. Veja a operação de movimento – o fenômeno do deslocamento. É um fato sobre a linguagem que o deslocamento está presente em todos os lugares. A todo momento, estamos pronunciando algo em uma posição e interpretando em outra. Essa é uma descrição crua do fenômeno do deslocamento – é inevitável. Isso sempre me pareceu uma imperfeição da linguagem – um fenômeno estranho que deveria, de alguma forma, ser explicado. E agora, eu acho, podemos ver que esse fenômeno é uma parte inevitável da linguagem: você deveria explicar se ele *não* estivesse presente. Pois, se você tem uma operação recursiva fundamental que forma estruturas hierárquicas de infinidade discreta, uma das possibilidades - que você deveria tentar eliminar - é o que resulta na operação de movimento: pegar algo de dentro de uma dessas unidades que você formou e colocar isso na ponta; isso é movimento. Então, aquilo que parecia uma propriedade fundamental da linguagem e, ao mesmo tempo, uma imperfeição da linguagem, acabou sendo uma propriedade inevitável da linguagem. A questão, então, é "como ela é usada?", "como ela funciona?" etc. Essa é uma mudança profunda na maneira de ver as coisas. E é isso o que acontece quando você aprende alguma coisa sobre algo que se parece com um sistema caótico.

Tem sido assim ao longo da história das ciências. Tudo o que você olha parece ser caótico e inexplicável. Você começa a esboçar alguns princípios, e algumas coisas - às vezes muitas coisas - começam a se encaixar; e o resto permanece caótico. Quão longe você consegue ir assim? Não se sabe. Mas a questão sobre o que é único aos seres humanos, como distintos de outros primatas, aparece bem aí - o quanto daquilo que nós vemos na linguagem e na teoria da mente humana e na curiosa natureza dos conceitos humanos, que não são referenciais, no sentido animal - o quanto disso tudo é único aos humanos? Por exemplo, as propriedades especiais das regras fonológicas - elas são exclusivas dos seres humanos, ou será que algum dia serão vistas como sendo apenas uma maneira ótima de satisfazer condições a que a fonologia deve atender? A fonologia *deve* atender à condição de que ela relaciona o sistema sensório-motor com objetos criados pelas operações computacionais de recursão hierárquica. Bem, talvez a fonologia seja mesmo uma maneira ótima de satisfazer essas condições, e suas várias complexidades aparentes tenham surgido como uma solução a esse problema. Ninguém sabe o suficiente para dizer se isso é verdade; mas não seria de todo surpreendente. Na verdade, suspeito fortemente de que algo nesse sentido deva ser verdade – do contrário, como é que alguém conseguiria entender?

JM: *E os sistemas morais humanos?*

NC: Hoje em dia, pela primeira vez, existem algumas pesquisas sérias sobre o assunto. Muito do que encontramos hoje foi desenvolvido com base na tese de John Mikhail; outros estão trabalhando no assunto agora, como Marc Hauser, Elizabeth Spelke etc. E eles estão descobrindo algumas coisas bem interessantes. Existem alguns tipos de situações paradoxais que têm sido, já há algum tempo, alvo de investigação dos filósofos preocupados com ética – o conhecido problema do vagão desgovernado[*trolley problem*], por exemplo, sobre condições nas quais você tem de fazer uma escolha. O caso típico é o de um médico, em um hospital, que tem cinco pacientes; cada um tem um problema em algum órgão, e todos os cinco vão morrer. Aí chega uma pessoa saudável e você tem a escolha de matar essa pessoa para pegar os órgãos dela e transplantá-los naqueles cinco pacientes. Então, você deve matar uma pessoa para salvar cinco? Quase todo mundo responde que não; embora sob um ponto de vista utilitarista – ou qualquer outro princípio em que você possa pensar – a resposta devesse ser "sim". E isso vale de maneira intercultural. Vale para crianças muito novas. É um princípio muito forte. E há muitas variantes dele. Por outro lado, se você fizer pequenas alterações na história, as pessoas vão responder "sim". Ao dirigir um carro, se você for naquela direção, vai matar cinco pessoas; se for nessa outra, matará uma pessoa – você vai tomar o caminho que só resulta na morte de uma pessoa. Bem, por que isso é diferente? Esses são princípios muito fortes. Eles ultrapassam limites culturais, etários, e assim por diante. E, ao investigá-los, estamos investigando nossa natureza moral fundamental, que tem propriedades profundas que trazem consigo resultados paradoxais.

Você pode entender isso como uma maneira de seguir as ideias de Hume sobre a natureza dos sistemas morais – tal como Mikhail fez em sua dissertação. Essas ideias identificam o problema básico, ainda que ele não as tenha desenvolvido e dado continuidade a elas. O problema básico que Hume apontou é que temos um número infinito de deveres, responsabilidades e comprometimentos morais e conseguimos determinar como eles funcionam em situações inéditas; estamos constantemente passando por situações inéditas e aplicando esses princípios morais. Eles não podem estar armazenados em nossa mente; eles devem surgir a partir de algum conjunto muito pequeno de princípios morais fixos que fazem parte de nossa natureza fundamental e pensados por meio de algum procedimento gerativo – não é essa a terminologia usada por Hume, mas é a isso que ele se refere.

JM: *Você apontou anteriormente que <ele não tinha de fato em mente> uma competência moral; ao invés disso, seria algum tipo de procedimento gerativo para a geração do uso ou da ação ou...*

NC: ... ou a geração de julgamentos também...

JM: *... a geração de julgamentos, sim.*

NC: De alguma forma, conseguimos gerar julgamentos; não podemos esperar que...

JM: *... mas Hume não tinha falado em nada que fosse como um procedimento recursivo...*

NC: Não, não naquele tempo. Mas ele de fato reconheceu que deveria haver certos princípios dos quais outros derivariam. Talvez Hume estivesse pensando em algo como a geometria euclidiana;

contudo, não temos como saber ao certo. Não creio que tenha havido algum outro desenvolvimento parecido entre os filósofos morais. Mas o ponto central certamente está ali. E está correto. E esse é o princípio central da gramática gerativa – e de qualquer sistema cognitivo irrestrito.

JM: *Eu suspeito que, se ele tivesse levado essa ideia a sério, não teria se preocupado com o tom faltante de azul.* <C>

NC: O tom faltante de azul é o mesmo problema – ele deve, de alguma forma, seguir dos mesmos princípios que temos, sejam quais eles forem, para organizar as cores para nós. Ele mostra – e suspeito que Hume estava ciente disso, já que nos deixou um paradoxo – que a ideia de que os capturamos por sensação e associação simplesmente não deve estar correta. O tom faltante de azul nos mostra isso.

JM: *Se o raciocínio moral e o julgamento têm esse tipo de perfil, há alguma sugestão... Estou tentando deixar clara a relação que existe – se é que realmente existe – entre o domínio conceitual e uma forma especializada dele, tal como nosso julgamento moral e nossas avaliações morais. Isso chega a fazer parte de nosso esquema conceitual, ou isso é...*

NC: Bem, a noção de um esquema conceitual é ampla o bastante para incluir qualquer coisa que quisermos chamar de "pensamento". Então, sim, tudo é parte de nosso pensamento. Quais são seus componentes, como eles se relacionam, se eles têm as mesmas origens etc. – essas questões ainda não têm resposta. Alguns aspectos de nossos julgamentos morais provavelmente podem ser entendidos usando noções como a de seleção de parentesco e outras parecidas. Não é surpresa que você presta mais atenção em seus filhos que em alguém que nunca tenha visto antes. E talvez seja possível explicar isso em termos evolutivos – seleção de parentesco, sobrevivência do gene etc. Por outro lado, ainda é incerto até que ponto valem essas explicações. Por exemplo: as pessoas empenham muito mais tempo, emoção e energia para salvar um golfinho encalhado que para salvar 1 milhão de crianças que estejam morrendo na África – e a distância evolutiva de um ser humano para um golfinho é algo na casa das centenas de milhões de anos.

JM: *A seleção de parentesco é, por definição, restrita. Ela não pode ser universalizada. Isso serviria de argumento para excluí-la como uma explicação possível para o domínio moral?*

NC: Bem, talvez existam alguns elementos que penetrem nossas teorias morais, mas não sabemos ainda o quanto. Existem tantos contraexemplos tão óbvios – como o exemplo de um filho adotivo. Você se preocupa tanto com o filho adotivo quanto com o filho natural. E se preocupa mais com eles que com seu primo, por exemplo – ou mais que com um animal, ou com um golfinho. Nossos julgamentos morais são muito mais intricados que qualquer coisa que possa ser reduzida a essas esferas – o que não significa dizer, entretanto, que eles não façam parte delas. É possível que exista alguma coisa nas primeiras teorias de Psicologia evolucionista de Kropotkin. Ele sustentava a ideia de que a ajuda mútua é um fator na evolução. Entretanto, qualquer que seja a resposta, ainda será necessário levar adiante a tarefa de caracterizar a faculdade moral. E hoje podemos começar a compreender alguns aspectos dela, por meio de experimentos.

JM: *Um premiê canadense, Ralph Klein, do estado de Alberta, que é rico em petróleo, disse que o Canadá deveria estar envolvido no Iraque – o Canadá deveria enviar tropas etc. –, porque os Estados Unidos são nossos amigos. O que me surpreende é que sua fala é uma reivindicação prudencial baseada em interesses e não em um julgamento moral. O "deveria" que ele usa aparece para indicar que isso está entre "nossos" interesses...*

NC: Bem, depende de saber em que ele estava pensando, obviamente; pode ter sido um julgamento de interesse ou um julgamento moral. Mas acho que foi de interesse...

JM: *Acho que sim... Mas continuando... certamente parece ser possível, em princípio, traçar distinções entre "deveres" prudenciais relacionados a projetos e "deveres" morais. O caráter de universalidade é uma maneira de distinguir os deveres morais?*

NC: Bem, pode ser – ele separa os morais dos prudenciais. Os deveres prudenciais não são morais; são imorais, na verdade. Nós os reconhecemos como sendo imorais.

JM: *... como Kant havia apontado...*

NC: Então eles nos dizem algo sobre nossa faculdade moral, a saber: que esses são atos que consideramos imorais.

JM: *Existe alguma chance de sistematização na esfera conceitual?*

NC: Tenho certeza de que existe. Veja o tipo de trabalho que tem sido desenvolvido a partir das ideias de Davidson sobre a estrutura de eventos; isso tem sido bem produtivo. É computação interna, mas é computação interna que se deve aos sistemas de pensamento.

JM: *... sintáticos...*

NC: Sim, e se houver alguma sistematização nos sistemas conceituais, ela também será sintática. Ela terá alguma coisa relacionada com as computações internas que acontecem – sistemas de julgamento e percepção.

JM: *... em um conceito amplo de sintaxe...*

NC: Bem, se por "sintaxe" quisermos dizer computação interna de símbolos – como Peirce diria –, então sim, tudo é sintaxe. Se estiver na cabeça, é sintaxe. Há algumas partes que estarão envolvidas ao movimento de moléculas; podemos chamar isso de "fonologia". Outra parte estará relacionada às indicações de verdade; chamemos isso de "semântica". <C>

18
Moralidade e universalização

JM: *Em seus trabalhos sobre política e moral, você apontou que uma das verdades mais elementares é que você deve universalizar seus princípios morais. O que dizer das pessoas que negam isso?*

NC: Mas alguém de fato nega isso?

JM: *Não, eu suponho, sem deslocar para fora do domínio moral.*

NC: O que as pessoas diriam – eu acho – é que sim, nós devemos falar de princípios universais, mas as circunstâncias especiais são tais que...

JM: *Espere um pouco: as pessoas de quem estamos falando não são pessoas de verdade?*

NC: Não, elas são... como Henry Kissinger ou alguém mais. Existem pessoas que dizem que isso não pode ser universalizado. Mas, se você perguntasse a Kissinger – que teve a honestidade para dizer isso ao invés de apenas aceitar quando convenien-

te –, ele diria que, obviamente, em algum nível, os princípios são universalizados. Mas é um princípio mais profundo que é universalizado, que nos exime da restrição contra uma guerra agressiva, por exemplo. Então, esse princípio universal mais profundo é, por exemplo, algo como "você deve agir para tornar o mundo o melhor possível", mas um caso especial desse princípio é que devemos estar isentos de qualquer princípio moral. Então, é universalizado: imoral, obviamente, mas universalizado. <C>
Na verdade, há um artigo bem interessante que eu não compreendi, mas é bem interessante. Você pode querer lê-lo. É um artigo de Akeel Bilgrami. Peça a ele para lhe enviar uma cópia; é uma versão que ainda não foi publicada. Nesse texto, Bilgrami distingue universalidade de universabilidade de um jeito interessante, mas não consigo reproduzir seu raciocínio aqui, porque acho que não entendi muito bem. É um artigo sobre Gandhi. Ele argumenta que Gandhi era, em um sentido muito profundo, um filósofo moral intuitivo que tinha algo importante a dizer; ele diz que as interpretações canônicas estão erradas. Parte disso é uma distinção entre universalidade e universabilidade. A universabilidade significa que é um princípio que nós temos um jeito de tornar universal – ou algo assim. E isso é diferente de um princípio que é universal. Ele faz essa distinção e apresenta casos que fazem sentido, mas não compreendi o suficiente para repetir aqui. Entretanto, parece relevante; é uma abordagem interessante. É um artigo profundo, tenho certeza.

JM: *O trabalho de Akeel é...*

NC: Ele compara Gandhi a Mill e a outros. Também tem um monte de outras coisas a dizer sobre o conceito de verdade que são interessantes – e a busca pela verdade como um objetivo, algo que não era para Gandhi. Ele também argumenta que Gandhi não estava realmente interessado na persuasão, pois ele considerava a persuasão um tipo de violência, e que o significado de sua verdadeira não violência seria apenas para apresentar um modelo, que outros escolheriam seguir ou não. Isso me soa um pouco confuso, pelo menos na parte que eu li.

JM: *Para me ajudar a amarrar essas ideias, deixe-me falar novamente do premiê canadense de Alberta que queria que o Canadá fosse ao Iraque com Bush. Ele argumentava o seguinte: temos uma obrigação moral de fazer isso porque os Estados Unidos são nossos amigos – e, por "amigo", ele queria dizer efetivamente que nós lavamos suas mãos e eles lavam as nossas, ou seja: uma mão lava a outra.*

NC: Esse é, presumivelmente, um princípio universal. Eu não o chamaria de um princípio muito moral. Aqui estamos lidando com questões de sistemas morais conflitantes e temos o costumeiro problema de buscarmos um caminho entre eles tentando ver se há alguma base mais profunda a partir da qual é possível obter algo com o que possamos concordar. Então, ele concordou que a Alemanha devesse ter declarado guerra contra os Estados Unidos porque ela era aliada ao Japão, e o Japão tinha declarado guerra contra os Estados Unidos?

JM: *Não, surpreendemente, não.*

NC: Bem, por que não? Esse é um caso de "uma mão lava a outra"... Essa é uma maneira para decidir se ele realmente quis dizer isso.

Sessão de 17 de agosto de 2004

JM: *Da última vez em que estivemos juntos, falamos brevemente sobre o trabalho de Akeel Bilgrami sobre Gandhi e a distinção entre universalidade e universabilidade. Você mencionou que Gandhi mantinha o princípio de não persuasão, porque considerava a persuasão como uma forma de violência. Eu estava interessado nisso porque, em parte...*

NC: Você pode apenas citar o exemplo...

JM: *O.k., certo. Um colega, agora aposentado, Harry Bracken, costumava ter uma visão parecida disso.*

NC: Mesmo?

JM: *Parecia que, em sua visão, um argumento racional não era uma forma de persuasão; antes, era uma forma de mostrar, ou uma forma de dedução a partir de princípios aceitos, princípios que os participantes aceitam ou podem vir a aceitar. A persuasão tipicamente envolve o uso da força, do poder, da autoridade... Não é um argumento racional. É esse o tipo de distinção que você tinha em mente?*

NC: Eu colocaria a questão de maneira diferente, mas concordo essencialmente com essa posição. Então, digamos que você está com crianças, ou dando aulas, ou está envolvido em uma discussão, ou falando a uma plateia... Idealmente, você não deve estar tentando persuadir ninguém – ou seja, não deve estar tentando fazer que ninguém aceite sua posição. Você deveria estar tentando encorajá-los a pensar seriamente no assunto e chegar a suas próprias conclusões – e um argumento racional apresenta materiais que eles podem usar. Então, por exemplo, eles podem decidir que não gostam das premissas, ou podem achar que há uma falha no argumento – ou algo do tipo. É questão de apresentar um modelo em que as pessoas ainda não haviam pensado e que pode ser usado com diferentes propósitos. É uma distinção muito difícil de ser feita e observada. Quando você fala a pessoas, é difícil não tentar persuadi-las. Mas, ao menos como ideal, isso é algo que deveria ser evitado.

Deveria ser assim quando damos aula. Não adianta tentar persuadir as pessoas. Se você está ensinando Física, por exemplo, não adianta persuadir um aluno para que ele pense que você está certo. Você deve tentar encorajá-lo a encontrar o que é a verdade, e isso provavelmente significa descobrir que você está errado.

JM: *Essa é uma política parcialmente prudente, que as pessoas não conseguem desenvolver nenhum tipo de convicção a menos que tomem as decisões sozinhas, firmando-se em suas próprias bases?*

NC: Creio que isso provavelmente seja um fato; você não conseguirá chegar a uma completa compreensão a menos que alcance essa compreensão por si mesmo. Mas, além disso, trata-se <na verdade> de uma questão moral. Depende de qual é sua atitude com relação às outras pessoas: elas devem lhe obedecer ou devem pensar por si próprias?

JM: *Harry costumava colocar a questão nos termos de Platão, de sua distinção entre a retórica, de um lado, e a filosofia – que seria o argumento racional –, do outro. Creio que seja uma visão plausível da coisa, embora isso sugira que exista uma distinção clara aí...*

NC: Eu sei que sempre fico desconcertado com aqueles que são considerados bons oradores, por aqueles que conseguem despertar uma plateia. É justamente isso que não se quer fazer. Se você tem essa capacidade, você deveria suprimi-la.

JM: *Mas você é um bom orador, você sabe disso, não?*

NC: Acho que sou bem entediante, na verdade. Mas, se eu tivesse a capacidade de ser um orador que conseguisse despertar uma plateia com paixão e entusiasmo, eu tentaria, pelo menos, não usar essa capacidade. Porque não acho isso certo.

JM: *Isso é característico de seu estilo de argumentos na política: você apenas apresenta os fatos. Parece-me uma técnica excelente. Mesmo quando você usa ironia, funciona porque aqueles que o escutam conhecem os fatos...*

NC: Agora é bem o oposto que é refinado a quase uma questão de princípio. Não se espera que um político apresente materiais e peça para que você tire suas próprias conclusões. Isso está consagrado em um dos maiores tributos à irracionalidade humana: os debates formais – você sabe, sociedades de debate como aquelas que vemos em Oxford, Yale... Elas têm como base um princípio profundamente irracional, a saber, o de que você não pode mudar de opinião. As regras do debate dizem que você deve tomar uma posição e continuar com ela; mesmo se você se convencer de que seu oponente tenha um bom argumento, não pode admitir isso. Você tem de tentar mostrar, de alguma maneira, que o argumento do oponente não está correto, mesmo se você achar que ele está. Não pode existir algo mais irracional que isso. É por isso que geralmente recuso os convites de participar dessas sociedades de debates – ou mesmo de participar de debates; é ridículo.
Suponha que seja uma área em que as pessoas ao menos tentam ser razoáveis, como a ciência (um dos objetivos nas ciências é ser razoável). Não encontramos debates entre pessoas; você interage com elas e vê se seus argumentos estão corretos. Se um aluno chega com um artigo, não travamos um debate – ao menos, não deveríamos fazer isso. O que deveríamos fazer é discutir o trabalho para ver quais partes estão certas, quais partes estão equivocadas, onde podemos trocar ideias e assim por diante. Mas o próprio conceito de debate é um tributo à irracionalidade humana.
É uma parte da mesma coisa. De algum modo, o objeto é convencer; não descobrir o que é certo, nem tentar trabalhar com as próprias ideias etc.

JM: *Obviamente, você não está se preparando para se tornar um advogado.*

NC: Os advogados *devem* fazer isso. Eles são pagos para isso. O trabalho de um advogado é defender o cliente, não interessa o quão podre seja o caso. Dá para se entender por que um sistema legal deveria ter tal papel. Dá à pessoa algum tipo de defesa. Mas considerar que isso seja algo de que as pessoas participem voluntariamente, sem ter nenhum papel em um sistema de defesa dos direitos das pessoas, isso é simplesmente irracional. Todas essas sociedades de debate deveriam deixar de existir, em minha opinião.
O único argumento que se pode ter a favor deles é que eles são como um jogo de xadrez: aguçam o modo de pensar das pessoas. Eu duvido disso. Mas não consigo pensar em nenhum outro argumento a seu favor. Na verdade, é possível verificar isso nas sociedades de debate. Um time de debate é treinado a defender os dois pontos de vista, e eles só descobrem qual ponto será defendido quando chegam ao debate contra o outro time.

JM: *E conhecer os juízes também ajuda, para saber o que poderia convencê-los...*

NC: O que os convence normalmente é a retórica, a astúcia... Não sei se você já viu alguma vez uma dessas sociedades de debate de elite, ou se já participou de alguma, como a de Yale. Às vezes eu participo, mas realmente acho que deveria deixar de participar. Na maior parte, é astúcia, retórica ou subterfúgios... E isso é considerado o ideal. Você deve, de alguma forma, fazer que seu oponente cometa um deslize, mesmo que ele esteja certo e que você saiba que ele está certo.

19
O otimismo e suas bases

JM: *É impressionante que, dada a facilidade com que as pessoas conseguem se enganar sobre suas motivações políticas e sociais, aceitar a exclusão, sucumbir ao racismo e ao tribalismo e ceder seu poder de decisão a líderes, a autoridades e ao poder, você continue com sua visão otimista de que uma democracia na qual as pessoas tomem decisões sobre todos os assuntos relativos a elas – especialmente econômicos – ainda seja uma opção viva. Existem razões para manter essa visão, ou se trata de esperança, ou até mesmo de fé?* <C>

NC: Não é tanto fé quanto esperança – mas há também muitas evidências empíricas para isso. É verdade que as pessoas cedem responsabilidades, tornam-se obedientes, racistas, e assim por diante. Mas também é verdade que elas superam isso, se você perceber as evidências históricas – elas lutam para superar essas coisas. E houve muito progresso em cada um desses domínios nos últimos anos. Veja, por exemplo, o direito das mulheres. <Antes, as pessoas nem sequer consideravam esse assunto:> minha avó não se sentia oprimida – ela não sabia que era oprimida. Minha mãe sabia que era oprimida, mas achava que não se podia fazer nada a respeito; para ela, essa era a ordem natural das coisas. Minhas filhas não são assim. Elas não aceitariam esse tipo de existência – elas têm consciência disso e não aceitam. E a sociedade em que elas estão inseridas também não aceita. E isso representa progresso moral e também é um progresso na compreensão de nossa própria natureza. Mas foi algo conquistado. Não se trata de uma luta simples. E certamente ela não terminou. E tem acontecido bem no nosso tempo; assim, podemos acompanhá-la. O mesmo vale para outros assuntos. Ainda existe escravidão – há cerca de 30 milhões de escravos no mundo. Mas não aprovamos mais isso, nem consideramos que isso seja a ordem natural das coisas e tampouco inventamos histórias sobre como é melhor que tenhamos escravos. Contudo, os argumentos que foram dados a favor da escravatura – que não eram insubstanciais – nunca foram respondidos; eles apenas foram rejeitados por ser considerados moralmente intoleráveis durante um período em que a consciência moral aumentou. Não ouvi nenhum argumento sensato contra o principal argumento dado pelos senhores de escravos dos Estados Unidos – um argumento perfeitamente sensato, que trazia implicações. O argumento básico é que os senhores de escravos são mais morais que as pessoas que vivem em uma sociedade de mercado. Para usar uma analogia anacrônica: se você compra um carro, e eu alugo o mesmo carro, e formos ver esses dois carros daqui a dois anos, o seu vai estar em melhores condições que o meu, porque você irá cuidar dele; eu não cuidarei do meu. Bem, o mesmo princípio vale com pessoas, se você aluga pessoas ou se as compra. Se você compra pessoas, vai cuidar delas; é um investimento de capital. Se você aluga pessoas, elas são apenas ferramentas; você irá jogá-las fora quando não precisar mais delas – e se elas não conseguirem sobreviver, quem se importa? Você pode se livrar delas despejando-as no lixão. Essa é a diferença entre uma sociedade escravocrata e uma sociedade de mercado. Em uma sociedade de mercado, você aluga pessoas; em uma sociedade escravocrata, você as compra. Assim, portanto, as sociedades escravocratas são mais morais que as sociedades de mercado. Bem, nunca ouvi uma resposta para isso e não creio que exista uma resposta. Mas isso tudo é rejeitado por ser moralmente repugnante – corretamente –, sem contar as implicações de que alugar pessoas é uma atrocidade. Se você seguir esse raciocínio, então os escravocratas estão corretos: alugar pessoas realmente é uma atrocidade moral. Interessantemente, há 150 anos, quando havia uma imprensa baseada em trabalho, independente, livre, isso era um ponto pacífico – tão obviamente assumido que até servia de *slogan* para o Partido Republicano: o trabalho assalariado não tem diferenças fundamentais da escravidão, exceto pelo fato de ele ser temporário e ter de ser superado.

JM: *Era um Partido Republicano bem diferente...*

NC: Era o Partido Republicano de Lincoln; na verdade, havia editoriais no *New York Times* sobre o assunto. Isso era ponto pacífico por aqui, onde a Revolução Industrial começou <nos Estados Unidos>. A imprensa da classe trabalhadora – que é extremamente interessante – simplesmente assumia esta ideia: é claro que o trabalho assalariado é intolerável, e os trabalhadores que trabalham nas fábricas são alugados etc.

JM: *Por que o trabalho assalariado* não foi *reconhecido pelo que é?*

NC: Acho que reconhecer isso faz parte de nossa natureza humana fundamental. Além do mais, essa ideia foi retirada da cabeça das pessoas por meio de intensa propaganda e de estruturas institucionais. E não acho que isso esteja muito abaixo da superfície. Tenho reparado que, quando dou palestras a públicos considerados classes trabalhadoras reacionárias (você sabe, democratas partidários de Reagan) e começo a falar sobre essas coisas, logo tudo isso parece óbvio para o público. Creio que isso está logo abaixo da superfície e que o sistema dessa atrocidade moral é sustentado apenas pelos esforços extremos de distrair a atenção das pessoas, para que elas passem a acreditar que tudo faz parte da ordem natural das coisas – bem como minha avó ou minha mãe acreditavam que a opressão às mulheres era algo natural e que era assim que as coisas funcionavam.

Em qualquer tipo de ativismo – em prol dos direitos das mulheres, por exemplo –, o primeiro passo que deve ser tomado é a chamada tomada de consciência: fazer que as pessoas vejam que não existe nada de natural com abuso doméstico, por exemplo. Até bem recentemente, isso não era considerado um problema; era o certo – era o modo como as coisas funcionavam, então qual era o problema? As mulheres são propriedades dos maridos; se eles quiserem bater nelas, tudo bem. Isso não funciona mais assim. E não funciona mais assim porque houve, primeiramente, uma tomada de consciência nas mulheres: elas viram que isso, pelo menos, não devia ser algo natural. Dá trabalho chegar aonde chegamos. Não creio que minha avó pudesse ser convencida disso. Depois de algum progresso com as partes afetadas, acontecem esforços semelhantes no resto da sociedade. Finalmente, sua verdadeira natureza moral emerge. Agora o abuso doméstico não é tolerado oficialmente: quer dizer, ainda acontece muito, mas não é mais aceitável. Bem, essas são mudanças surpreendentes, e acho que o mesmo vale para o trabalho assalariado. É aceitável da mesma forma como o abuso doméstico já foi aceito pelas mulheres; e exige um período de tomada de consciência para que possamos chegar a um nível de compreensão parecido com o que se tinha há 150 anos. Houve uma regressão nesse sentido, e a regressão tem a ver com estruturas institucionais muito claras e definitivas, além de, frequentemente, propaganda consciente. Grande parte do sistema de propaganda é direcionado a isso, de maneira bem consciente. Se você ler a literatura da indústria de relações públicas – a principal indústria de propaganda –, verá que eles estão bem conscientes do que estão fazendo.

JM: *Imagine alguém como Foucault, que pode responder algo como "bem, parece que os outros caras estão vencendo agora. Não é tanto o fato de a natureza humana intrínseca básica estar sendo revelada <por tomadas de consciência e ações>, é mais o fato de que os pequenos estão começando a vencer".*

NC: Se essa foi a posição de Foucault ou não, honestamente não sei, porque não consigo entender a maior parte das coisas que ele escreveu. Mas na única troca de ideia que tivemos (cf. Chomsky; Rajchman, 2006), sua posição foi muito clara... Devo dizer que ele me surpreendeu, porque Foucault é o ser humano mais amoral que eu já conheci. Também acho que seu posicionamento é intelectualmente incoerente. Se se trata apenas de uma batalha para saber quem é mais forte que os outros, por que temos julgamentos sobre o que é certo e errado? Minha impressão, a partir da leitura de seu outro trabalho, é que ele achava que a tortura na prisão é algo errado. Mas eu realmente não entendo por quê.

JM: *Quando você debateu com Foucault nos anos 1970, reclamou sobre o ponto de vista dele a respeito do conceito de justiça que acompanhava poder e autoridade – justiça e outros conceitos da moral humana e da virtude política, na verdade, são universais e pousam na natureza humana fixa. Você não mudou sobre esse assunto, não é?*

NC: <Eu reclamei sobre isso> por um motivo muito elementar. Se não fosse verdade, então nenhum de nós – em nenhuma cultura – poderia adquirir as concepções daquela cultura. Há algo profundamente incoerente sobre o relativismo no estilo de Rorty (cf. Chomsky, 1998), que afirma que aquela cultura faz as coisas daquela maneira, e aquela outra cultura faz dessa maneira. A pergunta é: como qualquer cultura se estabelece em um indivíduo? Não é algo que aconteça tomando um comprimido. É algo que deve ser adquirido por um indivíduo pelos mesmos meios de outras formas de crescimento cognitivo. E – como outras formas de crescimento – você pode adquirir as normas daquela cultura apenas se estiver predisposto – de uma maneira muito restritiva – a selecionar as normas a partir dos dados que o cercam; e não outras normas. E aí voltamos ao inatismo forte; então, todo esse posicionamento é simplesmente incoerente. Basta fazer a primeira pergunta que ele desmorona.

JM: *Por que as pessoas são atraídas por teorias plásticas e abordagens empiristas para explicar a mente e a natureza humana?*

NC: Há diferentes razões para diferentes pessoas, sem dúvida, mas acredito que haja todo um esforço na história intelectual moderna que não é insignificante – não quero afirmar que isso se aplique a todos. É uma doutrina extremamente conveniente para os administradores. Quer dizer, se as pessoas não têm uma natureza intrínseca – o que é incoerente, mas tomemos como verdadeiro –, então não há barreira moral para controlá-las. Você pode dizer a si mesmo que está controlando os outros para seu próprio bem, muito embora isso seja incoerente. <Isso faz parecer que> não existe uma barreira moral que previna isso. Bem, o que são os intelectuais? Eles são administradores. São administradores econômicos, políticos, administradores de doutrinas. Basicamente, esse é seu papel; chamamos alguns tipos de administradores de "intelectuais". Não chamamos executivos de empresas de intelectuais, mas é mera questão de terminologia. Os intelectuais públicos são apenas um outro tipo de administradores. Acontece que usamos a palavra *intelectuais* para eles – e não para administradores econômicos. Entretanto, todos eles estão basicamente tentando controlar ações, comportamentos, crenças etc. E para quem está no papel de administrador, é extremamente conveniente pensar que não existe uma barreira moral que previna o controle de pessoas. Na verdade, é moralmente apropriado agir assim. Se você verificar a história intelectual a respeito do assunto, verá que ela é muito surpreendente.

De alguma forma, *nós* estamos isentos disso. Quem quer que esteja escrevendo ou falando <assegura> "eu não faço parte dessa massa disforme de pessoas que não têm caráter nem natureza; eu tenho uma natureza e sei o que é correto – eles não. Eu sou diferente, e é apropriado que eu interfira para ajudá-los, para controlá-los". Bem, esse tipo de pensamento é muito antigo na história intelectual.

Dê uma olhada no texto clássico de John Stuart Mill sobre o que hoje é chamado de "intervenção humanitária"; ele é lido em aulas nas faculdades de Direito, por exemplo. Seu argumento, que é completamente chocante, é que a Inglaterra é uma sociedade angélica – tão angélica que as outras pessoas não conseguem compreendê-la. Eles atribuem motivos básicos para nós, porque não conseguem compreender o quão magníficos nós somos. Existe um debate sobre se a Inglaterra deveria passar a se envolver nos problemas de outras sociedades – na Índia, na Europa continental etc. –, houve algumas pessoas que disseram que isso não nos interessa, que deveríamos apenas perseguir nossos próprios interesses. E Mill assume uma posição "moral". Ele disse que – já que somos anjos, e eles são um tipo diferente de criatura – é nossa responsabilidade intervir para ajudá-los e mostrar-lhes o caminho correto, mesmo que eles nos atribuam motivos básicos e muito descrédito; ainda assim, temos de encarar o fato e cumprir nossa responsabilidade. Aí ele aplica essa ideia a um caso particular, que o interessava – a Índia. Ele sabia tudo sobre a Índia: era secretário correspondente da Companhia das Índias Orientais, assim como seu pai, que esteve envolvido nisso também. Ele sabia de tudo o que se passava lá. Além disso, estava por toda a imprensa na Inglaterra; houve uma enorme indignação parlamentar sobre as atrocidades britânicas lá. Ele estava escrevendo bem no momento em que os britânicos cometiam suas piores atrocidades na Índia, logo depois daquilo que se chamou na Inglaterra de "amotinação indiana"; ou seja, os indianos se rebelaram – do ponto de vista britânico, isso era uma amotinação. Eles cometeram certas atrocidades – mataram alguns europeus. E a reação britânica foi feroz. A população foi reduzida em diversas províncias. Mill era a favor disso. Ele disse que tínhamos de fazer isso, porque os outros eram bárbaros e nós anjos, e os bárbaros precisavam ser guiados por nós. Então, ainda que algumas pessoas nos condenem, temos de ir lá e continuar o processo de conquista da Índia, para seu próprio bem.

JM: *Se eu me recordo, Marx argumentava de maneira semelhante.*

NC: Sim, de fato, isso perpassa toda a tradição intelectual. Pegue o trabalho de Mill hoje e modifique apenas algumas palavras – você obterá a principal literatura sobre intervenção humanitária. Existe alguma outra base que seja melhor que essa? Dê uma olhada nos casos.

O argumento é muito simples e serve como base para a ciência política moderna – estou falando de Lippman, Lasswell e outros fundadores influentes da tradição intelectual pública. Não todos, é claro, mas é uma tradição muito poderosa, que perpassa a história intelectual desde muito tempo – o que é compreensível. Como justificar isso? Sempre da mesma maneira: somos, de alguma forma, diferentes deles; eles são maleáveis, ou talvez tenham instintos bárbaros ou algo do gênero; e, para o bem deles, temos de controlá-los. Para o bem deles, temos de mantê-los correndo pela rua.

Se você reparar na maneira como isso tem sido executado, é chocante. Veja o caso de Mill novamente. Ele é particularmente interessante, porque é difícil encontrar uma figura com mais integridade moral e inteligência. Ele era muito bem informado. Por que a Inglaterra estava tentando expandir seu controle sobre a Índia naquela época? Parcialmente por vingança, porque os indianos ousaram levantar a cabeça – e eles não estavam autorizados a fazer isso. Mas em parte foi porque eles estavam construindo o maior império de narcotráfico da história. É difícil de imaginar qualquer coisa assim hoje em dia. Eles estavam tentando obter um monopólio de ópio para que pudessem entrar no mercado chinês, onde não conseguiam entrar porque seus bens não eram competitivos; e o único jeito de conseguirem se tornar um império de narcotráfico era tornar o país uma nação de viciados, pelo uso da força. Eles precisavam conquistar grandes partes da Índia para tentar ganhar o monopólio. Esse império de narcotráfico era enorme. Era a base de muito capital britânico e mesmo do império britânico. Mill sabia disso. Ele estava escrevendo bem durante a segunda guerra do ópio. Estava claro que ele sabia; e isso estava sendo discutido por todo o lugar na Inglaterra. Interessantemente, havia críticos – os conservadores fora de moda, os liberais clássicos, como Richard Cobden: ele achava isso horrendo. Se olharmos hoje, Robert Byrd <que criticou a invasão americana no Iraque> critica coisas <como essas>; mas <ele e alguns outros são> relíquias do liberalismo clássico. Se você aceitar os princípios do liberalismo clássico, sim, foi algo horrendo. Mas isso está à margem da história intelectual, não no centro. E no centro – para retomar o ponto original – é muito conveniente pensar que os humanos não têm natureza e são maleáveis. Acho que isso explica muita coisa.

Há também outros fatores. Sei de casos particulares – não vou mencionar nenhum nome – de figuras ilustres que pensam que é necessário aceitar esse ponto de vista para barrar o fanatismo religioso; eles literalmente não percebem a diferença entre adotar o chamado "inatismo" – que significa a racionalidade científica <no estudo da mente> – e a crença em Deus.

JM: *O dualismo metodológico é outro aspecto do mesmo fenômeno?* <C>

NC: É o que eu sinto. É surpreendente ver o quanto pessoas sensatas, <mesmo aquelas> engajadas com ciência, simplesmente adotam uma abordagem sobre as faculdades mentais humanas e os aspectos mentais do mundo que é diferente da que adotam sobre o resto das coisas. Não há nenhum problema com o inatismo e o desenvolvimento do sistema visual no indivíduo; por que existe um problema com o crescimento cognitivo e o papel da linguagem nele? Isso é simplesmente irracional.

20
Linguagem, agentividade, senso comum e ciência

JM: *Trocando ligeiramente de assunto por um momento a fim de olhar para a questão discutida no capítulo precedente a partir de um outro ponto de vista... O que está do outro lado da <faculdade de> linguagem? Se ela tem essa capacidade de integrar, coordenar e inovar, o que devemos imaginar que esteja "no outro lado" de suas operações? Você falou de sistemas de desempenho em alguns de seus trabalhos anteriores e, no caso da produção e da percepção, é bastante claro quais são esses sistemas. Mas o que dizer do sistema conceitual e do sistema intencional?*

NC: Esses são sistemas internos; são algo que ocorre na sua cabeça e na minha.

JM: *São sistemas internos, o.k. Mas estou tentando entender qual a contribuição da linguagem para a agentividade* [Agency]*, para a ação. Deixe-me colocar a questão do seguinte modo: os filósofos gostam de imaginar as pessoas como agentes, como tomadores de decisões que deliberam, que para isso levam em consideração vários tipos de informação de modo que as decisões tomadas possam satisfazer desejos e coisas desse tipo. O que dizer sobre a noção de agente nesse sentido? Em certa medida, parece que a linguagem recebe algum desses papéis (de coletar informações etc.).*

NC: A linguagem pode ser concebida como uma ferramenta para agentes, para a agentividade – seja qual for o papel que ela tenha. Este é o ponto de Descartes: você pode usar suas habilidades linguísticas basicamente para dizer qualquer coisa que queira sobre qualquer tópico que esteja em seu domínio de conhecimento, mas, quando faz isso, você está agindo como um agente humano com uma vontade humana, seja lá o que isso queira dizer.
A maior parte dos cientistas aceita o dogma cartesiano de que somente os seres humanos possuem essa capacidade, de modo que insetos, por exemplo, seriam autômatos. Mas não temos certeza disso. Se você perguntar aos melhores estudiosos das formigas por que uma formiga decide em certo momento virar para a esquerda ou para a direita... bem, a pergunta não pode sequer ser levantada <se o que se espera é uma resposta científica>. Você pode falar dos mecanismos, das motivações dos estímulos externos e internos, mas não consegue predizer o que uma formiga vai fazer. Talvez a razão disso seja que não sabemos o suficiente e as formigas não sejam autômatos. Ou talvez nós simplesmente ainda não compreendemos a noção de agentividade apropriadamente.

JM: *Então, os conceitos de "uma pessoa" e de "um agente", como normalmente os concebemos, são algo criado pelo senso comum – útil para nós, sem dúvida, mas talvez algo que a ciência não tem como explicar?*

NC: Bem, são claramente conceitos do senso comum. Por isso, quando Locke devotou um capítulo para a tentativa de entender o que é uma pessoa, ele estava discutindo nossa compreensão de senso comum do que é uma pessoa. Ele não está discutindo algo que esteja no mundo externo a nós. Ele está discutindo uma concepção mental, interna, que possuímos. E essa concepção se revela algo muito estranho.

JM: *Essa concepção a que você se refere é a noção "jurídica" de pessoa que ele formula...*

NC: Sim, é sua noção "jurídica". Há um capítulo no *Ensaio sobre o entendimento humano*, o capítulo 27 do primeiro livro, ou em algum lugar próximo desse capítulo, em que ele se dedica a explorações por meio de experimentos de pensamento perguntando-se, digamos, quando você diria que uma pessoa é a mesma pessoa? Bem, ele conclui que é basicamente alguma maneira de continuidade psíquica – o que é bem plausível; que nosso corpo todo pode mudar, e assim por diante, mas à medida que esse indivíduo permanece uma entidade psíquica contínua, você o concebe como a mesma pessoa.

E Locke de fato coloca questões para as quais provavelmente não há resposta, tais como o que uma pessoa faria se dois corpos tivessem exatamente a mesma constituição psíquica: seria apenas uma pessoa, ou seriam duas? E o que dizer no caso de que um deles se transformasse no outro? Bem, nesse ponto estamos chegando a questões em que nossas intuições simplesmente desmoronam. Há uma longa tradição, que retorna a Platão, Heráclito e Plutarco e que continuou depois, sobre o barco de Teseu. Por séculos, as pessoas vieram criando enigmas impossíveis de resolver sobre quando poderíamos dizer que se trata do mesmo navio. Uma coisa que todos aprendem em seu curso de filosofia é que, se você continuar mudando as tábuas no mar, é o mesmo navio, e se alguém tomar aquelas mesmas tábuas que você jogou fora e fizer uma réplica do barco original, não é o mesmo navio. Você pode ter exemplos e exemplos como esse.

Tais questões foram tipicamente discutidas, ao longo da história, como metafísicas – por isso, pergunta-se: é o mesmo barco, ou é a mesma coisa? Bem, o barco de Teseu não é uma coisa no mundo, para começar; é uma construção mental que, é claro, se relaciona com coisas no mundo quando as usamos para isso. A coisa que você está discutindo ao formular tais questões é a construção mental. E essa construção mental fornece algumas respostas, mas não outras. Tais respostas, na verdade, não nos dizem muito sobre metafísica; dizem-nos, simplesmente, que esse é o modo como pensamos sobre o mundo. Concebemos o mundo como envolvendo certos tipos de continuidades. Mas tais continuidades nada significam para um físico. No que lhe diz respeito, se você tirar um prego do barco, é um novo barco. Bem, o modo de pensar do físico não é o modo como *nós* pensamos sobre o mundo. Tudo isso mostra que simplesmente estamos investigando nossas próprias concepções internas, o que chamamos de senso comum. Ele possui alguma relação com o mundo, é claro, mas não é a mesma coisa. Se esse tipo de pergunta – o que é o barco de Teseu, o que é uma pessoa, o que é uma árvore, e assim por diante –, se essas perguntas fossem reinterpretadas como deveriam ser, isto é, como tendo uma natureza cognitiva, epistemológica, mais que metafísica, bem, então elas poderiam ser exploradas como tópicos de ciência cognitiva. Qual é a natureza de nossos sistemas conceituais? E então descobrimos que é verdade que as pessoas têm responsabilidades e obrigações, e árvores não. Isso não é porque fizemos uma descoberta sobre o mundo. As pessoas – com exceção de crianças e dos doentes mentais – possuem responsabilidades, merecem reconhecimento e censura, e assim por diante, mas não cachorros, se você não os personificar. É assim porque descobrimos algo metafísico? Bem, pode haver algo de metafísico subjacente a isso – de fato, provavelmente há – mas isso não é o que descobrimos. O que descobrimos é que esse é o modo como vemos as criaturas. E, na verdade, se você retornar no tempo – digamos, até o século XVII ou XVIII, novamente, quando muitos desses tópicos ganharam vida –,verá que as pessoas realmente se confundiam com questões como a de saber se devemos considerar, digamos, orangotangos e negros como pessoas. Orangotangos e negros pareciam mais ou menos similares, e não eram como nós; eram criaturas de algum tipo diferente de nós. Eram alguns deles pessoas? Eram todos eles pessoas? Você vê grandes debates sobre isso porque o conceito interno PESSOA simplesmente não vai levá-lo muito longe na tentativa de descobrir como o mundo funciona – do mesmo modo que a mecânica do contato <de Descartes> pode levá-lo longe, mas não ultrapassará a mecânica de Newton, que mostrou que você não pode conceber o funcionamento dos objetos físicos do modo como a mecânica do contato os concebe.

Isso vai dar diretamente na filosofia contemporânea. Um tópico crucial e excitante na filosofia contemporânea é <ainda> o essencialismo kripkeano – a versão de Putnam –, que se baseia em questões como: água é H_2O? É como nossa intuição sobre o navio de Teseu. Você vai encontrar seja lá o que for que temos em nossa mente. Esse tipo de questão não vai dizer coisa alguma sobre H_2O (a matéria descrita pelos físicos), não mais do que a questão sobre o navio de Teseu pode lhe dizer sobre navios na perspectiva dos físicos. Esse tipo de questão lhe diz algo sobre como você olha para o mundo e o interpreta. Tais discussões são esquisitas, particularmente por uma razão: porque as intuições que se alega ter estão em sua maioria dentro de um casulo filosófico. As pessoas têm de ser treinadas para ter tais intuições por meio de cursos de pós-graduação em filosofia. E, do mesmo modo, não é nada claro sobre o que mesmo tais intuições supostamente dizem respeito. Por exemplo, considere a sentença "água é H_2O"; essa é uma sentença central em toda a discussão. Nós todos aprendemos – ou, talvez, fomos ensinados – que uma sentença não possui nenhum significado fora de uma linguagem. Assim, a que linguagem pertence essa sentença? Ela tem de pertencer a alguma linguagem. Bem, não se trata do inglês. O inglês não tem <o conceito de> H_2O; esse é um conceito inventado que você traz para dentro do inglês. Não é uma sentença da Física, ou da Química, porque essas não possuem o conceito ÁGUA. É verdade que quando um químico escreve um artigo, usará a palavra *água*, mas ele está usando um discurso informal. Você não faz tudo com um formalismo preciso, mesmo quando faz matemática. Mas a Química não possui o conceito ÁGUA; possui o conceito H_2O, e você pode chamá-lo informalmente de "água", se você quiser, mas ÁGUA não é um conceito da Química. Portanto, a sentença não pertence à Química, ao inglês, ao francês, ao alemão; de fato, não pertence a língua alguma. É algum amálgama de línguas – ou, antes, de sistemas simbólicos e linguagens – que usamos. Mas não podemos ter quaisquer intuições sobre coisas como essas. Não possuem significado para nós. É como ter intuições sobre Física quântica. Tanto quanto consigo ver, a discussão em sua totalidade, de todos os lados, é basicamente vácua. E esse é um tema primário em filosofia analítica contemporânea. Simplesmente não diz respeito a coisa alguma. <C>

JM: *Você não precisa me convencer disso. Voltemos a sua caracterização da ciência cognitiva – uma caracterização muito boa, eu acho, bem diferente da de Jerry Fodor, segundo a qual a ciência cognitiva é essencialmente representação-do-mundo – como uma investigação (internalista) de nossas estruturas cognitivas. Digamos que é possível investigar estruturas conceituais quando estamos falando de conceitos como PESSOA; mas, e o que dizer sobre os conceitos que aparecem nas ciências? Você pode investigá-los <como parte de uma ciência cognitiva internalista>?*

NC: Certamente. Você pode investigar <o conceito> H2O. Não sabemos as respostas para questões que dizem respeito a esse tipo de conceitos. Sabemos como obtê-las. Tentamos colocá-las em um quadro explanatório que formulamos de modo tão preciso quanto as circunstâncias exigem. Não há qualquer sentido em formalizar além do nível de compreensão que temos. E então trabalhamos dentro daquele quadro. Esse é o modo como as ciências sempre agiram.

Considere, digamos, a Matemática, o caso mais claro. Todos nós sabemos muito bem que até a metade do século XIX, quando grande parte da Matemática foi estabelecida, os matemáticos sequer tentavam definir seus conceitos. Ninguém tinha uma noção clara do conceito de "limite". Gauss estava provando todos aqueles magníficos teoremas quando limite significava simplesmente "chegar mais e mais próximo de". De fato, Berkeley estava encontrando contradições nas provas de Newton – um tópico que os matemáticos britânicos levavam a sério, que tomavam como um obstáculo no caminho do progresso. Uma linha da prova tratava zero como zero e, três linhas abaixo, outra linha tratava zero como algo de que você pode chegar tão perto quanto queira. Esses são conceitos diferentes, portanto se trata de um equívoco; a prova está baseada em um equívoco – logo, ela não demonstra nada. Bem, no continente, os matemáticos sabiam do problema e não prestavam muito atenção a ele, indo adiante e desenvolvendo uma matemática rica. Finalmente, a matemática chegou a um ponto no qual você simplesmente tinha de entender o que um limite é; você não podia mais seguir adiante com aqueles conceitos intuitivos. Então, você vê surgir as definições delta-epsilon, Weirstrauss, Cauchy, e assim por diante. O.k., nesse ponto, você sabe o que é um limite. Mas você sabe o que é porque ele foi explicitado. E assim continua. Euclides, em certo sentido, tinha uma geometria de verdade. Mas ela só foi formalizada depois de vários séculos.

JM: *Mas, então, para investigar os conceitos da ciência, na verdade, você precisa aprender a ciência que vai estudar.*

NC: Você aprende a ciência e tenta chegar tão próximo quanto pode de um tipo apropriado de teoria científica, seja lá o que isso signifique. Temos todo tipo de critério intuitivo que usamos o tempo inteiro para decidir se isso é ou não uma explicação científica razoável.

JM: *Há uma ciência dos conceitos científicos do modo como há – ou haverá – uma ciência dos conceitos do senso comum?*

NC: Acho que deveria haver. Aqui é onde eu tendo a discordar da linha de pensamento que Sue Carey (1987, 2009) está desenvolvendo, embora ela possa estar certa – eu realmente não sei.

A posição básica dela é que não há nada de novo a ser dito sobre como a ciência é feita; tudo o que descobriremos é simplesmente mais do mesmo. A ciência seria uma versão sofisticada daquilo que as crianças fazem quando aprendem como construir casas a partir de blocos. Talvez seja; mas meu palpite é que é algo bastante diferente. Há uma capacidade de fazer ciência que é – em alguma medida – colocada em uso ao longo da história da humanidade, por exemplo, quando as pessoas criam histórias mitológicas sobre a criação ou se dedicam à magia – a transição entre a magia e a ciência não é bem clara. Mas essa capacidade toma uma forma muito diferente no período moderno, quando se torna um empreendimento muito autoconsciente e os cientistas começam a tentar estabelecer tanto critérios empíricos quanto epistemológicos que a ciência supostamente deve satisfazer. Esse modo de usar a capacidade de fazer ciência pode mudar; não é fixo. Mas ao menos ele tem sido perseguido como um esforço sistemático para ganhar um certo tipo de explicação e de *insight*. Você não pode simplesmente contar qualquer história sobre algo; você deve mostrar que tais histórias têm alguma substância. É por isso que tanto do que se diz sobre evolução é basicamente desinteressante; são simplesmente histórias. Poderia ter acontecido daquele jeito; poderia ter acontecido de vinte modos diferentes. Você não tem como formular a questão de um modo que saiba como proceder para respondê-la. Isso é contar histórias – em um *framework* de ideias científicas, mas ainda assim é contar histórias. Se você está sendo sério com relação às histórias que conta, tenta prová-las. Em lugar de simplesmente ficar inventando histórias, tente descobrir modos de como você pode estudar tais histórias <pode conseguir evidência para elas>. E isso não é muito simples.

21
Filósofos e seus papéis

JM: *Eu gostaria de entender melhor seu ponto de vista sobre o que você pensa que poderia ser – essa é uma questão parcialmente derivada de uma pergunta que um estudante pediu que eu fizesse a você – a contribuição de um filósofo hoje. Parece que alguns filósofos – filósofos depois do tempo de Descartes e de Hume – têm ficado atrás dos tempos. Eles não compreenderam completamente como as ciências avançadas <e, em particular, a Linguística> são...*

NC: Há alguns filósofos que trabalham as ciências muito bem, e que contribuíram para elas. Eles não questionam as ciências; tentam esclarecer o que elas estão fazendo e até mesmo contribuem para elas em algum nível conceitual. Isso parece muito com o que fizeram Descartes e Kant e outros que eram chamados de filósofos. Você pode estar conectado às ciências e pode sabê-las extremamente bem. Considere alguém como Jim Higginbotham. Ele conhece muito bem Linguística e contribui para ela...

JM: *De fato...*

NC: ... e está fazendo Linguística não do modo como linguistas técnicos fazem, mas com interesses filosóficos que se relacionam com as questões tradicionais da filosofia. Acho que essa é sempre uma possibilidade. Suspeito que John Austin estava certo quando disse que a Filosofia deveria ser a mãe das ciências. Ela é a limpeza das moitas e dos arbustos, a tentativa de estabelecer as coisas de tal maneira que as ciências podem, então, tomar conta.

JM: *O trabalho dos filósofos, então, é sacudir os arbustos e ver se conseguem assustar alguns pássaros?*

NC: Não apenas nas ciências, mas na vida das pessoas... Considere, por exemplo, <John> Rawls, o filósofo político. Ele não está trabalhando com as ciências. Está tentando entender quais conceitos de justiça temos que subjazem nossos sistemas morais, e assim por diante. E isso na verdade chega às margens das ciências. Assim, quando John Mikhail – que tem um diploma de Filosofia, mas está desenvolvendo também a ciência de uma faculdade moral que distingue entre ações permissíveis e não permissíveis – enfrenta a discussão, ela se torna uma ciência.

JM: *O.k., essa é uma sugestão plausível. Eu me pergunto se não há outros problemas aqui que dizem respeito à natureza da tarefa que essas pessoas creem que estão executando. Considere, por exemplo, Jim Higginbotham. Ele é bastante influenciado pelas ideias fregeanas relativas às mentes e aos pensamentos e parece querer apresentar suas contribuições em termos fregeanos. E não estou certo de que eu tomaria essa parte de suas contribuições como particularmente útil...*

NC: Que parte do que ele está fazendo? O que você tem em mente?

JM: *Bem, ele costumava, em muitos casos ao menos, falar de proposições e pensamentos, e coisas do tipo, e dava a essas noções uma leitura de tipo muito fregeano. A ideia não era a de que proposições e pensamentos são, de algum modo, entidades biológicas; ao menos, não era isso o que se percebia no que eu li dele.*

NC: A visão dele, se eu a compreendo corretamente, é o que ele chama de "conceitualismo fraco" – a ideia de que essas entidades são independentes, mas também reflexos, de eventos mentais. Mas então surge a questão: bem, qual é a função delas? Se são apenas uma imagem de um-para-um do que está dentro, por que não dispensá-las? Poderíamos dizer o mesmo sobre a Química. Há os elementos e os compostos deles; e então há imagens deles em algum universo platônico que poderíamos estudar, se desejássemos. Se não possuem outras propriedades que não sejam determinadas pelos eventos internos dos quais são reflexos, então são dispensáveis.

JM: *Mas não seria no mínimo útil se os filósofos se reconcebessem a si próprios como engajados em um projeto internalista oposto ao tipo de projeto externalista a que a maioria deles imagina que se dedica?*

NC: Bem, é possível constituir um projeto externalista razoável? Certamente há projetos externalistas – quando você e eu estamos falando, o que há não se resume ao que está acontecendo em sua cabeça e na minha; estamos interagindo. Portanto, o estudo de como as partes do mundo interagem, dependendo de suas naturezas internas e de muitas outras coisas, isso é um tópico de estudo, mas não entendo por que é um tópico particular para filósofos. É apenas mais um tópico. Talvez os filósofos tenham algo interessante a dizer sobre isso; tudo bem. Há trabalho interessante em pragmática. Mas o que parece não existir, tanto quanto consigo ver, é uma semântica externalista. Você deu uma olhada no livro mais recente de Tyler Burge? <C>

JM: *Não, não dei...*

NC: Você devia; essa questão é levantada. Há vários ensaios críticos sobre o trabalho de Burge; um deles é meu <veja "Exploração internalista", em Chomsky, 2000>. O que escrevi é principal sobre o externalismo, e ele tem respostas interessantes (Hahn; Ramberg, 2003). Você pode tentar ver se consegue fazer algo com elas. Eu pessoalmente não creio que elas resultem em algo. Ele é uma pessoa inteligente que está tentando envolver-se com o tipo de questões que estamos discutindo; a maior parte dos filósofos sequer se envolve com elas; e – do tipo de trabalho que Burge faz – o dele é tão bom quanto qualquer outro que eu conheça. Paul Pietroski está escrevendo sobre essas coisas agora.

JM: *De fato, ele está; eu admiro o trabalho dele. Gosto particularmente de algumas das contribuições dele para a semântica (Pietroski, 2005); trata-se de uma boa compreensão internalista da semântica...*

NC: ... e de uma boa análise crítica do que está acontecendo na área, o que acredito que seja raro.

22
Limitações biofísicas sobre o entendimento

JM: *Incidentalmente, o artigo que você apresentou na LSA [na conferência da* Linguistic Society of America] *e a ênfase no terceiro fator jogou um pouco de areia em meus esforços para escrever um capítulo sobre inatismo como uma contribuição para um livro sobre ciência cognitiva...*[1]

NC: Bem, simplesmente não sabemos... Quanto mais você pode atribuir ao terceiro fator, melhor. Esse é o caminho que a ciência deveria tomar; o objetivo de qualquer cientista sério interessado nesse tipo de questão é ver quanto da complexidade de um organismo pode ser explicado em termos de propriedades gerais do mundo. Essa é quase a natureza da ciência. Na medida em que há algum resíduo, você deve atribuí-lo a alguma codificação genética específica; e então você tem de se preocupar com a questão da origem dessa codificação. Obviamente, deve haver algo lá que seja dessa natureza; não somos todos amebas. Algo deve existir; mas o que é?

---

1 O capítulo (McGilvray, 2005) eventualmente levou em conta considerações relativas ao terceiro fator no que disse sobre o inatismo da linguagem.

JM: *Seria bom ter respostas.*

NC: Não estou certo. Eu gosto das bordas do quebra-cabeça.

JM: *O.k., você tem razão. As bordas são muito mais divertidas.*

NC: Imagine quão entediante seria o mundo se soubéssemos tudo o que podemos saber, e ainda soubéssemos que não podemos compreender o resto.

JM: *Sim, a forma milenar de ciência concebida por Peirce de fato soa entendiante.*

NC: Bem, a coisa boa sobre ela é que não pode ser verdadeira, pois ele cometeu um erro sério sobre a evolução – presumindo que somos, basicamente, anjos por seleção natural. Mas é possível que algo assim fosse o caso. Você pode imaginar que a espécie chegaria ao ponto em que tudo o que pode ser conhecido é conhecido, incluindo os limites do conhecimento. Portanto, você saberia que há quebra-cabeças lá fora que não poderiam ser formulados por nós. Esse seria o tédio definitivo.

JM: *Sim, seria pior que o paraíso.* <C>

23
Epistemologia e limites biológicos

JM: *Você sugeriu muitas vezes que as capacidades cognitivas humanas possuem limitações; têm de ter, porque são fundadas biologicamente. Você também sugeriu que se poderia estudar tais limitações.*

NC: Em princípio.

JM: *Em princípio. Diferentemente de Kant, você não pretende simplesmente excluir esse tipo de estudo. Kant parece ter pensado que esse tipo de estudo ultrapassa os limites da capacidade dos seres humanos de definir os limites...*

NC: Bem, ele poderia estar além da capacidade humana de compreensão; mas essa não é nada mais que uma outra afirmação empírica sobre tais limitações, como a afirmação de que eu não posso ver luzes ultravioletas, que estão além de minha capacidade de visão.

JM: *O.k. Mas a investigação de nossas limitações cognitivas é, na verdade, uma investigação dos conceitos de que dispomos?*

NC: Bem, pode ser contraditório, mas não vejo qualquer contradição interna na ideia de que você pode estudar a natureza de nossas capacidades de fazer ciência e pode descobrir algo sobre seu escopo e seus limites. Não há contradição interna nesse programa; é uma outra questão saber se podemos levá-lo adiante ou não.

JM: *E o senso comum também possui suas limitações.*

NC: Se não formos anjos. Ou somos anjos, ou somos criaturas orgânicas. Se somos criaturas orgânicas, quaisquer de nossas capacidades terão de ter seu escopo e seus limites. Essa é a natureza do mundo orgânico. Você pergunta: "Podemos encontrar a verdade na ciência?". Bem, já nos deparamos com essa questão antes. Peirce, por exemplo, pensava que a verdade é simplesmente o limite a que a ciência chega. Essa não é uma boa definição de verdade. Se nossas capacidades cognitivas são entidades orgânicas, o que tomo como certo que sejam, há algum limite a que elas chegam; mas não podemos ter certeza de que esse limite seja a verdade sobre o mundo. Pode ser uma parte da verdade; mas talvez um marciano, com capacidades cognitivas diferentes das nossas, esteja rindo de nós e se perguntando por que estamos nos perdendo na direção falsa que tomamos a cada momento. E o marciano pode estar certo.

JM: *... presumindo que o marciano pudesse compreender nossas capacidades cognitivas.*

NC: ... certo.

JM: *O projeto de investigar os limites de nossas capacidades cognitivas me parece ser bastante diferente dos tipos de projetos de que os filósofos gostam, ou de que gostavam quando introduziram vários tipos de restrições epistêmicas sobre o que conta como tendo significado ou como sendo razoável, e o que não conta como tal. Investigar os limites de nossas capacidades é um projeto científico, e não um tipo de projeto que demasiadas vezes se revela estipulativo.*

NC: Minha própria interpretação dessas propostas é que são sugestões sobre nossas capacidades de fazer ciências. Assim, esses limites epistêmicos... as propostas que você faz deveriam ser consistentes, deveriam tentar evitar redundância, deveriam tentar unificar diferentes aspectos da ciência – como no reducionismo físico, digamos. Acredito que todas essas sugestões só podem ser compreendidas como explorações da maneira como nós, sendo seres particulares, tentamos proceder a fim de obter, de um modo sistemático, nosso melhor entendimento do mundo. Essa é a maneira como fazemos ciência. Mas, se você quer uma prova de que é a maneira certa, bem, não vejo como isso pode ser possível. Tudo o que você pode dizer é que isso é o melhor que podemos fazer. Podemos descobrir que estamos sempre andando fora da trilha, em cujo caso pode ser que nosso modo de fazer ciência seja irremediável. Se você não pode achar uma trilha diferente, então é irremediável. E às vezes – se você olhar para a história – os humanos encontraram uma trilha diferente rebaixando suas expectativas. Assim, por exemplo, rebaixar a expectativa de entender o mundo para a expectativa de entender teorias sobre o mundo levou a uma mudança bastante significativa. E essa foi uma mudança – ela é mais ou menos simbolizada por Newton – que levou vários séculos para se tornar internalizada.

JM: *Isso nos dá uma compreensão muito interessante do* Tractatus *de Wittgenstein e de vários outros trabalhos do gênero. Russell estava engajado nesse tipo de projeto – ao menos do modo como você interpreta Russell – em seus trabalhos iniciais?*

NC: Pré-*Tractatus*?

JM: *Sim, Russell antes do* Tractatus *<de Wittgenstein>.*

NC: Russell estava engajado em um tipo de análise conceitual que, acredito, ele achava que nos levaria a algum *insight* sobre a natureza da realidade. Mas era uma análise conceitual – como a teoria das descrições.

JM: *Na altura em que escreveu* Conhecimento humano: sua finalidade e limites, *ele já era bastante explícito quanto a fazer propostas baseadas em um entendimento da natureza humana.*

NC: Lá a ideia era explícita. A análise de Russell se torna uma abordagem muito mais sutil e sofisticada, que parece reconhecer – como o próprio título do livro indica – que estamos lidando com algum fenômeno orgânico que terá de ter sua finalidade e seus limites. Russell não diz exatamente isso, mas não vejo outra maneira de ler o que ele estava dizendo.

JM: *Você na verdade encontra alguma ênfase normativa em muito do que se escreve em filosofia – esse é o modo como você deveria proceder...*

NC: Não há nada de errado a esse respeito: você deveria fazer isso pelo modo como são nossas luzes, pelo modo como vemos as coisas. É o mesmo com julgamentos morais.

JM: *Como isso difere de dizer "esse é o modo como* temos de *fazer isso"?*

NC: Seria "esse é o modo como temos de fazer isso" se soubéssemos o suficiente sobre nós mesmos a ponto de poder dizer que não há escolha alguma. Como em "Tenho de cair do penhasco se eu pular; não tenho como evitar que isso aconteça". Mas não temos esse tipo de compreensão de coisas mais complexas, que ocupam grandes áreas de nossas vidas.

Esse tipo de questão se coloca em teorias naturalísticas da moral e do conhecimento, e em ambos os casos – que são tradicionais – você pode tentar descobrir quais são nossos instintos morais e nossas faculdades morais. Mas há uma lacuna entre isso e o que é objetivamente certo – uma lacuna intransponível da perspectiva de uma criatura não humana que se pode supor que esteja certa, algo de que nossa natureza moral possui uma compreensão apenas parcial.

E o mesmo é verdade a respeito da epistemologia. O que faz uma teoria ser a melhor? As pessoas usam o termo "a melhor teoria" de modo livre, mas o que é a melhor teoria? Bom, podemos tentar refinar nossos critérios, como os entendemos, mas estamos fazendo algo análogo a investigar nossa própria natureza moral. Estamos investigando nossa natureza epistemológica, e dentro desse *framework* você pode conceber alguma noção de "a melhor teoria" que esteja na mesma posição que nossa noção moral de "comportamento correto". Mas, de novo, sob certo ponto de vista que é externo a nós – o qual não podemos normalmente adotar, porque somos o que somos, não somos aquela coisa externa –, as teorias poderiam ser avaliadas de modos bastante diferentes da maneira como as avaliamos.

JM: *Você não está presumindo que podemos compreender a noção de "o que é objetivamente certo" ou do que é "objetivamente verdadeiro"?*

NC: Realmente acredito que haja uma verdade objetiva; o.k., então sou um realista ingênuo de algum tipo – não tenho como evitar. Mas acho que, se pensarmos sobre nós mesmos, veremos que não há nenhum modo de ter certeza sobre essa questão. Podemos ter certeza sobre o fato de que isso é o melhor que consigo fazer com minhas capacidades cognitivas – e podemos ter menos certeza, porque compreendemos menos, que esse é o modo correto de se comportar de acordo com nossa natureza moral. E presumo que todos nós temos as mesmas capacidades cognitivas e a mesma natureza moral. Mas – e aqui chegamos à última linha do *Tractatus* <de Wittgenstein> –, para além disso, simplesmente temos de silenciar.

JM: *Mas há pessoas como Peirce que tentam dar algum tipo de conteúdo à noção de que há uma verdade objetiva. Seja lá o que for que uma ciência ideal viesse a descobrir...*

NC: Ele estava formulando essa ideia no *framework* de um argumento evolucionário extremamente pobre. Era um argumento falacioso. Se você tira esse argumento, a conclusão de Peirce desmorona. O argumento dele era o de que fomos selecionados para atingir a verdade. Não teríamos sobrevivido se não tivéssemos uma capacidade para buscar a verdade, e por isso basta que a persigamos até o fim, e chegaremos a ela. Esse é o núcleo do argumento. Mas ele simplesmente não funciona. Nada na evolução humana selecionou as pessoas que são boas em teoria quântica...

JM: *Se acreditássemos que a mente fosse – contrafactualmente – algo como um mecanismo universal, que tivéssemos algum tipo de capacidade para resolver qualquer problema que viéssemos a encontrar...*

NC: ... e para formular qualquer tipo de questão...

JM: *... e para formular qualquer tipo de questão...*

NC: Simplesmente não sei o que isso significaria. Não corresponde a nenhuma entidade que possamos conceber...

JM: *De qualquer modo, uma pessoa que tivesse esse tipo de crença poderia ter uma perspectiva diferente das capacidades humanas cognitivas e da verdade objetiva...*

NC: Uma pessoa que tivesse tal crença estaria sustentando que somos, de algum modo, anjos. Não poderia haver uma criatura no universo que incorporasse nossas capacidades como uma subparte das suas, talvez as rejeitasse do modo como rejeitamos a mecânica do contato que caracteriza o senso comum, e talvez continuasse a perguntar questões adicionais que não sabemos como colocar, e talvez ainda encontrasse respostas para tais questões, sem limites. Como podemos dizer isso? Como podemos ultrapassar os limites do que é o desenvolvimento orgânico possível?

JM: *Quando você fala de investigar os limites de nossas capacidades cognitivas, presumo que você está concedendo que pode haver capacidades cognitivas que simplesmente não somos capazes de...*

NC: ... que ainda não deram sinais de produção. Sim; isso não é de modo algum surpreendente. Considere, digamos, nossa capacidade aritmética. Ela não foi usada por quase toda a história evolucionária humana; há só um intervalo ínfimo, insignificante, de tempo durante o qual essa capacidade foi usada. Isso é o que incomodava Anthony Wallace em seu debate com Darwin. Ele sustentava que coisas como a capacidade matemática não poderiam ter sido selecionadas, porque jamais eram usadas. Se você não usa algo, essa coisa não pode ser selecionada pela seleção natural. Mas tais capacidades têm de ter estado lá de algum modo. E, sugeria Wallace, deve haver outras forças, como a gravitação, as reações químicas, e assim por diante, que entraram no desenvolvimento do que ele chama de capacidades humanas morais e intelectuais. Isso era considerado na época um tipo de misticismo. Mas deveríamos considerar essa posição simplesmente como ciência sã. É comparável ao que Newton foi incapaz de aceitar, mas deveria ter aceitado: há forças na natureza que estão além da interação por meio do contato. Newton formulou isso <ou seja, que há tais forças – especificamente,

a gravidade>, mas ele não acreditava no que formulou. Mas a ideia estava correta.

JM: *Se alguém tinha uma visão da biologia humana ou talvez da biologia em geral mais próxima das visões de Turing ou D'Arcy Thompson, então você poderia conceber que provar-se útil não é uma condição para que uma entidade biológica constitua alguma estrutura ou seja alguma coisa.*

NC: Tome como exemplo D'Arcy Thompson. Se as leis biofísicas determinam a forma geral das propriedades das criaturas, isso não significa que você não possa construir submarinos.

24
Estudos da mente e do comportamento e suas limitações

JM: *Eu gostaria de perguntar alguma coisa sobre ciência social, mas estou relutando para mudar de tópico. Bem, talvez a gente consiga.*

NC: Provavelmente será uma conversa bem curta <ambos riem>.

JM: *As ciências sociais e muitas abordagens filosóficas sobre a mente levam muito a sério a ideia da mente como sendo essencialmente um mecanismo casual que é guiado por algum tipo de psicologia da crença e do desejo. Isso suscita questões sobre o* status *desse tipo particular de empreendimento. É muito tentador pensar nele como uma excrescência da ciência popular, nunca rompendo com o senso comum, como as ciências sérias fizeram – então, não sendo uma ciência séria. Contudo, tem gente como Hilary Putnam – em seus dias funcionalistas, pelo menos – que simplesmente adotou o modelo da psicologia da crença e do desejo, apresentou-o em termos funcionalistas e afirmou que ele poderia ser entendido como uma ciência. Qual é sua visão sobre isso?*

NC: Vamos ver algo concreto; vamos pegar alguns dos exemplos-padrão. Olho para fora pela janela e acredito que esteja chovendo, desejo permanecer seco, pego meu guarda-chuva. Então, minha crença e meu desejo foram a causa de eu haver pegado meu guarda-chuva.

Acho que isso é apenas uma descrição do que fiz. Não há nenhuma noção independente de crença, desejo ou causa que entra em discussão. É apenas uma maneira de descrever o que é entendido como uma ação racional. Se, ao invés de pegar meu guarda-chuva, eu tirasse minhas roupas, diríamos que isso seria irracional. Mas não há mais ou menos uma noção de causa, e nem sequer sabemos se existem entidades como desejos e crenças. Na verdade, há muitas línguas que não têm essas palavras. O que se diria seria algo como "bem, acho que está chovendo e quero permanecer seco; então, vou pegar meu guarda-chuva". Não há <uma representação mental> crença, não há <uma representação mental> desejo; apenas <eu dizendo> é isso que eu quero, é isso que eu penso, é isso que eu faço. O que eu penso e o que eu quero estão provavelmente relacionados de alguma forma com o que eu faço, mas isso não é base suficiente para uma ciência. Você tem a sensação de que poderia ser uma ciência somente porque você nominalizou. Se você fala sobre crenças, então o.k. <você acha>, deve existir algum tipo de sistema de crenças, e podemos tentar dizer algo sobre ele etc. Mas talvez esse seja um jeito equivocado de olhar para isso. Acontece que o inglês é uma língua com muitas nominalizações, então somos levados a esse caminho muito facilmente. Mas isso não diz que o caminho esteja correto; na maioria das línguas, não é possível dizer esse tipo de coisa. Você pode afirmar que está correto dizer esse tipo de coisas, assim como é correto falar sobre tensores, moléculas etc. Mas é preciso demonstrar isso. Não dá para simplesmente contar uma história usando "tensores" e "moléculas" e então dizer "o.k., conseguimos". Você tem de dizer o que eles são, e qual é o modelo teórico ao qual eles pertencem etc. Nesses casos <de crença e desejo>, isso simplesmente não acontece.

Bem, e seria possível que isso acontecesse? Poderíamos ter algum tipo de estudo empírico sobre em que as pessoas acreditam e por que elas acreditam etc. Poderia ser o caso – se um estudo desse tipo chegasse a algum lugar – de que poderíamos desenvolver teorias que postulam entidades que são chamadas de "crenças" e as colocam adequadamente em algum modelo teórico. Assim, poderíamos falar sobre o componente "crença" no sistema. E talvez o mesmo sobre o componente "desejo". Mas, mesmo que pudéssemos fazer isso, não é nem um pouco claro que esse é o caminho certo a seguir. Ainda teríamos o problema não trivial de lidar com a causalidade. E agora, voltamos ao problema de Descartes. Há alguma causa para você fazer isso? Não; apenas está dizendo que você está agindo racionalmente, o que quer que isso signifique. Também é possível agir irracionalmente; para pegar o exemplo de Descartes, você pode escolher colocar seu dedo na chama.

JM: *Davidson, em seu texto "Mental Events"* [Eventos mentais] *(1970), rejeita a psicologia da crença e desejo como uma ciência, mas insiste que a ação é causada – só que é causada "fisicamente". Também me lembrei de outro artigo dele enquanto você falava – "Psychology as Philosophy"* [Psicologia como filosofia] *(1980) –, em que ele relata ter feito um experimento com uma turma de alunos em Stanford e ter mostrado de maneira efetiva que não há maneira possível de se medir crenças, desejos e afins. Se não há maneira de medi-los, então não há maneira de encaixá-los em uma teoria.*

NC: Não conheço esse artigo. Qual é o resumo da prova?

JM: *Pelo que me lembro, ele pedia aos alunos para ranquearem uma ordem de preferências por objetos – em torno de vinte –, e então pedia a eles para revisarem a lista novamente e, em pares, ranquearem a preferência de um objeto sobre o outro: eles preferem a mais que b, b mais que c, e assim por diante...*

NC: ... e não dá uma lista consistente.

JM: *... não dá uma lista consistente.*

NC: Há muito trabalho sobre o assunto; por exemplo: Tversky e Kahneman (1974) e Kahneman, Slovic e Tversky (1982). Há muitos fenômenos estranhos. Massimo Piattelli-Palmarini (1994) tem um livro muito interessante em que inclui muitas conclusões paradoxais que as pessoas inventam. Mas isso não nos diz que não existe um sistema de crenças; apenas que esses sistemas não serão consistentes.

JM: *Certo. Davidson usou isso em um argumento para mostrar que, essencialmente, a psicologia é filosofia, ela não é ciência, porque...*

NC: Isso diria que uma psicologia científica mostra que os sistemas de crença das pessoas não são consistentes. Isso não me surpreende; tenho certeza de que é verdade. Sabemos que é verdade. Fazemos certas coisas porque sentimos, de alguma maneira, que é isso que está acontecendo, enquanto alguma outra parte de nossa mente nos diz que isso não está acontecendo. Não consigo imaginar alguém que não tenha essa experiência. Esse é um trabalho interessante, porque Kahneman e Tversky entenderam o que acontece. Na verdade, eles criaram critérios que mostram por que certos tipos de perguntas vão dar um tipo de ranqueamento, enquanto outros tipos de perguntas darão um ranqueamento diferente. Você olha as perguntas por algum tipo diferente de modelo teórico.
Sobre as crenças irracionais: estão à nossa frente a todo o momento. Veja as eleições que vão acontecer neste ano <2004>. Provavelmente um grande número de pessoas que vota em Bush vai fazer isso com base em crenças irracionais. Trata-se de pobres trabalhadores que estão sendo completamente manipulados, que têm fatos objetivos bem à sua frente mostrando que é exatamente

isso que está acontecendo com eles e que eles podem, com um simples argumento, ver que isso é resultado das políticas <de Bush>. Ainda assim, eles aceitam a visão de que esse cara está nos representando e nos protegendo contra os elitistas ricos e poderosos. Não é possível ver crenças mais irracionais que essas.

JM: *Será que é nisso mesmo que eles creem? Eu teria pensado que os republicanos conseguiram apertar muito forte o botão dos "valores de família" e que, de alguma forma, conseguiram mobilizar atitudes xenófobas...*

NC: Em parte; porém, de alguma forma o resultado final é que muita gente – talvez a maioria – tem a impressão de que esse cara está nos defendendo dos liberais elitistas...

JM: *Sendo assim, é muito mais irracional do que eu imaginava...*

NC: Mas aparentemente esse é o alcance de atitudes testáveis possíveis. Talvez exista tudo o que é tipo de razão para isso. Mas, se você explorar o assunto, percebe claramente que é um sistema de crenças extremamente irracional. E isso acontece o tempo todo.

JM: *Voltando rapidamente a Davidson... Em "Mental Events", ele usou o que entendeu ser o caráter não científico de nossas explicações psicológicas – basicamente, o conceito de crença e desejo da Psicologia popular –, e usou isso como base para falar sobre a anomalia do mental e também sobre a identidade da mente-cérebro como* token *(e não como* type*). Falamos sobre causar ações e sobre percepções sendo causadas, assim os eventos mentais causam e são causados por eventos físicos. A causação é determinística. A ciência – como ele a entende – parece exigir algum tipo de princípio determinístico, algo como leis...*

NC: Bem, não sabemos se a mente não trabalha com princípios determinísticos, como leis; apenas sabemos que o tipo de descrição crença e desejo não tem essas propriedades. Pode-se dizer o mesmo sobre a anomalia da "Física" popular. O jeito que falamos sobre o mundo – nosso conhecimento intuitivo do mundo em termos de Física popular – também não é determinístico no sentido newtoniano (ou posterior) de ciência. <C>

JM: *Sim. Mas agora, dentro de sua visão de ciência, não de ciência popular, não estamos compromissados com o determinismo?*

NC: Bem, se estamos, esse é um comentário sobre nossas capacidades cognitivas. Não existe critério externo que exija isso.

JM: *Então a causalidade tem o* status *de um princípio regulador em termos kantianos?*

NC: Exceto pelo fato de que é especificamente humana.

JM: *Especificamente humana, não específica a seres racionais em geral – quaisquer que sejam?*

NC: Especificamente humana, a não ser que tomemos nós mesmos como critérios para definir o que é um ser racional; nesse caso, tornamo-nos lógicos. Se tivermos algum outro conceito de racionalidade, poderemos concluir que os humanos são inerentemente irracionais.

Suponhamos que isso seja verdade. Há muitos trabalhos hoje em dia que sugerem que as crenças religiosas – essa é uma categoria vasta, crença em alguma força sobrenatural, qualquer que seja – sejam inerentes à natureza humana. Podemos imaginar que isso seja verdadeiro. Veja as crianças – é possível demonstrar experimentalmente que, se há alguma coisa se mexendo aqui e outra se mexendo lá de maneira sistemática e desconexa, elas vão pensar que existe uma alavanca ou algo do tipo ou então que há alguma coisa que esteja conectando essas duas coisas, mas que elas não conseguem enxergar. Procuramos por causas mecânicas; faz parte de nossa natureza. É por isso que foi tão difícil, mesmo para Newton, aceitar suas leis da gravitação; é da nossa natureza buscar causas mecânicas. Bem, se você olhar para o mundo que o cerca, o número de coisas que pode ser explicado em termos de causas mecânicas é infinitesimal, e, se é essa forma que você tem de olhar para as coisas, você terá de procurar alguma outra causa. Aí você parte para uma causa sobrenatural, não natural. Então, pode ser o caso de que nossas capacidades cognitivas – não estou sugerindo, mas poderia ser o caso... de que as capacidades cognitivas dessa criatura vão compeli-la a conjurar forças sobrenaturais no mundo real. "Deve haver uma lei mecânica causal que explique isso" parece ser uma crença irracional. Mas pode ser o caso de que apenas estejamos destinados, por nossa própria natureza, a ter esse tipo de crença; simplesmente é assim que somos. Certamente eu consigo imaginar uma criatura que funcione assim, e ela poderia muito bem ser nós mesmos.

JM: *Há um grande número de indivíduos – como eu – que não aceita essas crenças em causas sobrenaturais, alguns que não concordam com a ciência tal como a desenvolvemos...*

NC: Não, não aceitamos isso de maneira consciente; contudo, obviamente não aceitamos de maneira consciente o fato de que movimento requer contato. Por outro lado, nossas intuições de senso comum nos dizem que isso é um absurdo. Então ficamos vivendo com estes dois mundos: o mundo da nossa intuição de senso comum e algum outro mundo que conseguimos construir, em que temos uma noção diferente de racionalidade. E é um mundo difícil de ser mantido. Provavelmente falhamos a todo momento na vida cotidiana.

JM: *E a questão da autoridade? Somos programados de tal maneira que será questão de respondermos com obediência?*

NC: Podemos inventar histórias, em ambas as direções. Nós não sabemos. Não há sociedades humanas em que não exista algum tipo de autoridade. E esse é o caso também entre outros primatas – talvez seja universal existir alguma estrutura de autoridade. Pode ser. Poderíamos inventar um motivo para isso também. Todos crescemos em uma atmosfera autoritária por definição; não poderíamos sobreviver se não fosse assim. Talvez exista alguma coisa inata sobre submissão e autoridade. Mas também é possível inventarmos uma história contrária a essa. As crianças crescem nesse ambiente e o rejeitam. Talvez exista algo em nós que nos diga para rejeitar a autoridade. É possível vislumbrar os dois casos; é uma das maravilhas da Psicologia evolutiva. Podemos criar a história que quisermos.

JM: *Mas a concepção iluminista do ser humano que você parece sustentar – essa não é uma concepção de seres humanos que sejam programados para responder à autoridade...*

NC: Pelo contrário; somos, de alguma forma, livres. Mas essa é só uma esperança.

JM: *Só uma esperança?*

NC: Sim. Não podemos dizer que sabemos disso. Rousseau dizia: "Vejam os selvagens, animais lutando por sua liberdade; se nós, europeus, não conseguimos ver que isso é uma parte de nossa natureza, é somente por causa de nossa degradação". O.k., esse é um tipo de argumento, mas não é muito convincente.

JM: *Mas então você não mantém a expectativa de que uma evidência científica a favor da visão de que os seres humanos...*

NC: ... tenham, de maneira inata, um instinto para a liberdade? Eu gostaria, mas não antecipo isso.

JM: *Então não acha que existem evidências agora?*

NC: Não evidências científicas. Há algumas evidências conflitantes da História, da Antropologia, da experiência etc., mas conflitantes. Se fosse provado que algum povo simplesmente nasceu para ser escravo e que nunca estivesse satisfeito a menos que fosse escravo – se isso fosse provado, eu não gostaria da conclusão, mas não poderia demonstrá-la falsa.

JM: *Bem, isso é consistente.*

NC: Não podemos dizer isso agora; não sabemos. Apenas podemos esperar que as coisas acabem ficando de uma determinada maneira e podemos trabalhar para alcançar essas coisas porque nossa intuição moral nos diz que o mundo está melhor assim, mas podemos estar tentando passar por barreiras impenetráveis.

JM: *Bem, a evidência está longe de ser conclusiva, mas pelo menos nesse estágio há pouca coisa no caminho para encontrarmos evidência de que as pessoas nascem escravas, imagino.*

NC: Nenhuma evidência – nenhuma evidência real, de qualquer maneira –, além do fato de que já existiram sociedades que tiveram estruturas autoritárias. Houve um tempo em que as sociedades que existiam tinham reis e príncipes; entretanto, isso não comprovava que essa era uma forma necessária de organização social.

JM: *Mas pode ter havido algumas sociedades, em alguns ambientes no passado, em que a autoridade pode ter sido razoavelmente justificada – talvez pela necessidade de sobrevivência de um grupo ou de uma comunidade particular.*

NC: Ou poderia ser algo mais profundo. As hierarquias de dominância entre os animais provavelmente têm algum valor em termos de seleção; pelo menos, podem-se criar algumas histórias razoáveis sobre isso.

JM: *Mas elas também parecem ser – até certo ponto – plásticas. Recentemente, li um artigo sobre a população de babuínos. As populações típicas de babuínos têm dominância masculina, com muita agressão demonstrada pela parte do macho dominante contra qualquer possível usurpador da posição de líder. Mas essa população de babuínos estudada ficava próxima a um depósito de lixo onde aparentemente os machos dominantes eram os únicos a se alimentar, porque eles excluíam todos os outros membros da população. Houve um envenenamento nessa comida, e os machos dominantes morreram; as fêmeas então assumiram o controle. Os machos restantes não tentaram assumir os papéis dominantes. A sociedade tornou-se então muito mais pacífica e, de maneira muito interessante, aparentemente, quando novos machos vinham para essa população, eles também não tentavam assumir o comando. Eles adotaram os costumes daquela população. Pode ser algo relativo ao meio; quem sabe o que é.*

NC: Interessante. Isso é consistente sobre o que sabemos a respeito da sociedade humana. A escravidão parecia uma condição natural; como poderíamos existir sem ela? É mais ou menos o que acontece atualmente com a escravidão assalariada, que parece ser a condição natural de hoje.

JM: *Muito rapidamente, então, para retornarmos às ciências sociais: o que você acha delas?*

NC: Gosto do pensamento de Gandhi sobre a civilização ocidental: soa como uma boa ideia... <ambos riem> Bem, existem rudimentos de ciência social, e alguns desses rudimentos são interessantes. É difícil criticar pesquisadores só porque eles não conseguem ir além do que qualquer um hoje em dia pode entender. Então, tiremos disso o que é interessante.

O que merece críticas são a pose e a pretensão de alguns – a pretensão de terem algum tipo significativo de ciência quando, na verdade, se trata apenas de armadilhas superficiais da ciência.

JM: *Bem, <se chamarem de cientistas> serve aos interesses de alguns cientistas sociais, obviamente, porque eles podem atuar como consultores...*

NC: ... e também fica melhor no cenário acadêmico. Os físicos estão usando esse monte de palavras complicadas; vamos nós também usar essas palavras complicadas. Há vários motivos para isso, mas...

JM: *Eles apresentam programas estatísticos cada vez mais sofisticados...*

NC: ... e parece que os economistas vão ficar parecidos com os físicos, e então os cientistas políticos querem se parecer com os economistas. Mas é preciso mostrar qual é o objetivo disso. Provavelmente existe um objetivo, para algumas coisas. Se você quiser descobrir qual é o efeito da mudança de juros na compra de carros, então sim, você provavelmente deve ter algum modelo sofisticado para isso. Mas, se quiser descobrir como a economia funciona, isso não quer dizer muito; diz muito pouco sobre de onde os computadores vieram.

JM: *Então, pode produzir descrições razoáveis de várias inter-relações...*

NC: Sim, e até algumas explicações para algumas coisas que você provavelmente não teria conhecimento. Mas fica muito longe, na periferia da economia.
Veja a Economia, que é a mais avançada das ciências sociais. Ela tem muito a dizer sobre alguns tópicos, mas não diz quase nada sobre a economia contemporânea. Seus princípios – iniciativa empreendedora, escolha do consumidor, mercados etc. – têm, em sua maioria, relações marginais com os elementos centrais

da economia, como os computadores; eles não surgiram dessas coisas. Na verdade, eles surgiram dos laboratórios em que eu estava trabalhando cinquenta anos atrás, todos muito bem pagos pelo Pentágono.

JM: *Como, de fato, muitas inovações tecnológicas.*

NC: Sim.

JM: *O que podemos esperar das ciências sociais?*

NC: Pode-se esperar perspicácia e compreensão. Há trabalhos ali que me parecem significativos. E que às vezes usam estatísticas bem sofisticadas. Veja, por exemplo, o que Tom Ferguson (1995) chama de "teoria do investimento da política". Essa é uma tese significativa, e tentar justificá-la e argumentar a seu favor requer trabalho árduo e análises de regressão, boas estatísticas e por aí afora. E eu acho que dali virá evidência de que um fator significativo – não a história toda, mas um fator significativo – na direção do sistema político está, na verdade, em como os grupos de investidores aderem para investir no controle do Estado. Não é a resposta para tudo, mas é uma tese significativa em ciência social que parece ser um trabalho árduo.

JM: *Será que as ciências modernas vão, algum dia, superar o esquema conceitual do senso comum, ou pessoas como agentes – como pensadores e realizadores e tomadores de decisão?*

NC: Talvez não. Talvez esse seja, na verdade, o esquema certo. Talvez eles comprovem que existe uma base científica para isso. Não é somente nosso jeito intuitivo de fazer as coisas, mas é nosso jeito intuitivo porque é verdade.

JM: *Porque é verdade, ou porque é nosso único jeito?*

NC: Talvez nosso único jeito. Não é possível prever o curso da ciência. Os tipos de questões em que o progresso real tem sido feito são geralmente muito simples. Essa é parte da razão pela qual a Física fez tamanho progresso.

JM: *Os aviões inclinados de Galileu…*

NC: … sim: mantenha a simplicidade. Se uma molécula fica muito grande, dê-a aos químicos. É difícil contornar isso.

JM: *A simplificação não parece funcionar no caso do comportamento humano.*

NC: Se ela funciona, ainda não conseguimos descobrir como. Mas nunca se sabe. Veja o caso da Linguística. Há cinquenta anos, parecia – como os linguistas de então costumavam dizer – que não havia nada de geral que se pudesse dizer sobre as línguas… exceto talvez a realidade de traços. As línguas se diferenciam umas das outras das maneiras mais imagináveis. Era assim que as coisas pareciam para todo mundo – até para alguns dos linguistas mais técnicos, como Martin Joos. E não parecia irracional; era o que eu aprendia na época de estudante. Parecia assim. Agora não parece mais.

JM: *Mas, desse jeito de ver as coisas, as ciências sociais podem fazer progresso, e os cientistas sociais podem se tornar cientistas sérios* se *eles "virarem do avesso" – como a Linguística fez.*

NC: Bem, eles não podem ter resultados melhores do que a capacidade humana para isso. Deve-se estar constantemente pensando em quais são as maneiras certas de olhar para tópicos complexos, a fim de que se possa separar algumas coisas que sejam significantes, para que então elas possam ser estudadas com mais profundidade, deixando o resíduo de complexidade de fora. Com a Linguística, é igual. Então, os pontos de progresso não têm quase nada a ver com o porquê de a maioria das pessoas estarem interessadas em linguagem. Recebo enxurradas de cartas de todo o mundo – de estudantes e outras pessoas – me pedindo ajuda para dar ideias em seus projetos sobre linguagem. Eles encontram meu nome na internet, acho. E 99% do que recebo são tópicos perfeitamente razoáveis, mas não há nada a ser dito sobre eles. São, em geral, perguntas sobre Sociolinguística, poder e dominação... boas questões, mas não são as questões em que a Linguística pode fazer algum progresso.

JM: *Certo. Mas se a complexidade da língua surgir em casos em que usamos a linguagem, em que nós...*

NC: Não tenho certeza de que seja a complexidade; pode ser isso, pelo que sabemos até agora; não há nada muito geral que possamos dizer sobre isso, além de nossas observações de senso comum que, talvez, possam ser enfeitadas um pouco. Ou é porque não compreendemos, ou porque não há nada para compreender.

JM: *Ainda assim, um paralelo à Linguística sugeriria que o que o cientista social precisaria fazer seria procurar qualquer estrutura conceitual que empregamos quando tomamos decisões, quando...*

NC: É uma maneira de proceder, mas não é a única. Veja a teoria do investimento da política. Ela prossegue sem perguntar por que os investidores se unem para controlar o estado, ou por que, quando eles fazem isso, agem de tal forma a promover certos interesses estritamente concebidos. Funciona dentro de um modelo de fatores diferente, deixando esses fatores de fora. Esses fatores estão o.k.; é o mesmo em...
Veja, por exemplo, a maioria das análises políticas. Por que o governo age assim ou assado? Quase toda a análise política tenta explicar isso em termos de características pessoais de seus

líderes. Não creio que seja muito útil, mas não tenho nada muito esclarecedor para você olhar que possa dar outro esclarecimento. Isso tem de ser mostrado.

JM: *Você pode ter algum* insight *fazendo isso, mas poderia ter ciência – sem olhar para dentro da cabeça?*

NC: Poderia, porque talvez fosse o caso de que aquilo que acontece dentro da cabeça seja um fator periférico – ainda assim um fator – nas escolhas que você está tomando. Por exemplo, vamos pegar um caso que mais ou menos entendemos bem: os CEOs das empresas. Compreendemos mais ou menos o modelo institucional no qual eles desempenham seu papel. Se um CEO não aumentar o lucro e a fatia de mercado de uma empresa, não conseguirá ser CEO, por uma série de motivos institucionais. Olhando esse caso, podemos explicar muita coisa sobre como os negócios funcionam. Ainda não perguntamos por que o CEO faz isso, mas é suficiente saber que, se ele não o fizer, não conseguirá permanecer nessa posição. É uma posição institucional que exige esse comportamento. Quem sabe por que é assim? Talvez sua infância o fez concordar com as estruturas institucionais que ele conserva; pode ser uma pergunta interessante sobre sua vida pessoal, mas essencialmente não diz nada sobre o negócio. Há muitos casos em que é possível dizer algo sobre o que está acontecendo no mundo sem fazermos perguntas extremamente difíceis, talvez impenetráveis, sobre por que as pessoas fazem as coisas.

O mesmo acontece com o estudo dos insetos. Você pode estudar uma colônia de abelhas e passar a compreender muito sobre o que elas estão fazendo – o que é sua dança, qual o papel que a rainha desempenha; é possível dizer muito sobre essas coisas. Ao fazer isso, você está presumindo que as abelhas não têm escolhas, que elas são autômatos. Mas está presumindo isso sem qualquer evidência.

JM: *Quando investigamos isso, o que estamos investigando?*

NC: Estamos investigando sistemas complexos até certo nível de abstração. Quando você estuda a empresa, não está estudando como a pessoa <o CEO> passou a medir 1,80 metro de altura. Isso é assim e talvez tenha algum papel marginal relacionado ao que ela faz, mas... Qualquer coisa que você estude, está abstraindo de uma massa de complexidade que você considera irrelevante para os propósitos do estudo.
É por isso que os cientistas fazem experimentos, afinal de contas. Por que simplesmente não pegar gravações do que está acontecendo no mundo real? Um experimento é uma abstração: é justamente a fatia fina do mundo para a qual eu quero olhar. E pode ser uma fatia que você crie, que não exista na natureza – como, a supercondutividade, criando condições (me disseram) que nunca existiram na natureza. É isso que você estuda, porque acha que vai lhe dizer alguma coisa.

JM: *Seria como a investigação das considerações do terceiro fator em Linguística?*

NC: Bem, se você deu uma olhada nisso... É algo sobre o que posso conversar, porque estou ciente disso. Para alguns de nós interessados no assunto nos anos 1950, era muito óbvio que esses três fatores existiriam, e a grande briga na época era mostrar que o primeiro fator – a dotação genética – era realmente um fator. Tivemos de lutar contra a crença de que tudo era o resultado de generalizações do comportamento, e assim por diante. Então, não havia muita discussão sobre o terceiro fator – ele até era mencionado, mas não se fazia nada com ele. Finalmente, passou a ser mais ou menos aceito – ao menos entre as pessoas que se incomodaram em abordar o assunto – que, sim, existe um componente inato, existe um componente genético. O primeiro fator existe e, de fato, o primeiro fator determina o que tem sido chamado de segundo fator, a experiência. A experiência é construída; é construída por nossa dotação genética com base em dados. Então, chega-se a um ponto em que se admite que existe um componente genético, existe experiência – que é o resultado da maneira como nosso componente genético lida com os dados –, e existe esse terceiro fator lá. E ele precisa estar lá. Mas era possível apenas mencioná-lo.

Por um longo tempo, ele esteve implícito em um nível metodológico – em uma espécie de nível da "melhor explicação". Então, você descobre que, se escreveu algumas regras que estão sobrepondo seus efeitos preditivos, você tenta pensar em algum outro sistema de regras que não envolva redundância, algo tipicamente pensado como um ponto metodológico. Mas, em algum nível de compreensão, isso se torna um componente de terceiro fator. Você está dizendo que, bem, estamos sugerindo que existe uma propriedade do mundo – não a linguagem, talvez nem mesmo os organismos – que diz que a computação eficiente funciona de uma determinada maneira, seja a linguagem ou a organização de distribuição dos neurônios <no trabalho de Cherniak>, ou estratégias de forrageamento, ou o que seja; existem certas leis da natureza que estão sendo postas em prática, e elas se aplicam de tal maneira que impõem a seguinte estrutura em sistemas que atendem a certos critérios: ser acessível ao sistema sensório-motor, por exemplo. O.k., nesse ponto, estamos saindo de uma discussão metodológica e entrando em uma discussão empírica, e isso sempre é um passo à frente, porque, no caso das discussões metodológicas, podemos sempre apelar para nossa intuição sobre o que parece fazer sentido. Mas, quando podemos transformar a discussão em uma discussão empírica – aqui está um princípio de economia –, pode-se fazer investigação empírica em outros pontos. Pode-se ver se é assim que o mundo realmente funciona: vou olhar para alguma outra coisa, a distribuição das artérias e veias no corpo, e verificar se isso atende a condições semelhantes. E também podemos ter a esperança de encontrar uma teoria mais fundamental da eficiência que forneça alguma substância matemática aos princípios que você detecta empiricamente em muitas partes do mundo. Se você consegue chegar tão longe, pode provar que isso realmente se aplica, por exemplo, à eliminação das regras de redundância na linguagem. O.k., aí temos uma explicação profunda e, agora, em termos de terceiro fator. Isso tem sido difícil de fazer.

Nos primeiros anos, era praticamente impossível pensar nisso. Primeiro porque o principal campo de batalha era outro. Segundo porque era difícil o suficiente tentar mostrar que existia alguma coisa de regular nas línguas, que existia alguma coisa semelhante entre elas. Finalmente, chegou-se a um ponto em que se tinha algum tipo de percepção de universais e de princípios a respeito desses universais que iam além das complexidades das línguas individuais, mas continuava a existir uma barreira conceitual que ninguém compreendia e que, eu acho, ainda não é muito compreendida hoje. O modelo orientador para a teoria linguística... voltemos um pouco, para os anos 1950. As teorias básicas em Linguística, tal como se apresentavam, eram processuais. É o estruturalismo europeu e o norte-americano, que eram basicamente iguais nesse sentido. Você dispunha de um *corpus*, aplicava alguns procedimentos, recebia unidades, alguma organização – e era isso. Você até podia acreditar nesse método com os fonemas; mas era algo complicado. Entretanto, se você admitir isso, quais são as próximas unidades, em termos de tamanho? Bem, as unidades um pouco maiores em termos de hierarquia são os morfemas. Mas os morfemas simplesmente não podem ser encontrados por procedimentos, pois os procedimentos vão permitir, basicamente, que você encontre contas em um colar – coleções maiores de contas e assim por diante –, e os morfemas simplesmente não são como contas. O passado em inglês não é uma conta em um colar, é mais abstrato que isso; de alguma forma, ele se encaixa no sistema em um nível mais abstrato, por meio de algum processo gerativo. Então isso irá forçá-lo a assumir um ponto de vista diferente, a abandonar a abordagem procedural. E aquilo que parecia uma suposição natural – ou ao menos minha suposição – era que o que a gramática universal fornece é um formato para sistemas de regras possíveis e uma medida que seleciona a melhor instanciação entre eles. Levando em conta os dados, o formato e a medida, pode-se fixar em uma língua particular. Bem, aquele modelo tornou quase impossível estudar o terceiro fator, e a razão é que o formato tem de ser suficientemente rico e restritivo, e suficientemente articulado, a fim de que produza apenas um pequeno número de gramáticas em potencial, levando em conta os dados. Então, deve ser um formato muito complexo, específico para cada língua; e, se é específico para cada língua, rico e altamente articulado, o terceiro fator não está desempenhando um papel importante. Parecia uma barreira intransponível.

Eu estava escrevendo sobre o assunto, e então recentemente mexi com algumas das gravações das conferências de Biolinguística nos anos 1960 e 1970. Era sempre esquema, plano, posição – o que está errado. Era intransponível. A língua simplesmente tem um formato altamente específico, altamente articulado, e esse é o único jeito de dar conta da aquisição da linguagem. Isso me parecia, e parecia a todos, um argumento convincente. Bem, quando surgiu o modelo de princípios e parâmetros, esse argumento foi minado. O modelo não respondia às perguntas, mas minava o argumento porque olhava tudo com um jeito diferente. A aquisição estava desassociada do formato da gramática. A aquisição consiste em fixar parâmetros, e a gramática é o que quer que seja. Não era mais parte do processo de aquisição; por isso, é ao menos concebível que essa abordagem seja a melhor solução possível para outras condições. Aí podemos começar a nos preocupar com o terceiro fator.

JM: *Para seguir o paralelo com as ciências sociais: ao menos no caso da Linguística, houve uma ciência-alvo na qual a Linguística pôde ser acomodada. O pensamento era o seguinte: bem, tem alguma coisa a ver com a Biologia.*

NC: O.k., mas a Biologia não ajudava em nada. Não obtínhamos nada dela. O máximo que a Biologia fornecia era etologia comparada – o que equivalia a dizer pouco mais que "todos esses caras que estão dizendo que tudo é estímulo-resposta estão errados". O que podíamos encontrar na Biologia?

JM: *Bem, ao menos no que diz respeito à suposição de que a língua é única nos seres humanos – isso incorporaria os fatos da etologia também –, parecia que isso tinha algo a ver com o fato de a língua ser uma característica biológica da espécie...*

NC: ... algum tipo de órgão...

JM: *Algum tipo de órgão.*

NC: Mas não se sabia nada sobre órgãos <mentais>. Lembre-se de que os primórdios do entendimento que temos hoje sobre o sistema visual surgiram por volta dos anos 1960. Então, isso estava vindo a partir dos mesmos interesses.

JM: *Com certeza, não se tinha qualquer proposta específica sobre princípios, ou algo assim. Mas havia uma aparência de universalidade e aquisição precoce e um pensamento de que isso devia ser assim por causa da Biologia. Havia algo assim para a Economia, por exemplo? No caso das ciências sociais, simplesmente não sei o que poderia contar como uma ciência-alvo...*

NC: Eu acho que você não pode contar muito com empréstimos de outras fontes. Simplesmente não funciona. Se você puder receber algumas dicas de algum outro lugar, bem, aí tudo bem, mas deu sorte.

JM: *Mas ao menos parecia como se a Linguística devesse ser vista como um ramo da Biologia. Foi daí que surgiu o problema "e a contribuição do terceiro fator?". Por que mais a ideia do formato com sua necessidade para um alto grau de especificidade linguística significaria um problema?*

NC: ... que poderia ser *incorporada* à Biologia; porém, isso exigiria uma mudança na Biologia.

JM: *Sim.*

NC: A Biologia por si só não fornecia quase nada.

JM: *Devo ser muito insistente, mas de novo: onde você iria enquadrar as ciências sociais? Teoria de sistemas? O que obteríamos?*

NC: Bem, essa também é uma parte da Biologia. Se você estuda colônias de formigas, é uma parte da Biologia. Não há passes livres nesse jogo.

JM: *Concordo – plenamente. Muito obrigado, Noam. Não vou mais tomar seu tempo.*

25
Linguística e política

JM: *Qual é a relação entre – sei que já fizeram essa pergunta inúmeras vezes (eu mesmo já perguntei), e você frequentemente tem se desviado da questão por uma série de razões...*

NC: Então vou me desviar dela novamente, porque tenho certeza de que meus motivos continuam valendo...

JM: *Bem, vou tentar, de qualquer maneira: qual é a relação entre seu trabalho linguístico e seu trabalho político?*

NC: Bem, tem fundamento, mas é fraco...

JM: *Você disse que não há uma conexão intelectual profunda; sempre entendi isso como "não há nenhuma maneira de deduzir..."*

NC: Não há nenhuma conexão dedutiva. Você pode tomar qualquer ponto de vista, em qualquer um desses assuntos, e seria inconsistente sustentá-los... você sabe o que vou falar, não preciso repetir. Há um ponto em que o comprometimento com a liberdade humana perpassa ambos. Mas não é possível desenvolver muito nesse sentido por si só.

Apêndice I: Conceitos-I, Crenças-I e Língua-I

A noção chomskyana de Língua-I foi introduzida em parte (em 1986) pelo apelo ao contraste com o que ele chamou de abordagem "Língua-E" no estudo da linguagem. Uma abordagem Língua-E é aquela que estuda a linguagem que é "externalizada". Uma forma que a externalização pode tomar é encontrada em uma máxima dos filósofos, a noção de uma língua pública. O que é uma língua pública? David Lewis e Wilfrid Sellars, entre outros, presumem que uma língua é uma instituição compartilhada pelos indivíduos de uma comunidade, ensinada por meio de procedimentos de treino com o objetivo de fazer as crianças se adequarem às regras do uso das palavras e das sentenças (para Lewis, "convenções", e para Sellars, "práticas") pela população relevante. Essa visão se torna desacreditada como base para a pesquisa científica por razões apresentadas nos apêndices VI e XI. Ela, contudo, se conforma relativamente bem a uma concepção de linguagem do senso comum.

Outra versão de uma abordagem Língua-E é encontrada em Quine, e ele insiste que não há "evidência definitiva"[*the fact of the matter*] para se decidir entre duas gramáticas para "uma língua", contanto que elas sejam "extensionalmente equivalentes". Dizer que são extensionalmente equivalentes significa que cada uma teria de gerar todas e somente as mesmas sentenças, em que uma sentença é entendida como uma "sequência" de "palavras". Para entender isso, deve-se pensar que é possível identificar uma língua para os propósitos da investigação científica com um conjunto – um conjunto infinito – de sequências. Contudo, essa crença é equivocada, por várias razões que ficarão claras a seguir; essencialmente, uma língua é um sistema mental que tem a competência de gerar pares de som-significado potencialmente infinitos, em que esses pares são definidos pelo apelo à teoria, como no procedimento recursivo que pode produzi-las. O que uma pessoa de fato produz em vários contextos durante a vida é um objeto muito diferente: na terminologia chomskyana, isso é um "epifenômeno", não um agrupamento de sequências que possa ser objeto de estudo de um esforço de pesquisa científica natural.

Além disso, outra forma de construir uma língua "externamente" é concebê-la como uma entidade abstrata de algum tipo, localizada não na cabeça, mas em algum reino abstrato. Essa visão levanta muitas questões particulares – o que é essa entidade abstrata, onde ela está, como as pessoas a adquirem, como exerce um papel na produção da fala/dos sinais, como difere da descrição naturalista do órgão da linguagem, entre outras. Além disso, dada a escolha entre uma ciência natural da linguagem existente, com um bom caminho andado (o de Chomsky) e uma proposta que carece de evidência, propostas teóricas sérias ou respostas plausíveis para quaisquer das questões mencionadas, não há nada que a recomende.

Uma abordagem Língua-I, em contraste, é um estudo da linguagem que está "na mente/cérebro". *I* aqui quer dizer "individual, interno e 'intensional'" e – poderíamos adicionar – "inato e intrínseco". Essa abordagem assume que o alvo da ciência da linguagem é um sistema na cabeça de uma pessoa que é um estado (desenvolvido, amadurecido) de uma "faculdade mental", uma faculdade mental que pode ser investigada usando os métodos das ciências naturais, que – entre outras coisas – idealizam e oferecem hipóteses suportadas natural e empiricamente em relação à natureza de seus objetos de pesquisa. Oferecer uma hipótese é proporcionar uma teoria sobre o que é aquele sistema interno e – dado que a Língua-I de qualquer indivíduo é um estado desenvolvido de um estado inicial, universal (chamado Gramática Universal) – se comprometer a pensar a Língua-I como um "órgão" biológico amadurecido/desenvolvido na mente/cérebro de uma pessoa, e conceber a ciência da linguagem na forma de uma teoria computacional do sistema "na cabeça" como uma versão abstrata da Biologia (essencialmente, como um Língua-I). Uma teoria naturalística satisfatória de uma Língua-I não pode se limitar à cabeça de uma pessoa única em um estágio específico do desenvolvimento e do estoque lexical. Ao invés disso, uma ciência da linguagem descritiva e explicativamente adequada é aquela que descreve e explica o amadurecimento e os estados finais biofísicos possíveis de um sistema dentro da cabeça. Para desenvolver uma compreensão teórica de qualquer um desses sistemas – de qualquer Língua-I específica –, a única forma é construir uma teoria que irá englobar essa e as outras. Isso requer uma teoria que hipotetize um "estado inicial" fixado biofisicamente (Gramática Universal). Com essa teoria e descrições teoricamente adequadas de como, dada a experiência (*input*), a Biologia e outros sistemas naturais restringem o amadurecimento/desenvolvimento de um estado inicial para um estado estável, final, teríamos uma forma de descrever o amadurecimento de qualquer Língua-I. Isso torna a abordagem Língua-I intensional: a teoria diz o que uma língua pode ser/é, e qualquer língua biofisicamente possível é um sistema recursivo na cabeça, não um conjunto de sentenças "lá fora" em algum sentido, seja um conjunto de práticas de uma comunidade, seja um conjunto de sequências, seja uma entidade abstrata. A ciência da linguagem fornece uma teoria formal do sistema e seus estados possíveis; ao fazer isso, ela especifica com uma função formal ou matemática o estado desenvolvido da faculdade da linguagem de qualquer pessoa específica, uma faculdade que pega palavras (definidas teoricamente) como *input* e produz expressões/sentenças (definidas formalmente) como *outputs*. A função é especificada "sob intensão", não (*per impossibile*) via enumeração de seus *outputs* (infinitos). Assim, uma língua é interna; é também individual (pense no estado da faculdade universal da linguagem de cada pessoa como um idioleto, embora essa seja uma noção ambígua); e é intensional. Ela é também inata, em virtude de um pressuposto – a linguagem é um sistema biológico – que é garantido pois suas teorias biofísicas são bem-sucedidas. E ela e suas propriedades são estudadas não em relação com mais alguma coisa "de fora", mas em termos de suas propriedades intrínsecas. Isso é parte do que Chomsky quer dizer quando fala que seu estudo da linguagem, incluindo o estudo do significado linguístico, é "sintático". O ponto é explicado no Apêndice XI.

Além de Línguas-I, pode-se falar de Conceitos-I e Crenças-I. Chomsky explica na conversa a seguir:

JM: *Conceitos-I e Crenças-I: o que são?*

NC: Bem, <I-> interno, individual e "intensional"; *intensional* se refere aqui a "teoricamente definido"... considere a mim. Eu tenho algum modo de interpretar e pensar sobre o mundo, aplicando minhas ações, e assim por diante, e não sabemos realmente como isso é feito, mas há presumivelmente alguns elementos que entram na configuração de formas de pensar sobre o mundo. O que quer que eles sejam, nós os chamamos de conceitos. É como Newton dizendo que os menores elementos do mundo são corpúsculos. Não sei o que eles são, mas deve haver alguns. Assim, o que quer que exista na cabeça que seja usado para configurar os modos como concebemos e percebemos o mundo, trata-se de conceitos. E podemos presumivelmente fabricar construções mais complicadas a partir deles, e tais construções são os pensamentos. Agora, temos algum grau de confiança em alguns deles, e a isso chamamos de crenças. Mas o que eles são, isso é uma questão científica; é o problema de descobrir do que o mundo é feito.

I, então, significa apenas "I".

Portanto, a visão tradicional disso é que essas coisas – conceitos, crenças, e assim por diante – estão fora da cabeça das pessoas em algum tipo de universo...

JM: *Entidades abstratas fregeanas, talvez...*

NC: Não vejo nenhuma razão para acreditar nisso. De fato, creio que historicamente várias dessas formas de pensar sobre as coisas vêm do fato de que o trabalho é feito na sua maioria em inglês e alemão, que acontecem de ser línguas nominalizadoras. O inglês em particular – pegue a palavra *belief* ["crença"]. Não pode ser traduzida em muitas outras línguas, exceto com uma paráfrase envolvendo um verbo. Trata-se de concepções inglesas que possuem contrapartes irregulares em outras línguas, mas na maioria das línguas não há tal coisa como crença, e não há palavras como *acreditar*, e sim *pensar.* Pegue o hebraico, por exemplo. Há uma palavra para *eu acredito*, e significa "eu tenho fé". Se você quer dizer *eu acredito que está chovendo*, você diz *eu penso que está chovendo.* E a maioria das outras línguas é assim. Mas o inglês vai além disso e nominaliza até a noção do <pensamento>. Se Wittgenstein, John Austin e outros nos ensinaram alguma coisa, pelo menos é não fazer isso.

JM: *Sem mencionar alguns filósofos dos séculos XVII e XVIII. E eu penso que a premissa é também que indivíduos – que acontecem de ser, digamos, falantes de inglês – não compartilham necessariamente os mesmos Conceitos-I.*

NC: Não mais do que compartilham a mesma língua, ou o sistema visual. Não há visão inglesa, ou sistema visual americano. Não existe meu sistema visual <I->.

JM: *De novo, o que são Crenças-I?*

NC: Quaisquer pensamentos nos quais tenhamos confiança... o que quer que eles sejam. Não sabemos o que eles podem vir a ser. Quero dizer, fazemos a melhor estimativa que podemos, mas não devemos levar isso muito a sério, não mais do que se pode considerar o domínio dos corpúsculos seriamente. Há alguma coisa – há alguns blocos de construção – mas quem sabe o que eles são?

Eu estava lendo a revista *Science* na noite passada; havia um artigo interessante sobre água. Aparentemente a molécula de H_2O é uma das mais complicadas que há por causa de seus diferentes estados. Existem alguns ângulos diferentes, ligações diferentes, logo diferentes estruturas... <veja Ruan et al., 2004; e Wernet et al., 2004, além de um artigo que se seguiu a ambos: Zubavicus; Grunze, 2004)>. A água assume configurações dependendo dos ambientes químicos diferentes, com diferentes ângulos de ligação, e diferentes tamanhos de ligação; ela se forma e se reforma em várias configurações enquanto sofre mudanças em temperatura, substrato, pressão etc. Suas propriedades de superfície ou "interface" – aquelas que exercem um papel crucial em todos os tipos de processos, incluindo os criticamente biológicos e fisiológicos – são variáveis e dependem de um grande número de fatores internos e externos. É um objeto muito complexo que, quanto melhores as técnicas que existem para estudá-lo, menos confiantes nos tornamos em compreendê-lo. Assim, sobre o que os filósofos especulam quando por vários motivos identificam água com H_2O...

JM: *... bem, nada irá fazê-los parar.*

NC: Não.

Apêndice II: Os vários usos de "função"

Para entender melhor o que está em discussão, ajuda-nos taxonomizar alguns dos vários usos do termo "função". Ao longo do percurso, falei do que parecem ser os traços das visões de ciência de Chomsky, do senso comum, e de nosso acesso ao mundo por meio dos conceitos que temos disponíveis no senso comum e daqueles que podemos criar nas ciências. Enquanto cubro esses tópicos em outros apêndices com mais detalhe, trago-os aqui também porque o termo "função" tem usos diferentes nas ciências e na abordagem do senso comum, e ao se agrupar as abordagens corre-se o risco de se agrupar os usos do termo. As duas abordagens possuem orientações muito diferentes: elas servem a tipos diversos de projetos cognitivos humanos. O tipo de compreensão que alguém consegue ter no senso comum serve aos interesses de agentes que precisam agir para satisfazer suas necessidades e desejos. Por causa dessa orientação, não surpreende que o senso comum e os conceitos que ele torna disponíveis para a compreensão do mundo e outros – os conceitos expressos nas línguas naturais – possuam um foco antropocêntrico. Nem deverá surpreender que as várias "teorias" metafísicas e epistemológicas oferecidas pela maioria dos filósofos a partir de Platão em diante sejam antropocêntricas. Considere, por exemplo, o universo aristotélico com a terra em seu núcleo, a filosofia do senso comum de Moore, a "filosofia da linguagem cotidiana" de Wittgenstein, e a ainda popular visão atual da linguagem como uma instituição social, feita por humanos para servir aos seus interesses epistêmicos, e transmitida por procedimentos de treinamento. As ciências – pelo menos, as matemáticas – têm se desenvolvido vagarosamente ao longo dos séculos e cada vez mais têm ganhado a luta contra a força do senso comum e sua orientação antropocêntrica. Elas estão orientadas em direção à descrição e explicação objetivas e, como os cientistas do início do século XVII logo descobriram, o retrato que as ciências traçam do mundo e dos seres humanos é muito diferente daquele vislumbrado pelo senso comum.

A Biologia, uma ciência de particular interesse no estudo da linguagem, parece ainda estar em transição; ainda deve algum tributo à compreensão leiga. A visão de Darwin da seleção natural (mesmo suplementada com os genes no que agora é chamado de "neodarwinismo") e o conceito de adaptação construído a partir disso permanecem em débito com o que Alan Turing e Richard Lewontin chamam "história", não com as teorias matemáticas formais da estrutura e da forma e com as restrições que impõem tanto às modificações potenciais quanto ao crescimento/desenvolvimento dos organismos. Na verdade, há algumas versões ingênuas da seleção e da adaptação que aparecem nas discussões sobre evolução que são difíceis de distinguir das versões historicizadas do behaviorismo, um ponto que B. F. Skinner enfatizou em seu *O mito da liberdade* (1971). Chomsky comenta isso no texto principal. Mas o papel explicativo da "história" na Biologia provavelmente diminuirá. *Evo-devo*,[1] descobertas de um grau massivo de conservação no

1 Acrônimo dos termos *evolution*, "evolução", e *development*, "desenvolvimento". (N. T.)

material genético entre todas as espécies, reconhecimento do papel crucial do posicionamento do gene e de seus mecanismos temporais na explicação estrutural e seu desenvolvimento, além de outro trabalho em Biologia – incluindo as contribuições de Chomsky para a Biologia da linguagem – têm enfatizado o papel das outras ciências naturais como a Física e a Química, e abordagens das restrições formais no crescimento e desenvolvimento que restringem as formas naturalmente possíveis. No caso da Biologia, esta impõe restrições na estrutura biológica e variações possíveis e modificações nos sistemas biológicos, incluindo "órgãos" mentais individuais. Isso tem tido o efeito de reduzir o papel da seleção na explicação da estrutura, tornando-a menos importante: ela "escolhe" que estruturas sobreviverão, e nem sempre faz isso suficientemente – como Chomsky aponta na atualização de nossa discussão de 2009 nas p.51-2. Ela não cria ou constrói estruturas de nenhuma forma interessante; isso é em grande medida por causa das contribuições das formas possíveis mencionadas anteriormente. Para uma revisão dos muitos problemas envolvidos no que parece ser pelo menos parcialmente a destituição do papel da seleção natural na explicação biológica, veja o livro monumental de Stephen J. Gould de 2002, *The Structure of Evolutionary Theory* [A estrutura da teoria evolutiva]. Veja também as visões de Chomsky sobre o tópico no texto principal e os escritos, relacionados com aqueles encontrados na parte I do livro de Jerry Fodor e Massimo Piattelli-Palmarini de 2010, *What Darwin Got Wrong* [O equívoco de Darwin].

II.1 Senso comum e função dependente-de-interesse

Em nossa vida cotidiana, em que operamos desde muito cedo dentro de uma abordagem de senso comum, nós pensamos e falamos a respeito da função das coisas, dos sistemas, das instituições etc., e atribuímos a essas coisas e "coisas" diferentes funções (com frequência equivalentes a empregos, tarefas ou papéis). É difícil insistir em uma única função para qualquer coisa como se concebe nessa compreensão do mundo. A água vista em uma situação é algo que pode ser usado para beber e saciar a sede; em outras situações, parece algo para nos refrescar, irrigar a plantação, lavar, diluir as bebidas, nadar, fazer barcos flutuarem, e assim por diante. A função de um governo pode ser vista como a de introduzir leis, mas também de satisfazer as necessidades humanas, garantir direitos, controlar a violência, assegurar a defesa nacional, e assim por diante. Palavras e sentenças (como compreendidas pelo senso comum, em que são tidas como artefatos, não objetos naturais) são usadas para classificar, descrever, referir, insistir, enganar, fazer afirmações, e – a favorita de muitos, e frequentemente considerada como essencial de alguma forma – comunicar. Uma ferrovia transporta cargas, passageiros, provê salário aos trabalhadores etc. Entidades orgânicas e as partes do corpo também são vistas como tendo várias funções. O pelo age como uma barreira para a sujeira e as doenças, serve como algo para se cuidar ou ser cuidado, para resfriar o corpo, prover alguns tipos de comunicação, e assim por diante. Tigres são objetos que admiramos, que invadem propriedades, que equilibram ecossistemas, que são taxonomizados, que são empalhados, que são fontes para poções etc.

Entendidas dessa forma, as funções das coisas como compreendidas pelo senso comum são funções-para-fazer-alguma-coisa ou funções-para-servir-a-um-propósito. Quando falamos que as asas de um pássaro lhe permitem voar, entendemos o pássaro como um agente preenchendo necessidades, e quando as vemos cumprindo seu papel em uma dança de acasalamento, vemo-las como servindo a um desejo do organismo de se comunicar. Quando falamos de algo como tendo uma função em particular para nós, concebemos tal coisa dentro de nossos variados esforços para lidar com o mundo e falar sobre ele e as pessoas nele. Atribuir uma função para alguma coisa é lhe dar um papel na solução de algum problema ou no cumprimento de alguma tarefa que serve a interesses práticos (e não a teórico-científicos). Colocamos as coisas e "coisas" da abordagem do senso comum em vários usos em nossos esforços para cumprir nossos interesses ao usar essas coisas para lidar com vários problemas práticos, problemas muitas vezes resolvidos pelo desenrolar de ações e procedimentos – colocar o cachorro para fora, cuidar do filho de um parente mais velho, lavar as roupas, descrever o que aconteceu em um tribunal, e assim por diante. Notadamente, a concepção do senso comum dessas coisas – nossos conceitos nominais (expressos por nomes) para água, governo, pele, ferrovias, palavras etc. – parece convidar e mesmo suportar esse tipo de flexibilidade em seu uso. Não quer dizer apenas que seu uso seja uma forma de ação, e a ação é livre. De fato, os conceitos em si mesmos parecem ser sensíveis às ações e aos interesses humanos, guiando nossos pensamentos e intuições sobre as coisas que eles caracterizam. Considere o conceito ÁGUA, frequentemente um caso típico para Chomsky (1995a, 2000). A água cessa de ser água quando um saquinho de chá é colocado nela – um absurdo do ponto de vista das ciências naturais, em que não há água, pois o conceito ÁGUA não precisa ser encontrado, somente um composto de átomos "normais" de hidrogênio e oxigênio (não isótopos, como o deutério e o trítio, que possuem isótopos de hidrogênio) com algumas propriedades interessantes que podem somente ser definidas e compreendidas de dentro das ciências que lidam com esse composto (veja p.262). Nem a água nem o chá são encontrados na ciência, mas sim no senso comum, juntamente com o entendimento da água como transformável em chá. Essa transformação e as substâncias envolvidas interessam à nossa vida cotidiana; todas servem aos nossos interesses e atos. E rios (como a discussão no texto principal indica) deixam de ser rios quando a água neles é sujeita a uma mudança que a solidifica e uma linha divisória é pintada no meio do que agora é sólido.

A composição química é irrelevante: água saindo da pia da cozinha é água, embora seja filtrada pelos equipamentos do departamento municipal de água e saneamento por meio de um filtro de chá e possua exatamente a mesma composição do chá. Isso é assim porque o que sai da pia da cozinha a partir dessa fonte é água, ponto. Não é claro como conceitos desse tipo podem permitir e proporcionar isso, (de fato) sua aplicação é sensível aos vários interesses que as pessoas têm quando concebem as coisas em questão, empregando-as em diferentes projetos. Contudo, os fatos são razoavelmente claros. Rearranjamos para nós as funções das entidades e sistemas, permitindo-nos classificar e falar deles em termos de nossos projetos e tarefas variáveis (embora tipicamente relacionados de alguma forma) e dos interesses aos quais servem. E a conceitualização do senso comum das coisas parece permitir e suportar isso, pelo menos dentro de limites – limites prescritos, presumivelmente, pelas características que constituem o conceito em questão.

No parágrafo anterior coloquei palavras e sentenças entre as coisas da abordagem do senso comum. É assim que elas são vistas nesse domínio: são "coisas" que saem da boca das pessoas, são escritas em pedaços de papel e cumprem tarefas para nós, servindo interesses de várias formas. Pensamos que elas são ferramentas; "fazemos coisas com palavras", como J. L. Austin (1975) disse. Há diferenças importantes entre "coisas" como palavras e sentenças e coisas como água, mesas e pessoas. Palavras e sentenças, diferentemente das outras, são vistas como ferramentas que as pessoas usam para descrever, especular, convencer, classificar, questionar, comunicar, e assim por diante. Elas são vistas como entidades que os humanos usam para referir e afirmar, reclamar e elogiar, e – de modo anômalo, assumir que as palavras vêm "para fora" – pensar silenciosamente e ruminar. Algumas vezes são usadas para "falar de" ou "se referir a" – como se diz – coisas e circunstâncias no mundo. Quando usadas com sucesso desse jeito, poder-se-ia dizer, elas representam coisas e circunstâncias. Assim, elas são usadas para se falar "sobre" coisas e circunstâncias.

Note que nessa forma de ver as coisas, palavras e sentenças não são "sobre" coisas por si mesmas. Elas precisam ser usadas de forma relevante (e com sucesso, de acordo com algumas abordagens) e, nesse sentido, referência e "ser sobre"[*"aboutness"*] surgem porque acontece que é como usamos as palavras e sentenças, algumas vezes. Chomsky, diferentemente de muitos que fazem semântica na Filosofia e na Linguística, toma esse ponto seriamente. É um dos pressupostos básicos de sua abordagem natural e internalista dos sistemas da mente e suas operações. Seu internalismo é discutido em outros lugares nesse volume, como o ponto sobre referência, portanto não tratarei desses assuntos aqui. É válido, contudo, mencionar que essa visão da linguagem e da mente, uma visão traçada a partir do ponto de vista não do senso comum mas da ciência, pode esclarecer por que o cientista da mente *deveria* considerar o ponto seriamente, e por que ele faz isso; podemos ter alguma luz sobre como e por que "as coisas do mundo do senso comum" parecem ter tantas funções-para-nós variáveis. De modo breve, assumamos primeiramente que as línguas naturais "expressam" conceitos do senso comum; para uma discussão, veja Chomsky (1975, 1995a, 2000). Parte do que está envolvido em expressar tais conceitos é torná-los disponíveis para o restante da mente. Tornando isso mais claro, assumamos (como a atual ciência da mente toma como plausível) que a mente é constituída de muitos módulos diferentes, tal como a visão (talvez partes da visão também), audição e o sistema da linguagem, incluindo seu sistema computacional nuclear. Assumamos além disso – de novo plausivelmente – que o sistema computacional da linguagem combina itens lexicais ("palavras") consistindo de "som" e "significado" com características específicas (ou "conceitos" com características específicas), e os combina para criar complexos chamados de "expressões" ("sentenças") que são constituídas de um complexo de traços fonéticos na interface "fonética/fonológia" FON e um complexo de traços semânticos ou de "significado" na interface do "significado" SEM (ou FL [forma lógica]). No "outro lado" de cada interface estão outros sistemas que articulam e percebem (juntamente com a interface FON), ou "interpretam" e "compreendem" juntamente com a SEM. Focalizando na SEM ou no "significado" e na interface conceitual e seu trabalho, assumamos que as características relevantes se "comunicam" com e "instruem" vários outros sistemas, presumivelmente incluindo a visão (conectada de alguma forma aos sistemas de configuração de objetos e provavelmente separando os sistemas de configuração visual), além dos sistemas afetivos e atitudinais, sistemas de hierarquia social, o que é algumas vezes chamado "imaginação", sistemas de localização espacial e temporal, e assim por diante. A imaginação pode oferecer algumas fontes para um tipo de autonomia cognitiva – vários filósofos nos séculos XVI e XVII atribuíram a imaginação aos animais, e disseram que isso lhes proporcionou um tipo limitado de criatividade mental –, mas talvez o sistema da linguagem sozinho seja capaz de se tornar completamente *off-line* e operar autonomamente enquanto ainda permite o uso de fontes provindas de outros sistemas – dando aos humanos a habilidade para especular e imaginar, levar seus pensamentos para qualquer situação e qualquer tempo, fantasiar, engajar-se em todos os tipos de pensamento, e assim por diante. Não precisamos assumir isso, contudo, para reconhecer que em qualquer caso em que SEM e sua "informação" conceitual seja usada (isto é, quando ela exerce um papel na interpretação ou compreensão), sistemas múltiplos entram em jogo e isso pode variar de caso a caso. Se é assim, não surpreende que os conceitos ou blocos[*clusters*] de informação semântica que são expressos em SEM podem receber aplicações múltiplas, enviesados para servir aos vários interesses humanos. Assim *naturalmente* as coisas do senso comum são vistas como tendo e servindo a variadas funções, pois são vistos de diferentes formas através das lentes proporcionadas por diferentes, múltiplos sistemas interativos. Nem é de surpreender que se consiga um efeito interativo massivo, sem esperança de uma teoria científica, determinada, de "o que acontece" no outro lado de SEM. Aparentemente, não há um módulo central, integrador, um sistema que faça o trabalho que os termos como "mente", "agente" e "homúnculo" precisam fazer.[2] Embora exista alguma forma de cooperação: as pessoas são bem-sucedidas em consolidar o que possuem disponível para agir e compreender umas às outras, pelos menos aproximadamente. Assim, é provável que o melhor que podemos fazer como cientistas da mente seja falar sobre como as pessoas usam a linguagem e os conceitos que ela

---

2 Alguns (por exemplo Carruthers, 2006) tentaram transformar o sistema da linguagem em si mesmo em um – ou mesmo o – sistema coordenador central, o dispositivo que dá aos humanos flexibilidade cognitiva ao tomar contribuições de vários sistemas e integrá-los. Esse movimento faz sentido por causa do trabalho de Elizabeth Spelke (2003, 2004). E não duvido (McGilvray 2005b) de que a linguagem contribua para a flexibilidade cognitiva humana. Confesso, embora, que achei as afirmações complexas de Carruthers difíceis de ser consideradas seriamente. Isso se deve a uma razão, como alguns psicólogos e outros (incluindo alguns de seus críticos): Carruthers acredita que alguma "tarefa" mental precisa ser executada (com as tarefas especificadas, aparentemente, ao assumir que os humanos são agentes com mentes que servem às suas ações, pelo que parece ser o que ele tem em mente quando trata humanos como "sistemas funcionais complexos"), e ele introduz um módulo para realizar isso. O resultado é uma visão caixológica da mente, com pouco ou nada oferecido em relação ao que está dentro das caixas. Admiro sua coragem em atacar os problemas com os quais ele quer lidar – descrevendo e em algum sentido explicando como uma mente "massivamente modular" consegue integrar seus componentes e produzir ações coordenadas, com foco especial no papel da linguagem. Contudo, por razões que podem ser remetidas ao aspecto criativo do uso da linguagem, duvido que isso possa ser estudado de modo científico; pegue Fodor e sua "teoria representacional da mente" e esforços similares da parte de outros. A Psicologia popular do senso comum e histórias de crença-desejo lidam com o problema em algum sentido, sem dúvida, mas elas não proporcionam uma ciência da mente e da ação; elas dependem de conceitos do senso comum e da concepção dos humanos como essencialmente solucionadores de problemas práticos.

expressa para conseguir várias coisas, incluindo referir.[3] Para uma discussão, veja McGilvray (2005b), a introdução e o texto da edição de 2009 dos trabalhos de Chomsky (1966, 2002, 2009), e a discussão sobre criatividade linguística em outros lugares no presente texto.

Voltando agora para a discussão das funções-para-nós, alguns artefatos conceituais poderiam parecer exceções à ideia de que não há um uso ou função únicos, dominante de uma classe de entidades nos termos em que um conceito possa ser especificado, e talvez mesmo definido. Nem GOVERNO, claramente, mas um artefato conceitual como CADEIRA pode parecer que especifica um uso único *essencial*, de modo que, mesmo se colocássemos cadeiras em vários usos (para servir a várias funções relacionadas com nossos interesses), o conceito CADEIRA, contudo, expressaria a função de qualquer coisa que possa ser entendida como uma cadeira. Uma cadeira deve ser algo para se sentar, dizemos. Ela é, no final das contas, feita pelos humanos para fazer esse trabalho, pensamos. Assim, poderíamos dizer que esse é seu papel ou sua função primária ou essencial, e CADEIRA seria definida nos termos dessa função? Aristóteles tentou algo desse tipo com os elementos (terra, ar, fogo, água, éter): eles possuem uma essência definível nos termos do que se diz que eles são capazes de "fazer" nessa visão do universo. A terra cai quando elevada, porque foi "feita" para fazer isso. Ninguém pode considerar tal fato seriamente nas ciências agora, naturalmente: pressupõe-se que as coisas nos mundos descritos pelas ciências são como artefatos. Hádrons teriam de ser pensados como artefatos não dos humanos, mas de um deus. Mas poderia funcionar para alguns de nossos artefatos conceituais – pelo menos naqueles em que a intenção do fabricante exerce um papel importante, e há tam-

3 Alguns – como Fodor – acreditam que podem salvar uma teoria representacional da mente introduzindo uma visão da denotação/referência assumidamente dependente de leis naturais. Para a discussão desses esforços, veja o texto principal e suas referências, e meu trabalho de 2010.

bém a afirmação plausível do efeito de que uma intenção única esteja em questão? Alguns insistiram bastante nesta ideia: uma quantidade razoável de estudos sobre a identidade dos trabalhos artísticos, por exemplo, atribui um papel pesado às intenções do artista na criação de uma obra. Como para as cadeiras, é preciso garantir que "algo para se sentar" é apenas uma função de uma cadeira, entre outras. Nós que lidamos com cadeiras também as concebemos e as compreendemos como servindo, e as usamos para servir, a todos os tipos de funções. Nós subimos em cadeiras, também as usamos para segurar tapetes e para cobrir seus estragos – ou para cobrir frestas em um assoalho. Nós as dispomos como sinais de riqueza, *status* social ou preferência por um estilo específico, e assim por diante. Ainda, embora usadas de muitas formas para desempenhar várias tarefas para nós, a intenção dos fabricantes não é que elas sejam algo para se sentar e, se falharem em ser algo para se sentar, elas não seriam cadeiras? Isso também é dubitável: pelo que vale, minhas intuições me dizem que uma cadeira quebrada ainda é uma cadeira. Talvez mais obviamente: uma cadeira exposta em um museu com sinais indicando que não se pode sentar nela é uma cadeira. Além disso, a intenção do fabricante em relação à função não pode ser tudo que há nisso. Bancos, banquetas, sofás e namoradeiras também são feitos para servir como coisas em que sentamos. Também se pode sentar em inúmeras coisas, incluindo pedras e troncos, e eles servem a essa função, quando usados assim. Logo, deve haver algo mais ao se definir o conceito do senso comum CADEIRA do que apelar para uma única função, embora possa parecer "primária" em virtude da intenção mais utilitária de seus fabricantes. Retornando a Aristóteles, talvez o mínimo que se possa falar é das outras "causas" da cadeira: o conceito CADEIRA deveria "contar" algo sobre sua geometria, materiais apropriados a partir dos quais é feita, e indicar que cadeiras são (tipicamente?) artefatos. Ou considere o que Aristóteles diz sobre CASA: é algo onde se pode residir (causa final), feita dos materiais apropriados (materiais), construída por humanos (um artefato: causa eficiente) etc. Talvez, se adicionarmos essa outra informação, irá satisfazer alguns. Mas, para o cientista da mente e da linguagem, o ponto do exercício não é claro. Ele não é bem-sucedido como definição do que os cientistas o concebem. Parece, e é, um esforço de catalogar um grupo relativamente pequeno de casos em que há um grau razoável de convergência nas formas em que uma população pensa sobre os usos de termos como "cadeira". É um exercício naquilo que Wittgenstein chamou de "descrição de uso", ao invés de ser uma descrição do conceito tal como encontrado na mente, agrupado com uma abordagem de como ele se desenvolveu ou cresceu, e em uma abordagem que é somente sobre como ela "afeta" seu uso. Talvez isso fosse o que Aristóteles estivesse buscando, ao invés de descrever o uso de um termo. Quem sabe, da mesma forma que filósofos-cientistas como Ralph Cudworth, ele estivesse procurando um meio de capturar o que o conceito/a ideia CASA é, e como ele/ela "trabalha" (e se desenvolve).

Contudo, pelo menos alguns interesses teóricos se aproveitam desses e de exercícios relacionados. Por um lado, ele destaca o fato de que há uma grande quantidade de variação na aplicação ou no uso da linguagem e de que para todas as intenções e propósitos é livre, sugerindo fortemente que o uso ou a aplicação da linguagem não é um lugar para se procurar por sucesso na construção de teorias. Por outro lado, ele oferece alguns dados, que o cientista da linguagem e da mente pode e provavelmente deveria levar em consideração. Ele sugere, por exemplo, que pelo menos no caso das expressões nominais (não adjetivos, advérbios ou verbos) e os conceitos do senso comum expressos pelas línguas naturais, se deveria levar em consideração o fato de que nossas mentes tendem a procurar e esperar respostas para questões como "Do que isso pode ser feito?", "Para que é isso?" e "É um artefato ou um objeto natural?". Julius Moravcsik (1975, 1990, 1998) fez contribuições muito úteis nesse sentido;

James Pustejovsky (1995) incorpora alguns de seus *insights* em uma proposta para uma teoria do processamento da linguagem. Também se pode pensar em termos de uma visão dos conceitos e sua aquisição que os "desmancha" em traços – especificamente, o que Chomsky chama de "traços semânticos" que vão na direção de especificar parte do "significado" da entrada lexical de uma pessoa. Esses temas aparecem nos comentários seguintes.

Em geral, dados de casos como esse e muitos outros vieram da observação de como as pessoas usam a linguagem combinados com dados de instrumentação de vários tipos, deficiências na linguagem e outros sistemas (por exemplo, alguns dos trabalhos de Elizabeth K. Warrington <Warrington & Crutch, 2005>), além de dados neuropsicológicos e neurolinguísticos, e assim por diante, proporcionando evidência a favor e contra várias propostas relacionadas a arquitetura, operações, e *inputs* e *outputs* da faculdade da linguagem e outros módulos-faculdades na cabeça. Colocadas em estruturas teóricas que estão fazendo progressos, é possível começar a compreender o que está acontecendo com a linguagem, a visão, a configuração de objetos, e assim por diante. Menciono essas três em particular porque já há progresso considerável nelas.

Na linha do que foi dito anteriormente, apontar que não há uma única função que a linguagem exerce também ajuda a diminuir alguns esforços de construção do que seus proponentes chamam "teorias da linguagem" (em uma forma que prevalece, uma "teoria" do significado linguístico), esforços baseados na premissa equivocada de que as línguas naturais possuem um único uso. Há filósofos, linguistas, psicólogos e outros que sustentam que a linguagem serve ao propósito primário da comunicação e – até mais restritamente – à comunicação de "informação". É óbvio por que eles desejam fazer isso. Eles concebem as línguas não como sistemas naturais, como Línguas-I ou sistemas biofisicamente baseados da cabeça, mas como línguas em uso – a linguagem tal como aparece nas "práticas" humanas e nos atos linguísticos e ações dos seres humanos. Ao olhar para a linguagem dessa forma enquanto também se busca construir o que se pretende ser uma teoria sistemática e unificada da linguagem, eles têm de acreditar que podem encontrar um uso da linguagem canônico e único. Supondo que possam, eles acreditam que demonstrarão regularidades no uso e na aplicação. Se for assim, talvez essas regularidades no uso possam ser convertidas em regras da língua – um prospecto particularmente tentador para os filósofos que gostariam de usar seu estudo da lógica formal e inferência como base para uma teoria da linguagem. Sua estratégia preferida os faz procurar uma essência funcional da linguagem, que eles esperam capturar por algum conjunto uniforme de regras (ou inferências) ou convenções que as pessoas inventam com o objetivo de (digamos) comunicar informação entre si. Alguns desses esforços – por exemplo, aqueles de David Lewis – são discutidos a seguir.

Não há nada errado com a descrição do uso, naturalmente. O problema é, como Wittgenstein apontou há muito tempo, que não se pode encontrar nessas descrições das formas em que as pessoas usam a linguagem, para servir a todos os tipos de propósitos altamente variáveis e sensíveis ao contexto, regularidades que qualquer forma de teorização séria requer. Lewis e outros precisavam e precisam ser esclarecidos sobre a ilusão da uniformidade no uso das línguas naturais e alguém tem de lhes dizer que, se querem construir teorias da linguagem, devem olhar não para a linguagem em uso, mas para as línguas como objetos naturais que permitem o uso. Enfatizar múltiplos usos e funções ajuda a diminuir o valor de suas abordagens teóricas (no máximo, ciência social – não ciência natural) sobre a linguagem e seus sons e significados. Poder-se-ia, claro, estipular uma forma ideal para o uso; mas, caso se espere oferecer uma teoria empírica ao invés de uma esperança, é melhor prestar atenção ao fatos. E, se não se pode ver nas formas em que as pessoas falam uma essência genuína do uso da linguagem, não se pode esperar a construção de uma teoria, até dentro de uma forma de ciência social, não natural, menos ambiciosa. Uma teoria plausível, mesmo daquele tipo, requer no mínimo uma relação determinada entre uma palavra e seu referente, assumindo que isso exista (o que não se pode garantir de qualquer forma). Isso não pode ser encontrado, pois as pessoas usam a linguagem para todos os tipos de finalidades e todos os tipos de circunstâncias. Garantida, a estratégia de olhar para a uniformidade no uso ou na aplicação poderia parecer que trabalha em um grau quando se foca na comunidade daqueles que estão determinados a evitar ambiguidade e rejeitar metáforas, além de dedicar sua atenção a realizar no máximo uma coisa com sua língua. Encontra-se algo do tipo dessa uniformidade no uso em comunidades de matemáticos e cientistas naturais quando usam seus sistemas simbólicos para (por exemplo) construírem provas ou desenvolverem hipóteses testáveis. Eles evitam usar seus sistemas simbólicos criativamente por uma boa razão. Caso se engajassem nessas e outras formas de criatividade, isso não lhes permitiria provar ou demonstrar coisas para os outros. Contudo, mesmo nessas comunidades, a referência é "determinada" somente porque as pessoas obrigam-se a se conformar a seus usos. As pessoas usando as línguas naturais poderiam achar isso implausível; as pessoas usam as línguas naturais criativamente porque elas podem. E elas obtêm prazer ao fazer isso.[4]

4 Pode-se até certo grau "determinar" um referente em relação a um contexto ao incluir em uma abordagem de "o que é dito" um conjunto de índices que especificam tempo de fala, a pessoa que fala, contexto de fala, propósito da fala, e assim por diante. Ou, ao contrário, não se pode esperar que algo desse tipo seja bem-sucedido, pois claramente não será: os índices teriam de ser infinitos em número para cobrir todos os casos possíveis, e não haveria formas discursivamente independentes de fixar mesmo um único conjunto de atribuições, assumindo – contrafactualmente – que isso seria suficiente. Nada como essa aparência de progresso para ajudar nos esforços daqueles que querem construir uma *teoria* honesta da linguagem que tenha algum grau de objetividade. Na análise final, seria preciso ter um índice para o "objeto de preocupação atual" em um contexto específico de discurso (ou algo do

Enfatizar que a comunicação está longe de ser uma função central da linguagem também contribui para diminuir o valor do trabalho de psicólogos evolucionistas tais como Pinker e Bloom (1990), que amarram a crescente capacidade para comunicar a uma história sobre como a linguagem deve estar envolvida. A questão é discutida novamente neste apêndice e em outros lugares no texto.

II.2 Matemática e ciência natural: funções formais

Chega de funções-para-nós e as tentações, os problemas e as oportunidades que elas trazem para as ciências da linguagem e da mente. Vamos nos voltar agora para uma noção científica-matemática muito diferente de função. Na matemática e nas ciências naturais, uma função é tida como uma operação que mapeia domínios específicos, dados, de valores (de uma variável) em um contradomínio de valores específicos, dados. A função de *adição* aplicada aos números naturais, "N + M = X", pega números naturais arbitrariamente escolhidos N e M e retorna o valor X, que é sua soma. Algoritmos (regras matematizadas ou formalizadas, princípios ou leis) em outros campos cumprem a mesma tarefa. No trabalho linguístico recente de Chomsky, a versão "externa" da operação *Merge* ("Merge externo") pega um item lexical (que não passa de um agrupamento de "traços"

---

tipo), e fixar isso exigiria estar nas circunstâncias em questão empregando quaisquer recursos cognitivos que parecem ser necessários e os transformando em uma estimativa razoável sobre o que alguém intenciona. Não há "condições-limite" no que está ou no que poderia estar envolvido em chegar nesse julgamento "situacional". Em seu "A Nice Derangement of Epitaphs" [Um encantador desarranjo de epitáfios], Donald Davidson concluiu que não pode haver teoria da linguagem. O que ele deveria ter concluído é que não pode haver teoria da linguagem como uso – basicamente o ponto de Wittgenstein, feito quarenta anos antes.

transformados em aquilo que Hagit Borer (2005) chama de "pacote") e outro e retorna um novo item lexical: X concatenado com Y produz {X, Y}. E a concatenação opera com objetos sintáticos mais complexos também. Presuma que Y tem X dentro dele: Y = [... X ...]. Concatenação interna com esse objeto produz {X, Y} = {X, [... X ...]}; isso representa o que Chomsky costuma chamar de "mover" ou "deslocamento".

Nos tipos de casos relevantes, *função* é normalmente definida, de modo que para uma caracterização formal específica dada por uma teoria, em que há uma especificação daquilo que a teoria considera ser seus domínios e seus contradomínios, não se tem soluções ambíguas, apenas soluções únicas para as funções. Algumas vezes se disponibiliza o que é chamado de uma "definição extensional" de uma função. Considere a adição aplicada a um domínio e a um contradomínio finitos. Para os números naturais {1, 2, 3} e nenhum outro, a função de adição gera três pares ordenados, com o primeiro conjunto de valores, o domínio; e o segundo, o contradomínio: <{1, 1}, 2>, <{1, 1, 1}, 3>, <{1, 2}, 3>. Não há outros. Funções recursivas, tais como aquelas encontradas na matemática, a função de sucessor, e em linguística, *Merge*, produzem contradomínios infinitos, dados domínios finitos. Nesses casos, falar de definição extensional é estéril; ninguém consegue produzir uma lista de itens relevantes no domínio da função. O "acesso" ao contradomínio pode ser fixado somente pela função em si mesma, entendida aqui como uma declaração explícita do domínio, e de algoritmo(s) que ligam elementos no domínio a possíveis elementos no contradomínio. Frequentemente, uma função-declaração na matemática ou em outra ciência é chamada de uma especificação "intensional" de uma função. Essa é uma convenção importante para nossos propósitos, porque a especificação de Chomsky de uma Língua-I, consistindo de uma gramática para a Língua-I, é intensional nesse sentido. Essa é a razão por que ele fala de Línguas-I como sendo aquelas que são *i*ndividuais, *i*nternas, e *i*ntensionais (veja o Apêndice I). Falar de uma Língua-I como uma especificação intensional é necessário porque é impossível especificar a língua de um indivíduo em um tempo dado (um estado específico da faculdade de sua linguagem) listando as sentenças em seu contradomínio (infinito). Isso pode ser feito somente apelando para a teoria que permite articular o domínio (o conjunto finito de itens lexicais que ele tem em seu dicionário mental) e funções/princípios relevantes, com qualquer variabilidade (paramétrica) fornecida aos princípios combinatórios, ou provinda de alguma outra forma (considerações de "terceiro fator") especificada explicitamente. Essas gramáticas da Língua-I produzem uma especificação intensional do contradomínio (o conjunto infinito de expressões/sentenças que os algoritmos relevantes produzem). E ao fazer isso, eles – se bem-sucedidos – descrevem adequadamente e explicam o estado atual da gramática mental de um indivíduo, uma "entidade" biofísica que seria de outra forma inacessível, tendo o *status* que os filósofos da ciência algumas vezes chamam de "inobservável". Em geral, é com isto que as teorias científicas se parecem: elas são definições de funções que objetivam descrever e explicar o que "há", em que se assume que "há" alguma coisa "lá" que pode ser capturada por uma teoria, e é capturada pela teoria correta. Chame essas e outras definições de funções matemáticas ou formalmente especificadas de funções "formais". A formalização permite a precisão e afirmações explícitas – traços das ciências que aparentemente não estão disponíveis no uso dos conceitos do senso comum incorporados em nossas línguas.

Enfatizo que uma especificação teórica ou intensional de uma Língua-I pode ser um construto na mente de um linguista, mas para Chomsky ela é também uma descrição de estado "real" de um "órgão" na mente humana. Esse é um estado aprimorado da GU, desenvolvido de acordo com as restrições biofísicas sobre uma língua possível. Assume-se que uma Língua-I descrita assim seja "a coisa real", o próprio objeto da Linguística pensada como uma ciência natural. As sentenças produzidas por uma pessoa, necessariamente com a ajuda de quaisquer sistemas de "desempenho" com os quais a faculdade da linguagem coopera, é um epifenômeno, e somente isso (Chomsky, 1980, p.82-3). A teoria da linguagem é uma teoria de um sistema interno "real". A GU instanciada como um procedimento de desenvolvimento no genoma humano, mais outras restrições quaisquer não biológicas sobre o desenvolvimento, é uma especificação em teoria do "estado inicial" da faculdade da linguagem, o que ela tem disponível para desenvolver um estado fixo, dados os itens lexicais.

Na linha do comentário anterior, as funções formais em si mesmas pensadas como conjuntos de símbolos e suas formas teórico-especificadas e combinações permitidas especificadas são "objetos" inventados, não naturais. Eles representam a "sintaxe" de um sistema simbólico formal, e aqueles que são adeptos da "linguagem" formal relevante aplicam o sistema de símbolos de forma regimentada. Esses símbolos não aparecem em nenhuma língua objeto de uma ciência natural que eu conheço. Eles aparecem na língua objeto de algumas abordagens formais de funções formais: a Matemática inclui estudos da natureza das funções. Mas essas não são teorias naturalísticas, teorias dos objetos naturais encontrados na natureza. Ao contrário, são abordagens de algumas das ferramentas formais que podemos construir e de fato construímos, ferramentas formais que os humanos empregam na construção das ciências naturais. Caso houvesse restrições naturais nessas e em outras funções – restrições reveladas por alguma teoria naturalística da mente, presumivelmente –, talvez pudéssemos começar a falar de uma ciência natural das funções, presumivelmente uma ciência internalista da mente como a teoria da linguagem de Chomsky. Talvez essa ciência possa ajudar a compreender – entre outras coisas – como os humanos parecem ser capazes de construir sistemas formais e ciências e, no caso de uma ciência, conseguem construir e administrar um conjunto de hipóteses muito limitado mas plausível para um conjunto de fenômenos, muito menos hipóteses do que são logicamente possíveis. Se essa teoria existisse, ela seria esclarecedora. Talvez pudéssemos dar um passo em direção a uma abordagem do que Charles Saunders Pierce costumava chamar de "abdução", nossa capacidade de construir hipóteses que se tornarão frutíferas, diferentemente do potencial infinito das outras. Talvez então as funções no sentido formal, pelo menos aquelas empregadas nas ciências naturais, se convertam em tipos especiais de coisas naturais. É uma ideia interessante, mas podemos ignorá-la, pelo menos nesse ponto. Como está, a produção matemática-formal clara e explícita e a especificação de funções nesse sentido – tanto extensional como intensional – parecem ser conquistas dos indivíduos, e, portanto, são artefatos.

Ao empregar as ferramentas das funções formais como fazem, as ciências naturais são capazes de lidar com a aleatoriedade e com objetos que têm o que parecem ser naturezas fixas e relativamente estáveis e – no caso de entidades biológicas – formas de crescimento "canalizadas". Se for assim, somos sortudos de a natureza parecer estar povoada com tais objetos e sistemas. Elas devem estar povoadas, assim acreditamos; porque as ciências que construímos geram progresso, produzindo melhorias ao invés de circular sem objetividade. Não é acidental que os objetos naturais e os sistemas que podemos entender são concebidos como tendo naturezas fixas, naturezas que permitem interações e mudanças que os princípios formais (leis) das ciências naturais podem capturar. Esses – e sistemas inteiramente variáveis – são aqueles que nossas ciências podem compreender.

Naturalmente, muitos objetos formais como os números e operações como o cálculo também parecem ter naturezas fixas. Quando falo do Aleph-zero, você sabe o que tenho em mente, assumindo que você tenha o tipo de conhecimento relevante. Pode-se ficar tentado, então, a pensar o Aleph-zero (ou o número 3.447.209.531, se for o caso) como tendo um tipo de existência objetiva da forma como presumimos que hádrons e cromossomos tenham. Os filósofos muitas vezes pensaram por esse caminho, povoando o mundo de objetos abstratos, e concebendo a Matemática e similares como formas de explorar aquele mundo, um mundo que alguns acreditam que seja mais perfeito que aquele com o qual lidamos na vida cotidiana, pelo menos. Penso que seja uma boa ideia resistir à tentação. Tentando explicar o que foi dito antes, o Aleph-zero tem o que parece ser uma natureza fixa porque nós – ou, pelo contrário, aqueles que têm o conhecimento relevante de Matemática – definimos a natureza do "objeto" e em algum sentido concordamos em usar o termo "Aleph-zero" da mesma forma. As entidades das ciências naturais, tais como os elétrons e mu-mesons, organismos e substâncias químicas que são descritas e explicadas por nossas teorias formais naturais, possuem naturezas fixas, presumimos, não meramente porque concordamos em usar os termos da mesma forma e construímos provas de acordo com procedimentos comuns. Não inventamos os objetos e sistemas que as ciências naturais descrevem e explicam, diferentemente – parece – daqueles da Matemática avançada. Isso – e o sucesso da teoria – é porque achamos que é razoável dizer que uma teoria de uma Língua-I descreve um sistema instanciado "real" em um "órgão" da mente humana.

II.3 Biologia: função-para-um-organismo

Funções dependentes-de-interesse do tipo com que começamos não são bons objetos de investigação científica. Contudo, há outras noções de função que parecem envolver interesses de uma forma que as torna candidatas mais razoáveis à investigação científica. Elas são encontradas nas ciências biológicas. Cientistas da evolução falam de *adaptações*, em que uma adaptação é um traço de um grupo de organismos – um traço é como um órgão, por exemplo, o olho dos vertebrados – que se afirma ter a forma e a estrutura complexa como resultado do processo evolutivo, e que tem sua forma transmissível atual nas espécies, alega-se, *porque* garante a capacidade reprodutiva das criaturas que o possuem.[5] Tipicamente, descobre-se a premissa de que o sucesso reprodutivo vem de alguma mutação transmissível servindo a algum papel específico na operação do organismo que se assume ajudar na viabilidade de uma espécie – nesse sentido, os interesses da espécie. Pelo menos, ele desempenha a função para um organismo que garante sua habilidade de procriar. Pinker e Bloom (1990), por exemplo, leem dessa forma o que eles supõem que esteja aumentando o sucesso comunicativo das adaptações que afirmam aparecer na evolução da linguagem, e acreditam que conseguem explicar o "formato" das línguas naturais dessa forma. De modo algum é óbvio que evidência eles têm para suas suposições, para aquelas que se seguiram em Pinker e Jackendoff (2005) em sua crítica de Hauser, Chomsky e Fitch (2002). Todas essas parecem à primeira vista ser apenas histórias do tipo "só sei que foi assim", que Richard Lewontin criticou acuradamente em 1998. Contudo, não é difícil encontrar exemplos plausíveis com outros órgãos – os olhos e o sistema visual, os ouvidos e o sistema auditivo, por exemplo –, casos que parecem ser plausíveis porque há evidência acumulada (comparativa, seja envolvendo analogias, seja homologias) de viabilidade melhorada das espécies – embora, onde essa evidência seja encontrada, ela está entrelaçada com outros fatores, incluindo contribuições melhor compreendidas somente pelo apelo a ciências não biológicas como a Física. Nesses casos onde *é* clara a evidência da adaptação para sobrevivência, evidência colhida pela investigação do caminho evolutivo de uma espécie comparada a outras, pode-se falar de subsistemas específicos de um organismo que servem a função em algo parecido com o sentido de função-dependente-de-interesse, embora generalizado

5 A capacidade reprodutiva pode ser a visão mais geralmente aceita do que "direciona" a seleção, mas seria muito difícil excluir outras opções.

para representar algo do tipo "possibilidade de sobrevivência para a espécie x". Por isso se assume que o formato e a estrutura que se encontram no sistema adaptativo da espécie são o que são porque servem aos interesses reprodutivos (em sentido amplo) reivindicados pelas criaturas que os possuem – que as vantagens seletivas de ter tal estrutura explicam (no sentido relevante) sua evolução e estado atual. Vrba e Gould, por exemplo, uma vez sugeriram que o uso do termo "função" (no sentido da evolução biológica) fosse restrito a casos em que há alguma evidência de "formatação" evolutiva. Há um perigo em se falar de interesse nesse domínio, pois o biólogo evolutivo não permite – ou não deveria permitir – que a noção de um interesse do *agente* exerça algum papel na ciência, mas pode ser difícil de desvincular essa noção daquela que é parte da caixa de ferramentas explicativa de um campo de pesquisa científica. Se a noção de interesse entra mesmo, deveria ser uma noção definida com cautela, isolada das noções do senso comum de agentividade e seus projetos e intenções ao desempenhar ações.

Há desafios bastante significativos para o escopo e a validade de pelo menos algumas teses adaptacionistas dentro da Biologia. O próprio Darwin expressou dúvidas sobre o alcance explicativo da seleção adaptativa; a última sentença da introdução à terceira edição de *A origem das espécies* diz: "Estou convencido de que a seleção natural tem sido o principal *mas não* o meio exclusivo de modificação" (grifo do autor). Ele estava certo em ser cauteloso, como a compreensão atual da "direção" do crescimento em *evo-devo* (evolução-desenvolvimento) tem mostrado abundantemente. Na época de Darwin, Wallace indicou que é muito improvável que a seleção possa explicar a introdução da capacidade que apenas nós humanos temos de fazer matemática. O fato de que a seleção natural não lida com tudo de modo a explicar o "formato" e a forma biológica – e talvez lide com muito pouco – foi enfatizado por D'Arcy Thompson no início dos anos 1900 e por Alan Turing em meados dos anos 1900. Eles apontaram para um papel significativo da explicação físico-química ao tratar da estrutura e da modificação e enfatizaram que funções formais poderiam explicar a forma e suas variações permissíveis no modo que coloca em questão o valor das explicações adaptacionistas e seletivas. Além disso, Waddington e proponentes mais recentes do campo crescente de *evo-devo* apontaram que nem toda estrutura orgânica pode ser explicada cientificamente dessa forma, e talvez muito pouco possa ser. Por um motivo: há o fato de que a modificação requer mutação, e a mutação somente pode prosseguir dentro do conjunto restrito pela Física e Química, entre outras ciências. Estruturas possíveis e as modificações estruturais estão limitadas pelas leis da natureza. Vários traços estruturais dos organismos, por exemplo, não podem ser explicados apenas por conjuntos de instruções genéticas, nem o modo como o desenvolvimento fenotípico acontece; fatores "epigenéticos" exercem um papel crucial nos últimos. Dimensionamento da estrutura óssea (o genoma não ser entendido como provendo uma especificação completa dos tamanhos de cada osso em um organismo específico) e simetria (o fato de que cada costela na direita tem um homólogo na esquerda, cada asa de uma borboleta tem o mesmo padrão que a outra...) são dois exemplos. E há questões que incidem sobre a estrutura e a forma, algo do qual a adaptação seletiva não fala de qualquer forma significativa: o fato, por exemplo, de que o que tem sido chamado de genes de "controle" ou "mestres" são encontrados na mesma forma em um grande número de espécies diferentes que cruzam famílias <"clados"> biológicas. Faz tempo que Walter Gehring afirmou que a visão em todas as espécies em diferentes famílias deve estar ligada ao fato de que todas as espécies possuem genes de controle homólogos – PAX-6, no caso da visão. Isso sugere que a visão não evoluiu separadamente em (digamos) peixes, insetos e vertebrados, mas que ela está disponível para todas as criaturas com o PAX-6 (e outros genes envolvidos na introdução de rodopsina e na colocação de sua sensibilidade a fótons em uso por meio de vários mecanismos), com variação dependendo do resto da estrutura do organismo, mais condições prévias. Pontos similares podem ser feitos para outros "órgãos" e sua distribuição em espécies do organismo.

Quanto à solidez dos argumentos de seleção adaptativa, vários apontaram que a evidência está também muitas vezes implorando para ser questionada (histórias do tipo "só sei que foi assim"), ou não existe e não pode ser encontrada, tornando o argumento adaptacionista vazio. Focalizando em sistemas cognitivos, Richard Lewontin (1998) levantou dúvidas sérias sobre a evidência apresentada para a seleção de várias capacidades cognitivas, incluindo uma que parece ser unicamente humana, a linguagem. No final do artigo, em resposta à sugestão do editor do volume para que ele suavizasse sua crítica, Lewontin nota: "Deveríamos reservar o termo 'hipóteses' para afirmações que podem ser testadas". E bem no final de seus comentários, enfatiza este ponto principal: que a história virtualmente não provê nenhuma evidência para mudança e adaptação nos sistemas cognitivos. Um dos alvos principais de Lewontin era a visão de Pinker e Bloom, para quem a seleção sozinha pode explicar a introdução de um "sistema complexo" como a linguagem. Sua crítica a Pinker e Blomm surge de forma modificada e mais precisa em Hauser, Chomsky e Fitch (doravante HCF) (2002). Alguns dos pontos principais do artigo de HCF são trazidos em outros lugares neste livro. HCF apontaram que, enquanto poderíamos encontrar pelo menos alguma evidência para a adaptação seletiva de aspectos da linguagem que estão fora do núcleo do que HCF chamaram de "FLA" (faculdade da linguagem em sentido amplo[*faculty of language, broad*]) em oposição a "FLE" (faculdade da linguagem em sentido estrito[*faculty of language, narrow*]), afirmações sobre a evolução adaptativa do sistema computacional nuclear da linguagem FLE com seu caráter recursivo e capacidade de ligar sons e significados sobre um domínio infinito não possuem nada que as suporte. Para discussão, veja HCF (2002) e a resposta crítica de

Pinker e Jackendoff (2005) seguida no mesmo volume por Fitch, Hauser e Chomsky (2005), e o esforço adicional de Jackendoff e Pinker (2005). Sobre a Relevância do Programa Minimalista para essa discussão, veja Chomsky, Hauser e Fitch (2004), disponível na página virtual de Hauser. Veja também a discussão no texto principal, e especialmente os comentários de Chomsky sobre perfeição e design em nossa discussão de 2009 (Cf. cap.8).

Discussões sobre função, adaptação e evolução são complicadas pelo fato de que não é claro o que deve figurar na teoria evolutiva. O trabalho de Turing sobre morfogênese (que ele julgou estar mais bem inserido na Química ou na Física) está dentro ou fora? E os *spandrels* de Gould e Lewontin? Deveria ser admitida a visão em saltos de Chomsky (explicada a seguir) sobre como a linguagem veio a ser introduzida dentro da "teoria da evolução"? Essas decisões podem ser deixadas para aqueles trabalhando na área, como pode o *status* explicativo da seleção natural. Contudo, há boas razões para acreditar que a argumentação das abordagens adaptacionistas pode explicar que tudo no caminho da estrutura biológica, desenvolvimento, evolução e especiação está em um fim – supondo, naturalmente, que cientistas responsáveis de fato acreditem nisso, para começar.

Enquanto podemos deixar de lado o problema do preciso *status* explicativo da seleção, adaptação e a função adaptativa para os biólogos, há uma visão simplista da seleção e da evolução que não precisa de nenhuma *expertise* para ser rejeitada de saída. Talvez em um esforço de popularização da teoria da evolução e/ou de apresentar para os leigos uma alternativa prontamente compreensível para uma explicação teológica de por que as espécies biológicas são do jeito que são, alguns exploraram uma conexão entre evolução e a aparente visão *default* da compreensão do senso comum sobre a aprendizagem, uma perspectiva encontrada nas visões do behaviorismo e do empirismo, de que aprendemos por responder ao *input* da forma "certa" ao sermos treinados para agir de acordo com os dispositivos "certos". Moldamos nossas respostas para o ambiente porque as respostas "certas" são recompensadas, e as "erradas" são punidas. Dependendo dessa visão, muitos trataram a evolução como uma versão historicizada da aprendizagem a partir deste ponto de vista: nós e as outras criaturas somos do jeito que somos porque cada espécie se adaptou em sua estrutura e desenvolvimento para ter uma estratégia otimizada para seu nicho ecológico; o próprio Skinner supunha isso, revelando o quão pouco ele compreendia sobre o que a evolução envolve. Explorar a conexão com essa visão da aprendizagem é uma estratégia equivocada: acaba-se defendendo algo para o qual não há garantia exceto de que parece ser abrangente. Não há modéstia nessa visão – nenhum reconhecimento de que o papel da seleção é limitado, se for isso mesmo. Nada é dito sobre como a evolução, o desenvolvimento fenotípico e o crescimento devem acontecer dentro das restrições estabelecidas pela Física, Química ou Biologia, talvez alguma forma de teoria da informação. Não há menção ao fato de que muitos genes são conservados por várias espécies e famílias. Fatores epigenéticos são ignorados. "Acidentes felizes" do tipo que se encontram no que Lewontin e Gould chamaram *spandrels* não são mencionados. Muitas vezes – especialmente no domínio cognitivo – há apenas um esforço mínimo para encontrar evidência para as afirmações: histórias do tipo "só sei que foi assim" são comuns. Virtualmente todos os traços dentro de uma espécie e suas estruturas e comportamentos são tratados como se tivessem sido "selecionados" durante um longo período, escolhido em virtude da adaptação ao ambiente em que a espécie se encontra. Enquanto há gestos em direção ao papel do genoma, nada se diz sobre sua estrutura precisa e como ele funciona, e não se encontra menção a fatores epigenéticos. O papel do genoma nessa visão ingênua da evolução – uma visão muitas vezes popularizada por aqueles que deveriam saber mais – é apenas transmitir de geração a geração formas bem-sucedidas para a espécie e seus membros "resolverem problemas" ao lidar com o ambiente. Há pouco ou nenhum desembaraço da noção de interesse e ações dos agentes dos "interesses" e "ações" dos genes. Compondo o erro, os genes na maioria das vezes são apresentados como tendo algum controle direto sobre o comportamento de um organismo, ao invés de proverem o organismo com vários sistemas que ele possa usar para lidar com o ambiente, e – certamente no caso dos humanos – fazem muito mais coisa também. Como a "aprendizagem" para o behaviorista, a visão ingênua, mas popular da "seleção" passa a ser tratada como uma explicação de virtualmente todos os tratos de um organismo. E esse tipo de simplificação ingênua começa a assumir as vestes de um princípio metafísico. Ao invés de Deus, apela-se para a evolução (assim entendida) sozinha como a explicação de sermos do jeito que somos e agirmos das formas que agimos. Confusão e ideologia são servidas, não clareza e razão – nem ciência.

Rejeitar essa noção de seleção não é, naturalmente, rejeitar o poder explicativo e o escopo da evolução, entendida propriamente. Mas, como indicado, não é muito claro o que deve ser incluído dentro da teoria da evolução.

II.4 Biologia: função-de-um-órgão

Tendo em vista essa advertência, e deixando para ser determinado o *status* final do alcance explicativo da adaptação e da função adaptativa na teoria da evolução, é tempo de reconhecer que a Biologia não parece providenciar um lugar para a explicação funcional que vários séculos de pesquisa científica convincentemente excluíram da maioria das formas de ciência física. Como forma de pano de fundo, Ernst Mayr (2004) argumenta contra reduzir a explicação biológica à Física porque, ele sugere, as teorias biológicas estão comprometidas a falar de função quando as teorias físicas não estão. Não é claro o que Mayr entende pelo físico, nem – em sentido relacionado – pelo biológico oferecendo um modo de explicação "autônomo". Reconheçamos, Biologia não é Física, mas – como a Linguística, se Chomsky estiver certo – é uma ciência natural e, logo, em um sentido importante, é uma ciência física. Ignorando, contudo, o problema de o que é ou não é físico, e focalizando nos tipos de casos mais plausíveis em que a explicação funcional faz boas contribuições, vamos olhar para a noção de função como um "sistema-dentro-de-um-organismo" ou um "órgão-dentro-de-um-organismo". Pode não ser exatamente o que Mayr tinha em mente, mas parece razoavelmente próximo disso.

A noção de função como um "órgão-dentro-de-um-organismo" é interessante para nossos propósitos por duas razões. Uma é que ela permite hipóteses claramente estabelecidas e falsificáveis, diferentemente das inúmeras afirmações feitas ao se lidar com questões funcionais na Biologia. E segundo, olhando bem, ela é adequada à concepção chomskyana de uma teoria computacional da linguagem, na qual a linguagem é pensada como um "órgão" – que é como Chomsky constrói a faculdade da linguagem – ou, pelo menos, como ele concebe seu núcleo computacional e suas "contribuições" especificadas em outros sistemas mentais. "Fazer um trabalho específico" (preenchendo uma função dentro de um organismo *por* interagir com outros sistemas específicos de formas específicas nas interfaces) parece ter sido construído a partir da ideia de que uma teoria computacional da linguagem é uma ciência formal de um sistema que faz "interface" com outros sistemas ao provê-los com informação que pode ser usada, e aparentemente mesmo fazendo isso de forma ótima, de modo que o *design* da faculdade da linguagem possa ser concebido como perfeito – ou, pelo menos, muito mais próximo da perfeição do que foi pensado há algum tempo. A linguagem – usando o termo informal de Chomsky – "instrui" os sistemas de produção/percepção e conceptual/intencional e, para fazer isso, deve lhes fornecer "instruções" (formas relevantes de informação) que podem ser "usadas" ou colocadas em uso – isto é, entrar em operação no(s) modo(s) característico(s) do(s) sistema(s) relevante(s). Note que "uso" aqui não é "uso pela criatura" ou "uso pelo organismo em sua totalidade", e especialmente não "uso pelo agente". É "empregado por outros sistemas (designados) de modos específicos", que é o que coloca essa noção de função na classe da investigação empírica.

Plausivelmente, de fato, poderíamos abandonar inteiramente o termo "função" ao lidar com transações específicas internas ao sistema e por meio disso evitar a obscuridade que esse termo parece ter. Provavelmente essa é a estratégia mais sábia – mas não aquela, aparentemente, que as pessoas estão totalmente dispostas a adotar. Não é claro por quê, embora eu suspeite que um fator seja o uso no que parece ser um contexto razoavelmente bem entendido que atraia atenção. Um paralelo possível é encontrado no caso seguinte, e inúmeros outros. Um artigo recente nos *Anais da Academia Nacional de Ciências* usa palavras como *choose* [escolha] e *move* [mova] ao falar das respostas inteiramente químicas às fontes de alimento ambientais para os micetozoários. O custo é a confusão, mas a recompensa é a atenção para uma descoberta "fantástica".

Assim, ignorando o problema de se a Biologia é "autônoma" da forma que Mayr parece imaginar, e focalizando nos casos razoavelmente bem discriminados nas ciências que lidam com "órgãos" específicos (ou pelo menos com seus "núcleos"), e ignorando também o conselho do parágrafo anterior, poderia não fazer sentido falar de um "órgão" biológico desse tipo *sem* introduzir a noção relevante de uma função – daquilo que o órgão "faz" para e com os sistemas com os quais interage. E se Chomsky aceita essa noção de função e – como indicado – ela não é pensada em termos de adaptações para um ambiente, nem em termos do que um organismo "faz" com o que o sistema disponibiliza, pode se criar um caso plausível para o sistema da linguagem servindo a uma função biológica de forma pelo menos razoavelmente próxima daquilo que Mayr possa ter tido em mente.

Não é completamente óbvio, contudo, que Chomsky aceite isso como uma noção autônoma de função biológica. Algumas razões para dúvida aparecem na discussão do exemplo do esqueleto no texto principal (veja também Lewontin, 2001); não somente há muitas afirmações plausíveis sobre as funções para o esqueleto (que é também um "órgão" do corpo interagindo com os sistemas imunológicos, circulatórios, motor...), mas algumas descrições de suas funções parecem muito informais (dada a estrutura do corpo), com pouca esperança de que isso se torne mais preciso dentro de uma teoria natural. Outras aparecem em nossas discussões de 2009 sobre o *design* e a perfeição da faculdade da linguagem no capítulo 8. Provavelmente a mais significativa de todas aparece dois parágrafos acima: para os propósitos científicos relevantes em questão, por que não abandonar o termo "função" totalmente e, ao contrário, falar de forma mais compreensível sobre as "interfaces" de um órgão? Ignorando tudo isso, contudo, Chomsky reconhece de fato alguma noção de função interorgânica (cf. Epstein, 2007).

Apêndice III: Sobre o que é distintivo na natureza humana (e como lidar com a distinção)

Há pelo menos dois pontos importantes feitos aqui no texto principal. Um é comentado em outros lugares: que a evolução da linguagem em sua forma moderna poderia ter consistido inteiramente de uma única mutação em um único indivíduo – uma mutação que permitiu a um humano construir pensamentos complexos.[1] A chave é a introdução de uma única operação, *Merge*, que dá a uma criatura que possui essa operação a capacidade de realizar recursão em uma extensão sem limites em princípio. Não há necessidade – como há com a explicação de Pinker e Bloom sobre a linguagem e sua evolução, e outros apelos para as vantagens seletivas do aumento da capacidade de se comunicar – de supor que a linguagem se desenvolveu vagarosamente ao

1 Sob a luz de algumas questões discutidas posteriormente e no texto principal nas p.50-9, devo enfatizar que essa história pressupõe que os conceitos humanos já existiam antes disso. Quanto a sua origem – assumindo que eles são em grande medida únicos aos humanos –, isso é algo que provavelmente permanecerá um mistério. Como Lewontin (1998) nos lembra, há pouca coisa que possa ser oferecida a favor ou contra qualquer hipótese específica.

longo de muitos milênios.[2] Apenas um passo seria suficiente, assumindo que *Merge* disponibilizasse os meios para se juntar conceitos para criar complexos e movê-los, e que os sistemas conceituais (o pensamento) e – quando e onde a externalização começa a figurar, o que não precisa ser no começo – os sistemas articulatórios e perceptuais estivessem funcionando. Há mais que isso para a linguagem e as condições sob as quais ela é adquirida e opera, e deve-se fazer mais para se entender como a linguagem poderia ser inata, embora tenha tantas formas. Para mais sobre esses temas, veja a discussão dos parâmetros e do que Chomsky chama de "terceiro fator" no desenvolvimento da linguagem tanto no nível da espécie quanto no nível do indivíduo. Contudo, o ponto básico parece permanecer: a hipótese de que *Merge* sozinho é suficiente para o traço recursivo da linguagem continua plausível, e sua introdução por um salto explica como a linguagem veio a ser introduzida na espécie. Para uma visão discordante, veja Pinker e Jackendoff (2005); e para uma resposta a eles, Fitch, Hauser e Chomsky (2005).

O outro ponto é encontrado no comentário de Chomsky, para quem nossos sistemas conceituais e cognitivos não operam do mesmo modo como o dos animais. Parte da razão é que os conceitos são diferentes; retorno a isso a mais à frente. Mas outro aspecto do problema retoma o ponto relacionado à liberdade de estímulo e outros traços do uso criativo da linguagem. Descartes, em seu *Discurso* de 1637, e muitos outros que vieram depois dele, foi confrontado pela diferença nas formas em que animais usam suas ferramentas conceituais/cognitivas e as formas em que os humanos, capazes de combinar conceitos em "perspectivas" de modos complexos, os empregam. (Hipoteticamente, é essa observação, sem dúvida só obscuramente entendida sob as

2 De fato, caso se descubra (veja a discussão nas p.25-33) que a comunicação é no máximo algo que a linguagem permite, ao invés de ser algo central, seu argumento é totalmente irrelevante.

rubrica de "conhecimento" ou "razão", que está na raiz do mito da criação especial dos humanos: nós temos a linguagem e modos flexíveis de combinar conceitos, outras criaturas não). Pelo menos dois fatores exercem um papel em trazer essa diferença. Um é que nossos conceitos são apenas diferentes; há mais sobre isso a seguir. Outro tem a ver com o que a faculdade da linguagem disponibiliza. Ela pode em seu uso operar – até onde podemos determinar – autonomamente, portanto suportando nossa habilidade de especular e imaginar sobre o que quer que seja, sem se preocupar com as circunstâncias, externas ou internas. Liberdade de estímulo, já apontada, é um fato nisso. Outro é a "infinitude" [*unboundedness*]: por meio das operações da faculdade da linguagem, conceitos escolhidos arbitrariamente podem ser combinados com outros para formar um número infinito de complexos ("expressões"). Elizabeth Spelke (2003), entre outros, valoriza a capacidade combinatória da linguagem e o que ela oferece apenas aos humanos; ela poderia adicionar: combinação em um grau ilimitado. Chomsky (2000) coloca desta forma: com a linguagem, podemos produzir "perspectivas" cognitivas novas que nos permitem conceber formas que são claramente indisponíveis para criaturas que não têm recursão. Mais um fator – certamente quase relacionado – é que as ações humanas parecem ser livres. Talvez isso seja uma ilusão, mas não é provável que alguém possa superá-la, ou para a qual há evidência de que deveríamos superar. Dado o número de sistemas em nossa cabeça e o fato de que a produção de ações requer a coordenação de pelo menos vários sistemas contribuintes, mentais e motores, e sistemas de *input* (com alguns sistemas diferentes e tempos diferentes) operando cooperativamente durante um intervalo, analisar as causas de uma ação seria como tentar resolver um problema multicorporal massivo em que há poucas, se é que existem, restrições sobre o que contribui, quando e como. Como a extensa discussão do problema multicorporal indica, isso é muito provável, além daquilo que nós humanos somos capazes de administrar.

Assim, poderíamos também reconhecer agora que, com nossas ferramentas científicas, somos muito provavelmente capazes de produzir uma abordagem determinística de fenômenos muito mais complexos do comportamento linguístico, especialmente um que possa ser generalizado a todos os indivíduos. Contudo, ao invés de lamentar o fato, deveríamos reconhecer que – como Descartes enfatizou – temos evidência da experiência que nos sentimos livres. Faltando qualquer evidência científica contra o "livre-arbítrio" e reconhecendo a evidência da experiência para isso, talvez devêssemos, ao contrário, celebrar nossa liberdade.

A história dos esforços para lidar com as capacidades cognitivas humanas distintivas é instrutiva. Enquanto poucos eram precisos em suas observações como Descartes, muitos, tanto na escola empirista quando na escola racionalista, seguiram durante os séculos XVII e XVIII atribuindo as diferenças vistas nos poderes cognitivos humanos à *razão*. Os animais, pensava-se, operavam não pela razão, mas pelo *instinto*. Enquanto há consenso sobre isso, contudo, as escolas divergiam sobre como elas pensavam que os humanos chegavam à razão: os racionalistas assumiam que era uma capacidade inata herdada, altamente dependente da operação de várias faculdades inatas. Descartes é conhecido por colocar a razão – a mente, ou o que é mental – em uma substância separada. Os empiristas sugeriram que esse traço supostamente distintivo dos humanos provém da exposição ao ambiente e – certamente na época de Herder e na da maioria dos românticos, e possivelmente antes – em grande medida provém pelo aprendizado da linguagem e das práticas sociais da comunidade. Assim a tese se torna, de fato, que invenções humanas, história e cultura fazem a diferença entre nós e as outras criaturas – que, e o fato suposto que deve acompanhar esse tipo de explicação, em grande medida a mente humana é vazia no nascimento, que ela tem disponível uma grande área onde algum tipo de procedimento geral de aprendizado opera, guiado por treino e experiência, e moldado por hábitos aprendidos e regras que, presume-se, ligam algum tipo de *input* a algum tipo de *output*.

O trabalho de Chomsky segue a causa racionalista consideravelmente ao tornar a razão não somente a consequência ao invés de um princípio explicativo aparentemente independente, mas uma consequência, grandemente, de tratar a linguagem – seu crescimento/desenvolvimento e suas operações internas – como um "instinto animal" introduzido por mutação na espécie humana. (O uso da linguagem, contudo, permanece ainda dentro do domínio da liberdade). Diferentemente de Descartes, ele aceita que nossa mente e especialmente o mecanismo combinatório da linguagem são objetos aptos para a pesquisa científica natural.[3] Além disso, diferentemente dos empiristas, ele sustenta que o que nos torna humanos não é a sociedade, a cultura e o treinamento de uma mente plástica, mas a introdução de um tipo especial de instinto em nossa espécie. Como um órgão do corpo humano, a linguagem se desenvolve automaticamente e opera internamente de acordo com princípios inatos. E a maioria de nossos conceitos do senso comum, pelo menos, parece ser inata também – logo, o resultado é algum tipo de sistema interno ou sistemas. O mesmo pode ser dito para os tipos de sons linguísticos que podemos produzir. Contudo, ao dispor um modo de colocar conceitos arbitrários juntos em estruturas complexas em momentos e circunstâncias arbitrárias, a linguagem claramente provê os humanos com as ferramentas essenciais para a especulação, explicação, inferência, e coisas desse tipo – certamente

3 Chomsky me sugeriu que é interessante especular sobre com que Descartes teria concordado, se fosse disponível e ele mantivesse uma distinção entre competência/performance. Se fosse disponível, Descartes poderia ter concordado que as operações computacionais da linguagem estão inerentemente naquilo que teria chamado de "corpo". Nesse aspecto, veja o que ele diz sobre a visão; especulo sobre o tema em uma seção chamada "A contribuição de Descartes" em minha introdução à terceira edição de *Linguística cartesiana* de Chomsky. Tenha em mente, contudo, que quando Newton apareceu, a noção de Descartes de corpo como um conceito científico teve de ser rejeitada.

dentro do domínio do senso comum, pelo menos. Ao fazer uma contribuição sem dúvida também para nossa capacidade de criar teorias científicas – no mínimo, assumindo que a recursão surgiu via *Merge* – parece que produzimos as infinidades discretas dos números naturais, de modo que eles têm um papel a exercer no desenvolvimento da ciência. Chomsky comenta sobre isso no texto. De fato, então, a tese em sua forma mais simples é que a introdução da recursão por meio da mutação que introduziu *Merge* leva não só para as operações da linguagem conceitualmente necessárias (colocando juntos elementos, e os movendo), mas também para o que Jared Diamond chamou "o grande salto para a frente", a introdução na espécie dos traços distintivos da capacidade cognitiva humana. Isso não é o suficiente, como sugerido antes: conceitos unicamente humanos exercem um papel também. Mas sua natureza distintiva pode ser o resultado de eles serem – pelo menos em alguma medida – devidos a *Merge* ou algo como isso também. O tópico é considerado no texto e no Apêndice V.

A explicação empirista não mudou substancialmente nem avançou apreciavelmente desde seus primórdios – ignorando nesse contexto as redefinições contemporâneas do empirismo como esforço para buscar as melhores explicações. Sem dúvida o conexionismo e similares proveem imagens de como a área na mente poderia ser, se algo como a perspectiva empirista estiver correta. Dessa forma, é um avanço a partir da "tábula rasa" de Locke (assumindo que ele de fato acreditasse nesse conto, o que é menos que óbvio). Mas o resto da história – especialmente a dependência de algum tipo de treinamento ou aprendizagem – está sem modificações. Diferimos dos animais por termos instintos fracos, ou talvez nos faltem todos os instintos em relação às nossas operações cognitivas mais altas. Para isso se tornar disponível, precisamos de experiências recorrentes, aculturação e (tipicamente) treinamento com o objetivo de formatar e constituir essas operações e os materiais conceituais sobre os quais elas operam.[4] Devemos ter grandes áreas de nossas mentes que permitem isso. E a razão continua a ser celebrada como o que nos torna distintos. Considere, por exemplo, o trabalho de Wilfrid Sellars e seus discípulos – um grupo que inclui várias estrelas da filosofia contemporânea. No ensaio "Filosofia e a imagem científica do homem" (1963a), Sellars apresenta um quadro abrangente – não diferente do de Hegel – de como os humanos vieram a ser o que são agora, com culturas avançadas, ciências e instituições. Nesse quadro, humanos são retratados como gradualmente sendo desmamados de uma abordagem em que eles se colocam no centro do universo e não têm noção da ciência de nossos atuais estados avançados epistemicamente e de nossas ciências pelo contínuo refinamento em suas habilidades de raciocinar. Suas habilidades de raciocínio vieram a ser modificadas por meio de uma sofisticação cada vez maior do senso comum (as imagens "originais" e "manifestas" do mundo e dos humanos de Sellars nelas), que eventualmente vem a ser a compreensão científica em sua forma moderna. Melhor e maior sofisticação são completamente tratadas em termos de formas de oferecer modos de descrever cada vez melhores e explicar o mundo e os humanos nele – isto é, como melhoria em nossa habilidade de raciocinar, proporcionada por "teorias" cada vez melhores. E conceitos são caracterizados por suas contribuições ao raciocínio – por seus papéis no raciocínio sobre o mundo e sobre nós mesmos. Conceitos – como a língua em si mesma – são tratados como governados normativamente, e as normas largamente epistêmicas que os regem são vistas como regras inferenciais que Sellars chama "práticas". Essas regras são, por seu turno, retratadas como as

4 Hume, que frequentemente apelou para os instintos (enquanto insistia que essas operações eram e permaneceriam obscuras), é uma exceção parcial. Como Descartes novamente, é interessante especular sobre o que ele teria sustentado, se tivesse disponível a distinção competência/performance. A visão de si mesmo como um cientista da natureza humana torna a especulação ainda mais interessante.

regras da razão e da linguagem, concebendo a linguagem da forma como Wittgenstein fez como um jogo ou um conjunto de jogos que "jogamos". De modo crucial, diferentemente das abordagens racionalistas dos sistemas cognitivos primitivos, incluindo para Chomsky a linguagem, devemos *aprender* a raciocinar. Aprender como raciocinar é grandemente um problema de aprender como inferir (ou jogar o jogo); e aprender que é aprendendo como se fala de acordo com o resto da comunidade específica na qual nos encontramos. Aprendemos a falar sendo treinados por nossas comunidades, que são, de fato, repositórios de (e de certa forma constituem) padrões de raciocínio correto. As comunidades treinam suas crianças para produzir as palavras corretas nas circunstâncias certas. Uma vez que a criança chega aos padrões suficientes da comunidade, ela "conhece a língua" (uma forma de *know-how*) ou a domina, e pode ensiná-la aos outros, porque ela tem a capacidade discriminativa relevante de reconhecer a divergência e conformidade. A visão do aprendizado é basicamente behaviorista; de fato, Sellars reconheceu seu behaviorismo, e de fato celebrou uma forma levemente sofisticada dele como a própria e única ciência da mente. Essa forma levemente sofisticada de behaviorismo aparece nos ensaios em que Sellars trata o cérebro como uma rede neural que é modificada por experiência e treinos que emulam conexões inferenciais que ele imaginou constituir as regras das línguas. Esses ensaios oferecem uma forma antecipada do modelo conexionista do cérebro, de acordo com o qual os caminhos cerebrais que levam do *input* sensorial para o *output* comportamental são modificados conforme o treinamento prossegue para produzir os *outputs* corretos, dados os *inputs* específicos. Ter uma língua é ter um cérebro que produz o que a comunidade considera ser o comportamento apropriado (epistemicamente correto etc.), dadas as circunstâncias. E ter um conceito é ter um nó no cérebro que produza os *outputs* corretos, dado um *input* específico. É notável que o quadro da linguagem, da mente, do cérebro e da razão de Sellars continue a dominar o estudo filosófico (e psicológico etc.) da linguagem e da mente. Na Filosofia, encontra-se tanto na escola "analítica" como (embora com menor ênfase no aprendizado, na ciência e no cérebro) na "continental". Ambos são empiristas em seus pressupostos, e diferem grandemente no estilo e na ênfase.

A alternativa racionalista de Chomsky para essa abordagem empirista trata a razão – exemplificada na solução de problemas tanto na ciência quanto no senso comum – como (pelo menos para o senso comum) fortemente dependente não de treinamento e aculturação, mas de nós termos os instintos inatos que temos. Essa perspectiva bem diferente sobre o tema é encontrada nos primeiros racionalistas que Chomsky discutiu em *Linguística cartesiana*, tais como Herbert de Cherbury, um dos platonistas de Cambridge do século XVII. Herbert notou que devemos ter "noções comuns" (inatas) em jogo para termos a razão – isto é, descrever e explicar. Essas noções comuns são, essencialmente, os conceitos do senso comum tipicamente expressos em nosso uso da língua natural. Chomsky acrescenta um instinto adicional e crucial, ou uma contribuição inata para o quadro de Cherbury, um órgão da linguagem e seus poderes combinatórios. A partir disso, o raciocínio divorciado das circunstâncias – culturas flexíveis, instituições humanas e estilos individuais etc. – se torna possível.

Assim, verifica-se que a diferença distintiva entre os humanos e os outros primatas reside largamente no fato de que temos um instinto que eles não têm: linguagem. A introdução da linguagem permite que a razão se desenvolva. Também somos convidados a repensar nossa visão dos animais, naturalmente: eles não precisam ser concebidos como máquinas naturais determinadas, como pensou Descartes – embora incorretamente, porque, como Newton mostrou, não há coisas desse tipo. Sem dúvida muitos animais também têm conceitos, mentes, liberdade, intenção etc. Contudo, eles não têm o que temos, linguagem e recursão.

Dito isso, tenha em mente que é bem possível, mesmo provável, que não é só o fato de termos a linguagem que explica as diferenças nas capacidades (na "razão") cognitivas humanas, mas que nossos conceitos são apenas diferentes dos conceitos dos animais. Há mais sobre isso no Apêndice V. Primeiramente, contudo, Chomsky esclarece o que *Merge* representa, como ele opera e o que ele proporciona para a espécie humana. Chomsky começa com uma abordagem da relação entre linguagem e outro benefício cognitivo da recursão aparentemente exclusivo da espécie humana – matemática, especialmente os números naturais. E ele oferece uma explicação muito interessante de um aspecto em que as línguas naturais diferem de outra forma em que os humanos empregam "símbolos". Produzimos e usamos sistemas formais, inventados como aqueles encontrados nas formas avançadas de Matemática e nas ciências naturais. Nenhuma outra criatura faz isso, naturalmente. E sem dúvida nossa capacidade de inventar esses sistemas simbólicos depende em parte de termos linguagem. Esses sistemas formais diferem da língua natural não somente pelo fato de que são inventados, que são artefatos, e pelo fato de que nossas línguas e nossos conceitos (e os sons linguísticos) não são. Eles diferem também no fato de que alguns deles dependem fortemente das línguas naturais, pelo menos em relação a torná-los apreensíveis. Aritmética é uma exceção plausível, como sugerido pela discussão no texto principal. Pelo fato de a aritmética ser como sugerido lá, um produto da concatenação interna operando sobre um léxico com um único elemento, ela é uma língua natural muito empobrecida. Agradeço a Chomsky por me apontar isso.

Apêndice IV: Chomsky e as ciências naturais

A discussão de Chomsky sobre *Merge* ilustra a fecundidade de idealizar e simplificar com o objetivo de construir uma ciência bem-sucedida. O ponto é discutido mais vezes em vários lugares em nossa conversa e no prefácio muito útil de Robert Hornstein para *Regras e representações* (1980, 2005) de Chomsky, por isso não o discutirei aqui. Ao contrário, quero fazer mais alguns comentários sobre a visão de Chomsky de ciência natural como eu a entendo.

Como sugerido antes, embora os humanos, ao construir ciência, consigam alguma ajuda de quaisquer fontes inatas levados por nossa capacidade de se envolver no que Peirce chamou de "abdução", as ciências em si mesmas – os sistemas simbólicos formais explícitos que constituem teorias – são em grande medida artefatos. Elas são produtos do engenho e esforço humano, tipicamente de pessoas trabalhando em conjunto. E as ciências avançam, frequentemente, por séculos, deixando muitas questões sem resposta. Elas são artefatos colocados juntos para fazer um trabalho porque, de fato, a ciência é um projeto. É uma tentativa dos humanos de construir teorias em vários domínios.

No caso das ciências naturais, esse trabalho é razoavelmente bem compreendido, e há consenso, usualmente implícito, sobre os objetivos. Há, naturalmente, diferenças entre as ciências nos objetos (nas "entidades" que as ciências investigam), nas técnicas de pesquisa específicas e dispositivos experimentais, e nas leis e princípios das teorias, embora as ciências naturais geralmente tenham como alvo um objetivo uniforme. Suas práticas refletem o que Chomsky (2000) chama de "monismo metodológico". Abstraindo as diferenças nas técnicas experimentais, há uniformidade suficiente nos objetivos dos cientistas naturais, não importando qual a ciência, no que o termo "monismo" (implicando uma abordagem única no domínio) se aplica. O objetivo – o "objetivo da ciência", o projeto que o cientista tenta desenvolver – é produzir uma teoria de um domínio que oferece adequação descritiva e explicativa, que provê afirmações formalizadas (explícitas, matemáticas), que é simples (em algum sentido difícil de definir), que caminha na direção da objetividade, e que permite a acomodação de outras ciências. O progresso – e o progresso é necessário, pois ele é sinal do sucesso – é medido por melhoras em um ou mais de um desses requisitos.

A melhor teoria em um dado tempo por esses padrões oferece o que conta como uma verdadeira teoria, e pode-se presumir que o objeto que a teoria focaliza é corretamente descrito e explicado. Dessa perspectiva, é plausível falar de ciência como um esforço para "buscar a verdade" sobre o mundo natural. Pensá-la como um projeto restrito pelas ferramentas que demonstravelmente produzem sucesso sugere que tentativas de construir teorias de domínios onde um ou mais dos requisitos não podem ser preenchidos – por exemplo, tentativas de construir teorias da ação humana –, ou onde alguém encontra contínua falta de progresso, deveriam ser abandonadas. Falha em certos domínios – talvez aqueles que são muito complexos, entre outros – não deveriam surpreender, Chomsky nota. Somos criaturas biofísicas, e não há razão para esperar que nossos poderes cognitivos sejam qualquer coisa menos que limitados, assim como são aqueles das outras criaturas. Como enfatizado em Chomsky (1988), esse fato é naturalmente nossa vantagem, pois sem limitação não haveria crescimento nem conhecimento.

Dados os pontos sobre teorias e verdade, e dado o formato das teorias que temos tentado construir, talvez possamos especular em grande medida o que o mundo "em si mesmo" é. Por um lado, com exceção de organismos biológicos que se desenvolvem ao longo do tempo, o mundo (como podemos entendê-lo) parece ter entidades e sistemas que permanecem bem estáveis, e ter (dentro de limites) estados previsíveis e consequências. Talvez essa estabilidade dependa de manter estruturas estáveis. Por outro lado, esses estados parecem estar – o que nossas mentes matemática e formalmente dotadas parecem ser – em relações simples uns com os outros. As afirmações feitas por essas especulações podem, naturalmente, ser nada mais que artefatos de nossas teorias. Mas o surpreendente sucesso – embora miraculoso – de nossa teoria formal/técnicas de construção sugere que nossas teorias traçam como as coisas são. Notavelmente, além disso, objetivos de construção de teorias que produziram ciências melhoradas no domínio "físico" parecem ser igualmente bem-sucedidas no domínio "mental". Exemplos disso incluem teorias computacionais da linguagem e da visão. Esse ponto é enfatizado novamente na discussão posterior.

Finalmente, um ponto sobre conceitos científicos como opostos àqueles encontrados no senso comum. Com conceitos científicos, não faz sentido dizer que de alguma forma eles são bem-sucedidos em (pensamos) trilhar o modo como as coisas são *porque* eles têm suas formas e características como resultado de algum tipo de adaptação evolutiva. Peirce pensou que esse tipo de explicação fosse plausível. Que *poderia* fazer algum sentido com nossos conceitos do senso comum (contudo, veja mais à frente) porque eles – ou alguns deles, ou <algum(ns) do(s)> o(s) sistema(s) que os produz(em) – poderiam ter estado em funcionamento por milênios, permitindo a adaptação evolutiva, talvez por várias espécies (Hauser, Chomsky e Fitch, 2002). Contudo, não faz sentido com conceitos como LÉPTON ou ALEPH-ZERO e similares, ou mesmo conceitos como ENERGIA, FORÇA ou MOVIMENTO como são compreendidos e empregados na Física. Como sugerido anteriormente na discussão, nenhuma força adaptativa poderia tê-los gerado. Eles são invenções recentes dos seres humanos, e tendo-os em separado das abordagens em que estão alojados – elas mesmas artefatos – poderia não ter proporcionado a reprodução ou outras vantagens para humanos ou certas criaturas antecipadamente. Algumas das contribuições de nossas mentes para a capacidade de "fazer ciência" e construir teorias científicas sem dúvida são inatas, mas isso está longe de afirmar que nós humanos temos sistemas "dedicados" à produção de conceitos em ocasiões desencadeadoras. Se fosse esse o caso, construir ciências adequadas seria muito mais fácil que isso e, no caso da Física, não teríamos precisado de algo como os vários séculos que demorou para a Física atingir o estado completo em que está agora.

Apêndice V: Sobre conceitos e teorias equivocadas sobre eles, e por que os conceitos são únicos

V.1 Conceitos e modos de se equivocar

Quase todos que admitem a existência de conceitos concordam que no mínimo alguns deles são expressos por unidades similares às palavras; que são, pelo menos em parte, "entidades" mentais; e que é por meio deles que nossas mentes têm acesso ao mundo. No entanto, não há muito mais acerca dos conceitos que seja aceito consensualmente.

Algumas das abordagens para os conceitos – aquelas que adotam perspectivas antinativistas e externalistas empiricistas – precisam ser mencionadas somente porque têm de ser rejeitadas. Uma versão dominante da perspectiva empiricista é encontrada no que chamamos de "funcionalismo" na filosofia da mente. Essencialmente, o funcionalismo sustenta que os conceitos são os papéis/as funções (epistêmicas) que as ocorrências linguísticas têm nas transações mentais que medeiam o *input* sensorial/perceptual e o *output* comportamental. A concepção da mente defendida por Wilfrid Sellar, discutida em vários outros apêndices e aqui novamente – com o risco de entediar o leitor –, é um exemplo. Ele formula o que é por vezes chamado de "visão baseada na função conceitual" [*conceptual role view*]das palavras e dos conceitos que elas expressam. As palavras são vistas não como Chomsky as concebe – como itens lexicais –, mas como "coisas" de algum tipo (talvez como nós em redes neurais, talvez como codificação binária eletronicamente executada no computador); essas "coisas" funcionam em sistemas computacionais que tratam do mundo e "resolvem problemas" de maneiras epistemicamente confiáveis. O funcionalismo pode assumir várias formas, inclusive formas behavioristas e conexionistas. A mesma posição básica está implícita em muitos trabalhos de Psicologia e de Filosofia, incluindo alguns dos mais famosos. Além disso, ela é popular não só na Filosofia da mente, mas também na Filosofia da linguagem. É fácil perceber o *pedigree* empiricista dos funcionalistas, pois adotam a ideia de que a mente/cérebro é algo como um sistema causal que recebe *input* sensorial e que o submete a operações computacionais concebidas em termos de programas (epistêmicos) que são regidos por regras, que produzem respostas confiáveis a problemas estabelecidos ambientalmente e cujo objetivo é produzir comportamentos ou ações bem-sucedidas. Ou seja, os funcionalistas estudam a mente como se ela fosse um mediador confiável entre *input* externos e *outputs* (uma versão do externalismo). E acreditam que a mente ganha capacidade de agir de forma confiável em virtude de que os indivíduos adquirem hábitos epistêmicos determinados externamente por uma comunidade linguística, o que constitui uma rejeição do inatismo. Partindo dessas premissas acerca da mente e de que caminho adotar para compreendê-la, somos convidados a adotar outras premissas populares nas abordagens empiricistas: que a identificação de um conceito é uma questão "holística", de modo que, para se identificar um conceito específico, deve-se saber seu "lugar" (papel/função) em um grupo de conceitos; que o entendimento é uma questão de saber/ter uma teoria (holística) sobre o mundo; que dispor de uma língua é dispor de um tipo de *know-how*; que aprender uma língua é desenvolver uma teoria (boa e confiável) do mundo; que aprender uma língua é ser treinado a produzir o que a comunidade considera comportamentos e respostas corretas etc. Embora esse tipo de visão domine a discussão filosófica e psicológica, ele não resolve problema algum. Na verdade, na medida em que parte de premissas erradas a respeito de como levar adiante o estudo da mente e de seus conteúdos, acaba produzindo enigmas e mistérios. A abordagem empiricista, ao tentar construir uma teoria do uso ou da aplicação da linguagem altamente variável e muito dependente do contexto do usuário, comete o erro para o qual Wittgenstein alertou: os filósofos e os psicólogos empiricistas acabam tendo de lidar com uma ou outra forma de *Scheinstreit* ("pseudoproblema") wittgensteiniano. Em *Investigações filosóficas,* Wittgenstein afirmou que problemas filosóficos não são problemas; não há solução para eles. Eles são apresentados e concebidos de tal forma que é impossível solucioná-los. Portanto, qualquer discussão ou disputa a respeito deles não só é infinita, mas também inútil. Chomsky parece estar sugerindo o mesmo no que diz respeito ao funcionalismo e aos dogmas filosóficos correntes a ele associados (como o representacionalismo e o fisicalismo <cf. Chomsky, 1996>), e parece estar ligando essa sugestão a outra: se você deseja explicações e evidência ao invés de especulações e intuições misturadas e flexíveis, originadas de pressuposições infundadas e sem possibilidade de ser bem fundamentadas no que diz respeito à mente e a como estudá-la, você deve empregar os instrumentos da pesquisa naturalística – as ciências naturais – e, usando tais instrumentos, deve olhar para o que acontece "dentro" da cabeça, e não para as relações que se estabelecem entre cabeças e mundos. Essa parece ser a única alternativa viável, usando a expressão de Jerry Fodor, mas com um propósito diferente daquele contido em seu esforço representacionalista e externalista.

Como a visão de Fodor da mente e dos conceitos pressupõe o inatismo, ela é um contraponto útil às ideias de Chomsky. Ele oferece uma variante da explicação fregeana das palavras e dos conceitos que elas expressam. As palavras expressam o que Frege chamou de "sentidos", e estes, por sua vez, se referem a coisas e propriedades, ou as denotam. Os sentidos podem diferir mesmo que denotem as mesmas coisas. Pense nos sentidos fregeanos como diferentes modos pelos quais as denotações podem ser "apresentadas". Uma denotação pode ser a mesma ainda que seja apresentada de modo diferente – ela é denotada por diferentes sentidos. Um exemplo-padrão é o seguinte: as expressões "estrela da manhã" e "estrela da noite" denotam a mesma coisa (Vênus), mas diferem pelo modo como "apresentam" Vênus; elas se distinguem em sentido. Fodor psicologiza os sentidos de Frege e os chama de "modos de apresentação", ou MDAs. Então, o que é um conceito? Pode se pensar que um conceito é um MDA. É isso, afinal, que está dentro da cabeça; é isso também que se desenvolve automaticamente (Fodor, 1998, 2008). No entanto, Fodor, com suas inclinações externalistas – claramente visíveis em sua "teoria representacional da mente", mas também em outras manifestações –, quer identificar conceitos em termos de seu "conteúdo abrangente", que é essencialmente o que mostra de que os MDAs são formados e a que eles se referem (suas denotações). Essencialmente, Fodor sustenta que o MDA para, digamos, *água* se desenvolve automaticamente em uma pessoa como resultado de algum tipo de relação informacional causal com – ou predominantemente com – a água "lá fora"; e que essa relação causal também estabelece uma relação semântica inversa, a denotação, de maneira que o MDA-água denota a propriedade de *ser água* "lá fora" (e, ele insiste, a de *ser* H_2O "lá fora", também). Alguns dos erros encontrados nessa concepção são discutidos no texto principal. Não há nada de errado em acreditar que MDAs são adquiridos por meio de algum tipo de relação causal; qualquer explicação inatista sustenta que conceitos se desenvolvem como resultado de algum tipo de relação de "acionamento" [*triggering*]. No entanto, não há razão para acreditar que uma relação semantica de denotação carrega nos ombros a relação de acionamento causal mundo-cabeça isto é, mundo-representação mental. Para uma discussão adicional, veja meus trabalhos de 2002a e 2010. De qualquer forma, porque ambas as noções de MDA e da (suposta) denotação figuram na análise de Fodor, podemos considerar, para nossos propósitos, que Fodor identifica um conceito com um par que consiste de um MDA e de alguma propriedade "lá fora".

Tanto quanto consigo ver, a visão de Chomsky acerca dos conceitos – que é inatista, como a de Fodor, mas internalista, ao contrário da dele – difere da de Fodor em três aspectos fundamentais. Ao contrário de Fodor, Chomsky duvida seriamente que denotações sirvam para individualizar conceitos. Por razões que foram bem exploradas pelos racionalistas nos séculos XVII e XVIII, ele afirma que a única maneira proveitosa de se distinguir um conceito de outro é olhar para os conceitos eles mesmos tal como aparecem em nossa cabeça e construir uma teoria naturalística a partir deles. Ou seja, deve-se ter por objetivo construir uma teoria de algo como os modos de apresentação (MDAs) de Fodor, e não das relações com o que, segundo ele, são suas denotações. Pois os MDAs – até mesmo Fodor admite –[1] têm a natureza que têm não em virtude do que os causa, mas porque a mente os configura de forma a que se encaixem na agenda do maquinário mental. Se você deseja saber o que é um conceito, olhe para aquilo que a mente faz que ele seja; o inatismo e seu internalismo implícito são apropriados para esse estudo, o repre-

1 Veja Fodor (1998) para sua visão sobre "propriedades de aparência". Quanto a por que a visão de Chomsky dos MDAs é apenas "similar" à de Fodor: os MDAs de Fodor são essencialmente conjuntos de crenças, enquanto para Chomsky são aglomerados de "traços semânticos" utilizados em uma derivação/computação da sentença/expressão que parte de itens lexicais e vai até uma interface semântica SEM. Crenças não têm qualquer papel na proposta de Chomsky, exceto pela possibilidade de que aquilo que está do "outro lado" da interface SEM inclua sistemas de Crenças-I que exijam eles próprios explicação e descrição em uma teoria naturalística de um outro sistema mental.

sentacionalismo e o externalismo não são. A visão de Chomsky está vinculada à ideia, frequentemente apresentada e defendida por ele, de que referir ou denotar é algo que as pessoas fazem – uma forma de ação humana livre –, não algum tipo de relação "natural", como Fodor quer acreditar. Ela também está vinculada à ideia de que os recursos cognitivos são limitados e que o único "acesso ao mundo" prontamente disponível a todos os seres humanos é o fornecido pelos recursos cognitivos com base biofísica e que são disponibilizados pelos conceitos inatos – de fato, pelos conceitos de senso comum que as crianças adquirem prontamente, sem treino. É verdade que pelo menos alguns seres humanos atualmente dispõem de outros tipos de conceitos – em particular, daqueles encontrados nas várias ciências naturais, que são em larga medida invenções humanas e que de forma alguma estão facilmente disponíveis à criança ou mesmo ao adulto que não tenha familiaridade com as teorias que os definem. Pondo de lado o que diz Fodor (e Putnam, e Kripke, e muitos outros), esses conceitos e o acesso ao mundo que eles oferecem reforçam o ponto de que de nada adianta tentar individualizar os conceitos inatos do senso comum apelando para denotações. H_2O e, de forma ainda mais reveladora, os vários estados estruturalmente diferentes dela investigados pelas ciências (veja a discussão de Chomsky sobre H_2O no Apêndice I), definitivamente não são nada daquilo de que as pessoas falam quando falam de água usando o conceito do senso comum ÁGUA. O problema reside nas expectativas externalistas-representacionalistas de Fodor.[2]

---

2 Devo enfatizar que o externalismo de Fodor não é tão radical quanto o encontrado na obra de Michael Tye, entre outros. Para Tye, o "conteúdo perceptual" de uma coisa é, em sua totalidade, a coisa em si mesma (na verdade, a coisa do senso comum – o que faz esse ponto de vista ser ainda mais intrigante). Veja a resenha de Fodor do recente livro de Tye, *Consciousness Revisited* [A consciência revisitada], no *Times Literary Supplement* de 16 de outubro de 2009. Mas não leve muito a sério a acusação de Fodor de que Putnam é o culpado pelas posições de Tye. O próprio externalismo de Fodor foi influenciado por Putnam.

Outra diferença importante de Chomsky com relação a Fodor reside em sua opinião quanto à necessidade de introduzir o que este último chama de "linguagem do pensamento", ou LDP (cf. Chomsky, 2000). Chomsky parece ter várias razões para duvidar do valor de postular tal coisa/sistema. Uma das razões diz respeito às complicações que a LDP adiciona à ciência da linguagem natural e, presumivelmente, a outros sistemas que contribuem para os conceitos. Suponha que os elementos sintaticamente descritos na interface semântica da faculdade de linguagem devam estar ligados ao(s) conceito(s) "correto(s)" em um sistema separado, isto é, à sua representação em LDP, a fim de que se possa ver o que um conjunto específico de elementos sintáticos "significa"; nesse caso, para que essa teoria seja explicitada, o teórico precisa (1) dizer que ligação é essa, (2) como está estabelecida (como é adquirida/aprendida) e (3) o que está "na" LDP para ser ligado por ela. Se, ao contrário, a "contribuição semântica" da faculdade da linguagem na interface SEM – que se expressa, na teoria de Chomsky, pela formulação de traços semânticos que lá aparecem – é considerada (como para Chomsky) como aquilo que constitui o significado de uma expressão. Não há problema de vinculação, aquisição ou especificação. Com efeito, uma determinada representação na interface SEM ou se torna um "modo de apresentação" sentencial complexo específico, ou, no mínimo, a contribuição da faculdade de linguagem para esse MDA (com o resto dele sendo fornecido pelos sistemas mentais com o qual a linguagem faz interface, se for o caso).[3] Além disso, tome como dado que a "informação semântica" expressa na forma de traços semânticos deve estar alojada de alguma forma no léxico, e suponha que esses traços constituam (no mínimo) a maior parte da "informação semântica" disponibilizada em um conceito de senso comum; com essas premissas, a questão de como se adquire a capacidade de expressar os traços semânticos

3 Ver, no entanto, a discussão mais à frente e o Apêndice XII.

contidos nos conceitos de senso comum nos quais se concentra Fodor pode ser reformulada do seguinte modo: qual é a "informação semântica" que pode ser colocada em um item lexical, item que pressupõe alguma associação entre um "som" linguístico e um "significado" (um conjunto de traços semânticos)? E, indo ainda mais longe, presumindo-se que é possível dizer quais são os traços relevantes, também se pode vislumbrar uma forma de investigar, pelo menos em princípio, como os conceitos humanos diferem dos conceitos dos animais – se é eles que diferem; Fodor simplesmente presume que são os mesmos, na medida em que pressupõe que compartilhamos a LDP com outras criaturas. Pode-se fazer tudo isso mantendo os princípios internalistas que Chomsky sustenta, sem qualquer LDP – presumindo que exista tal coisa, porque tudo o que realmente se disse é que a LDP é o inglês ou o francês etc., e o inglês, o francês etc. são eles próprios entidades muito suspeitas, uma vez que sua proveniência é a noção de língua encontrada no senso comum, em nada parecida com as Línguas-I. Diante de todas essas vantagens (economia etc.), que evitariam tanto a confusão quanto a exploração de caminhos sem saída, é lamentável que a ciência dos traços semânticos ainda esteja em seus estágios iniciais e, portanto, não possa ser vista como a única abordagem possível para o cientista da linguagem. No entanto, há algum progresso (como indico a seguir), e não há alternativas para quem acredita, por razões independentes, que o único caminho plausível é algum tipo de abordagem internalista.

Uma terceira diferença entre a posição de Chomsky e a de Fodor é que, ao assumir que os conceitos "lexicais" (aqueles expressos por palavras, e não por frases) podem ser caracterizados por múltiplos traços semânticos, Chomsky abre espaço para a ideia de que os conceitos que Fodor chama de "lexicais" sejam "analisáveis" ou "composicionais", em vez de "atômicos" (como Fodor insiste que são). Em essência, Chomsky permite que os MDAs expressos em língua natural possam ser alvo de uma teoria composicional de conceitos, uma teoria internalista que desenvolve a visão dos racionalistas dos séculos XVII e XVIII de que, se você quer saber o que um conceito é, olhe para a mente. Os comentários no texto principal refletem uma inclinação para adotar a complexidade e a composicionalidade de conceito. Existem várias maneiras de manipular tanto a visão atômica de conceitos de Fodor quanto a visão (potencialmente) composicional de Chomsky, mas, para nossos propósitos aqui, elas podem ser ignoradas. De qualquer forma, uma vez que os traços semânticos aparecem fortemente na reconstrução da noção de conceitos segundo a perspectiva de Chomsky, vou presumir que a tentativa de formular uma teoria de tais traços e de como eles são combinados de acordo com princípios biofísicos é uma forma razoável de perseguir o desenvolvimento de uma teoria naturalística inatista e internalista dos conceitos.

Ainda que a ciência de conceitos/MDAs expressos em termos de traços semânticos esteja em seus estágios iniciais, ela parece ser um projeto razoável. E tem progredido. Traços tais como CONCRETO, ANIMADO e outros similares têm sido desde há muito tempo foco de pesquisa nos estudos dos conceitos lexicais. Tais traços funcionam como termos descritivos, como instrumentos para capturar diferenças em "leituras" de palavras e de frases. Uma teoria descritiva adequada dos traços semânticos deve fornecer uma maneira de distinguir as diferenças entre os conceitos expressos linguisticamente, aqui entendidos como MDAs.

Aqui está uma maneira de conceber termos como CONCRETO e ANIMADO. Porque contribuem para o que Chomsky chama de uma "perspectiva" disponível a "outros sistemas" na interface semântica SEM, pode-se pensar neles, em qualquer caso particular, como uma contribuição para um, dentre um número potencialmente infinito, dos "modos de entendimento" – entendimento para o qual a linguagem contribui. As sentenças ("expressões") expressam esses modos, ou seja, as sentenças em sentido técnico ("expressões") oferecem, em uma forma estruturada nas SEMs, os traços semânticos dos itens lexicais de que são compostas. Pode-se pensar nos termos relativos aos traços semânticos como algo parecido com as descrições adverbiais de como uma pessoa pode pensar ou imaginar "o mundo" (incluindo, presumivelmente, um mundo ficcional, ou de um discurso, ou de uma história, ou abstrato, independentemente do quanto ele seja mínimo) tal como é apresentado por outros sistemas na cabeça (cf. Chomsky, 1995a, p.20) . A forma exata por meio da qual os traços semânticos fazem isso não é de modo algum clara, é uma decisão que cabe a uma teoria específica tomar, embora eu tenha algumas sugestões a fazer no Apêndice XII. E há um perigo inerente na afirmação de que esses traços oferecem modos pelos quais as *pessoas* podem *entender*, pois "pessoas" não são termos que figuram nas ciências naturais; o modo como os traços "funcionam" em uma interface semântica fornecendo "informação" para outros sistemas é presumivelmente inconsciente; e "entender" não é de maneira alguma um termo teórico bem definido. Para o momento, porém, ele é suficiente: os traços relevantes certamente têm algo a ver com a forma como as pessoas compreendem e pensam – com "entender" tomado aqui como um termo geral para todos esses casos. Ultrapassando um pouco as fronteiras na direção de uma teoria, então, talvez possamos pensar nas maneiras pelas quais os traços semânticos dos itens lexicais (ILs) contribuem como tendo algo a ver com o modo como configuram outros sistemas – ou, talvez, como fornecem instruções para eles, oferecendo a informação semântica que é constituída pelos traços.

Uma ressalva: é um erro conceber esses traços como propriedades das coisas "lá fora", como faz Fodor (2008) ao falar deles. Pode parecer que eles tenham esse papel no caso de uma sentença que uma pessoa usa para se referir a alguma coisa, pelo menos quando tal frase é tida como verdadeira da(s) coisa(s) à(s) qual(is) a pessoa se refere. Mas referir e sustentar a verdade são ambos atos que uma pessoa executa, e de nenhum modo algo que os traços semânticos "fazem". Além disso, enquanto sentenças usadas para referir e sustentar a verdade podem ter um lugar de destaque nos pensamentos daqueles que gostariam de manter que esse uso é tanto dominante quanto paradigmático, na verdade não são nem uma coisa nem outra. A ênfase em sustentar a verdade distrai a atenção de usos da linguagem muito mais prevalentes no pensamento e na imaginação, na especulação e na autorrepreensão etc.; o ponto fundamental é que "dizer a verdade" é, na melhor das hipóteses, uma das muitas maneiras pelas quais um traço semântico pode contribuir para o entendimento, e dar ênfase a esse uso desvia a atenção do fato de que, quando os traços semânticos contribuem de uma ou outra forma, eles são *constitutivos* de um modo de entendimento e, por isso, possivelmente, são também constitutivos da "experiência" (cf. Chomsky, 1966, 2002, 2009).

Continuando, qual é o *status* dos termos que se utiliza correntemente na descrição de traços, como o termo ABSTRATO? Pode-se concebê-los como termos teóricos provisórios. Pense neles como termos descritivos da maneira indicada: não descrevem coisas do mundo, mas modos de entendimento. Além disso, deve-se concebê-los mais como termos "disposicionais", no sentido de que – como o termo disposicional "solúvel", quando se refere a sal – não são explicações, em si mesmos, para o modo como os traços semânticos "funcionam", mas antes descrevem por meio de um "resultado" discernível ou perceptível: o sal se dissolve quando colocado na água; e ABSTRATO fornece como resultado um modo de entendimento de um "objeto", especificamente, como sendo um objeto abstrato. Ao ouvir a sentença "George está escrevendo um livro sobre hidrodinâmica, e esse livro vai quebrar sua estante", você "vê" o livro de George, em sua primeira ocorrência, como abstrato, e na segunda, como concreto. (Presumivelmente, o IL que você tem para LIVRO "contém" tanto o traço ABSTRATO quanto o traço CONCRETO.) Olhando para termos como ABSTRATO desse modo, pode-se, em seguida, tomá-los como termos teóricos provisórios que, como parte de um esforço teórico naturalístico, têm algo parecido com o *status* de um termo disposicional – como um termo que pode ser substituído, no vocabulário de uma ciência avançada dos traços semânticos, por termos que descrevem o que é um traço semântico e – com a ajuda da teoria – que explicam como tais traços "funcionam", como, juntamente como os itens lexicais, são adquiridos, e coisas do tipo.

A ciência das cores, isto é, o estudo da percepção das cores, nos oferece uma espécie de analogia. Considere o que acontece quando dizemos "estou vendo uma mancha verde" (o que, suspeito, seria mais bem expresso por "sinto manchamente verdemente" [*sense greenly patchly*], se quiséssemos capturar o caráter "adverbial" desse tipo de percepção, ainda que essa frase soe horrível): a "verdidade" [*greenness*] é na verdade uma contribuição de nosso sistema visual/mental em resposta (em geral) a eventos de imposição [*impingements*] causados por fótons sobre agrupamentos de nossos cones retinais. Nossas mentes, por meio das operações do sistema visual, configuram sensações de forma, localização e cor em "modos coloridos" de percepção, sendo uma tonalidade de verde específica um desses modos. Qualquer verde específico, bem como sua contribuição para a "experiência da cor", é capturado por meio de um complexo de termos teóricos – matiz, brilho e saturação – no qual essas propriedades são escalas em uma teoria das operações do sistema visual, e a teoria mostra como e por que determinadas matrizes de taxas de ativação [*firing rates*] dos cones retinais, submetidas a diversas formas de cálculo, fornecem um conjunto com três valores HBS específicos para cada "ponto" particular de um "espaço visual" retinotópico. Um conjunto específico de valores de matiz, brilho e saturação descreve e explica "como uma pessoa vê de uma forma colorida" em uma ocasião específica. A analogia com os traços semânticos deve estar clara, embora seja limitada. Uma razão disso: a linguagem, ao contrário da visão, muitas vezes – talvez na grande maioria das vezes – opera "*off-line*": ela não depende tão fortemente quanto a visão da estimulação originada de outros sistemas em nossa cabeça, ou de "sinais" do ambiente. A visão pode operar "*off-line*", também: parece fazer isso no caso de imaginação e dos sonhos; mas, em tais situações, isso se dá, presumivelmente, por causa da estimulação interna, e o grau até onde a visão pode operar "*off-line*" nem se aproxima do que podemos fazer, e rotineiramente fazemos, com a linguagem. Outra dessemelhança: a linguagem é o que Chomsky chama de um sistema de "conhecimento"; a visão não é. ILs armazenam informações semânticas e fonológicas que – especialmente no primeiro caso – configuram o modo como compreendemos a nós próprios, a nossas ações e nosso(s) mundo(s), e não apenas alguma forma específica de "conteúdo sensório" totalmente interno.

Observe que uma abordagem desse tipo evita qualquer necessidade de vincular de algum modo as "palavras" a valores semânticos, a propriedades, a elementos em uma linguagem do pensamento, ou a qualquer outra coisa do tipo. Por isso, há uma vantagem imediata: não há qualquer necessidade de adicionar a uma teoria de significados expressos linguisticamente uma análise do que os significados são, nem há qualquer necessidade de que uma teoria explique como se dá o elo com os elementos da LDP, nem é preciso para amarrar ou "prender" <*lock*, termo de Fodor> os elementos da LDP a propriedades "lá fora". As questões de aquisição podem ser colocadas no contexto a que elas realmente pertencem: no quadro de uma análise dos traços semânticos, as questões são: de onde tais traços se originam e como eles são organizados e combinados? Torna-se muito mais fácil compreender como conceitos linguisticamente expressos podem ser tão facilmente adquiridos e tão facilmente acessíveis a qualquer pessoa que disponha do "equipamento adequado" em sua cabeça: presumindo que os traços, bem como o mecanismo que os organiza e combina, sejam universais, torna-se muito mais fácil de lidar com o fato de que algumas poucas pistas são normalmente suficientes para produzir uma compreensão razoável de um conceito do qual não se precisou antes. Além disso, obtém-se o que Chomsky acredita ser uma vantagem: um paralelo com o(s) modos(s) que as teorias naturalísticas da linguagem utilizam para lidar com traços fonológicas e fonéticos e com seu funcionamento. O paralelo é útil para mostrar aos externalistas convictos que o abandono dos mitos de referencialismo e do representacionalismo não torna impossível a comunicação entre os seres humanos.

Há problemas sérios que precisam ser resolvidos no caminho em direção a uma teoria dos traços semânticos lexicais, de como são adquiridos e de como funcionam. Um deles é o de saber se os conceitos que desempenham um papel na interface SEM são "subespecificados", sendo "preenchidos" por informação introduzida por outros sistemas. Ou são, talvez, "superespecificados", de modo que alguma poda é necessária em SEM? Outra questão relacionada é a de saber se há necessidade de atribuir algum traço de identificação exclusiva a um conjunto de traços conceituais específico, a fim de distinguir esse conjunto de outro correspondente a um outro conceito. Se isso for necessário, pode-se perguntar por que esse traço, por si só, não seria suficiente para individualizar um conceito. Uma terceira questão é a de saber se, durante a derivação de uma expressão sentencial, pode-se permitir a inserção (ou eliminação) de traços. Chomsky parece pensar que sim: em Chomsky (2000, p.175 ss.), ele observa que ILs como *quem* e *ninguém* fornecem construções de quantificação restrita em SEM, e outros ILs, como *perseguir* e *persuadir*, parecem exigir uma forma de composição lexical na qual um elemento de ação causal (para *persuadir*, "x faz que y tenha a intenção de") e um elemento de estado resultativo ("x tem a intenção de") são combinados no curso de uma derivação.[4]

4 Comentando esse número e as dificuldades que ele menciona na determinação do que está em SEM e do que "faz" seu conteúdo, Chomsky lembrou-me do fato de que, uma vez que pouco (na verdade, nada) se sabe sobre o que está no "outro lado" da interface semântica SEM, vale ressaltar a diferença entre

No entanto, ele observa, quanto às "palavras simples" (2000, p.175), é plausível dizer que seus traços são simplesmente "transportados", intactos, para a interface SEM. Admitamos que o termo "palavras simples" significa algo como "candidato a radical lexical morfológico de palavra em uma classe aberta" (portanto, não inclui as "palavras formais", como no caso das versões formais de "de", "para", além de elementos flexionais como TEMPO). O ponto de Chomsky parece ser que aquilo que poderia ser chamado de uma "raiz morfológica", como *casa* e *real* (cada raiz tendo como significado o agrupamento relevante de traços semânticos, representado por CASA e REAL), não é nem composto nem decomposto durante o curso de uma derivação/computação sentencial. No que segue, presumirei que assim seja. Uma visão da derivação sentencial que essencialmente incorpora essa ideia em um quadro de operações morfológicas e sintáticas que "acontecem" no curso de uma derivação está disponível em Borer (2005). Adoto esse quadro em parte com o objetivo de manter as raízes semânticas lexicais agrupadas em "pacotes" de traços semânticos (veja McGilvray, 2010).

Há uma boa razão para fazer isso, presumindo que a posição não seja incompatível com os fatos tais como são conhecidos até o momento. A razão reside em um argumento que Fodor (1998)

---

essa interface e a interface fonética FON. Quanto à última, há pelo menos alguma compreensão dos sistemas articulatório e de percepção relevantes e, assim, alguma compreensão do que FON é, e de onde deveria estar colocada na arquitetura da mente. Isso é um lembrete útil não apenas para mim, mas para qualquer um "fazendo semântica" – seja na variedade internalista que sugiro, na qual a sintaxe e a composição servem à composicionalidade e as SEMs "configuram" a compreensão, seja na variedade de internalismo encontrada na obra de Paul Pietroski, seja nas várias outras abordagens – formalista internalista, formalista externalista, baseada nas condições de verdade, fodoriana etc. Dito isso, suspeito que há boas razões para adotar uma abordagem internalista, para colocar os "conceitos" em ILs, para confiar a composicionalidade "semântico" aos processos morfossintáticos, e para tratar as interfaces SEM como "atuando" de uma forma adverbial. Para mais alguma discussão, ver a seguir e o Apêndice XII.

empregou para rejeitar a visão de que a noção de "estereótipo" poderia servir aos propósitos da composição do significado na construção das sentenças. Por exemplo, ainda que a maioria das pessoas disponha de estereótipos para o conceito de MASCULINO (como usado pelos seres humanos) e o de MORDOMO, é muito improvável que a combinação desses estereótipos resulte em um mordomo macho estereotípico como o significado da combinação daqueles conceitos. Mais geralmente, Fodor argumenta contra todas as análises baseadas na decomposição de conceitos, salvo aquelas que os decompõem em condições necessárias e suficientes; mas se houvesse tais coisas como conceitos estruturados em condições necessárias e suficientes de aplicação, eles apenas funcionariam, acredita Fodor, porque determinariam suas denotações – denotações que, para Fodor, (sendo elas os "conteúdos" dos conceitos, no entendimento dele) são "atômicas". São as denotações que, para Fodor, supostamente executam a tarefa da composicionalidade. Há, no entanto, uma explicação alternativa muito mais simples que permanece inteiramente dentro dos domínios da sintaxe e da morfologia (portanto, dentro do núcleo da faculdade da linguagem) e que não necessita recorrer a propriedades das coisas "lá fora". Essa alternativa consiste em apenas apontar para o fato de que os pacotes conceptuais associados aos radicais morfológicos permanecem intactos até que atinjam a interface SEM. Essa é toda a "atomicidade" necessária. Tomando esse caminho, coloca-se na morfologia e na sintaxe o peso de descrever e explicar como e por que um pacote vem a ser nominalizado, verbalizado ou transformado em adjetivo, e o de explicar como e por que um nominal específico vem a receber um papel como agente, e assim por diante. Os resultados da computação serão gramaticais em algum sentido intuitivo, embora não haja nenhuma garantia de que eles sejam facilmente interpretáveis. Esse é, no entanto, um resultado inofensivo: nós, os humanos, usamos o que podemos, e a superprodução na verdade auxilia os interesses do aspecto criativo no uso da linguagem. Algumas análises de verbos causais como *persuadir* e *construir* poderiam exigir que aquilo que aparece na interface SEM é uma expressão sintaticamente composta, que inclui (digamos) CAUSA e TER-INTENÇÃO (no caso de *persuadir*) em uma ou mais representações em SEM; mas, ainda que isso requeira que os verbos causais sejam complexos em sua constituição de traços, trata-se novamente de um resultado inofensivo. De fato, isso tem a vantagem de tornar evidente que algumas verdades analíticas são garantidas pela sintaxe, sem recorrer a considerações pragmáticas ou de natureza similar. Fodor e Lepore (2002 e em outros lugares) têm objeções a essa posição, mas acho que elas são superáveis.

Quanto à sub ou à superespecificação: essa questão terá de aguardar um desenvolvimento mais completo da teoria do que aquele que pode ser oferecido neste momento. Há, no entanto, algumas considerações que argumentam a favor da superespecificação. Considere o caso da interpretação metafórica, um fenômeno muito comum no uso da linguagem natural. Uma explicação plausível para as metáforas sustenta que, na interpretação, uma metáfora emprega um tipo de poda que se aplica a um ou a alguns dos traços semânticos de um IL, permitindo que esse IL possa se estender a novas entidades. Para dar um exemplo simples, pense na sentença *João está sendo um porco*, em um contexto em que João, um menino de 7 anos de idade, está sentado à mesa comendo pizza. Caracterizar João como um porco é, conceitualmente falando, tomar – o que é provável nesse caso – o traço GULOSO de PORCO e aplicá-lo a JOÃO. A poda de traços semânticos, quando necessária, pode, talvez, ser atribuída à operação de "outros sistemas", que estão "do outro lado" da interface SEM, isto é, do lado dos sistemas intencionais, por exemplo, e, em última instância, ao usuário e ao intérprete. (Ou, talvez, apenas ao "usuário", em cujo caso estaríamos abandonando as distinções que são resultado do trabalho de outros sistemas, já que tais sistemas teriam de ser muito sensíveis a informações contextuais, "externas", o que talvez seja algo difícil de capturar por meio de uma teoria computacional.) Para um procedimento como esse realmente fazer algum sentido, é preciso dispor, na interface SEM pelo menos, de um rico conjunto de traços. Pode-se argumentar que a mesma coisa vale para o que se chama de interpretações literais, nas quais, mais uma vez, pode haver necessidade de poda.

Há várias tentativas de caracterizar mais especificamente quais são os traços que compõem nossos ILs, tentativas que apresentam graus variados de sucesso. Uma das mais notáveis é encontrada em Pustejovsky (1995). Acredito que há alguns problemas com o *framework* computacional que Pustejovsky adota (veja McGilvray 2001), mas o conjunto dos descritores de traços – considerados como contribuições para uma teoria dos conceitos – é bastante extensivo, e muitos dos traços propostos são esclarecedores. No entanto, é provável que ainda haja um longo caminho a percorrer – ao menos, se presumimos que um dos objetivos da teoria seja o de que os conceitos linguisticamente expressos sejam especificados de modo suficientemente completo para que se possa distinguir qualquer conceito específico de todos os demais. Quanto à adequação explanatória – isto é, quanto a uma solução para o problema de Platão no que diz respeito à aquisição de conceitos lexicais, por exemplo –, é preciso que se tenha isso como objetivo, também. Um começo poderia ser olhar para as evidências recolhidas por Kathy Hirsh-Pasek e Roberta Golinkoff (1996), por Lila Gleitman (por exemplo, em Gleitman e Fisher, 2005) e por outros sobre o curso do desenvolvimento dos conceitos e dos itens lexicais nas crianças – incluindo, no caso de Hirsh-Pasek e Golinkoff, crianças em idade pré-linguística. Naturalmente, a questão da aquisição dos conceitos é distinta, em parte, da questão da aquisição lexical. Pois é óbvio que as crianças em uma idade muito precoce – frequentemente antes mesmo de dispor dos itens lexicais correspondentes – têm (ou são capazes de desenvolver rapidamente) pelo menos algumas versões de conceitos como PESSOA e de ações como DAR,

COMER, e de coisas como ÁRVORE, CARRINHO, assim por diante. Elas parecem entender muitas das coisas que são ditas em sua presença antes que sejam capazes de articular palavras, e claramente têm desde cedo uma capacidade para discriminar pelo menos algumas coisas de outras. Talvez não consigam dispor de conceitos como CRENÇA e SABER antes de serem capazes de articular tais conceitos por meio da linguagem; talvez seja preciso, de fato, pelo menos alguma capacidade de articular a linguagem antes que se possa adquirir tais conceitos. Essas são questões em aberto. No entanto, está claro ao menos que as crianças realmente desenvolvem muito rápido alguns conceitos – e, notavelmente, não são poucos –, e também está claro que alguns desses conceitos parecem já ter pelo menos algumas das características que os tornam típicos de nossos esquemas conceituais (adultos). Assim, como acontece com o conceito de PESSOA, o conceito de BURRO que as crianças têm deve possuir algum traço equivalente a algo como "continuidade psíquica". As respostas que os netos de Chomsky deram com relação a uma história discutida no texto principal revela: para elas, o burro da história que se transformou em uma pedra permanece sendo não apenas um burro, mas o mesmo burro – embora agora tenha a aparência de uma pedra. Isso também indica não só que o traço "tem continuidade psíquica" deve ser inato, mas também que deve haver algum "mecanismo" mental que dota com esse traço os conceitos que as crianças desenvolvem para seres humanos, para burros e, sem dúvida, para outras criaturas também.

V.2 Os conceitos humanos são específicos à espécie?

Tendo rejeitado as abordagens empiricistas dos conceitos porque nada têm a recomendá-las, e tendo dispensado os equívocos encontrados na visão de Fodor que resultam de sua interpretação externalista dos conceitos, voltemo-nos para a afirmação de Chomsky de que os conceitos humanos são de algum modo únicos, ou seja, são diferentes daqueles encontrados com outros organismos. Será que ele está correto? Na falta de uma teoria razoavelmente bem desenvolvida dos conceitos/MDAs, devemos procurar em algum outro lugar as razões para sustentar essa posição. Em primeiro lugar, há alguma razão inicial para presumirmos que os conceitos humanos são únicos? A intuição de fato sugere que há diferenças entre os conceitos que temos e aquilo que podemos razoavelmente dizer acerca dos animais. Parece improvável que um chimpanzé tenha os conceitos de ÁGUA, RIO e ESTRADA, por exemplo, ao menos nas formas em que os temos. Talvez um chimpanzé possa ser treinado para responder a situações de referência a água, rios ou estradas, de alguma forma que se considere como satisfazendo algum critério de sucesso estabelecido por um ou outro pesquisador; mas isso não quer dizer que o chimpanzé tem o conceito que temos, ou que adquira tal conceito na forma que o fazemos – se é que o chimpanzé o tem. Além disso, por outros motivos, é muito improvável que os chimpanzés tenham ou possam vir a ter os conceitos de NÚMERO, DEUS, ou mesmo de CORDILHEIRA ou VALE. Portanto, há razões *prima facie* para presumir que ao menos alguns conceitos sejam distintivamente humanos.

Esse argumento é consideralvemente reforçado pelo que Gallistel (1990) e vários outros interessados no tópico da comunicação animal dizem acerca da natureza dos conceitos dos animais – ou o que dizem, ao menos, acerca do uso desses conceitos e, por implicação, acerca de sua natureza. Eles são, tanto quanto as pessoas afirmam, referenciais de uma maneira que os conceitos humanos (ao menos, aqueles expressos em nossas línguas naturais, e que, para nossos fins aqui, são todos) não são: parecem estar "amarrados" a elementos do ambiente do organismo. Presumindo que assim seja, de que consiste essa diferença? Explorar essa questão nos dará a oportunidade de refletir sobre como poderíamos construir uma boa teoria dos MDAs, isto é, de nossos conceitos internos.

Uma possibilidade, já mencionada na discussão anterior, é a de que nossos conceitos linguisticamente expressos difiram dos que estão disponíveis a outras criaturas em uso ou em aplicação. Talvez, então, fosse o caso de que temos conceitos idênticos aos dos chimpanzés e dos bonobos, na medida em que há uma sobreposição – pois, para os fins desse argumento, não precisamos supor que temos exatamente o que eles têm, nem vice-versa. A diferença, seguindo por essa linha de argumentação, estaria no fato de que os chimpanzés e os bonobos não têm linguagem, e por isso não dispõem pelo menos de algumas das capacidades de que dispomos; por exemplo, nosso sistema de linguagem pode operar "*off-line*" – o que é essencial para especular e para imaginar o que poderia acontecer se alguma coisa que nada tem a ver com as circunstâncias correntes viesse a suceder. Desse ponto de vista, por meio da flexibilidade de usos que podemos dar a seus recursos, a linguagem nos permite "entreter" conceitos complexos (sentencialmente expressos) sem conexão com o contexto imediato, enquanto chimpanzés e bonobos são obrigados a aplicar seus conceitos a aspectos do contexto – e, além disso, aplicam conceitos que obviamente não são estruturados como o resultado de uma composição linguística. Como essa discussão indica, Chomsky rejeita a linha de explicação para as diferenças de entendimento entre humanos e animais. Se há diferenças, elas estão na própria natureza dos conceitos, e não nos usos a que eles são postos.

Nossos usos dos conceitos expressos linguisticamente sem dúvida fornecem evidência a favor ou contra diferenças entre os conceitos humanos e os animais. Por exemplo, uma das razões para pensar que nossos conceitos diferem dos disponíveis para outras criaturas é que os nossos fornecem suporte para os múltiplos usos em que são empregados, incluindo a metáfora – o que parece exigir a capacidade de "desmontar" os conceitos e de aplicar apenas algumas de suas partes, as que são relevantes para o discurso. Outra razão reside no uso dos conceitos de animais: se Gallistel e outros estão corretos, é muito plausível que, seja o que for que um macaco esteja empregando quando emprega algum análogo de nosso conceito de CASA, ele está empregando algo que é diretamente mobilizado por algum grupo de traços fornecido pelo(s) sistema(s) sensorial(is) relevante(s) do macaco. As características e o caráter desse conceito serão por natureza dedicados a permitir rápido reconhecimento e rápida reação. O conceito não só carecerá de traços adicionados no curso de uma computação/derivação linguística (uma vez que os macacos não têm linguagem), mas também carecerá de traços abstratos não sensoriais tais como ABRIGO, ARTEFATO e MATERIAIS ADEQUADOS, que – como Aristóteles e muitos outros observaram – regularmente figuram em nosso conceito de CASA. Voltarei a esse ponto, pois ele fornece evidência convincente. Primeiro, porém, preciso enfrentar uma forma potencialmente enganadora de comparação entre os conceitos humanos e os conceitos animais.

Parece que pelo menos alguns de nossos conceitos diferem dos que estão disponíveis para os animais no que diz respeito às suas estruturas internas. Um caso interessante é representado por PERSUADIR e outros verbos causais, verbos cujos conceitos associados plausivelmente fornecem suporte para uma variedade de acarretamentos, produzindo verdades analíticas que presumivelmente não estão disponíveis para os macacos. Se João convence Maria a ir ao cinema, então – se é verdade que ele a convenceu – ela naquele momento tem a intenção de ir ao cinema. Se ela realmente fará isso ou não, é uma outra questão. Não é óbvio, entretando, que esse ponto nos dê um modo satisfatório de descrever as diferenças entre os conceitos de um macaco e os nossos. De acordo com uma hipótese plausível e bastante discutida (para uma posição contrária, veja Fodor e Lepore, 2002), acarretamentos como esse (presumindo que "João convenceu Maria" seja verdadeiro) dependem da estrutura induzida pelas operações de composição sintática das faculdade de linguagem. Se fosse esse o caso, PERSUADIR se mostraria um conceito equivalente ao conceito de TER A INTENÇÃO DE. E, se assim for, nosso conceito linguisticamente expresso de PERSUADIR não seria um conceito "atômico", como talvez fossem os conceitos de CASA, PERDIZ e CORDILHEIRA. Antes, ele teria o caráter que tem por causa das operações morfossintáticas da faculdade da linguagem. Isso sugere que, se for necessário que haja alguma comparação entre a "natureza" dos conceitos animais e a "natureza" de nossos conceitos, é melhor fatorar as contribuições da morfologia e da sintaxe para os conceitos tal como eles aparecem na interface semântica da linguagem, quando houver alguma contribuição da morfossintaxe tanto para a estrutura interna do conceito quanto para a estrutura semântica sentencial. Esse ponto é ilustrado, creio, em alguns dos últimos trabalhos de Paulo Pietroski sobre questões relativas à estrutura semântica e à sua interpretação.

Afinal, é possível que a diferença entre nossos conceitos e aqueles disponíveis para os animais – especialmente para os macacos, incluindo os chimpanzés e os bonobos – se deva inteiramente às contribuições da faculdade da linguagem? Paul Pietroski (2008) desenvolve uma versão para essa opção, embora ela não diga respeito – é o que argumento a seguir – às aparentes diferenças na natureza dos conceitos "atômicos". Ele sugere que as diferenças estão nas exigências de "adicidade" que a faculdade da linguagem impõe em sua interface semântica. A adicidade de um conceito é o número de argumentos de que ele precisa: CORRER parece exigir um argumento (*João correu*), por isso tem adicidade -1 (precisa de um argumento com valor +1 para ser "satisfeito"); DAR parece exigir três argumentos, tendo portanto adicidade -3; e assim por diante. Especificamente, Pietroski adota uma variante da ideia de Donald Davidson de que a semântica das sentenças deve ser expressa em termos de um conjunto de predicados monádicos, ou seja, de predicados com adicidade de -1, e de nenhum outro tipo de predicado. Nos termos de Pietroski (e evitando toda notação lógica que não seja a mais primitiva, em benefício do leitor geral, possivelmente não familiarizado com a lógica), a sentença *John buttered the toast* <"John passou manteiga na torrada"> equivale a: existe um <evento> e tal que BUTTERING (e) <leia-se: "e é um evento de amanteigamento">; existe um x tal que AGENTE (x) e CALLED-JOHN (x) <leia-se: "x é o agente (do evento) e x é chamado de John">; existe um y tal que PACIENTE (y) e TORRADA (y) <leia-se: "y é o paciente (do evento) e y é uma torrada">. De acordo com essa análise, *buttered* ["passou manteiga"], que à primeira vista parece ter adicidade -2 (parece exigir dois argumentos), é "coagido" a ter adicidade -1 (a exigir um único argumento); e *John*, que parece ter adicidade +1 (parece ser um argumento com valor +1, "satisfazendo" um predicado com adicidade -1), é "coagido" a se tornar algo como a forma *called John*. (Essa análise de *John* é plausível por razões independentes, como nos casos em que se diz que há vários *Johns* em uma festa.) Isso significaria, com efeito, que o nome *John*, quando colocado no sistema computacional da faculdade de linguagem, teria adicidade -1, tornando-se um predicado monádico.

Há várias vantagens nessa abordagem "neodavidsoniana". Uma delas é que parece coerente com pelo menos alguns dos objetivos do Programa Minimalista de Chomsky e sua visão da computação/derivação linguística. Outra é que oferece uma análise muito atraente de alguns acarretamentos que seguem da estrutura geral da interface SEM (ou, talvez, da estrutura de alguma forma de representação localizada "do outro lado" de SEM, em algum sistema de interpretação): por exemplo, de *John buttered the toast* ["John passou manteiga na torrada"] segue que ele passou manteiga. Mas, como mencionei, essa abordagem não enfrenta a diferença que parece haver, à primeira vista, entre a natureza dos conceitos humanos e a dos conceitos animais. É pouco provável que a diferença entre nosso conceito de MANTEIGA e o conceito similar-a-MANTEIGA de algum chimpanzé (presumindo que tal conceito exista) consista unicamente de uma diferença em adicidade. Na visão de Pietroski, MANTEIGA, quando em uso ou quando aplicado – isto é, como aparece para os seres humanos na interface semântica como entendida por Pietroski –, tem a adicidade -1, pois é essa a adicidade que, por hipótese, as operações da faculdade de linguagem atribuem a esse conceito quando ele entra em uma computação. Por outro lado, como não possuem linguagem, nem os recursos que ela oferece, não há razão alguma para dizer o mesmo da adicidade-em-aplicação do conceito similar-a-MANTEIGA de algum macaco, seja lá o que for tal conceito. Observe-se, entretanto, que: a diferença em questão parece ser consequência unicamente das operações do sistema morfossintático que determinam a adicidade de um conceito que, como nesse caso, recebe o *status* de verbo; e, na visão de Pietroski, tal diferença depende essencialmente do fato de que nós temos linguagem e macacos não. Segue-se, então, que a abordagem de Pietroski não diz respeito à questão de se saber se um chimpanzé tem o que temos quando temos o conceito "atômico" de MANTEIGA. De modo geral, a discussão de Pietroski sobre as diferenças entre os conceitos humanos e os conceitos animais foca apenas na adicidade, e na verdade não toca na questão do que um conceito "é" – isto é, não toca em questões como qual é o "conteúdo intrínseco" de um conceito, ou qual é sua natureza íntima, ou como capturar essa natureza. Isto é, a discussão de Pietroski faz manobras em torno do problema do que são os conceitos – o que sugere que, talvez, essa questão deva ser investigada olhando-se para o que os conceitos são em sua forma "atômica" pré-computação, em que poderiam ser descritos como um conjunto de traços semânticos que, como um pacote, representam a contribuição de "significado" de um item lexical. A discussão de Pietroski se concentra, em vez disso, nos conceitos tal como aparecem (Tal como são constituídos? Tal como são "acionados"? Tal como são "buscados"?) na interface semântica da faculdade de linguagem. Por causa disso, Pietroski perde uma oportunidade de procurar o que poderia contar como uma diferença entre conceitos humanos e animais no nível "atômico", no modo como o estoque lexical de conceitos de um ser humano poderia diferir do estoque de conceitos de um macaco. E também por causa disso, a dúvida permanece, creio, quanto à questão de saber se Pietroski ou qualquer outra pessoa está justificado em presumir que nossos conceitos são de fato (deixando de lado a adicidade e outras contribuições da morfologia e sintaxe) parecidos ou até mesmo idênticos aos que estão disponíveis para outros primatas. Há, evidentemente, alguma diferença entre nós e os macacos. Isso não está em questão: eles não têm o sistema computacional da linguagem – em particular, não têm *Merge* nem traços linguísticos formais. Entretanto, admitir essa diferença não resolve o problema em questão aqui.

Se olhar para as diferenças de uso e para as contribuições de morfologia e sintaxe nada diz sobre o problema, e se a facudade da linguagem não impõe nenhum requisito específico óbvio de processamento sobre os traços *intrínsecos* dos conceitos sobre os quais ela opera, há pelo menos um outro lugar onde procurar uma maneira de descrever e explicar as aparentes diferenças: poder-se-ia atribuí-las a um dispositivo de aquisição conceitual distintamente humano. Teriam os seres humanos um tal dispositivo, procedimento ou sistema? Explicações associativas do tipo oferecido pelos empiristas ao longo dos tempos (para uma versão contemporânea, veja Prinz, 2002) ajudam pouco; equivalem a subscrever um procedimento generalizado de aprendizagem que não dá conta das observações acerca da pobreza de estímulo (como o fato de que crianças pequenas dispõem de conceitos complexos) nem apresenta uma proposta específica para o funcionamento de tal mecanismo – o que é fundamental, se o objetivo é oferecer uma teoria. As sugestões empiristas sobre os procedimentos generalizados de aprendizagem não são apresentadas de modo preciso, nem – quando há esforços desse tipo – são relevantes. Apontar para as propostas conexionistas acerca da aprendizagem não ajuda, a menos que haja uma razão real para pensar que a visão conexionista retrata adequadamente o modo como a mente humana realmente funciona; mas ela parece ser incompatível, por exemplo, com o fato de que as crianças adquirem conceitos virtualmente sem *input*. E, assim, parece que as explicações conexionistas para as diferenças entre homens e animais (disporíamos de cérebros maiores, mais complexos, de procedimentos mais poderosos de formação e de teste de hipóteses, de operações "de maior amplitude", de procedimentos de treinamento coletivos etc.) são apenas formas de acenar para algo desconhecido.

Que tal, no entanto, apelar para um mecanismo de aquisição de conceitos baseado em um procedimento do qual é razoável pensar que seja específico dos seres humanos? Em particular, poderia haver um dispositivo de aquisição de conceitos que empregue *Merge*, ou ao menos alguma versão desse mecanismo? Isso parece promissor. Há razões independentes para acreditar que *Merge* é específico dos seres humanos. No entanto, a sugestão enfrenta obstáculos. Por um lado, ela desafia um pressuposto básico da leitura minimalista da evolução proposta por Chomsky: nessa leitura, nossos conceitos humanos se desenvolveram antes que *Merge* e o sistema computacional da linguagem fossem introduzidos. Embora isso pareça descartar um apelo a *Merge*, há uma variante possível: talvez os conceitos em vigor no momento em que surge *Merge* sejam aqueles que compartilhamos, em certa medida, com alguns outros primatas, e a introdução de *Merge* foi o que permitiu não só a construção de novos conceitos, distintivamente humanos, mas também a modificação dos conceitos preexistentes. Isso mais uma vez parece promissor, mas outros problemas se colocam. *Merge*, em suas habituais formas externa e interna, introduz hierarquias (a menos que haja outra explicação para elas), movimento e coisas similares. Não há necessidade óbvia de que tais elementos tenham de lidar com os próprios conceitos, exceto no caso dos conceitos gramaticalmente complexos, tais como PERSUADIR. Talvez haja a necessidade de uma distinção entre os traços fundamentais de um conceito e seus traços mais periféricos. Talvez, por exemplo, PESSOA e BURRO tenham algo parecido com CONTINUIDADE PSÍQUICA entre seus traços fundamentais, mas não BÍPEDE ou QUADRIPEDAL. No entanto, isso não parece corresponder a uma diferença em hierarquia. Poderia até ser um artefato do modo como a palavra *pessoa* é usada na maior parte dos contextos, o que seria irrelevante para a análise baseada em *Merge*. *Pair Merge*,[5] por outro lado – ou algo parecido, que forneça uma forma de adjunção – poderia ajudar aqui. Abandonar a estrutura hierárquica e as operações de movimento/cópia poderia ser promissor, supondo que *Merge* pudesse operar sobre traços e permitisse algo como a concatenação de traços para a produção de conjuntos distintivos de traços. Mas isso também apresenta problemas. Um primeiro problema é que, se *Pair Merge* produz estruturas com as propriedades da adjunção (por exemplo, em *o cara grande, malvado, feio, desagradável*...), então a operação depende de um elemento único "hospedeiro" [*single-element host*] (no exemplo, *cara*) ao qual os elementos adjuntos se prendem; mas não é claro que elemento único seria esse no caso de *Pair Merge* aplicado a traços: elementos lexicais fonológicos não serviriam, e, se houver traços "fundamentais", esses deveriam, por hipótese, admitir complexidade. Outro problema é que a ideia é mais descritiva que explanatória: não adianta compreender como os conceitos parecem se desenvolver automaticamente de um modo que parece uniforme na população humana (ao menos no que diz respeito aos traços fundamentais), produzindo pacotes conceituais que parecem virtualmente "projetados" para os usos que se pode fazer deles. E, finalmente, é difícil entender por que um procedimento como o que apresentei não estaria disponível

5 "*Merge* de Par": trata-se da versão de *Merge* responsável pela construção de estruturas de adjunção; veja Chomsky (2001). (N. T.)

para os animais (que também parecem ter conceitos inatos, por mais diferentes que sejam dos nossos), de modo que o apelo à singularidade humana do procedimento combinatório não seria capaz de explicar por que os conceitos humanos são únicos. Isso tudo sugere que a estratégia de tentar compreender por que os conceitos humanos são diferentes olhando para os mecanismos exclusivamente humanos de aquisição de pacotes conceituais está errada. A menos que haja algum outro procedimento combinatório de base naturalística, que não seja *Merge* e que seja demonstravelmente único, específico à espécie humana (para o que não há evidência no momento), parece que o recomendável é que busquemos em algum outro lugar uma explicação para a singularidade dos conceitos humanos.

Tenha em mente que não há nada de obviamente errado com a hipótese de que os conceitos humanos são complexos e de que são compostos de alguma forma; essa hipótese não pode, como indiquei, ser excluída pelas razões apontadas por Fodor. A composição é, além disso, independentemente plausível, pois oferece a única alternativa para explicar a aquisição de tais conceitos (ignorando, por boas razões, as propostas especulativas de Fodor <1998, 2008> para a aquisição de conceitos "atômicos", que são motivadas por considerações externalistas). Sendo assim, suponhamos que exista algum tipo de operação "guiada" de agrupamento composicional, que – tanto quanto saibamos – pode ser compartilhada com os animais. Procuremos, então, em outro lugar a explicação para a singularidade dos conceitos humanos. Uma linha plausível de investigação é olhar para os traços que compõem as capacidades conceituais humanas (±ABSTRATO, ENTIDADE-POLÍTICA, INSTITUIÇÃO, e assim por diante) e questionar se pelo menos alguns deles são suscetíveis de ser encontrados nos conceitos dos animais. É difícil ter certeza quando se fala das capacidades conceituais dos animais, mas há, penso eu, razões para duvidar que tais traços estejam entre as capacidades dos animais; e, se estão, então há razões para duvidar que os animais sejam capazes de empregá-los. Os seres humanos poderiam descrever e pensar sobre uma tropa de babuínos hamádrias como tendo em seu sistema social uma única forma de "governo" dominada pelos machos; mas é improvável que os próprios babuínos pensem sobre sua forma de organização social, e é menos provável ainda que pensem nela como uma dentre um conjunto de possíveis formas de organização política/social – hierarquia tribal patriárquica autoritária, sistema democrático cooperativo, plutocracia, economia estatista-capitalista matriarcal... Babuínos verde-oliva são, por natureza, matriarcais; babuínos hamádrias definitivamente não o são. E, mesmo que uma tropa de babuínos hamádrias se tornasse matriarcal pela perda de machos dominantes, isso não faria que o restante da tropa se dedicasse a deliberar se deveria fazer o mesmo. Parece que eles não têm nada semelhante à capacidade de abstração rotineiramente propiciada por nossas noções de instituição social, ou mesmo por nossa classificação das frutas, que inclui uma grande gama de diferentes espécies. Nem os babuínos hamádrias, nem os verde-oliva, nem qualquer outro macaco, poderia pensar a respeito de sua organização e do território sobre o qual têm a hegemonia como nós fazemos. Podemos pensar em Londres como um território e um conjunto de edifícios, ou como uma instituição que pudesse se deslocar para outra região; mas nada no comportamento dos macacos ou em seus esforços comunicativos exibe essa capacidade de adotar uma ou outra, ou as duas formas de pensar. Nem poderiam, provavelmente, pensar sobre qualquer de seus territórios da seguinte maneira: "Londres <isto é, o volume de ar em sua região> está poluído" ou "Londres <isto é, sua população> vai votar nos conservadores dessa vez". Seus conceitos sobre sua organização social (presumindo que tenham algo semelhante) e a respeito dos territórios sobre os quais têm hegemonia simplesmente não permitem isso; nem permitem que ambas as noções sejam vistas como espécies de um caso mais geral (POLÍTICA?), que os convidaria a especular sobre se poderiam se organizar de uma maneira diferente, e se poderiam planejar uma tal mudança, caso decidissem se reorganizar. Além disso, e talvez mais importante, se um macaco viesse um dia a ter ou a desenvolver um conceito análogo ao nosso conceito de RIO – digamos, RIO_B ("RIO-para-uma-espécie-de-babuíno") – os traços de seu conceito, muito provavelmente, seriam restritos àqueles que podem ser facilmente extraídos dos estímulos sensoriais, e seu uso seria restrito à satisfação de demandas correntes, não lhes permitindo especular sobre o que esperariam encontrar caso se vissem diante de certas formas geográficas particulares de terreno. De modo similar, é difícil imaginar um chimpanzé desenvolvendo um homólogo de conceitos humanos como JOÃO-DA-SILVA, A-IRLANDESA-MAIS-BOBA, ou mesmo simplesmente BOBO, ou IRLANDÊS. Além disso, em pelo menos algumas concepções plausíveis do léxico e da informação de significado que ele contém, os léxicos mentais fornecem, de algum modo, os chamados "traços funcionais", como TEMPO (concebido como unidade sintática e estrutural) e vários outros que desempenham papéis na composição dos conceitos sentenciais. Esses, claramente, não estão no repertório de conceitos de um macaco, e certamente contam como "abstratos".

O escopo dos conceitos animais parece apresentar as limitações indicadas em estudos da comunicação animal como os de Gallistel e outros. Para realçar os pontos apresentados anteriormente: seus traços conceituais não permitem que se refiram à classe das frutas, a diferentes formas de organização social, a rios como canais em que líquidos fluem (distintos de riachos, córregos, riachos etc.), a criaturas com continuidade psíquica, como os seres humanos, os burros, e mesmo fantasmas e espíritos, a portas e aberturas, e assim por diante. Antes, os conceitos animais parecem envolver modos de coletar e organizar informações sensoriais, e não noções abstratas como INSTITUIÇÃO, CONTINUIDADE PSÍQUICA e noções similares, que têm um papel dominante nos conceitos humanos. Sem dúvida, eles possuem algo como uma "teoria da mente" e podem responder às ações de membros da mesma espécie de maneiras que refletem suas próprias estratégias e rotinas de ação (e de equívoco etc.). No entanto, não há nenhuma razão óbvia para presumir que entendem um outro indivíduo da mesma espécie em termos de sua execução de planos de ação (projetos), de suas deliberações sobre o que fazer depois de executada uma ação, e assim por diante. Isso requer algum sistema de símbolos que forneça modos de organizar os conceitos de forma semelhante ao que os seres humanos fazem com a linguagem. Será que os animais pensam? Por que não pensariam? Dizemos que os computadores pensam, e é evidente que não há muito envolvido nisso – não mais que o uso da noção de "pensar" que temos em nosso senso comum. Mas podem os animais pensar de forma articulada, como a resultante de um número infinito de conceitos organizados sentencialmente? Não. O fato de não disporem de *Merge* indica isso.

Outra linha de investigação – sugerida de modo oblíquo anteriormente – observa que os pacotes conceituais humanos que são linguisticamente expressos aceitam operações de afixação na morfologia, e de dissecção quando são parte de uma estrutura sentencial composicional em uma interface semântica. O conceito FRUTO [*fruit*], expresso pela raiz morfológica relevante, recebe diferentes tratamentos quando submetido à variação morfológica: obtém-se *frutado* [*fruity*] (que torna o conceito associado abstrato e adjetival), *frutífero* [*fruitful*] (noção disposicional), *frutuosidade* [*fruitness*] (abstrato novamente), *frutificar* [*fruit*] (verbal), *refrutificar* [*refruit*](produzir frutos novamente) etc. Até onde sei, nenhuma outra criatura possui conceitos que dão margem a esse tipo de "brincadeira" morfossintática.

Quanto à dissecção: quando encontramos frases como *Tom é um porco* (em que Tom é um criança de 7 anos de idade), as circunstâncias do uso e a estrutura da frase, que atribui a Tom o predicado "ser um porco", exigem, para a interpretação, que se focalize um (pequeno) subconjunto dos traços tipicamente tidos como "característicos-dos-porcos"[ing. *piggish*], tratando esses traços como aqueles "ativados" pelo estado específico de Tom. Se Tom estiver devorando (mais) uma pizza, GULOSO provavelmente será um dos traços "dissecados" do conceito e empregados nessa situação. As línguas humanas e os conceitos por elas expressos proporcionam esse tipo de dissecação, e disso depende o desejo de criatividade rotineiramente exibido no uso de metáforas. Talvez os animais possuam complexos de traços para PORCO. É improvável, porém, que disponham do conceito de GULOSO (uma noção abstrata aplicada não apenas a porcos), ou que seus sistemas cognitivos estejam equipados para dissecar facilmente uma parte de seu conceito de PORCO e aplicar essa parte a uma situação, como acontece com construções que exigem leituras metafóricas. Presumo que esse tipo de dissecção se aplica apenas em uma interface interpretativa, SEM. Até esse ponto, pode-se pensar que os traços semânticos de um item lexical são carregados ao longo de uma derivação como um "pacote" atômico. Pode-se argumentar, por outro lado, que os conceitos de um animal permanecem funcionalmente atômicos ao longo de todo o caminho que atravessam em seu processamento pelas operações cognitivas do animal. Isso é sugerido pelo que se sabe sobre os sistemas de comunicação animal, e sobre o grau limitado de flexibilidade que apresentam quanto a comportamentos, ambientes e organização.

As duas últimas linhas de investigação, e mesmo a primeira, até certo ponto, apontam para o fato de que os materiais conceituais humanos contidos nos léxicos mentais possuem propriedades que não apenas são exploradas, mas também podem ser uma contribuição direta por parte das operações de composição de uma faculdade de linguagem exclusivamente humana. Essas propriedades estavam "lá" antes da introdução de *Merge*? Ou elas foram, ao contrário, inventadas uma única vez, como uma novidade, quando o sistema entrou em operação? Ou consistem de "adaptações" de materiais conceituais presentes anteriormente ao surgimento de um sistema composicional? Não tentarei responder a essas questões: não conheço nenhuma maneira de decidir qual das alternativas é correta, nem sei como encontrar evidências para uma proposta específica. No entanto, está claro que os conceitos que os seres humanos expressam em suas línguas – ou, pelo menos, muitos desses conceitos – são únicos a nossa espécie.

Devo mencionar uma classe interminável de conceitos que plausivelmente de fato dependem de *Merge*. Os macacos e as demais criaturas não possuem a operação de recursão – pelo menos, na forma como é encontrada na linguagem. Se não possuem essa operação, então – como sugere Chomsky – também não possuem os conceitos correspondentes aos números naturais. Conceitos como NÚMERO NATURAL, 53, 914 etc. são todos inconcebíveis para outras criaturas que não os humanos.[6] Há muitas evidências disso. Embora muitos organismos possuam algum sistema para quantidades aproximadas, e suas aproximações respeitem a lei de Weber (como acontece com as crianças muito jovens), apenas os seres humanos com um sistema de linguagem parcialmente desenvolvido têm a capacidade de enumerar (presumindo que eles a empreguem: para discussão, veja p.55-7). Somente os seres humanos têm a capacidade recursiva exigida para desenvolver e empregar um sistema como o encontrado na sequência de números naturais. Especificamente, muitos organismos podem, confiável e rapidamente, distinguir conjuntos de objetos com trinta membros dos que têm quinze membros; e, com uma precisão que decresce de acordo com a Lei de Weber, podem distinguir conjuntos de vinte membros de conjuntos de quinze, e de dezoito membros de conjuntos de quinze, e assim

6 Obviamente, os macacos também não possuem o conceito NÚMERO REAL; mas isso é irrelevante: nem a maioria dos humanos adultos possui esse conceito.

por diante. No entanto, apenas os seres humanos conseguem distinguir de forma confiável um conjunto de dezesseis membros de um conjunto com quinze membros. Eles precisam contar para isso, e empregam a recursão quando o fazem. O trabalho de Elizabeth Spelke, Marc Hauser, Susan Carey, Randy Gallistel e de alguns de seus colegas e alunos fornece não apenas informações importantes, mas também *insight* sobre esse e outros problemas relacionados.

Para resumir: deixando de lado conceitos numéricos "exatos", é difícil tirar proveito da demonstrada especificidade de *Merge* – tal como essa operação é correntemente compreendida – para explicar por que os conceitos humanos são únicos. Encontramos um caminho mais promissor na natureza aparentemente específica de muitos dos traços semânticos que compõem os conceitos humanos. É para isso, por exemplo, que aponta o fato de que os seres humanos, mesmo quando muito jovens, dispõem do traço CONTINUIDADE PSÍQUICA embutido nos conceitos que utilizam para conceber uma vasta gama de organismos, incluindo outros seres humanos. Não está claro se essa abordagem realmente tem chance de ser bem-sucedida – se, realmente, tem condições de explicar a diferença entre os conceitos humanos e os conceitos animais. Mas está razoavelmente claro, a essa altura, que os recursos conceituais humanos são realmente únicos.

Apêndice VI: A semântica e como fazê-la

VI.1 Introdução

A semântica (que eu glosarei algumas vezes como "a teoria do significado") é entendida pela maior parte dos teóricos como uma tentativa de construir teorias que focam nas relações palavra-mundo, sejam elas referenciais (*Big Ben* se refere a um relógio e à estrutura no qual ele está), sejam aléticas (que têm a ver com a verdade e a correção de frases e talvez de proposições, por exemplo, *Os Estados Unidos invadiram o Vietnã*). Chomsky questiona o valor de desenvolver teorias semânticas se a semântica é entendida desse modo. Sua crítica frequentemente se dirige aos esforços para construir teorias do significado que apelam para aquilo que o teórico deve supor que sejam conexões regulares entre palavras e entidades do mundo, conexões que são exatamente do tipo exigido para que a teoria possar ser construída. Não seria adequado para as finalidades teóricas desse tipo de análise se *rato* se referisse de modo variável a – bem, a quê, exatamente? Não serve responder "ratos" – a questão simplesmente se coloca de novo, com uma complicação adicional: alguém parece ter imaginado que os ratos fornecem uma resposta, até mesmo uma resposta iluminadora. O fato é: a palavra *rato* (e o conceito associado, RATO) pode ser usada pelas pessoas em quaisquer contextos que elas estejam e pode servir a inúmeras finalidades, e pode se referir a inúmeras coisas – a instrumentos de computador para rolagem de textos, a uma pessoa, a qualquer membro de qualquer uma entre várias espécies de roedores, a um chumaço de felpa, a um brinquedo... (Não excluo usos metafóricos; não há nenhuma razão para isso.)

Além disso, para enfatizar a relevância da discussão da seção anterior: a relação de referência do tipo que os seres humanos utilizam rotineiramente demanda uma forma de "construtivismo". O uso de um conceito como RATO atribui a uma pequena criatura cinza (talvez, um *mus musculus*) vislumbrada em algum domínio de discurso não os traços sensórios dos ratos (ou não apenas esses, como o conceito de um animal – ajustado aos sistemas sensórios – deveria); nem as propriedades que os ratos em si mesmos poderiam realmente ter em alguma ciência biofísica dos ratos; antes, o conceito atribui àquele animal os traços que o conceito de RATO de nosso senso comum possui. (Considere também RIO, CASA etc.) Rotineiramente atribuímos propriedades como continuidade psíquica a essas criaturas quando empregamos os conceitos relevantes em atos de referência, efetivamente "transformando-os" em criaturas que possuem aquela propriedade, bem como quaisquer outras propriedades que o uso de uma sentença com *rato* poderia ou não poderia atribuir a uma criatura. Nada como esse fato – que indica uma forma de construtivismo por parte da mente humana – é enfrentado nas concepções usuais de semântica, e também nada dizem sobre como enfrentá-lo. Desse modo, a questão é: como procedem aqueles que tentam desenvolver teorias semânticas do tipo usual? A seguir, delineio alguns de seus objetivos e estratégias e o que creio que está errado com eles.

Antes de prosseguir, uma qualificação: as objeções que farei a tentativas de construir teorias semânticas naturalísticas que envolvem relações palavra-mundo (ou mente-mundo) não se aplicam a todos os tipos de teorias semânticas formais, nelas incluindo algumas que introduzem modelos mentais concebidos como domínios (ou, talvez, "mundos") em que as sentenças de uma Língua-I são "verdadeiras" – essencialmente, verdadeiras por estipulação. Observações similares se aplicam às tentativas de construir "domínios do discurso". Pode haver outras objeções a tentativas como essas, mas à primeira vista tais teorias podem ser concebidas como tentativas sintáticas (internalistas) de "expressar" o significado das expressões e de seus constituintes, mais quaisquer das relações formais que tais expressões introduzem (alguns tipos de acarretamento, por exemplo). De fato, apesar do uso de termos como "verdadeiro de" e "referir" ou "denotar", tais teorias não "saem da cabeça". Por causa disso, um internalista pode se apropriar, e frequentemente o faz, de uma gama de trabalhos iluminadores dentro do que se chama de "semântica formal", e mesmo de parte da pragmática.

E um lembrete: permanecendo "dentro da cabeça", a semântica internalista pode e deve ser vista como uma forma de sintaxe. Independentemente de os esforços da semântica formal focarem nos significados das palavras ou no discurso, como na "teoria da representação do discurso" ou na "semântica dinâmica", o foco (concordem ou não com isso os que praticam a semântica formal, a teoria da representação do discurso, a semântica dinâmica e similares) está nos símbolos e em seu potencial de emprego, e não em seu uso real por uma pessoa em uma ocasião particular para se referir e dizer algo que ela toma como verdade. Como indicado, pode-se introduzir versões desnaturalizadas da referência e da verdade para expressar o potencial de uso de uma palavra, sentença ou discurso. Pode-se introduzir modelos mentais de vários graus de complexidade. Assim fazendo, pode-se introduzir uma relação que Chomsky (1986, 2000) chama de "relação R", que parece corresponder a algo como o seguinte: para cada nominal em uma posição referencial na sentença, coloque uma classe de "entidade" no modelo; para cada verbo com *n* argumentos, coloque conjuntos, ou pares, ou triplos... e assim por diante. "Referência" em exercícios como esse é uma relação estipulativa, como é "verdade". Por que introduzir tais noções, então? Intuitivamente, elas parecem responder a uma visão virtualmente *default* de como entender os significados das palavras, sentenças e discursos. Suspeito fortemente que essa concepção do significado parece ser a óbvia por causa das contribuições construtivistas da mente (relativas à linguagem) mencionadas anteriormente. Suspeito também que, para finalidades teóricas, há modos mais adequados de capturar o que está em jogo (modos que evitam o potencial para levar ao engano). Mas, se manipulada de modo cuidadoso, a noção desnaturalizada de referência às coisas e situações em modelos mentais tem a vantagem de coordenar a semântica internalista (basicamente sintática) com o trabalho em semântica formal que vem se desenvolvendo por um longo tempo. Quanto à referência e à verdade "reais": com respeito à primeira, tenha em mente que é algo que as pessoas fazem, e fazem de modo livre. Não é um bom tópico para a teorização naturalística; com respeito à última, é melhor falar de indicações-para-a-verdade, como Chomsky (veja p.454-7).

Os objetivos teóricos dos que defendem uma semântica internalista, como Chomsky, deveriam ser óbvios a essa altura, mas no caso de que não sejam: esses teóricos querem mudar a atenção daqueles que desejam construir teorias naturalísticas do significado dos esforços para construir teorias do uso/aplicação de teorias da linguagem (que estão condenados a falhar) para tentativas de construir teorias do "conteúdo interno" de palavras como *rato* e *correr* e de expressões em que tais palavras aparecem – e assim também para todas as outras "palavras" (itens lexicais) e expressões. Análises que focam no uso da linguagem introduzem relações que levam a coisas "que estão fora", como referência e denotação; análises internalistas naturalísticas como a de Chomsky, por outro lado, focam em tentativas de fornecer descrições e explicações biofísicas para as propriedades "semânticas" intrínsecas (relacionadas ao significado, em oposição às propriedades relacionadas ao som e ao signo) das expressões linguísticas "dentro da cabeça", bem como das operações (computações) que combinam tais expressões a fim de formar o conteúdo complexo intrínseco das sentenças/expressões. Caso se deseje manter o termo técnico "teoria semântica", sugerem esses teóricos, deve-se conceber a teoria semântica como uma teoria dos conteúdos intrínsecos das palavras e das expressões que temos na cabeça e dos modos com que a faculdade de linguagem os combina. Nesse sentido, a teoria semântica é como a fonologia, uma outra forma da sintaxe internalista. Ninguém (com as poucas exceções observadas no texto principal) acredita que a fonologia, por maior que seja seu sucesso, comece a enfrentar, muito menos resolver, as questões colocadas pela fonética articulatória e acústica. Ainda assim, os que sustentam a semântica externalista acreditam que podem tanto enfrentar quanto dar um jeito de falar de um modo razoável de algo similar, mas ainda mais peculiar – daquilo que "está lá fora" e de como nossas mentes se relacionam com isso de um modo "representacional". Se interpretada como um projeto naturalístico, essa abordagem não tem futuro; se não é interpretada desse modo, é na melhor das hipóteses uma descrição de como as pessoas às vezes usam a linguagem e, como Wittgenstein observou, não pode ser transformada em uma teoria seja do tipo que for; e, se for ambas as possibilidades, é – como Chomsky apontou nos comentários que me fez quando discutimos essas questões – um esforço que Russell chamava de "roubo mais que trabalho honesto". Em contraste, os objetivos do internalista são notavelmente modestos, pois focam inteiramente "no que acontece" em um módulo interno que o faz fornecer conteúdos intrínsecos automaticamente. Se o termo "conteúdo intrínseco" o incomoda, substitua-o por algo como "informação", que é "fornecida pela derivação linguística na interface 'semântica' de uma Língua-I com outros sistemas na cabeça". Esse quadro simplificado da semântica em termos internalistas pode precisar de modificações ou mudanças para acomodar os avanços da teoria da linguagem, é claro. O ponto aqui é indicar a estratégia, uma estratégia que levou a algum sucesso.

VI.2 O que está errado na ciência externalista do significado: primeira aproximação

Para muitos, incluindo a maioria dos defensores da semântica tal como usualmente concebida, o internalismo semântico parece absurdo. Ele não é rejeitado porque a construção de teorias semânticas externalistas teve um grande sucesso. Ao contrário: as propostas para como proceder na construção de uma teoria semântica externalista que pode reivindicar o *status* de ciência permanecem programáticas na melhor das hipóteses: não apresentam nenhum progresso, ou seu progresso é idêntico ao dos esforços internalistas baseados em teoria de modelos, ou as propostas estão claramente incorretas – o que é uma falha séria depois de tantos séculos de esforços externalistas. Tal falha indica que algo está errado com a estratégia e seus pressupostos básicos. Problemas básicos permanecem intocados, ou são contornados de alguma maneira. Não há surpresa nisso. Um semanticista que adota a posição externalista e que tenha intenções científicas não pode ter a esperança de dar conta dos significados dos conceitos de RIO, PESSOA, RATO, CIDADE, LIVRO, ou de qualquer dos milhares de outros conceitos que são rotineiramente expressos na interface semântica da linguagem. Nada que seja adequado aos tipos de traços que compõem tais conceitos se encontra realmente "lá fora" nos objetos de estudo das ciências naturais, que lidam com as entidades e os processos que se encontram na natureza. Por exemplo, nenhum externalista com preocupações naturalísticas sustentaria seriamente que há uma Londres "lá fora" que é considerada tanto como algo que pode ser deslocado para um ponto mais alto <que o da corrente do Rio Tâmisa> a fim de se evitar inundações, quanto como um território valioso, com prédios, pontes e ruas que qualquer pessoa (sem dúvida) lamentaria ter de abandonar se precisasse se mudar. Essa alternância concreto/abstrato não é um problema para o conceito interno MDA LONDRES:[1] *qualquer* entidade política convida a caracterizações tanto CONCRETAS quanto ABSTRATAS. Paul Pietroski (2002) ilustra isso muito bem com a sentença "A França é hexagonal e é uma república". Mas os esforços externalistas continuam, e são, ao menos no momento, muito mais populares que quaisquer das várias opções externalistas. Mesmo os ingênuos e os neófitos os preferem. Com efeito, os pressupostos externalistas são a posição *default* [em semântica corrente]. Por causa disso, é importante tentar formular e enfraquecer os pressupostos que atraem os que sustentam versões externalistas da semântica das línguas naturais. De outro modo, continuarão a atrair e a distrair pesquisadores do trabalho sério em semântica.

Há uma pista para compreender essa popularidade no fato de que os ingênuos e os neófitos são facilmente atraídos pelas concepções externalistas. Esse fato sugere a influência do realismo do senso comum. Isso não é surpreendente quando mantemos em mente que o objetivo do estudo científico da semântica é a construção de uma ciência natural dos significados linguísticos, e nos lembramos de que o senso comum e suas formas de resolução de problemas orientadas pela prática volta e meia distraem os pesquisadores do estudo naturalístico científico muito mais do que os ajudam nele. Os conceitos do senso comum são objetos de estudo da ciência natural dos significados das expressões das línguas naturais, mas os modos como esses significados-conceitos

---

1 "MDA" é abreviação de "modos de apresentação"; veja o Apêndice V para discussão desse conceito. (N. T.)

são usados para pensar e falar sobre o mundo não são. De fato, como vimos, seus usos exibem a flexibilidade e a sensibilidade para interesses e contextos que os conceitos da linguagem natural induzem e sublinham – flexibilidade que felizmente sustenta o desejo humano pelos resultados obtidos pelo exercício da criatividade linguística. Por causa disso, os usos desses conceitos parecem estar além do alcance da pesquisa científica naturalística objetiva, independentemente do quão valiosas poderiam se revelar as observações acerca desses usos como evidência para uma ciência natural internalista dedutiva acerca daqueles conceitos. Entretanto, o cientista natural simplesmente comete um erro quando busca o significado das expressões das línguas naturais nos próprios usos dessas expressões, ou nos objetos e situações que tais usos ajudam a constituir. Não há dúvida, do ponto de vista do entendimento do senso comum e do mundo como ele o percebe, Londres *é* um território com estruturas e ruas e *pode* ser deslocado sem que se desloque o território, suas estruturas e suas ruas. Para as finalidades práticas de solução de problemas do entendimento de senso comum, não há nada de errado em compreender uma entidade política de ambas as maneiras ao mesmo tempo. É, na verdade, uma grande vantagem; ajuda a sublinhar (sem exaurir, de modo algum) a flexibilidade cognitiva que é exigida pelo enfrentamento de problemas sociais e do cotidiano. Entretanto, o objetivo de uma *ciência* da semântica da língua natural não pode ficar contente com uma Londres que pode ter duas propriedades contraditórias ao mesmo tempo quando serve de referente na teoria semântica para a expressão "o significado/referente de *Londres*". Nenhum alvo de uma ciência natural que busque objetos fora de nossa cabeça pode ser assim, colocando de lado enigmas como os fótons, que podem ser simultaneamente descritos como ondas e como partículas: isso é simplesmente o que é ser um fóton, sob o ponto de vista da mecânica quântica, e o "quebra-cabeça" não é um quebra-cabeça para a ciência, mas apenas para as noções de senso comum para ondas e partículas.

Em contraste, uma Londres "lá fora" com propriedades contrárias é um problema sério para a ciência, seja lá quão verdadeiros ou falsos os modelos dessa Londres possam ser. Conceitos para ENTIDADE POLÍTICA que estão dentro de nossa cabeça e que subjazem o uso de expressões das línguas naturais, por outro lado, podem unir esses "modos de compreender" contrários em um pacote de traços semânticos lexicais. E dizer que tais pacotes possuem tanto ABSTRATO quanto CONCRETO como traços semânticos não é dizer que *eles* – LONDRES, e a família de conceitos do tipo CIDADE, VILA, ESTADO etc., a que LONDRES pertence – são todos em si mesmos simultaneamente abstratos e concretos. É dizer que, quando qualquer um deles é empregado, pode ser usado para interpretar algo como abstrato, como concreto, e mesmo como ambos na mesma sentença (embora talvez em diferentes orações: "A França é uma república hexagonal" é um pouco estranha). Do mesmo modo, nenhum problema de autopredicação deveria surgir: deixá-los surgir é confundir o que traços semânticos são com o que eles "fazem" na interface semântica da sentença.[2]

---

2 Pietroski coloca o mesmo ponto de um modo diferente em seu artigo de 2002 e em outros lugares. Ele interpreta os traços semânticos como instruções para a construção de conceitos. "Instruções para construir conceitos" deve parecer para alguns menos preocupante que um conceito/MDA que possui traços alternantes. Mas o conceito construído com tais traços coloca as mesmas questões: instruções lexicais e morfossintáticas para construir um conceito em uma interface semântica da sentença ou em outro lugar de "transferência" ainda constroem, do mesmo modo que um MDA, um conceito (sentencialmente complexo) do tipo ENTIDADE POLÍTICA que apresenta uma França que é simultaneamente hexagonal e uma república. E tais agrupamentos de instruções também contêm enigmas: o que é "uma instrução para construir um conceito"? Para quem ou para o que é dirigida? Não para uma pessoa, certamente; é dirigida então para algum módulo mental? Se é, qual a natureza desse módulo: como opera, o que toma como *input*, como produz seu *output*? Produz o *output* duplicando o processamento morfossintático? Se faz isso, por que não permitir que o MDA sentencial e seus constituintes em uma interface semântica sirvam como o próprio conceito complexo? Prefiro

Note que, do ponto de vista da pesquisa científica naturalística, as coisas e os eventos que constituem o domínio da melhor teoria científica disponível para um domínio específico podem ser, e de fato são, consideradas como entidades que têm existência. Tanto quanto sabemos no momento, não temos nenhuma compreensão da existência que seja melhor do que reivindicar que as propostas da teoria relevante são as melhores que se pode oferecer. A alternativa a essa reivindicação de existência para objetos e eventos de uma boa teoria – alguma forma de instrumentalismo, talvez – é apenas um modo de insistir na prioridade das coisas e dos eventos do senso comum, unida a um esquema de tradução que, mesmo depois de muitas tentativas, nunca tem sucesso. Tornando-se ainda mais desesperado, o fenomenalista tenta transformar objetos teóricos estranhos chamados de "impressões de sentido", "sensações" ou "dados sensoriais" em objetos não apenas da ciência, mas também do senso comum. O fenomenalismo pode ser ignorado, como o instrumentalismo; ambos são, na melhor das hipóteses, esforços desesperançados de traduzir ciências em noções supostamente mais familiares. O que não pode ser ignorado são as reivindicações do realismo de senso comum; essas mantiveram até mesmo Descartes e Newton (e muitos outros cientistas menos importantes) sob seu poder. Mas, por adotar uma visão que admite "dois mundos", tais posições podem ser reconhecidas e – na medida em que não se

colocar ambos os traços semânticos lexicais e morfossintáticos em um agrupamento de traços que constituem um MDA lexical que então se torna (parte de) um MDA sentencial. Isso permite uma concepção diferente, e a meu ver preferível, da interpretação: traços não fornecem instruções, mas ajudam a configurar o entendimento e a experiência. (Veja o Apêndice XII.) Dito isso, estou ciente de que Pietroski possui tanto fortes razões internas à sua teoria semântica bem desenvolvida e impressionantemente defendida (cf. Pietroski, 2005) quanto uma análise complementar do léxico (Pietroski, no prelo) para adotar a abordagem baseada na ideia de que traços "fornecem instruções". Eu gostaria de encontrar um modo que permitisse conciliar ambas as abordagens dos conceitos, a dele e a minha.

deixa que contaminem os métodos e as entidades das ciências naturais – colocadas em seu próprio domínio, no qual seu efeito sobre a ciência é neutralizado. O mundo do senso comum serve às finalidades do entendimento de senso comum. O cientista, por outro lado, quer descobrir, de um modo objetivo e bem controlado, como as coisas são e como vieram a ser do jeito que são. Para a ciência dos significados das expressões das línguas naturais, postular uma teoria dos fenômenos encontrados em nossa cabeça fornece esse resultado. A teoria tem como objetivo descrever e explicar o que a mente humana tem à sua disposição em termos de recursos conceituais das línguas naturais. De certo modo, também, ela pode ajudar a entender por que o mundo do senso comum tem a forma e o caráter que tem. Tal fato dá ênfase às diferenças entre os *frameworks*, e até onde vai a ideia de explicar por que as coisas são do jeito que são no domínio do senso comum, ele claramente dá prioridade à ciência e à ciência internalista do significado, em particular. Se é assim, por que, perguntamo-nos novamente, alguém que deseja uma ciência dos significados/conceitos expressos linguisticamente deveria sentir-se atraído por especulações externalistas?

Uma parte da explicação dos atrativos da semântica externalista reside em ligar incorretamente o que parece ser significativo na linguagem (seu uso) à tarefa de construir uma teoria do significado linguístico. Isso sugere que o tópico de uma teoria do significado das línguas naturais são seus usos. Em vez disso, o tópico dessa teoria deveria ser as capacidades e os sistemas cognitivos internos que tornam o uso da linguagem possível. Pragmatistas como Dewey ajudaram a criar a ilusão de que o tópico deveria ser o uso em si mesmo. Eles observaram que é em seu uso para preparar e executar ações e projetos que a linguagem se torna *significativa* [*meaningful*], querendo com isso dizer que a importância do uso da linguagem para a sobrevivência e a prosperidade da espécie é óbvia. Note que, se isso fosse verdadeiro da linguagem, deveria ser verdadeiro de qualquer capacidade cognitiva que temos. Nossas mentes nos fornecem vários recursos cognitivos, tais como aqueles que configuram os objetos visuais (cf. Biederman, 1987). Adicione a esses os recursos que configuram nosso paladar, os sons, o reconhecimento de faces humanas, as ações etc. Qualquer um desses recursos cognitivos pode ser significativo ou importante no sentido mencionado, uma vez que cada um deles é usado por todos nós para configurar a experiência e entender o mundo, outras pessoas e outros organismos, com a finalidade de sobrevivermos e prosperarmos. Mas ninguém que seja razoável tentará apresentar uma teoria naturalística de como a mente pode ajudar a configurar os objetos visuais tendo por objetivo da teoria a produção de um catálogo dos modos como as pessoas usam os recursos internamente constituídos para a visão. Uma abordagem razoável tenta dizer diretamente quais são os recursos cognitivos da mente.

Talvez uma outra parte da explicação resida no fato de que a semântica internalista não só está em um estágio inicial de desenvolvimento, como também o modo proposto para construí-la entra em conflito com algumas visões preconcebidas de como se deve construir uma ciência naturalística da mente. Considere, por exemplo, a visão de Patricia Churchland (1986, 2002), segundo a qual é preciso olhar diretamente para o cérebro para se construir a ciência da mente. A abordagem internalista não pode, nesse momento, olhar para neurônios, axônios e taxas de ativação neural. A razão disso é que, se não se tiver à mão uma teoria do que os sistemas neurais "fazem"– das computações que eles executam –, olhar diretamente para os neurônios é tão razoável quanto tatear no escuro, embora seja isso o que alguns fazem, ou ao menos propõem que se faça. Além disso, não há garantia alguma de que a compreensão corrente dos sistemas neurais e de como eles operam está na direção correta. Assim como a Física teve de mudar para se acomodar à Química (a fim de ser capaz de dar conta das ligações químicas), é bem possível que o estudo das operações neurais tenha de mudar para acomodar as melhores teorias computacionais de partes da mente. Portanto, não há nenhuma boa razão para levar a sério a ideia de que os significados postulados por uma teoria computacional da linguagem, com seus pressupostos internalistas e inatistas, devam ser rejeitados porque a teoria não satisfaz certas visões: especificamente, porque não satisfaz visões segundo as quais a única ciência da mente que merece ser levada a sério nesse momento é a que começa com alguma compreensão correntemente admitida das operações neurais e tenta explicar (tipicamente por meio da noção de "treinamento") como impor um conjunto específico de operações ao que se costuma supor que seja um sistema neural "plástico". É provavelmente muito mais proveitoso construir uma teoria e então buscar modos de "dar corpo" [*embody*] a suas operações, isto é, buscar implementá-las fisicamente – por exemplo, com redes neurais.

Para responder a ambos os obstáculos esboçados até aqui para a ideia de olhar para o que acontece dentro de nossas cabeças, os internalistas constroem – postulam – sistemas computacionais, modulares e inatamente herdados localizados na cabeça, que tomam *inputs* específicos, submetem-nos a operações/algoritmos especificados e fornecem domínios especificados de *outputs*. Suas teorias oferecem funções no sentido formal, matemático, que ligam certos elementos a outros e especificam quais são os elementos assim ligados. Uma teoria computacional da linguagem e de seus significados é uma teoria desse tipo. Simplificando bastante, tal teoria toma itens lexicais que associam "traços sonoros" (traços fonológicos) e "traços de significado" (traços semânticos), e especifica o sistema combinatório que os une para fornecer, em duas interfaces com outros sistemas (o sistema perceptual/de produção e o conceitual/intencional), "informação" fonética e semântica empacotada que constitui a contribuição da faculdade de linguagem às operações mais amplas da mente/cérebro. As teorias computacionais da visão inspiradas em Marr diferem desse tipo de teoria da linguagem não no que diz respeito aos pressupostos básicos de como proceder (na metodologia que pode ser mais bem empregada na construção da ciência da mente), mas – não surpreendentemente – nos *inputs* especificados (intensidades agrupadas de *input*), nos algoritmos (fórmulas matemáticas do tipo "chapéu mexicano", entre outros), e nos *outputs* (arranjos de "cor", "posição", "textura" etc.). Os *outputs* são os modos como o sistema visual ajuda a configurar, ou como exerce um papel no configurar, a experiência dos organismos que possuem um tal sistema. Pensando nisso em uma perspectiva diferente, não científica, em que somos tomados mais como experienciadores e agentes do que como organismos, pode-se com essa abordagem compreender como o sistema visual, a linguagem, e assim por diante, ajudam a explicar de que maneira *nós* (como pessoas) concebemos/percebemos/entendemos o mundo e os outros, e – especialmente com a contribuição da linguagem – como pensamos. Avançando dentro desse ponto de vista, não há dúvida de que usamos a informação que os sistemas internos inatos nos fornecem a fim de sobreviver e prosperar; e isso é parte daquilo que torna a linguagem e outras sistemas que possuimos significativos no sentido de Dewey. Mas a teoria naturalística de um sistema não é uma teoria de como usamos o *output* desse sistema, ou de por que suas contribuições são significativas para nós. É uma teoria da "informação" que esse sistema fornece para outros sistemas internos, informação que usamos – para retornar ao ponto de vista em que somos concebidos como pessoas. Esses pontos são tão corretos para a linguagem quanto para qualquer outro sistema cognitivo.

Em suma, uma teoria naturalística dos significados para uma linguagem é uma teoria dos "instrumentos", "conceitos", "perspectivas" que essa linguagem oferece para o organismo. É uma teoria para aquilo que eles – esses conceitos, individualmente ricos, coletivamente complexos e estruturados – se tornam quando reunidos sistematicamente pelo sistema combinatório em expressões/sentenças. É uma teoria do que eles são, de como se desenvolvem nos indivíduos e na espécie, e de como são combinados. Por isso, é preciso dizer novamente: ainda que nossos usos particulares dos instrumentos/significados linguísticos pareçam tornar tais instrumentos/significados particularmente relevantes ou importantes, eles não nos dizem quais são esses instrumentos/significados. Assim, pode-se conceder que – em certos aspectos – a linguagem parece especialmente significativa ou importante para os humanos (com efeito, sua utilidade se torna óbvia): por exemplo, no que ela nos ajuda em nossos esforços de cooperar com outros a fim de perseguir com sucesso vários projetos dirigidos à solução de problemas práticos, de fazer compras a decidir como escalar montanhas com outros ou a refletir sobre como se vai votar nas próximas eleições. Mas uma teoria do significado para a linguagem, como a teoria dos "instrumentos" que a visão oferece, é uma teoria naturalística de um orgão mental interno, não de como ele é usado, ou de por que ele é usado. Esses significados, inatamente fornecidos e infinitos em número, são necessários *a fim de que* se resolva problemas práticos. O modo correto de ver essa questão – o internalista observa – é tomar a existência desses recursos inatos como condições necessárias do entendimento e da execução de ações, do modo como os seres humanos os apresentam, e focar a "teoria do significado" em tais recursos – em sua natureza, em como são compostos e em como se desenvolvem nos seres humanos individuais e na espécie.

Talvez uma outra parte, ainda, da explicação dos atrativos do externalismo resida no conceito do senso comum de LINGUAGEM. Do ingênuo ao relativamente sofisticado, se você pergunta a alguém o que uma linguagem é, ele provavelmente dirá – embora não exatamente com essas palavras – que é uma invenção humana, algo como uma instituição regida por regras que as pessoas, ao longo dos séculos, desenvolveram a fim de compreender o mundo e lidar com ele. E dirá, ainda, que as pessoas aprendem a linguagem e vêm a participar nessa instituição pública por causa do treinamento que recebem de seus pais e, de modo mais geral, da comunidade linguística em que crescem. Em alguns casos, esse indivíduo acredita tão fortemente nisso que rejeitará fatos óbvios sobre como as crianças adquirem a linguagem e seus recursos conceituais e, se for um acadêmico mas se mantiver vinculado à concepção de senso comum da linguagem, devotará muito de seu tempo, esforço e recursos de pesquisa tentando convencer os outros de que essa concepção de linguagem está correta. Veremos alguns desses casos na próxima subseção.

Finalmente, uma outra parte da explicação – ao menos para aqueles que são suficientemente sofisticados – reside, provavelmente, no aparente sucesso da semântica fregeana na Matemática, exemplificada pela *Begriffschrift* ("conceitografia") de Frege (1879-1976) e, de um modo mais informal, em seu "Sobre o sentido e a referência" (1952). Muitos empregaram as técnicas de Frege em seus esforços de construir teorias semânticas para as línguas naturais. Mas há um problema com tais esforços. Ele se revela nas primeiras páginas de "Sobre o sentido e a referência". Nelas, Frege formula seus pressupostos acerca das "línguas" às quais seus esforços semânticos se aplicam. Ele diz que essas "línguas" (na verdade, sistemas de símbolos) são aquelas encontradas em comunidades específicas de usuários tais que para cada membro da comunidade e para cada uma de tais "línguas" há uma relação determinada e não ambígua de cada "nome" com um único "sentido" do nome, e para cada sentido desses, há de novo uma relação determinada com uma "denotação" específica. O inverso não é correto: um referente específico pode ser o alvo de múltiplos sentidos e, daí, de múltiplos nomes. Frege ilustra essa ideia dizendo que dois "nomes" diferentes ("a estrela da manhã" e "a estrela da tarde") possuem sentidos diferentes, embora ambos os sentidos tenham a mesma denotação (o planeta Vênus). Uso aspas em torno do termo "língua" porque o interesse primário de Frege era construir uma semântica externalista para a Matemática, e – com a possível exceção dos números naturais e da Matemática elementar – é muito improvável que a Matemática tenha muito em comum com as línguas naturais. De fato, Frege concordava: as línguas naturais são uma grande bagunça; filósofos posteriores, como Tarski, concordam com isso. De certo modo, Quine também: ele insistia em "arregimentar" as línguas naturais, na tentativa de transformá-las em algo que não são – enfatizo –, não podem ser. Retornando a Frege: uma razão é que a matemática em suas formas avançadas é inventada, e não um presente gratuito dos recursos inatos. Uma segunda razão, especialmente relevante, é que os matemáticos *optam* por ser cuidadosos com o *uso* de suas "línguas", e são assim tipicamente. Matemáticos em atividade estão preocupados com a prova e a "provabilidade" de seus teoremas e, por isso, se esforçam por usar termos técnicos de seus campos para se referirem de modo não ambíguo a um item ou a uma classe de itens. É por isso que é possível "encontrar" determinadas relações referenciais/denotacionais em matemática, e em ciências naturais específicas (um caso similar). Isso se dá porque tais relações são *construídas* para ser determinadas: a comunidade relevante as faz assim. As relações são "estabelecidas" e possuem seu caráter aparentemente determinado em virtude dos esforços dos matemáticos. Pode-se inclusive argumentar que os "objetos" do empreendimento matemático – aleph-nulo, por exemplo – são "construídos" pelos esforços dos matemáticos. Em contraste, é difícil encontrar usuários das línguas naturais que – exceto talvez pelo fato de que eles também estão engajados em algum projeto em que precisão e explicitude são cruciais – tenham a intenção ou a necessidade de limitar estritamente os usos que fazem dos termos de suas línguas naturais. Veja Chomsky (1995a, 1996) para discussão.

Como mencionamos, o próprio Frege reconhecia as limitações de seus esforços semânticos. Embora tenha ilustrado suas concepções das noções de sentido e de referência com alguns exemplos em linguagem natural, ele admitia explicitamente que as línguas naturais não são usadas do modo como os símbolos matemáticos são. Essa diferença pode ser explicada pela observação de que o mapeamento determinado de nome para sentido para referente que fundamenta sua semântica é encontrado somente quando as pessoas aderem fielmente a esforços de usar os termos de uma língua do mesmo modo. Tais esforços são encontrados na Matemática e nas práticas dos cientistas da natureza, que inventam termos teóricos e os aplicam de modos que buscam tornar determinados. Assim, em situação alguma – seja no uso das palavras das línguas naturais, seja no uso dos símbolos inventados da matemática e das ciências naturais – uma relação signo-coisa é fixa por natureza. A "fixação" desse tipo de relação depende das intenções e das ações dos usuários das palavras e dos símbolos relevantes.

Entretanto, tem havido várias tentativas de acomodar a semântica fregeana ao uso das línguas naturais. Algumas adaptaram a ideia de que há uma relação uniforme palavra-sentido ou palavra-denotação do tipo que Frege requeria de contextos diferentes de uso introduzindo índices para dar conta do papel do contexto; o resultado é uma tentativa de fazer das palavras-no-contexto que as pessoas produzem, e não simplesmente das palavras, os elementos iniciais da cadeia palavra-sentido-denotação/referente. É uma tentativa de contornar uma das objeções que o próprio Frege forneceu ao alertar os leitores contra o emprego de sua semântica para o uso da linguagem natural. Entretanto, há sérios problemas com essa tentativa. Talvez a indexação funcione para a interpretação dos tempos do enunciado e para o indivíduo que o profere – presumindo que há algum modo acordado de indexar esses elementos. Mas é difícil de conceber como lidar de uma determinada maneira com fatores contextuais como "o tópico corrente do discurso". Sem dúvida nós humanos, confiando em nossa familiaridade com outros e em nossos recursos cognitivos naturais, fazemos julgamentos razoavelmente bons em nossas discussões e conversações sobre qual é o tópico do discurso; para isso, nos baseamos na similaridade das Línguas-I, na familiaridade com uma outra pessoa, no conhecimento prévio acerca de uma história, e assim por diante. Ao fazer isso, entretanto, dependemos não de algum tipo de esquema acordado de indexação e de mapeamentos-em-contexto, mas de quaisquer recursos e conhecimento prévio que possamos reunir para a ocasião. Pode parecer automático às vezes, e pode até mesmo parecer determinado. Mas não é algo que qualquer ciência tenha sido capaz de enfrentar; atribuir um valor ao índice "tópico corrente de discussão" é completamente *post hoc*. Sem dúvida pode-se propor que há algum sistema em nossa cabeça que realiza esse feito. Tanto quanto posso dizer, entretanto, o "sistema" introduzido equivale a algo como um homúnculo com a capacidade notável de fazer o que fazemos quando nos incumbimos de compreender – provavelmente apenas de modo aproximado, mas frequentemente o bastante para termos sucesso em executar seja qual for a tarefa em questão – o que uma outra pessoa quer dizer ou tem a intenção de fazer. Isso não seria suficiente em matemática ou na teorização dentro do domínio das ciências naturais.

Esforços para transformar a semântica fregeana em uma semântica para as línguas naturais também devem se confrontar com outros problemas. É preciso executar algum truque para lidar com o fato de que termos ficcionais como "Pégaso" e descrições como "o irlandês médio" e "o círculo quadrado" fazem perfeitamente sentido para nós e para outros quando falamos e nos engajamos em conversação, ainda que o "mundo" pareça não dispor de irlandeses médios ou de um cavalo com asas nomeado Pégaso. E círculos quadrados são particularmente amedrontadores. Ninguém possui dificuldade em usar ou entender a frase *O círculo quadrado horripila os geômetras*, embora círculos quadrados sejam "objetos impossíveis". E há, então, o problema da vaguidade: *calvo* (como em *Harry é calvo*) não possui uma extensão/denotação determinada. E assim por diante. Não vou catalogar ou discutir os esforços para dar conta desses problemas. Sejam quais forem as restrições, as qualificações e os exotismos da maquinaria introduzidos, nenhuma teoria geral está no horizonte e, de modo ainda mais fundamental, nada nessas teorias fornece uma resposta séria ao que parece ser um fato, que a referência é algo que diz respeito ao uso humano de termos, e esse uso parece ser livre, e não escrito nos eventos naturais de um modo que nos permita construir a teoria. Embora as ideias de Frege sobre como proceder ao fazer semântica tenham algum sentido para as práticas dos matemáticos, ele estava certo ao dizer que elas têm aplicação limitada no que diz respeito às línguas naturais – ou, mais corretamente, ao uso das línguas naturais. E, uma vez que a semântica que ele oferece para a Matemática conta essencialmente com a cooperação de grupos de matemáticos no modo como usam seus termos técnicos, tal "teoria semântica" não é, e não pode ser, uma ciência naturalística do significado. E o internalista exige uma teoria que seja não menos que isso.

Mas o que dizer da tentativa de Fodor de construir uma teoria externalista (ainda que parcialmente nativista) do significado para as línguas naturais, uma teoria que se propõe a ter sentidos que determinam as denotações/os referentes das expressões dessas línguas apenas de um modo "naturalístico"? Fodor, lembre-se, tem uma visão do que ele chama de "conceitos" e das relações semânticas destes com o mundo que, segundo ele, é baseada em princípios causais e que pretende ser uma teoria naturalística do significado da linguagem natural. A teoria enfoca a visão de que os significados devem ser públicos (similaridade nos conceitos, aparentemente, não serve), e em seu pressuposto de que, para que possam ser públicos, os significados devem ser identificados com seu "conteúdo abrangente", que é tomado como uma propriedade das coisas "lá fora". Isso não exclui inteiramente uma contribuição da mente: Fodor reivindica que os conceitos que as línguas naturais expressam têm um componente mental também. Intuitivamente, ele sustenta que um conceito é em parte uma entidade mental que consiste de um "modo de apresentação" (uma versão psicológica/mental de um sentido fregeano) e uma denotação, com a última servindo como o significado de um termo em uma língua natural. Ele reivindica, ainda, que tais conceitos são os tópicos da teorização naturalística. Explicando: as coisas "lá fora", por meio das operações de imposição causal [*causal impingement*] sobre o sistema sensorial humano, desencadeiam a aquisição de uma representação interna na forma de um modo de apresentação (MDA), que é o que tenho interpretado como um conceito lexicalmente representado. Até aqui, há pouco com o que discordar; é claro que MDAs internos (ou, na terminologia que adotei antes, os modos com que os sistemas configuram a experiência e o entendimento) se desenvolvem ou crescem por causa do *input*, e o *input* é informacional em um sentido bem técnico: a probabilidade de que uma criança/um organismo desenvolva um MDA CACHORRO a partir de alguns eventos de imposição causal com características caninas C é maior do que a de que o faça a partir de eventos de imposição causal com "formas" felinas G; com esses, é mais provável que a criança/o organismo adquira um MDA GATO. O que conta como características caninas? Fodor não é totalmente claro quanto a isso, mas, em uma interpretação razoável, ser canino depende não de cães, mas da natureza do sistema interno de produção dos MDAs e do que ele exige como *inputs* específicos para seu acionamento. Fodor presume algo como isso ao dizer que conceitos como CACHORRO e todos os demais que figuram no conhecimento de senso comum são "propriedades de aparência" [*appearance properties*].[3]

3 Os conceitos não são "propriedades de aparência", é claro, se isso significar propriedades como cores e sons, que podem elas próprias constituir o MDA CACHORRO de uma animal. Eles são específicos aos seres humanos, e incluem traços como OBJETO NATURAL e, presumivelmente, algum tipo de função-para-nós. Dito isso, como no caso das cores quando são concebidas como modos em que o sistema visual configura a experiência visual, a suposição básica sobre os traços dos conceitos é que configuram parcialmente a experiência (aqui, de cães). Isso é exatamente o que MDAs "fazem". Veja o Apêndice XII.

O problema reside, em vez disso, em acreditar, como parece acontecer com Fodor, que o modo de apresentação, por sua vez, está em uma relação semântico-denotacional com a(s) coisa(s) que serve(m) como a causa distal dos eventos de imposição relevantes. Com efeito, ele sustenta que o MDA *m* causado por alguma entidade ou propriedade distal está em uma relação denotacional com essa entidade ou propriedade, e representa a(s) coisa(s)/a(s) propriedade(s) causadora(s) que está(ão) "lá fora", e que essa denotação é de alguma forma determinada pela natureza do MDA e da mente humana. Em seu *Concepts* [Conceitos] <Fodor, 1998>, encontra-se muito pouco sobre como essa determinação supostamente acontece: ele diz apenas que possuímos o tipo de mente que "generaliza para" uma propriedade específica externa à denotação. Em *The Language of Thought Revisited* [A linguagem do pensamento revisitada] (Fodor, 2008), ele tenta expandir suas ideias sobre aquela misteriosa capacidade da mente sugerindo a hipótese de que a mente é montada de tal jeito que alguns MDAs específicos "caem sobre" a denotação correta, isto é, o conteúdo externo correto. O quadro que ele apresenta é, na melhor das hipóteses, muito especulativo. Presumindo que o MDA *m* está associado com o termo "m", essas propriedades/coisas externas constituem o significado do termo "m" (uma entidade sintática) que está ligado ao MDA. Desse modo, o termo linguístico "é sobre" sua denotação.

A história que Fodor conta sobre a determinação da denotação não é apenas implausível, mas completamente desnecessária. É orientada por intuições externalistas que não têm mérito e que são prejudicadas pela própria suposição de Fodor de que as propriedades que figuram no modo como se deve compreender os papéis dos MDAs são o que ele chama de propriedades "de aparência". Encurtando uma história comprida (contada em McGilvray 2002a, 2010), pode-se dizer que a ideia de que algum tipo de relação causal "informacional" está envolvida na aquisição de um conceito é plausível; é mais provável que uma criança adquira o conceito de CACHORRO na presença de cachorros que na de gansos. Mas não há nenhuma razão óbvia para pensar que há um reflexo semântico naturalisticamente responsável por essa relação causal; ou que esse reflexo ligue em uma relação denotacional tanto um modo de apresentação quanto o termo que lhe é associado às "coisas" distais que em algum momento no passado da criança tiveram um papel significativo na configuração do *input* para a mente dessa criança, configuração que resultou no modo de apresentação em questão. Tanto durante quanto depois da aquisição, essas coisas são *semanticamente* relevantes apenas na medida em que alguma forma relevante de "gatilho", isto é, de algo que acione a aquisição, seja necessária para instituir um MDA. A referência por meio do uso de um modo de apresentação pode ocorrer apenas quando o modo de apresentação está disponível e em funcionamento, e quando uma pessoa assim o usa; mas os modos como um MDA é aplicado/utilizado por um ou mais indivíduos podem não ter, e muitas vezes não têm, nada a ver com sejam quais forem as entidades distais que tiveram algum papel no desencadeamento da aquisição do MDA. A referência é um uso bastante livre – embora, quando utiliza um conceito como PESSOA ou RATO e reivindica a verdade literal (não a metafórica) para a expressão empregada, uma pessoa que disponha dos recursos associados a tais conceitos "transforma" uma outra pessoa, ou um rato, em algo com continuidade psíquica.[4] Acontece também que a relação causal de acionamento provavelmente é muito mais frouxa do que o quadro que Fodor, motivado por aspirações externalistas, reconhece: quadros de cachorros e cachorros de brinquedo provavelmente são suficientes

4 Casos como imagens de cachorros não são muito interessantes: eles são parte do que o conceito de IMAGEM "faz". Cachorros de brinquedo são os casos mais interessantes. As crianças costumam dotar seus brinquedos de continuidade psíquica, bem como de outras propriedades dos seres vivos. Como mencionei: a interpretação está, provavelmente, fora do alcance da ciência. Mas as possíveis contribuições de vários sistemas cognitivos, não.

para um evento de imposição causal do MDA em situações específicas; e há, é claro, gatilhos menos prováveis que não possuem quaisquer características "de aparência" obviamente caninas, como as histórias de cachorros e poemas sobre cachorros, que poderiam, ainda assim, provocar o MDA relevante por retratar em algum discurso uma criatura com algumas características relevantes. Geralmente, como é o sistema interno que estabelece a agenda para o que conta como o padrão necessário e as demais características dos estímulos que levam aos eventos de imposição causal, a natureza "real" das causas distais pouco importa. Na medida em que os sistemas recebem pelo menos alguma informação do tipo que exigem para entrar em operação (e são eles que determinam o que é um *input* adequado), é isso o que conta. Portanto, certamente o MDA resultante, e não alguma coisa ou propriedade externa causadora, é o melhor lugar para buscar o "conteúdo" de uma palavra ou conceito. Esse é o único fator relativamente fixo. E ele o é em virtude do fato de que nossas mentes são biologicamente muito similares, compartilhando não só as capacidades cognitivas, mas também interesses e outros elementos que provavelmente tornam certos traços relevantes ou importantes para o tipo de criaturas que somos.

Fodor pode dispor de conteúdos externos de alguma espécie, é claro. Mas, infelizmente para os prospectos de uma teoria naturalística de denotação, os únicos que ele pode obter com as línguas naturais e suas aplicações são os fornecidos pelas ações de indivíduos que referem, usando seja qual for o MDA que empregam: nossas mentes constituem o modo como as coisas do mundo do senso comum são e como elas parecem ser. Ou, olhando para as dificuldades dos esforços externalistas de Fodor a partir de uma outra direção: mesmo que se acreditasse, junto com ele, que uma causa distal da aquisição de um MDA, de algum modo, constituísse o conteúdo externo do termo associado ao MDA, um "conteúdo externo" assim introduzido seria irrelevante para o modo como uma pessoa usou o MDA; mas o modo como a pessoa usa um MDA deveria ser o fator decisivo, ainda que isso não ofereça nenhum prospecto para a construção de uma verdadeira teoria naturalística da denotação. Certamente, então, se o interesse é realmente oferecer uma ciência do significado, é preciso concentrar os esforços como cientista natural sobre os mecanismos e os *outputs* dos sistemas relevantes que estão em nossa cabeça, aqueles que produzem os modos de apresentação expressos nas línguas naturais. Há razão para acreditar que os mecanismos e os *outputs* são quase universais na espécie (veja a discussão do texto principal), uma vez que seja dada a estimulação adequada. Diante disso, e tendo em conta as falhas das abordagens externalistas quando pretendem se constituir em contribuições para a teoria naturalística ao invés de observações sociológicas sobre aquilo a que referem as pessoas quando fazem certas coisas, os mecanismos e seus *outputs* são a única coisa para a qual é plausível olhar.

Há outras dificuldades com a visão de Fodor, que surgem porque ele exige que a sintaxe linguística seja mapeada na linguagem do pensamento. Chomsky delineia tais dificuldades no texto principal (veja também Chomsky, 2000), mas não as discutirei aqui.

Voltando finalmente a um tema básico desta subseção: parece que até mesmo conceitos elementares da linguagem natural levantam problemas para o externalista que não podem ser superados. Nossos conceitos de cidades (Londres), Estados (França) etc. nos convidam a pensar nessas "entidades" tanto em termos abstratos quanto concretos. Lembrando que a questão é como seria a ciência dos significados/a semântica em termos externalistas, a resposta é: para poder satisfazer os requisitos das teorias externalistas, teríamos de criar um mundo para essa ciência cuja população incluiria algumas entidades que pareceriam extraordinárias. Não há razão para isso, dada a alternativa internalista. A ciência dos significados expressos linguisticamente é uma ciência dos conceitos que nos são dados inatamente.

VI.3 O que está errado com o externalismo semântico: segunda aproximação

Existem outras versões do externalismo. Uma versão popular do externalismo do significado é encontrada na obra de Wilfrid Sellars e David Lewis e alguns de sua progênie. Pretendo mostrar que suas concepções da referência e das regras composicionais não conseguem fazer o que precisam fazer. A questão de saber se Sellars e Lewis, e sua progênie, estavam ou não chegando a uma teoria naturalística de significado é irrelevante aqui. Eles não chegam nem perto de satisfazer as demandas que colocam para suas próprias análises dos significados "públicos".

A abordagem de Wilfrid Sellars e David Lewis da linguagem não pode ser chamada de naturalística; nenhum dos dois acredita que a linguagem é um sistema natural localizado em nossa cabeça ou que seja uma entidade da natureza, isto é, que esteja "lá fora". Sem dúvida, a progênie conexionista de Sellars discordaria dessa posição; a seguir, discutirei propostas. Os pontos de vista de Lewis e de Sellars sobre o significado linguisticamente expresso poderiam talvez ser concebidos como uma perspectiva sociolinguística da linguagem, ou como uma perspectiva baseada na teoria dos jogos, embora isso seja uma extrapolação: eles não revelam esforço algum em envolver-se em amostragem estatística cuidadosa, ou algo semelhante; e, se a discussão a seguir estiver correta, eles teriam ficado infelizes se tivessem feito isso. Mas, na medida em que a abordagem deles parece em algum sentido científica, trata-se de uma tentativa de chegar a algo como a Sociolinguística ou a teoria dos jogos. Exemplos representativos de seus esforços são encontrados em "Some Reflections on Language Games" [Algumas reflexões sobre jogos de linguagem], de Sellars (1951), e em "Languages and Language" [Línguas e linguagem], de David Lewis (1975). As ideias básicas de ambos (e os pressupostos que as acompanham) têm se mostrado bastantes influentes, aparecendo na obra de McDowell, Brandom,

Churchland e muitos outros. Até onde posso ver, o que tenho a dizer sobre Sellars e Lewis aplica-se, com poucas alterações, aos demais.

Ambos tentam desenvolver teorias do significado linguístico que equivalem a análises do uso da linguagem em populações de usuários. Ambas as análises presumem que os falantes aprendem certos padrões de comportamento e se comportam de acordo com eles. Esses padrões, acreditam, são as "regras" da linguagem. Essas regras são basicamente padrões de inferência, inferências que, Lewis e Sellars acreditam, produzem um conhecimento confiável do mundo. Especificamente, suas visões se concentram no que Sellars chamou de "práticas" linguísticas, e Lewis, de "convenções". Ambas as noções pressupõem regularidades linguísticas em uso.[5] Lewis e Sellars supõem que as comunidades de falantes exibem práticas e convenções regulares, e que essas formas presumidamente padronizadas de comportamento linguístico constituem os princípios básicos da composicionalidade semântica (e talvez até mesmo da composicionalidade sintática). Dadas as considerações discutidas antes, não está claro por que eles acreditam que sua abordagem possa levar a algum conjunto de padrões inferenciais genuinamente compartilhados por uma população. Wittgenstein (1953) – um bom observador do uso da linguagem (e inimigo de quem se propunha a buscar uma teoria do uso da linguagem) –, tocou há algum tempo no ponto que aqui retomo: as pessoas não jogam um único jogo quando usam a linguagem; eles fazem todo o tipo de coisa com ela. E não parece haver um único jogo mais fundamental – como por exemplo descrever o ambiente ou "dizer a verdade"–, um jogo no

5 Talvez haja uma probabilidade mensurável de que as pessoas se cumprimentarão em português proferindo "olá". Mas existem poucos casos como esse. A visão de Sellars e Lewis é, diante disso, absurda. Mas tem atraído muitos outros. Mostrar que é um absurdo de modo que convença esses outros pode ser impossível, mas o esforço talvez valha a pena.

qual todos os demais sejam parasitários; esse foi outro dos pontos feitos por Wittgenstein. Há pelo menos uma outra razão para que os defensores desse tipo de abordagem se preocupem. Tratar a linguagem como um fenômeno social e interpretar as regras e os princípios da linguagem como se equivalessem a restrições sobre as ações produzidas em público e sujeitas ao escrutínio crítico dos outros enfoca, no máximo, de 2% a 3% de uso da língua. A maior parte do uso da linguagem ocorre na cabeça das pessoas, e não há nenhuma restrição social evidente sobre o modo como ela é usada lá. Assim, tomar tanto a rota da teoria dos jogos quanto a das ciências sociais para obter *insight* sobre o que as línguas e seus usos "são" parece exigir um salto considerável de fé, não uma avaliação razoável das chances de sucesso de uma hipótese. Para agravar o problema, Lewis e Sellars parecem confiar em uma combinação dessas duas estratégias duvidosas. Eles não só optam por dar atenção aos, possivelmente, 2% a 3% do uso da linguagem que é externalizado, mas também presumem que as pessoas jogam um único "jogo" mais fundamental, o de construir uma teoria do mundo, com – provavelmente – um segmento muito menor que aqueles 2% a 3%.[6] Eles se concentram em casos em que é provável que os indivíduos sejam cuidadosos no que dizem e no modo como se expressam – e isso não por razões de polidez ou de medo de punição, mas porque restringiriam a si mesmos a apenas contar a verdade, ou a ser alguma espécie de protocientista. Talvez uns poucos acadêmicos dediquem uma boa parcela de seus 2% a 3% de comportamento linguístico externalizado para fazer isso, mas duvido que muitas outras pessoas o façam. No entanto, ignorando esses obstáculos um tanto assustadores e – no interesse da caridade – prosseguindo em levar a sério o projeto de ambos, o que pode ser dito sobre seus prospectos para

6 Essas medidas estatísticas indicam mais uma vez que o ponto de vista de Sellars e Lewis não é motivado por qualquer avaliação real das probabilidades, mas por dogma.

resultar em uma teoria semântica para uma língua natural? Para esse fim, podemos olhar para o que têm a dizer sobre regras.

Olhando Sellars e Lewis separadamente, detenho-me principalmente nas ideias de Sellars. Lewis e Sellars diferem em certa medida nos específicos (admiração por mundos possíveis e pela semântica de mundos possíveis no caso de Lewis, por exemplo), mas não em seus pressupostos e estratégias básicas. Ao discutir seus pontos de vista, ignoro seu trabalho mais técnico e focalizo suas hipóteses fundamentais. Sellars foi introduzido na discussão anteriormente em uma outra conexão, mas relacionada: a que diz respeito à sua adoção de uma perspectiva behaviorista da aquisição da linguagem e do quadro da linguagem que o acompanha. O que se diz lá é relevante para a presente discussão, porque Sellars, como muitos outros (explícita ou implicitamente), toma o treinamento behaviorista-conexionista como o modo de proporcionar aos indivíduos em uma população com as práticas do uso da linguagem que eles devem aprender e que devem respeitar a fim de "dominar" uma língua. Ele trata as regras e os princípios da linguagem como práticas que prescrevem aos indivíduos como agir, como produzir os tipos de comportamentos linguísticos que Sellars acredita que enunciados/frases são. Especificamente, Sellars trata comportamentos linguísticos como formas regulares e reguladas de atividade em uma população de indivíduos, atividades que respeitam normas epistêmicas e outras de uma comunidade linguística, em que as normas são epistêmicas em natureza, uniformes e induzidas pelo treinamento. Tais normas dizem respeito, entre outras coisas, ao que dizer e no que acreditar, a como raciocinar e agir, dados certos *inputs* sensórios. Com efeito, Sellars trata uma comunidade linguística como um grupo de indivíduos que compartilham práticas epistêmicas em virtude de serem treinados para estar em conformidade com essas práticas. Concebendo práticas como normas epistêmicas, como Sellars faz, ele também trata as línguas de que essas práticas são as regras como constituindo teorias do mundo. As línguas naturais, então, passam a ser vistas (incorretamente) como teorias uniformes do mundo compartilhadas por uma população, e falantes passam a ser vistos como protocientistas, embora aparentemente um tanto pobres, dada a visão de Sellars do que nos é dado quando somos treinados a falar: uma teoria "popular" [*"folk" theory*]de senso comum, e não a Física de partículas e a Biologia, que são muito mais simples (formalmente falando). A "teoria semântica" de Sellars, então, equivale à ideia de que uma língua natural serve como uma teoria pública e uniforme do mundo, e de que as regras da linguagem são aquelas concebidas como guias razoáveis para se levar a vida neste mundo. A abordagem de Lewis é semelhante.

Para esclarecer: não há nada de errado com "teorias populares", quando vistas como parte do entendimento de senso comum do mundo. A Biologia "popular" dá relevo aos organismos e plantas, a Física "popular", ao movimento e ao esforço (e aparentemente subjaz à mecânica de contato de Descartes – e de Galileu, Huygens, Newton, Leibniz etc.), e assim por diante. As teorias "populares", sem dúvida, refletem padrões de crença e de ação encontrados não apenas em certas populações linguísticas, mas em toda a espécie. É plausível que elas tenham as características que têm por causa da natureza dos conceitos de senso comum com os quais somos dotados, conceitos que são expressos em nosso uso da linguagem natural. Mas essas "teorias" não são aprendidas, são inatas do mesmo modo que nossos conceitos são. Elas de modo algum descrevem ou subjazem às regras/aos princípios composicionais que de fato caracterizam as línguas naturais. E são inviáveis como ciência naturalística.

Indo direto ao ponto, o que Sellars tem em mente com a noção de práticas, e Lewis com a de convenções, nada têm a ver com os tipos de regras e de propósitos que de fato constituem os princípios combinatórios sintático-semânticos das línguas naturais. Como Chomsky (1980, 2005) aponta em sua crítica da versão de Lewis que equivale à abordagem Sellars-Lewis, a noção de "convenções" (apenas um pouco diferente das "práticas" de

Sellars) não só nada diz sobre por que a frase "Os candidatos desejavam a vitória uns dos outros" tem quase o mesmo significado que "Cada um dos candidatos desejava a vitória de outro", mas também sobre por que a frase "Os candidatos desejavam meu voto um para o outro" não faz sentido. Para dar outro exemplo, tirado de Pietroski (2002), convenções/práticas não explicam por que "O senador chamou o milionário do Texas" pode ser entendida como descrevendo ou uma chamada do Texas, ou um milionário do Texas, mas não um senador do Texas. Qualquer teoria séria de "regras" da linguagem deve ser capaz responder a esses pontos sintático-semânticos elementares, e a um número sem fim de outros semelhantes. Os princípios linguísticos de Chomsky descrevem e explicam esses fatos e uma gama enorme de outros relativos ao que sentenças podem ou não significar. O que exemplos simples como esses e a falta de respostas de Sellars e Lewis e de seus seguidores acerca dessas questões (e a ausência de descrições teóricas objetivas da estrutura desses e de outros exemplos relevantes) indicam é que a estratégia dos dois falha em sua tentativa de esclarecer o que uma língua é e como está relacionada à sua interpretação por meio de um estudo das práticas e das convenções de comportamento e por meio de suposições não razoáveis de que o que "fazemos" com a linguagem é uma estratégia. Não se trata de uma falha de esforço: nenhum esforço que siga as linhas do que eles têm em mente, nenhuma tentativa de modificá-las, de modificar de algum modo suas concepções do que são convenções ou práticas ou conceitos similares, pode ajudar. A abordagem é fundamentalmente inadequada, não apenas quando concebida como uma tentativa de se constituir em ciência natural, mas até mesmo se concebida apenas como uma descrição razoavelmente acurada do que as pessoas fazem com a linguagem e com os conceitos que empregam.

Não afirmo que não existam práticas de alguma natureza. As associações som-significado dos itens lexicais podem ser vistas como práticas de alguma espécie, mas elas são irrelevantes:

tais associações não são regras de uso no sentido relevante. Há, é claro, exemplos de "regras de uso". Nas comunidades de língua inglesa, por exemplo, há uma prática de algum tipo que é dizer "*hello*" ao cumprimentar alguém. Mas há também outras saudações, como "*hi*", "*good to see/meet you*", "*howdy*", "*hey there*", e várias outras, incluindo a favorita atual em alguns grupos, "*dude*".[7] No entanto, são muito poucos os casos como esse, e as muitas variações os tornam não apenas dúbios, mas inúteis como regras. Variações são claramente bem-vindas e até encorajadas; a flexibilidade é incentivada, provando-se até mesmo gratificante pelo "espírito" (termo de Kant) que exibe. Nenhum desses casos pode fazer o trabalho que precisa fazer no papel de "regra sintático-semântica da linguagem". Para o propósito de construir uma teoria geral do significado e do uso, tais casos parecem triviais, e de fato o são. Assim, aparentemente, Sellars e Lewis não chegam a ignorar totalmente os fatos, pois é verdade que existem práticas linguísticas de alguma espécie. Mas elas parecem ser irrelevantes não apenas para construir uma ciência do significado, mas até mesmo uma descrição razoavelmente plausível dos fenômenos que sustentam abordagens da linguagem e de seus significados que sejam baseadas nelas. Não há regularidades do tipo que Sellars e Lewis precisam para sustentar sua abordagem. A razão disso é que eles estão procurando no lugar errado. Eles deveriam olhar para dentro da cabeça das pessoas e abandonar o foco no uso da linguagem.

O que aconteceria se descobríssemos que eles estavam, no mínimo, perto do alvo? Uma visão do uso da linguagem natural que observasse regularidades poderia fornecer algum tipo de ciência dos conceitos e dos significados das línguas naturais? Geralmente, as línguas naturais não são nada semelhantes a teorias naturalísticas do mundo, que possuem conceitos inventados e

---

7 Seriam exemplos de saudações em português: "oi", "olá", "como vai você?", "tudo bem?" etc. (N. T.)

profissionais que tentam ser cuidadosos no modo como utilizam os símbolos de suas teorias. Línguas naturais servem para fins completamente diferentes, que não só não exigem determinados usos, como os encontrados nas práticas dos matemáticos e dos cientistas da natureza (os usos de que as abordagens fregeanas dependem), mas ao contrário revelam e requerem flexibilidade no uso. Os conceitos da linguagem natural permitem uma margem considerável de liberdade no uso, e as pessoas rotineiramente exercitam essa liberdade, tirando alguma satisfação de proceder assim. Por isso, não há esperança na tentativa de procurar uma teoria semântica da linguagem natural que pressuponha a arregimentação no uso. Há, com certeza, algum tipo de relação entre o que as línguas oferecem aos seres humanos e os modos como estes entendem o mundo. Pois os conceitos e as perspectivas que línguas naturais oferecem permitem-nos desenvolver maneiras de entender o mundo (a do senso comum, no mínimo) a nós mesmos, e a muitas outras coisas além dessas. E não há dúvida de que isso contribui para tornar a linguagem significativa para nós; isso a torna útil para resolver problemas práticos. Mas não há nada nesse fato que leve a uma teoria – a uma ciência – do significado linguístico.

Quanto à proposta conexionista para transformar uma visão da linguagem como a de Sellars-Lewis e sua materialização [*embodiment*] no cérebro no que pretende ser uma ciência natural (cf. Morris; Cotterell; Elman, 2000), considere a crítica de Chomsky do sucesso muito aclamado de uma forma conexionista recente da análise behaviorista-conexionista de Sellars para a aprendizagem da linguagem. A título de informação, os conexionistas aprenderam algumas lições desde a época de Sellars. Ao contrário dele (e de Lewis), os conexionistas têm, nos últimos anos, dedicado esforços para tentar mostrar que seus procedimentos de treinamento, operando no que consideram ser modelos computacionais de redes neurais "plásticas" ("redes recorrentes simples"ou SRS [do inglês *simple recurrent networks*], no caso de Elman), podem produzir análogos comportamentais àqueles feitos pelos princípios linguísticos de Chomsky. Não é óbvio por que conseguem. Seus esforços são intrigantes pelas mesmas razões que os esforços de Sellars e de Lewis eram, mas também por um outra razão. Ao escolher o que treinar nas SRNs para produzir como *outputs*, elegeram comportamentos que se conformam à formulação de uma regra ou outra que aparecera em trabalhos no interior da tradição chomskyana. Os conexionistas dedicam tempo e recursos experimentais consideráveis à tentativa de obter um modelo computacional para uma rede neural plástica (mais realisticamente, para muitas delas: as redes passam por sessões de treinamento intensivo e por várias "épocas" de treinamento, às vezes com as que apresentam os melhores desempenhos sendo submetidas a novas épocas, em uma tentativa de simular um certa visão de evolução [ingênuo: veja o Apêndice II], e assim por diante). Tais modelos são obtidos depois de um longo processo em que as redes são treinadas para duplicar em seus *outputs* algum conjunto de "sentenças" (concebidas aqui como conjuntos de código binário, não como expressões internas) escolhidas a partir de um *corpus* linguístico e que, por isso, se presume que representam um comportamento que está de acordo com a regra escolhida. Os conexionistas claramente não têm qualquer intenção de adotar a abordagem naturalística de Chomsky para as línguas em si mesmas, e parecem ignorar os fatos, pressupostos e métodos que levaram a melhorar o grau de sucesso da teoria linguística chomskyana nos últimos anos – das teorias que adotam formulações baseadas em regras ou em princípios. Os conexionistas se recusam a tratar a regra/o princípio em que se concentram como uma regra/um princípio de derivação/computação de um "órgão" natural, órgão que não produz comportamento linguístico em si, mas que oferece a quem possui um tal sistema a possibilidade de derivar, por meio de sua Língua-I, uma infinidade de expressões. Eles parecem pensar que os fatos da aquisição da linguagem e de seu uso criativo devem estar errados; e, ainda que levem as regras/os princípios de Chomsky em conta de maneira superficial, sua preocupação é tentar mostrar que as redes neurais podem ser treinadas a produzir comportamentos que indicam, segundo eles, que a rede "aprendeu" a regra/o princípio. Pode-se medir o quão bem-sucedidos eles têm sido em seus esforços avaliando a reivindicação de Elman (2001) de que obteve uma rede neural capaz de lidar com o fenômeno das dependências aninhadas ([*nested dependencies*] nas línguas naturais. Um exemplo de aninhamento são as orações centro-encaixadas [*center-embedded*]; a noção mais geral de dependências gramaticais inclui, por exemplo, concordância de número entre sujeito e verbo. As dependências gramaticais são importantes, pois estão intimamente relacionadas às estruturas linguísticas e às restrições sobre tais estruturas; elas desempenham um papel central na sintaxe-semântica. Quanto à alegação de Elman de que obteve sucesso em criar uma rede neural capaz de lidar com o aninhamento, Chomsky observa (em comentários de sua correspondência pessoal que também aparecem na terceira edição, de 2009, de *Linguística cartesiana*):

> Não importa quanto poder computacional e estatística... <os conexionistas> joguem na tarefa [da aquisição da linguagem], ela sempre sai... errada. Considere o(s) artigo(s)[8]... de <Jeff> Elman... sobre a aprendizagem de dependências aninhadas. Dois problemas: (1) O método funciona bem do mesmo modo para dependências cruzadas, e portanto nada tem a dizer sobre por que a linguagem quase que universalmente apresenta dependências aninhadas, mas não cruzadas. (2) O programa funciona até a profundidade dois, mas falha totalmente na profundidade três. Por isso, é tão interessante

8 Adiciono um "-s" a "artigo" porque – aparentemente – Chomsky estava errado em pensar que a visão está expressa em um artigo único. Os artigos relevantes incluem Weckerly e Elamn (1992), Elman (1990, 1991, 1993), e Elman e Lewis (2001).

quanto seria uma teoria do conhecimento aritmético que lida com a habilidade de adicionar 2+2, mas que tem de ser completamente revisada para lidar com 2+3 (e assim indefinidamente).

Detalhes à parte, o ponto é claro. Afastam-se dos fatos aqueles que estão convencidos de que a linguagem é uma forma aprendida de comportamento e de que suas regras podem ser consideradas como práticas sociais, convenções, hábitos induzidos etc., que são aprendidos e aos quais as pessoas se conformam porque são de algum modo socialmente constrangidas a isso. E estão afastados da realidade porque começam com suposições sobre a linguagem e seu aprendizado que nada têm a ver com as línguas naturais, sua aquisição e seu uso; porque se recusam a empregar a metodologia padrão das ciência naturais em sua investigação, e por isso oferecem "teorias" da linguagem e de sua aprendizagem que têm pouco a ver com o que as línguas são e com o modo como são usadas.

Basta, então, de esforços externalistas ou "representacionalistas" e claramente não naturalísticos para lidar com a linguagem e seu significado. Com um pouco mais de detalhes, como proceder para construir uma teoria naturalística do significado para as línguas naturais? Alguns dos detalhes estão no texto principal; alguns dos prospectos para os modos de proceder também são encontrados no Apêndice V. No interesse de não prolongar uma discussão já excessivamente longa, vou apenas delinear alguns passos que parecem plausíveis. Eles são plausíveis, em parte, não só porque tentam levar em conta os fatos sobre a linguagem e sua aquisição e buscam adotar a metodologia-padrão científica naturalística, mas também porque houve algum progresso no caminho para a construção de uma tal "ciência do significado linguisticamente expresso".

1. Um passo inicial é definir os métodos a perseguir e os fatos a ter em conta na construção de uma ciência do significado. Os métodos, como sugerido, são os da pesquisa científica

naturalística: ter como objetivo a adequação descritiva e explanatória, objetividade, simplicidade (quando disponível), e possível acomodação em direção a outra ciência (aqui, certamente, deve-se levar em conta a Biologia e quaisquer limitações físico-químicas, fisiológicas e computacionais que possam se aplicar aos significados linguisticamente expressos e a seu crescimento/desenvolvimento em um ser humano). E é preciso, ao longo do tempo, fazer progresso real em uma ou mais dessas dimensões. Não vale a pena perseguir nenhum outro padrão se o que se quer é uma verdadeira teoria, e não vale a pena tentar nenhum outro caminho, a julgar pelos resultados infelizes de insistir que, no estudo da mente e da linguagem, deve-se fazer alguma outra coisa – sendo o *default* alguma forma de behaviorismo. Sua única "vantagem" é que qualquer um pode entendê-lo; mas ele não é simples da forma como teorias científicas são, e sim simples em uma forma muito menos elogiável. Certamente o caminho correto é perseguir uma metodologia que deu bons resultados na ciência da mente no que diz respeito a outras questões (a visão, por exemplo), e com respeito à sintaxe linguística, à morfologia, à fonologia, à semântica formal (interpretada de um modo internalista, sintático), à fonética, e a aspectos da pragmática formal – em particular porque pelo menos a sintaxe e a morfologia estão diretamente envolvidas na determinação do significado linguisticamente expresso na interface semântica do sistema da linguagem. A metodologia a ser aplicada à mente é internalista: aparentemente ela só funciona quando se concentra nas operações internas e nos *outputs* de sistemas internos que se desenvolvem ou crescem automaticamente (porque são "órgãos" naturais), e que fazem a "interface" com outros sistemas internos. A metodologia aparentemente não funciona para os atos e ações de uma pessoa. Quanto aos fatos relevantes, em um nível muito geral, incluem observações sobre o aspecto criativo do uso da linguagem e também sobre a pobreza dos estímulos. Esses últimos são relevantes não só pelo progresso que se alcançou em sintaxe e fonologia precisamente por respeitá-los e por ter se tomado a decisão de buscar um sistema "natural" localizado na cabeça. É preciso lembrar, também, que a taxa de aquisição de itens lexicais é notavelmente rápida sem qualquer treinamento aparente envolvido, e que as crianças claramente entendem muitos dos conceitos expressos nas línguas naturais antes que possam falar ou fazer sinais (portanto, expressar) os próprios conceitos. Em um nível mais refinado, os fatos incluem: a riqueza dos conceitos de senso comum e sua natureza focada em interesses humanos (o que torna ainda mais notável sua rápida aquisição); a natureza aberta da aquisição lexical e de conceitos; a facilidade com a qual as pessoas (inclusive as muito jovens) conseguem manejá-los – o que revela uma aparente diferença entre conceitos humanos e não humanos; o grau de flexibilidade que nossos sistemas conceituais põem à nossa disposição (devido, talvez, em parte a operações morfológicas); a aparente universalidade (e portanto, presumivelmente, a aquisição) de conceitos notavelmente ricos; os fatos da poliadicidade e seus limites; e assim por diante.

2. As duas próximas etapas consistem em escolher como colocar o estudo do significado dentro de um empreendimento existente de pesquisa naturalística. Supondo-se que a teoria em questão tem como objetivo oferecer uma abordagem naturalística dos significados expressos linguisticamente, deve-se começar por obter um entendimento do que são os "átomos" fundamentais dos significados. Qualquer esforço científico – talvez por causa da natureza de nossas mentes, como mencionado no texto principal – se inicia pela busca de elementos fundamentais e pela atribuição a eles das propriedades que precisam ter para fornecer uma teoria adequada. Ao mesmo tempo, é preciso também obter uma compreensão de como esses elementos são combinados para produzir os significados complexos que as frases expressam. Na situação atual, realizar essa última tarefa equivale a adotar alguma versão adequada da arquitetura da faculdade da linguagem.

Uma das mais simples e de mais fácil compreensão é encontrada na ideia de que as "informações" de significado estão, de alguma forma, alojadas em "palavras" ou itens lexicais (ou alguma outra noção técnica com efeito similar) e de que as operações sintáticas (*Merge*, pelo menos) as combinam para fornecer a forma complexa de "informação" de significado, os "conceitos" sentencialmente expressos fornecidos ao que Chomsky chama de "interface conceitual-intencional".

A seguir, é preciso decidir sobre o escopo da teoria de uma maneira que respeite as observações sobre a pobreza de estímulo e a criatividade, e quaisquer outros fatos básicos que um teórico sério deve ter em conta. Para esse efeito, você deve escolher uma abordagem internalista. É por isso que coloquei aspas em torno de "informação" no último parágrafo. A palavra convida, para a mente de muitas pessoas, a uma leitura intencional, o que para tais pessoas significa uma leitura referencial. Fodor, antes mencionado, é uma dessas pessoas. A fim de tentar evitar essa implicação, poderia ajudar usar o termo de Chomsky, "traço semântico", que soa técnico, embora esse termo também possa convidar a uma leitura referencial por causa do adjetivo "semântico". E "traço de significado" pode dar no mesmo. Por isso, para o que se segue, estipularei: "recurso semântico", e os outros termos a ser mencionados aqui devem ser lidos não intencionalmente, e "computação" não rastreia a verdade ou condições de verdade, como alguns insistem que deveria; ela deve apenas satisfazer, de alguma forma, as condições estabelecidas pelos sistemas com os quais a linguagem tem interface – a(s) interface(s) semântica(s), em particular. Assim, esses termos devem ser lidos como termos semitécnicos que, pelo menos, servem para distinguir o tipo de informação que – se uma computação/derivação for bem-sucedida – desempenha um papel na(s) "interface(s) semântica(s)" SEM mais do que na "interface fonética" FON. Intuitivamente, então, "informação" semântica, fonológica e formal é alojada em itens lexicais, ou é de algum outro modo inserida na computação sentencial, e a computação/ derivação entrega os tipos relevantes de informação às interfaces pertinentes dos outros sistemas.

3. Isso tudo é básico; as decisões do item 2 são difíceis de reverter porque, se o fizéssemos, haveria o risco de abandonarmos os pressupostos que têm funcionado e que se mostraram frutíferos para o avanço da investigação naturalística da mente até o momento. Depois de tais decisões, as que dizem respeito a que tipo específico de teoria devemos construir – que hipóteses específicas devemos oferecer e investigar empiricamente – refletem questões disputadas por aqueles que aceitam trabalhar no âmbito escolhido em 2. Por exemplo, deve-se adotar o que Hagit Borer (2005) chama de uma análise "endoesquelética" da computação, na qual a "informação" pertinente à computação e a como ela se desenrola está contida em alguma seleção de itens lexicais? Ou, em vez isso, deve-se adotar, como fiz anteriormente, uma análise "exoesqueletal", que atribui a um "pacote" de traços semânticos um *status* de substantivo ou verbo à medida que a computação prossegue (e, se o pacote receber o *status* de verbo, atribui a ele um adicidade, isto é, um determinado número de "argumentos" ou substantivos em "posições referenciais" – posições na frase nas quais tais substantivos poderiam ser usados para referir/receber caso)? Escolhendo uma dessas alternativas, deve-se tomar novas decisões consistentes com a opção escolhida. Em uma análise exoesqueletal, por exemplo, a informação semântica contida em um pacote de traços semânticos será algo que pode, em uma computação particular, ser lido como tendo a forma de um substantivo, e, em outra, de um verbo. E assim por diante. Outra decisão a tomar é quanto à estrutura interna da informação semântica em um item lexical, se é ela mesma composicional, ou se é essencialmente "atômica" – uma raiz morfológica que, mesmo em uma análise da aquisição dos traços semânticos conceituais/lexicais, não é obtida a partir de traços mais básicos, mas é um dos muitos milhares de conceitos "raiz" que os humanos podem adquirir. Se a outra opção (isto é, a análise endoesqueletal

da derivação) é a escolhida, pode-se explorar a possibilidade de que uma raiz semântica lexical seja composta do ponto de vista da aquisição, ainda que seja tratada como atômica do ponto de vista da sintaxe/da morfologia. Há alguma discussão sobre isso no texto principal. Depois, há a questão de entender a maneira como a composição semântica ocorre. Será que ela pode recorrer de algum modo fundamental a noções como "verdade", ou será que procede de uma forma totalmente internalista? Análises "funcionistas"[9] são populares (Heim; Kratzer, 1998), e muitas delas parecem dar um papel central à noção de verdade, o que as torna menos que desejáveis para alguém que queira proceder de forma internalista;[10] além disso, têm também problemas em explicar por que parece haver limites para a adicidade dos verbos na linguagem natural. Há alternativas mais próximas à abordagem internalista, e que realmente respondem a outros problemas das abordagens funcionistas. Uma tal alternativa é encontrada em Pietroski (2005), que propõe uma versão internalista da semântica de eventos baseada em Davidson, complementada por quantificação de segunda ordem no estilo de Boolos. Outra possível posição é adotar uma ou outra forma de teoria semântica funcionista e de trabalho baseado em teoria de modelos, mas desnaturá-los de seus aspectos (supostamente?) representacionalistas. Como referência, mencionei antes que Chomsky (1986) apontou um movimento de desnaturação desse tipo:

9 O termo em inglês é "functionist" e refere-se a teorias baseadas no princípio fregeano de que, em regra, toda combinação semântica envolve "aplicação funcional": isto é, há um termo incompleto – uma "função" – que toma um termo completo como seu "argumento". Não utilizamos aqui os termos "funcionais" ou "funcionalistas" – do mesmo modo que McGilvray não o fez em inglês – para evitar associações com outras teorias linguísticas às quais normalmente se aplicam tais termos. (N. T.)

10 É difícil acreditar que seus esforços realmente tenham algo a ver com a verdade, salvo se estiverem falando de algo como "verdade em um modelo" (uma coisa muito diferente). Chomsky observa que sua abordagem funcionaria também para cérebros colocados em um balde.

adotar uma forma de falar similar à da teoria de modelos para tratar do que "aparece" em SEM como informação semântica, e continuar a usar termos como "referir", mas lê-los como "há uma relação R", em que R é "referência", mas concebida como uma "relação" definida para modelos mentais. Não está claro o que fazer com a noção de verdade se o que se quer é manter algo como a verdade "real" (o que, eu suspeito, provavelmente é impossível). A teoria de modelos permite que a noção de verdade também seja desnaturada: a verdade nessa teoria se torna, em grande parte, estipulativa. E há uma vantagem na desnaturação de ambas as noções de referência e verdade: obtém-se uma maneira fácil de conceber um modo de se apropriar de muito da maquinaria da semântica formal e dos *insights* – e eles são reais – dos muitos que trabalham em semântica formal agora. Mas pode-se fazer isso de outras maneiras, também. Não vou mencionar outras questões em disputa aqui.

4. A última etapa (na verdade, a ideia de que há fases ou etapas envolvidas é uma ficção; o processo de construção de uma teoria é geralmente uma questão de agir em todas as frentes de uma só vez, ainda que dando atenção particular àquilo que deve ser tratado em um determinado momento) é tentar responder, pelo menos de forma preliminar, a perguntas básicas sobre as quais ninguém tem muita ideia ainda. Chomsky, no texto principal, diz que esse é o caso dos conceitos humanos, e ele está certo: eles são, como vimos, um quebra-cabeça. No entanto, o teórico com inclinações naturalísticas pode fazer pelo menos algumas coisas nesse sentido. Por uma razão: restringir a discussão aos conceitos expressos linguisticamente permite colocar o foco de atenção sobre o que aparece na interface semântica e sobre o que é necessário nesse que é o lugar em que a frase/expressão fornece informações para outros sistemas (ou lugares, se adotarmos uma concepção da computação baseada em "estágios" ou "fases"). Tomando isso como pressuposto, bem como a ideia (veja as p.53-5 e comentário) de que a interface semântica funciona

muito como a interface fonética, de modo que não há necessidade de ligar a informação de significado linguisticamente expresso a um conceito *separado* (como o faz Fodor com sua "linguagem do pensamento", por exemplo), poderíamos chamar a informação semântica em SEM de um "conceito linguisticamente expresso". Em uma linha de estudo relacionada a essa, outra coisa a fazer (que também foi antecipada antes) é reconhecer que, embora um conceito lexical seja "atômico" do ponto de vista da morfologia e da sintaxe, ele pode ser tratado como decomponível do ponto de vista da aquisição dos conceitos expressos nos próprios itens lexicais. Nenhum desses movimentos diz o que são os elementos básicos da aquisição de conceitos, o que são em geral os conceitos humanos linguisticamente expressos e como eles podem ter evoluído. Como Chomsky aponta no texto principal, em conexão com a questão da evolução da linguagem, essas são questões que muito provavelmente não podemos, no momento, sequer começar a abordar. Não podemos fazer isso porque – diferentemente do estado da "sintaxe estrita" [*narrow syntax*] em sua forma minimalista, que é suficientemente forte para começar a resolver tais questões – ainda não há realmente teorias respeitáveis dos conceitos que estejam satisfatoriamente organizadas.

Além disso, mesmo quando podemos tentar resolver de forma razoável as questões relativas ao estudo de conceitos linguisticamente expressos, há outras aguardando, como o tipo de problemas que Richard Lewontin (1998) enfatizou. Com a possível exceção de uma plausível análise saltacional da evolução, do tipo da que Chomsky discute no texto principal, para a qual é possível reunir pelo menos alguma evidência paleoantropológica e arqueológica (e coisas do tipo), é extremamente difícil conceber como se poderia reunir provas para o desenvolvimento evolucionário de capacidades conceituais humanas – capacidades que, à primeira vista, são muito diferentes das que estão disponíveis para outras criaturas.

Apêndice VII: Hierarquia, estrutura, dominância, c-comando etc.

Todas as sentenças das línguas naturais exibem estrutura hierárquica. A estrutura é frequentemente representada em uma árvore; uma árvore para uma sentença simples como *Harry viu uma casa* desenhada de forma que reflita uma versão recente da sintaxe gerativa poderia ser assim:

```
           SF
          /  \
     SN        F'
     |       /    \
     N'      |     SV
     |  [Passado]  |
     N             V'
     |           /    \
   Harry        V     SN
                |    /    \
               ver  Det    N'
                     |     |
                    uma    N
                           |
                          casa
```

Os rótulos no diagrama são explicados mais à frente.

Brevemente me dedico a duas questões: (i) "de onde" vem a estrutura hierárquica? e (ii) qual é seu significado para compreender a forma como a linguagem "funciona"?

Sobre a primeira questão, é importante reconhecer que é difícil evitar a hierarquia. A função sucessora para gerar os números naturais a introduz, e de fato qualquer gramática de estados finitos introduz hierarquia: cada elemento adicional acrescentado para gerar uma sequência de palavras ou outros elementos produz um conjunto maior do qual o conjunto previamente gerado é um subconjunto. Caso se adicione a operação da associatividade, pode-se fazer desaparecer a hierarquia e terminar com uma sequência, mas que requer uma operação adicional – e justificação para introduzi-la. Não menciono uma gramática de estado finito porque ela introduz a hierarquia correta para as línguas naturais. Chomsky demonstrou há muito tempo que isso não acontece (1957; veja também Chomsky; Miller, 1963). O problema não é como algum tipo de hierarquia é introduzido, mas, ao contrário, como o tipo "certo" é – o tipo de hierarquia encontrado nas línguas naturais. Os tipos "certos" de gramática produzem isso.

Respostas para essa questão têm mudado ao longo dos últimos sessenta anos ou mais, demonstrando progresso no desenvolvimento do estudo da linguagem como uma ciência natural. Para ilustrar, considere duas fases na forma como a abordagem do programa minimalista explica a estrutura, os primórdios da "gramática de estrutura sintagmática" (dos anos 1950 em diante) e posteriormente com a abordagem da teoria X-barra (iniciando por volta de 1970). Historicamente falando, esses não são estágios distintos; é melhor pensar em termos de visões que evoluíram. Contudo, para os propósitos explicativos, condensarei e idealizarei. Durante a primeira fase, a estrutura linguística na derivação de uma sentença foi atribuída primariamente a regras de reescrita da estrutura sintagmática como esta:

S → SN + SV ("Sentenças" <mais precisamente, descrições abstratas de estruturas e ILs [Itens Lexicais]> consistem de Sintagmas Nominais seguidos de Sintagmas Verbais)

SV → V + SN

V → V + Aux

V → {deixar, escolher, desejar, beber, cair...}

... e assim por diante, em muitos detalhes consideráveis, costurada para línguas naturais específicas. Essas regras, pensava-se, e umas poucas transformações "obrigatórias", produziam as Estruturas Profundas, as quais poderiam ser sujeitas a transformações "opcionais" que moveriam (por exemplo) elementos e talvez adicionariam ou subtrairiam alguns objetivando (por exemplo) mudar uma estrutura declarativa em uma passiva. Basicamente, contudo, as transformações dependiam da estrutura básica estabelecida para gramática de estrutura sintagmática. Voltando à questão de onde vem a estrutura, a resposta é: o componente estrutural sintagmático da gramática, modificado onde é apropriado e necessário por algum componente transformacional. Note que esse tipo de resposta não é muito diferente de responder à questão de onde vem a estrutura molecular ao dizer que "essa é a forma em que os átomos se combinam" sem explicações adicionais sobre o porquê de os átomos se comportarem da forma como se comportam. De fato, as gramáticas de estrutura sintagmática são descritivas, não são explicativas em um sentido esclarecedor. Segmentar as derivações linguísticas em componentes estruturais sintagmáticos e um componente transformacional simplifica um pouco as coisas, e as gramáticas de estrutura sintagmática reduzem grandemente o número de regras que concebe que uma criança tenha de aprender para adquirir uma língua. Contudo, estamos muito longe de oferecer uma resposta apropriada sobre como a criança trabalha para adquirir uma língua de acordo com as observações que a pobreza de estímulo indica. Assim, as gramáticas de estrutura sintagmática não fazem muito mais do que começar a conversar com o tema da aquisição: já que a estrutura difere de língua para língua (um exemplo clássico é o sistema de verbos auxiliares), as regras de reescrita estão longe de ser universalmente aplicáveis, tornando difícil compreender como gramáticas específicas poderiam ser adquiridas sob as condições da pobreza de estímulo. Também deixa completamente aberta a questão de como as línguas vieram a ter a estrutura hierárquica que têm. Elas não oferecem nenhuma forma de relacionar a estrutura da linguagem com a Biologia e/ou com outras ciências, e não conversam de nenhuma forma com a questão de por que somente os humanos parecem ter a estrutura disponível para eles – estrutura que é, além do mais, usada pela cognição em geral, incluindo o pensamento e a especulação. Na verdade, como tantas variantes são necessárias para línguas diferentes, é mais difícil imaginar como elas poderiam ter uma base biológica.

Na segunda fase, a abordagem X-barra fez algum progresso. Há algumas formas de olhar para a teoria X-barra. Uma é esta: ao invés de aparecer como nas gramáticas de estrutura sintagmática tentando construir a estrutura de cima para baixo ("*top-down*"), aqui ela se move dos itens lexicais para cima. Assume que os itens lexicais já vêm colocados em um pequeno conjunto de categorias possíveis, em que cada item em cada categoria possui um conjunto de traços que na verdade dizem o que o item lexical relevante pode fazer em uma derivação/computação. Assim, na medida em que um item lexical se "projeta" por meio da estrutura, ele carrega seus traços com ele, e estes determinam como eles podem se combinar, onde, e como eles irão ser lidos. As categorias são N (nome), V (verbo), A (adjetivo/advérbio) e – com algum debate em relação a seu caráter básico – P (pós/preposição). As estruturas projetadas são razoavelmente próximas de serem comuns a todas as línguas. As estruturas que são construídas consistem de três "níveis barra" – assim chamadas porque a forma original de representar o nível da estrutura, pegue um N, por exemplo, e represente o primeiro nível ou nível "zero" da estrutura como o item lexical em si mesmo (N), o próximo nível como um "N" com uma barra simples escrita em cima, e o terceiro com um "N" com duas barras. Uma notação mais conveniente se parece com isto: N^0, N^1, N^2 ou isto: N, N', N". O número de aspas corresponde ao número de "níveis" encontrados na estrutura hierárquica que se parecem com isso, para um nome:

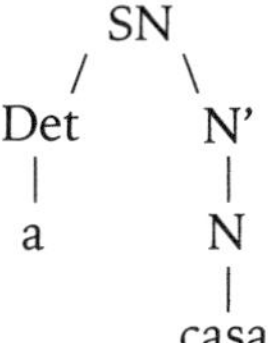

Sintagmas e outros tipos podem derivar da posição N': quando eles se encontram lá, são chamados de "adjuntos". Um diagrama hierárquico para *a casa verde*, com o adjetivo (A) *verde* como um adjunto, colocaria um ramo da árvore pendendo do N' do diagrama do lado direito inferior (em português) para um SA, que então iria para um A' e então se tornaria um A, e finalmente *verde*. "Det" é a abreviação de "determinante"; determinantes para os sintagmas nominais incluem *o* (e suas flexões) e *a* (e suas flexões) (em português). A posição ocupada por "Det" no diagrama é a posição de "especificador". X's possuem especificadores; um especificador para uma sentença (agora um "sintagma flexional" para capturar a ideia de que "flexões" como tempo precisam ser adicionadas aos verbos para termos sentenças como normalmente as entendemos) seria normalmente um SN.

Outra forma de ver a estrutura X-barra é concebê-la como requisitando a conformidade a um conjunto de esquemas arbóreos. Os esquemas são:

1. Esquema do especificador: SX → (SY) – X'
2. Esquema do adjunto: X' → (SY) – X'

3. Esquema do complemento: X' → X – (SY)
X = qualquer N, V, A, P
S = sintagma
(...) = opcional
– = ordene dessa forma

Detalhes em relação à teoria X-barra e sua estrutura estão disponíveis em muitos lugares; meu objetivo é falar o que sua introdução conseguiu. A teoria X-barra, conforme alguém a conceba, simplifica a estrutura que a gramática de estrutura sintagmática costumou usar para descrever um bocado de coisas. Os esquemas ou princípios de projeções capturam todas as estruturas sintagmáticas possíveis de todas as línguas, ganhando força como um universal linguístico; e, juntamente com as primeiras fases da abordagem de princípios e parâmetros tal como ela era depois dos anos 1980, a teoria X-barra podia acomodar pelo menos o parâmetro do núcleo. Na medida em que reduziu múltiplos sistemas de regras a um conjunto de esquemas relativamente simples ou princípios de projeção, ela ajudou – até certo grau – a tarefa de conversar com o tema da aquisição e o problema de acomodar a teoria da linguagem na Biologia (o genoma). Ainda deixa muita coisa sem explicação: por que essa forma, por que árvores com "níveis barra", e de onde essa estrutura provém? Contudo, conversa com a questão da simplicidade, e também com outro tema importante que Chomsky enfatiza nos comentários a um primeiro rascunho deste apêndice. Na gramática de estrutura sintagmática, muito mais foi deixado sem explicação. A gramática de estrutura sintagmática estipula estruturas abstratas como SN, SV, S(entença), e estipula também as regras em que elas figuram. Por causa disso, ela não oferecia razão em princípio para a regra V → V SN ao invés de V → SC N [SC: Sintagma Complementizador]. A teoria X-barra eliminou as opções erradas e a tecnologia formal estipulada de forma mais racional do que fazia a gramática de estrutura sintagmática. Novamente, isso representa progresso.

O minimalismo é um programa para pesquisa avançada em Linguística. Não é uma teoria. É um programa que objetiva responder a questões como aquelas deixadas sem resposta por tentativas anteriores de lidar com a estrutura linguística. Tornou-se possível porque os linguistas por volta do início dos anos 1990 podiam – por causa de um bocado de evidência a seu favor – depender da abordagem de princípios e parâmetros, e particularmente dos parâmetros. Eles podiam se dar ao luxo, então, de deixar de lado o problema explicativo que dominou a pesquisa até aquele tempo, que era responder ao problema de Platão. Eles podiam – como a discussão do texto principal enfatiza de várias formas – ir "além da explicação" (como se lê no título de um dos artigos de Chomsky), de nenhuma forma querendo dizer com isso que se podia considerar a tarefa de explicação completa, mas que eles poderiam conversar com outros temas, temas explicativos mais profundos, como aqueles trazidos pela evolução e pelo fato de que a linguagem é unicamente para os seres humanos, e por "De onde a estrutura provém?", "Por que essa estrutura?", e "O que a estrutura consegue?". Por razões óbvias, *Merge* – sua natureza, sua introdução na espécie humana, e o que ela pode fazer – e as considerações do terceiro fator vieram a ser colocados na vanguarda da pesquisa, como consequência. Dado que o texto principal e outros apêndices conversam com o que esse novo foco provê (a estrutura introduzida por *Merge* e pelas variantes na estrutura oferecida, possivelmente, pelas considerações do terceiro fator sozinho), não repetirei isso aqui. Apenas enfatizo que, mesmo chegando ao ponto em que o minimalismo chegou para ser levado a sério como um programa científico de pesquisa, representa grande progresso (mas definitivamente não acabado) na forma de fazer Linguística como uma ciência natural. Pela primeira vez é possível começar a ver como a teoria da linguagem e da estrutura linguística poderia ser acomodada em outras ciências.

O segundo problema em relação à estrutura é para que ela serve – o que a estrutura linguística faz. No que segue, tenha em mente de novo que qualquer gramática introduz estrutura e hierarquia; o problema crucial é quais são as estruturas e gramáticas certas (e chegar a respostas adequadas a essa questão, finalmente com apelo à Biologia). Na mesma linha, deve-se ter em mente que o que é comumente chamado "capacidade gerativa fraca" (a capacidade de uma gramática produzir um conjunto de sequências não estruturadas) é uma operação primitiva *menor* do que a geração forte (produzindo sequências com estruturas – no caso da língua, estabelecidas nos termos das descrições estruturais ou especificações estruturais). A capacidade gerativa fraca envolve uma segunda operação – talvez associatividade, como indicado antes.

Quanto ao problema (relacionado) de o que as estruturas *fazem:* várias respostas têm sido oferecidas, mas também há um grau de consenso. Estruturas constituem sintagmas, e sintagmas são domínios que exercem papéis centrais em determinar o que pode se mover e onde, e o que os vários elementos de um sintagma "fazem" – que tipo de papel temático um sintagma nominal poderia ter, por exemplo. Ilustro rapidamente olhando para a noção de c-comando – como ela é definida a partir de estruturas hierárquicas e alguns dos princípios nos quais ela está envolvida. "C" é de "constituinte", logo "comando de constituinte".

Para entender o c-comando e um pouco de seus papéis, considere as seguintes estruturas linguísticas hierárquicas:

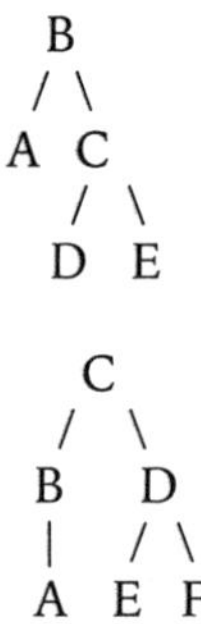

Agora introduzo a noção de dominância, que é intuitivamente definida a partir de uma estrutura hierárquica do tipo ilustrado. Na primeira figura, B imediatamente domina A e C, B domina A no segundo. Dada essa noção intuitiva, podemos agora definir c-comando desta forma: X c-comanda Y se X não domina imediatamente Y ou vice-versa *e* o primeiro nó ramificado que domina X também domina Y. Assim, na primeira estrutura, A c-comanda C, D e E; B não c-comanda nada; C c-comanda A; D c-comanda E; E c-comanda D. Na segunda, A c-comanda D, E e F.

C-comando figura em vários princípios linguísticos centrais, princípios que governam os modos em que as sentenças e as expressões dentro delas podem/devem ser interpretadas/entendidas. Um exemplo é encontrado na "teoria da ligação", um conjunto de três princípios que para todas as línguas naturais descreve as propriedades sintaticamente determinadas de ligação/coindexação de expressões referenciais, pronomes e anáforas. Um exemplo de anáfora em português é um pronome reflexivo, como *si mesmo*... *Harriet ama a si mesma*. Claramente, *si mesma* deve ser correferencial com Harriet, diferentemente de *Harriet ama ela*, em que *ela* claramente não pode ser usado/entendido como correferente de Harriet. Um modo mais formal e teoricamente útil – mais útil porque c-comando exerce um papel central em outros lugares também, e a captura de um universal linguístico permite ao teórico se consolidar – é este: um antecedente de anáfora deve c-comandá-lo. Essa é a "Condição A" da teoria da ligação.

O Programa Minimalista mostra por que o c-comando exerce um papel importante, e como ele faz isso. O retrato minimalista da derivação/computação da sentença, pelo menos sob certas premissas que são bem técnicas e que não podem ser discutidas aqui, oferece um retrato elegante do c-comando e como ele vem a ter as propriedades que tem. O minimalismo trata a derivação como um problema de *Merge* – tanto interno quanto externo. Considere um *Merge* interno; ele coloca um elemento que é já uma parte de uma derivação "em uma fronteira" – de fato, na frente de um conjunto em que deixa uma cópia <ou uma cópia de A é colocada na fronteira...>. Por exemplo, {A {B... {A...}}}. Isso representa o c-comando simplificadamente: o elemento "fronteado" c-comanda todos os outros elementos, sob a premissa – que é bem motivada – de que a(s) cópia(s) de A não serão pronunciadas. C-comando se torna precedência – sendo um *Merge* "tardio". Para uma discussão relativamente não técnica, veja Boeckx (2006).

Os esforços minimalistas para eliminar "artefatos" das teorias da gramática sugerem que não se deve tomar o c-comando como um primitivo da teoria linguística. Ele é uma ferramenta descritiva útil mas – como o parágrafo anterior sugere – poderia ser eliminado em favor dos traços de *Merge* interno e externo. Como Chomsky (2008) argumenta, a Condição C e a Condição A da teoria da ligação podem ser tratadas dessa forma. Um ponto do Programa Minimalista é, naturalmente, eliminar itens que não podem ser justificados por uma "explicação bem motivada" e objetiva conceber o sistema da linguagem como perfeito. A discussão antecedente ilustra os progressos nesse quesito.

Apêndice VIII: Variação, parâmetros e canalização

A teoria natural da linguagem deve falar não somente das formas em que as línguas são idênticas (princípios, GU), mas das formas em que as línguas podem se diferenciar. Uma teoria da linguagem natural descritiva e explicativamente adequada deveria ter as fontes disponíveis para a descrição de qualquer Língua-I dada, e, para fazer isso, deve ter as fontes teóricas para descrever qualquer Língua-I biofisicamente possível.

Algumas diferenças entre Línguas-I estão, contudo, além do alcance do estudo natural. As pessoas podem diferir, e de fato diferem, em como colocam lado a lado informação "sonora" com "significado" em seus léxicos (Chomsky, 2000). Para uma pessoa, o som "artrite" é associado com DOENÇA NAS ARTICULAÇÕES; para outra, talvez com DOENÇA EM UM MEMBRO (ou com tudo o mais que a pessoa entenda que o som "artrite" signifique). Esses pareamentos, do ponto de vista do cientista natural, são simplesmente irrelevantes; são exemplos do que Chomsky chama de "arbitrariedade saussureana". As ciências naturais devem ignorar os pareamentos porque eles são convencionais, sociais ou idiossincráticos. Eles não são motivados por fatores naturais, a formas em que a natureza "traça os limites", parafraseando Platão. Isso não quer dizer que essas diferenças sejam banais para propósitos práticos: se você deseja se comunicar facilmente com outra pessoa, é melhor que seus pareamentos se sobreponham aos da outra pessoa. Só significa que os pareamentos são uma questão de escolha, não natural, e são, portanto, irrelevantes para uma ciência natural da linguagem.

Para colocar de outra forma, a ciência natural da linguagem se foca no que é inato. Assim, foca-se no léxico, mas não nos pareamentos encontrados na cabeça de uma pessoa particular. Ela se foca (ou deveria) nos sons e significados que estão disponíveis para expressão – isto é, para pareamento no léxico, e para aparecer nas interfaces relevantes. Esses sons e significados são inatos no sentido de que são construídos a partir de quaisquer tipos de mecanismos de aquisição que os tornam disponíveis, ao mesmo tempo que limitam aqueles que estão disponíveis, pois um mecanismo somente pode produzir o que ele pode produzir. Suas variantes possíveis são construídas dentro dele.

Parece haver limites nos sons que estão disponíveis dentro de qualquer língua natural específica. Chomsky (1988) nota que, enquanto "*strid*" poderia ser um som do inglês, não pode ser do árabe. De outro lado, "*bnid*" está disponível em árabe, mas não em inglês. Para lidar com o que está ou não disponível na classe de Línguas-I que são algumas vezes chamadas de "línguas naturais", apela-se aos parâmetros. Os parâmetros, assume-se, estão construídos dentro dos mecanismos de aquisição. Eles poderiam ser biológicos na natureza (construídos dentro do genoma), ou motivados por outros fatores, aqueles que Chomsky rotula de contribuições do "terceiro fator" para os mecanismos de aquisição/crescimento.

Muito mais atenção se dá, contudo, às diferenças paramétricas na "sintaxe estrita" aos diferentes modos disponíveis para as diferentes línguas naturais (consideradas aqui como classes de Línguas-I estruturalmente similares) executarem computações. A concepção dos parâmetros e suas especificações têm mudado desde sua introdução com o programa de Princípios e Parâmetros no final dos anos 1970 e começo dos anos 1980. A concepção original – que é mais fácil de descrever e ilustrar, de modo que seja fácil explicar em textos como este – sustentava que um parâmetro é uma opção disponível em um princípio linguístico (uma "regra" universal). O parâmetro do "núcleo" é frequentemente mencionado. Além dos traços lexicais e dos morfemas, as unidades seguintes mais básicas das línguas são os sintagmas. Sintagmas são entendidos como consistindo de um "núcleo" (um item lexical de uma categoria específica, tal como N<ome> ou V<erbo>) e um "complemento" que pode ser outro sintagma, como um sintagma adjetival/adverbial. Assim se pode ter um Sintagma Verbal (SV) totalizando *lavar vagarosamente* com um núcleo V seguido por um complemento adjetival/adverbial, um SA reduzido a um A. Contudo, é isso o que se encontraria em português e em muitas outras línguas. Isso porque essas são línguas de "núcleo inicial". Em outras, como o japonês ou miskito, a ordem é reversa. Os sintagmas nessas línguas também têm a estrutura de um núcleo e um complemento, mas, nessas línguas, o núcleo aparece depois do complemento. Estabelecendo o parâmetro relevante com opções incluídas "no" parâmetro:

$$SX = X - SY$$

S é "sintagma", e as variáveis X e Y podem ter os valores N, V ou A, e (em versões prévias) P (para pós/preposição). O traço (–) não indica ordenação, permitindo que X esteja antes de SY, ou SY esteja antes de X. O traço permite núcleos iniciais (X-SY) ou finais (SY-X). Nesse sentido, as opções paramétricas estão "na" definição formal do "princípio sintagmático".

A discussão mais recente dos parâmetros os redefine de duas formas significativamente diferentes. Uma é por causa da sugestão de que todas as diferenças paramétricas entre as línguas são encontradas naquilo que chamamos de "categorias funcionais".

Uma categoria funcional representa qualquer categoria (simplificando muito aqui) de item lexical que indica uma diferença não em conteúdo, mas na "forma" de uma gramática. As diferenças relevantes surgem na estrutura do sintagma verbal, na complementação (*que...*) e nas formas de operação dos "auxiliares" que determinam a concordância sujeito-verbo, e coisas do tipo. Uma categoria funcional pode ser expressa em diferentes línguas de diferentes formas. Em português, algumas preposições (como *de*) expressam uma diferença gramatical ou funcional, outras (como *embaixo*), um conteúdo lexical. Ao assumir que algum item lexical expressa categorias funcionais ou informação gramatical sozinho (e não informação de "conteúdo" lexical), e ao assumir, além disso, que as diferenças paramétricas entre as línguas são diferentes formas que a faculdade da linguagem tem disponível para preencher as "condições de saída" estabelecidas pelos sistemas com os quais ela deve "se comunicar" em suas interfaces, presume-se também que as diferenças paramétricas estão alojadas nas "palavras funcionais", ao invés de nos princípios em si mesmos, como foi sugerido na abordagem inicial.

A outra linha essencial de desenvolvimento se deve largamente ao trabalho de Richard Kayne (2000, 2005), que apontou para muito mais parâmetros do que aqueles que se pensava antes ser necessários. Ele os chamou de "microparâmetros", assim transformando os velhos parâmetros em "macroparâmetros". Microparâmetros detalham diferenças relativamente finas entre aspectos do que usualmente se afirmava ser línguas relacionadas muito proximamente ("relacionadas proximamente" não é sempre claramente definido). A tese dos microparâmetros veio a ser casada também com a ideia de que todas as diferenças paramétricas estão localizadas no "léxico" (mesmo que algumas possam não ser pronunciadas). Essa ideia também se tornou uma premissa significativa de muitos trabalhos do Programa Minimalista, abandonando-se efetivamente a ideia inicial de que os parâmetros estão "nos" princípios. A discussão continua, e focaliza em tópicos que se esperariam: os macroparâmetros podem ser analisados em termos dos microparâmetros? Há espaço para uma distinção macroparamétrica binária não especificada entre línguas como aquelas que são expressas no parâmetro do núcleo? Se sim, como se concebe isso? E assim por diante. A resposta para a penúltima questão, a propósito, parece ser "não", mas talvez traços fundamentais da velha concepção possam ser salvos. Sobre isso, veja Baker (2008). A discussão continua, mas não tratarei mais dela aqui. Chomsky acrescenta alguma coisa no suplemento de 2009 (veja p.100-103) – entre outras, a possibilidade de que há infinitamente muitos parâmetros.

Os parâmetros continuam, como antes, a ter um papel central nas discussões da aquisição ou do crescimento da linguagem. Imagine uma criança crescendo em um ambiente de falantes de português, e tome o macroparâmetro do núcleo como um exemplo. Ela – ou, ao contrário, sua mente, pois isso não é uma decisão consciente – vai selecionar o parâmetro/dispositivo de "núcleo" na posição "núcleo inicial". A mesma mente da criança em um ambiente de falantes de miskito irá selecionar o parâmetro como "núcleo final". Os detalhes de como a seleção ocorre é uma questão a ser descoberta; para uma discussão interessante, veja Yang (2004) e a discussão no texto principal.

Canalização é um rótulo para aquilo que é à primeira vista um fenômeno surpreendente. Humanos e outros organismos parecem se guiar e se desenvolver em um "tipo" relativamente uniforme a despeito dos ambientes diferentes, "*inputs*" e codificação genética. Não é nem um pouco claro o que explica as observações, embora existam algumas ideias sugestivas. Uma é que os genes de "controle" ou "mestres" exercem um papel. Waddington, o primeiro a usar o termo, falou de fatores epigenéticos influenciando o desenvolvimento. Outro fator possível é o conjunto limitado de opções disponibilizadas, dada a físico-química não genética, o "processamento" e outras restrições. Dado que estes limitam as mutações possíveis, não seria surpreendente se eles também limitassem estruturas orgânicas e operações possíveis. A canalização ainda será discutida.

Apêndice IX: Simplicidade

Buscar a simplicidade (elegância, austeridade, beleza...) para um sistema teórico ou para um fenômeno, como geralmente se nota, é um aspecto crucial da investigação científica e possui um papel proeminente na metodologia das ciências naturais. Alguns aspectos disso são discutidos em outros lugares neste livro: a insistência em procurar os "átomos" ou o que Newton chamou de "corpúsculos", o foco de Galileu em planos inclinados e não em como as plantas crescem, e o nominalismo de Goodman e os sistemas construtivos, tanto quanto seu esforço por encontrar uma concepção completamente geral de simplicidade. Vários tipos de simplicidade (teoricamente geral, computacional, otimização, eficiência) são exibidos – notadamente, dados trabalhos prévios e as complicações que faziam parte do "formato" das gramáticas encontradas mesmo na introdução da abordagem de princípios e parâmetros – na concepção da faculdade de linguagem do Programa Minimalista de Chomsky. Essa concepção, como indicado, sugere que a estrutura linguística e as possíveis variantes nela corporificam *Merge* e as restrições ao desenvolvimento incorporadas nos parâmetros, em que estas poderiam ser baseadas no genoma ou nas contribuições do terceiro fator. Isso também sugere que o sistema linguístico humano é uma solução perfeita (ou tão próxima da perfeição quanto possível) ao problema de ligar sons e significados em uma dimensão ilimitada – ou pelo menos juntar complexos de conceitos que podem ser tratados como pensamentos, ou talvez a contribuição da linguagem aos pensamentos. Se a abordagem minimalista continuar a fazer progresso, podemos com alguma confiança dizer que a faculdade da linguagem parece ser uma esquisitice entre os sistemas biológicos como eles são normalmente concebidos. Usualmente eles são gambiarras: "bricolagem", nos termos de François Jacob (cf. Marcus, 2008). São vistos como o resultado de acidentes da história, do ambiente e de eventos acidentais: são sistemas funcionais que surgem a partir de milênios de mudança gradual, como concebidas na história seletiva usual sobre a evolução. Contudo, a faculdade da linguagem parece ser mais como um sistema físico, que exibe elegância e simplicidade – por exemplo, estrutura atômica e a estruturação da tabela periódica dos elementos que ela subscreve.

Chegar a esse tipo de resultado poderia ter sido um dos desejos nos esforços anteriores de Chomsky ao construir uma teoria da linguagem, mas isso não passava de um sonho naquela época. O foco do trabalho inicial (por exemplo, *Aspectos da teoria da sintaxe*) era encontrar uma teoria da linguagem que fosse descritivamente adequada – isto é, que possibilitasse uma forma de descrever (com uma teoria/gramática) qualquer língua natural possível –, enquanto também respondesse à questão de como uma criança poderia adquirir uma dada língua natural em um tempo curto, dado o *input* mínimo que é na maioria das vezes irregular e sem qualquer recurso a treino ou a "evidência negativa". O problema da aquisição – chamado em trabalhos mais recentes de "Problema de Platão" porque foi o problema com que se defrontou Platão em seu *Menon* – foi visto como a tarefa de prover uma teoria adequadamente explicativa. Tomar a solução para o problema da aquisição como o critério da adequação explicativa parece estranho, mas é plausível: se uma teoria mostra como uma criança arbitrária pode adquirir uma língua arbitrária sob as condições relevantes da pobreza de estímulo, podemos ficar razoavelmente confiantes de que a teoria traça a natureza do sistema relevante e os meios pelos quais ele cresce no organismo. Infelizmente, contudo, os esforços iniciais para encontrar a adequação descritiva (produzir uma teoria da linguagem com as fontes que tornem possível a descrição de qualquer das milhares de línguas naturais, sem mencionar o número indefinidamente extenso de Línguas-I) entraram em conflito com a adequação explicativa. Se todos tivéssemos uma única língua e sua estrutura fosse tão simples que pudéssemos entender como ela se desenvolveu rapidamente na espécie humana, e se nossa teoria dela e de como ela se desenvolve em um indivíduo dentro das restrições de tempo relevante fossem totalmente adequadas, teríamos uma teoria que preenche os dois requisitos. Contudo, esse contrafactual não tem nada a ver com os fatos.

Pensava-se na época que a única rota disponível para os pesquisadores era conceber a criança como sendo dotada de algo como um formato para uma língua possível (certas condições sobre a estrutura, níveis de representação e computações possíveis) e um mecanismo de otimização relativo. A criança, dotada de um formato para uma língua possível e dado o *input* de sua comunidade linguística, automaticamente aplicaria esse mecanismo de forma que as regras de sua faculdade da linguagem de algum modo convergiriam com aqueles que contribuem para o comportamento linguístico na comunidade relevante. O formato especificaria formas de "despedaçar" os dados linguísticos (palavras, sintagmas) e amarrá-los (regras, princípios computacionais linguisticamente gerais e relevantes como o que foi chamado de "princípio de ciclicidade"), e o mecanimo produziria uma medição da simplicidade em termos do, digamos, número de regras que envolvem os dados. Esse mecanismo, que é interno ao sistema como concebido pela teoria, produz uma forma de falar sobre como uma gramática é melhor que outra, próxima: "melhor" é entendido em termos de uma medição de simplicidade relativa. Chomsky chama esse mecanismo de um procedimento de "avaliação". Concebe-se que a mente da criança tenha algum princípio de otimização relativo disponível e dedicado a isso (específico para a linguagem), um princípio que, dentro do período de tempo relevante, surge com a (relativamente) melhor teoria (da gramática) do conjunto de dados relativamente finos que são oferecidos à mente. Era uma forma obviamente intuitiva de se conceber a aquisição naquela época – entre outras coisas –, pois parecia gerar respostas e pelo menos era mais computacionalmente tratável do que o que era oferecido pela Linguística estrutural, em que as alternativas encontradas não poderiam nem mesmo explicar como aquela criança conseguiu discriminar algo como um morfema a partir dos dados. Mas o espaço para escolhas permanecia muito grande; a abordagem era teoricamente executável, mas completamente inviável. Ela claramente sofria em comparação com a nova versão. Além disso, impedia o progresso ao tornar muito difícil conceber como a especificação de um formato, e a GU concebida dessa forma, poderia ter se desenvolvido na espécie. A GU – pensada como aquilo que provê informação genética especificamente linguística – teria de ser rica e complexa, e era difícil de ver como algo que era tanto dedicado e rico como complexo poderia ter se desenvolvido na espécie humana.

Para resolver o problema da aquisição e preencher as condições da adequação explicativa (entendendo isso como uma solução para o Problema de Platão), é muito melhor ter uma teoria que disponibiliza muito poucos princípios invariantes, universais, além de algoritmos de aquisição linguisticamente universais que automaticamente retornam à gramática/língua "correta", dado um conjunto de dados. Isso será um procedimento de seleção, um procedimento que produziria uma única solução sem contrabalançar as alternativas. Isso – ou uma aproximação razoável – se tornou um prospecto com a introdução no final dos anos 1970 e no começo dos anos 1980 da visão dos princípios e parâmetros da faculdade da linguagem. Intuitivamente, a criança é provida no nascimento, por meio da GU, de um conjunto de princípios – universais gramaticais ou regras comuns a todas as línguas. Entre esses princípios estão alguns que permitem opções. Estas são os parâmetros. Os parâmetros – concebidos originalmente como opções "internas" a um princípio – podem ser "ajustados" com mínima experiência (ou pelo menos com a quantidade de experiência de fato disponibilizada para as crianças durante a janela de desenvolvimento relevante). (Veja o Apêndice VIII sobre os parâmetros e seu papel). Ajustá-los de uma forma oposta a outra determinaria uma classe de línguas naturais possíveis como oposta a outra. Esse foi um progresso real no caminho para encontrar a adequação explicativa. Além disso, com o crescimento da aceitação da ideia do Programa Minimalista, para quem *Merge* é tudo que alguém precisa na forma de um princípio sem exceções, e a sugestão adicional de que os parâmetros poderiam até mesmo constituir restrições gerais ao desenvolvimento constituído – e ajustado – por fatores não biológicos incluídos naquilo que Chomsky chama de contribuições do "terceiro fator" para o crescimento da linguagem e para o formato que a língua assume, o fardo colocado sobre o conjunto de instruções linguisticamente específico incluído no genoma humano se torna cada vez menor. Talvez a única contribuição geneticamente especificada e linguisticamente específica seja *Merge*. Se esse fosse o caso, seria muito mais fácil de entender como a linguagem veio a ser introduzida na espécie com uma única cajadada. Seria também fácil de entender como e por que a aquisição da linguagem é tão rápida e automática quanto parece, pois permite diferentes rotas de desenvolvimento. E possibilitaria a linguistas como Chomsky começar a levantar e prover tentativas de respostas para questões como o que é biologicamente crucial para a linguagem. Começaríamos a ter respostas a "por que as coisas são da forma que são".

Com isso em mente, quando Chomsky fala de biolinguística (um termo introduzido primeiro por Massimo Piatteli-Palmarini em 1974 como o título de uma conferência conjunta MIT-Royaumont Fundation, acontecida em Paris), talvez devêssemos falar ao contrário de "linguística biofísica" ou talvez "bio-compu-físico linguística"; assim ficaria claro que o conjunto de línguas naturais possíveis e Línguas-I depende não só da codificação genética, mas também de outros fatores – todos, contudo, concebidos como de algum modo incorporados na natureza e nas formas em que ela permite desenvolvimento/crescimento. E se a GU é pensada como o que nos é disponibilizado só pela Biologia (isto é, especificação genômica), talvez a GU não se torne nada além da especificação para *Merge*.

Interessantemente, a abordagem de princípios e parâmetros parece nos permitir abandonar a concepção interna à teoria de simplicidade que exerceu um papel bem importante nos esforços iniciais. Se a mente da criança conhecer o que os interruptores ou as opções são, a otimização relativa da simplicidade não exercerá papel algum. Pode-se pensar que o problema da aquisição da linguagem foi resolvido (pelo menos na sintaxe estrita) e pode-se voltar a atenção para outros problemas explicativos. Isso é sem dúvida parte da razão pela qual, em um artigo recente, Chomsky fala do minimalista como indo "além da explicação" – parte dessa razão, não toda, para as considerações de terceiro fator parecem começar a permitir respostas a questões relacionadas a por que princípios X ao invés das alternativas Y, Z... A explicação no sentido de resolver o Problema de Platão permanece crucial, naturalmente, mas, com os parâmetros, resolvê-lo não precisa mais ser o objetivo único e central da explicação linguística.

Concepções de simplicidade teoricamente gerais continuam há séculos a guiar a construção de teorias pelos cientistas (não a mente da criança) de vários tipos e vários domínios, naturalmente, incluindo as teorias dos linguistas dos fenômenos linguísticos. E no domínio teoricamente geral, dificilmente é provável que a natureza tenha disponibilizado ao cientista um dispositivo de seleção automática que faz o trabalho de aparecer com uma boa teoria para qualquer que seja o fenômeno que o cientista objetive descrever e explicar. Parece que de fato temos alguma coisa; temos o que Descartes chamou "a luz da natureza", e o que Chomsky chama de "capacidade de fazer ciência". É uma dádiva concedida apenas aos humanos, até onde se sabe, embora não seja uma dádiva atribuída a Deus, como Descartes sugeriu. De alguma forma está escrita na nossa natureza bio-física-computacional. Por causa dessa capacidade, podemos exercitar o que Peirce chamou de "abdução" e os filósofos contemporâneos gostam de chamar de "inferência para a melhor explicação". É muito diferente de outros tipos de inferência; é mais parecido com boa adivinhação. Provavelmente alguma operação interna que busca a simplicidade de algum tipo ou tipos seja uma parte disso. De qualquer forma, com isso e outros contribuintes mentais, miraculosamente, mas de maneira típica, conseguimos convergir naquilo que conta como a descrição ou explicação melhor/melhorada para um conjunto de fenômenos.

Apêndice X: Hume sobre "o tom de azul que falta" e assuntos relacionados

Conseguir uma forma melhor de ver o problema do "tom de azul que falta" [*the missing shade of blue*] de Hume requer abandonar os princípios empíricos muito fortes de Hume. Seu problema das cores, e o problema mais geral da experiência nova e dos novos julgamentos, somente podem ser tratados satisfatoriamente apelando (como Chomsky sugere) para teorias de sistemas internos que geram os tipos de formas que podemos conhecer, e os limites que aqueles sistemas estabelecem. É claro que Hume tinha consciência do problema geral; como indicado, ele reconheceu que a mente pode compreender (e compreende) e faz julgamentos sobre novas circunstâncias morais. Também é claro que ele reconheceu que os limites de nossas capacidades para compreender e experienciar devem ser estabelecidos por "instintos" internamente (e – embora ele não gostasse do fato – inatamente) determinados. Além disso, ele pensou que compreender como esses instintos trabalham deixaria à mostra os poderes humanos. Mas nisso ele estava obviamente equivocado. Por meio das ciências computacionais da mente, eles estão começando a ser compreendidos agora. Como Chomsky enfatiza em outros lugares em nossas discussões, um dos objetivos da ciência cognitiva é vir a compreender a natureza desses instintos cognitivos.

Note que as teorias modernas da cor e de outros artefatos visuais (bordas, sombreamento, profundidade...) assumem que eles são produtos da maquinaria interna que tanto gera, por ter alcance e domínio específicos, quanto estabelece limites para aquilo que pode ser sentido pelo sistema visual humano. (Abelhas podem responder e respondem ao *input* de fótons ao alcance na energia ultravioleta, portanto devemos supor que são alguns tipos de representações visuais internas, presumivelmente alguma coisa parecida com as cores. Contudo, não podemos responder a, nem produzir <“representar”> as cores como um resultado desse tipo de estímulo.)[1] Enquanto esses sistemas não são recursivos da forma em que o sistema da linguagem é e não produzem infinidades discretas como *output*, ainda é plausível falar do sistema de cores da mente humana como “gerando”

1 Ninguém deveria presumir que há uma correspondência unívoca entre a experiência das cores e os *inputs* espectrais. De fato, uma das razões mais convincentes para se construir uma teoria das operações internas do sistema visual é que ele parece modificar e “adicionar” bastante coisa ao *input*, na medida em que se deveria abandonar a ideia de que a visão de algum modo acuradamente “representa” o *input* e sua fonte/causa distal. Por exemplo, três fontes de luz “monocromáticas” (único comprimento de onda) de qualquer alcance e de qualquer comprimento de onda (contanto que elas disponibilizem luz dentro do alcance normal do *input* de cada um dos três sistemas cônicos humanos) podem ser variados em sua intensidade e combinados para produzir experiência de qualquer cor do espectro. Três comprimentos de onda fixos, qualquer cor. Se for assim, correndo o risco de gerar confusão, podemos dizer que as cores estão na cabeça. Elas estão lá porque são “produzidas” lá. Isso nos compromete com uma visão “projetivista” de acordo com a qual o que e como nós vemos se deve bastante ao que a mente contribui para nossa visão. As visões de Chomsky para os papéis dos conceitos humanos na faculdade da linguagem são uma versão do projetivismo. As formas em que experienciamos são devidas em grande medida às formas em que podemos experienciar, e estas dependem essencialmente daquilo que nossos vários sistemas internos proveem na forma de “conteúdo”, muito do qual deve ser inato.

cores e outros artefatos visuais ao depender de algoritmos que não possuem "lacunas" do tipo que Hume apontou em seus alcances, nem em seus domínios de *output*. Eles não possuem problemas com novos *inputs* e não impõem problemas sobre como um novo *output* poderia ser produzido. O problema específico de Hume supõe *outputs* novos sem *inputs* novos, naturalmente, mas não é de todo claro como ele poderia até mesmo impor seu problema nos casos atuais. Um motivo, como hoje sabemos, é que o sistema visual humano é capaz de produzir entre 7,5 milhões e 10 milhões de cores diferentes – isto é, produzindo combinações discrimináveis de matiz, brilho e saturação. O que, então, contaria como uma cor única humeana? Como se especificaria ou se individualizaria sem uma teoria bem desenvolvida do que o sistema visual humano pode produzir? Como se decidiria se o sistema de uma pessoa estava ou não produzindo aquela cor específica quando apresentada a uma combinação de estímulos proximamente relacionados? Como se dá conta da fadiga, daltonismo, acomodação etc.? Hume agora seria capaz de responder a essas questões, mas infelizmente para suas teses empiristas e sua relutância em acreditar que se poderia investigar instintos mentais, ele conseguiria respondê-las – e colocá-las de modo razoável – somente porque há uma teoria plausível dos instintos internos que geram cores no lugar. Dada a teoria e seu sucesso, alguém pode até mesmo perguntar como poderíamos tomar seriamente experimentos filosóficos mentais como o de Hume. Claro que, nesse estágio, a teoria existente conta como um guia melhor para perseguir questões sobre o que podemos ver e experenciar, questões que ainda são razoáveis de se levantar.

O *insight* de Hume, que nossos esforços cognitivos são largamente uma questão de instinto, tem agora muita evidência a seu favor. As teorias existentes da visão e da linguagem indicam que ele estava no caminho certo ao apontar para o instinto como a fonte de nossas operações mentais – apontando para a maquinaria biofísica automaticamente desenvolvida que transforma a discriminação em várias modalidades e julgamentos possíveis. O ponto se generaliza: podemos fazer ciência somente porque podemos depender de algum tipo de "instinto" que nos oferece alguma coisa parecida com o que Peirce chamou de "abdução". Chomsky aponta isso no texto principal.

Há outras lições nessa digressão nas cores. Uma delas, óbvia, é que a visão internalista – abordando aquilo que o sistema cognitivo humano pode ou não pode fazer neste e provavelmente em outros casos olhando dentro da cabeça e construindo uma teoria de como um sistema opera e se desenvolve – é baseada em pontos como esse. Outra é que aquela teoria e a abstração e simplificação que lhes são características e provavelmente necessárias para a construção de teorias triunfa sobre listas e compilações de "dados brutos". Dados podem ser compreendidos – e, como o caso das cores indica, realmente só coletados – somente quando há uma teoria que está fazendo progresso em seu lugar. Além disso, assim como com a linguagem, o mesmo acontece com as cores: as visões do senso comum de ambos não somente podem ser, mas de fato são, enganosas. Se você quer saber o que uma língua ou uma cor é – ou, ao contrário, quer ter uma concepção objetiva e teoricamente viável de uma língua ou de uma cor –, olhe para como as melhores teorias existentes as individualizam. No caso de uma língua, olhe para como se especifica uma Língua-I, e no caso das cores, olhe para triplas de matiz, brilho e saturação ou, ao contrário, para a teoria internalista que cria essas dimensões ao longo das quais as cores variam.

Apêndice XI: Sintaxe, semântica e pragmática não chomskyanas e chomskyanas

A proposta apresentada aqui irá deixar muitos em dúvida. Chomsky propõe tratar a semântica como uma variedade da sintaxe. Ou, colocando de forma diferente: uma teoria do significado linguístico é uma teoria daquilo que está na cabeça (e de como ela pode configurar a experiência). Na verdade, assim como outros apêndices apontam, por exemplo o VI, essa visão é ainda mais forte: o que se chama "semântica linguística" ou "semântica formal" é sintaxe, o que para Chomsky é o estudo dos símbolos (linguísticos) dentro da cabeça que são intensionalmente (teoricamente) descritos e explicados. A semântica no sentido referencial tradicional provavelmente não existe. A referência – uma forma de ação humana – parece estar fora do alcance da ciência.

Como forma de estabelecer uma base comum e estabelecer as formas relevantes de entender os termos "sintaxe", "semântica" e "pragmática", resenho a distinção mais ou menos tradicional de Charles Morris (1938) entre sintaxe, semântica e pragmática e depois considero as modificações que Chomsky fez. Focalizar primeiro a visão tradicional e especialmente a compreensão contemporânea nos permite ver por que a proposta de Chomsky parece surpreendente e também me permite destacar as modificações que Chomsky propõe.

Morris ofereceu suas distinções – derivadas em grande medida das distinções que Charles Saunders Peirce lançou antes dele e que Carnap e outros estavam lançando nas décadas de 1920 e 1930 – como uma contribuição para o que ele pensava ser o estudo científico dos signos ou símbolos. Ele sugeriu que a sintaxe fosse entendida como o estudo do que poderia ser chamado de as propriedades intrínsecas dos signos, aquelas que lhes são internas. Isso poderia incluir pelo menos algumas propriedades relacionais, tais como "depois" dito de um signo que segue outro, onde alguma ordenação é especificada (temporal, esquerda-direita...). Algumas vezes conjuntos de signos e suas propriedades relevantes são postulados (listas etc.) e criados – como com os itens sintáticos encontrados nos sistemas lógicos formais. A semântica é o estudo de como tais símbolos se relacionam com as "coisas" e os conjuntos de coisas. Ela se dedica, então, à sintaxe e a alguns conjuntos de objetos e seus estados. Parece ser uma relação dicotômica, embora Frege e outros tenham feito uma relação tripla entre o signo, o sentido e o(s) objeto(s). A pragmática inclui ainda outra entidade, o falante. Ela lida com o uso dos signos por um falante para lidar com as "coisas". Morris simplesmente supôs que os signos que ele tinha em mente são marcas em uma página (ortografia) ou talvez sons imaginados como de algum modo "lá fora". Essa é a premissa comum entre lógicos e outros que inventaram e empregam sistemas simbólicos. Os símbolos das línguas naturais, naturalmente, estão na cabeça.

A visão da lógica formal e dos lógicos sobre isso e sobre seu objetivo exerceram um papel importante no estabelecimento da visão de muitos pesquisadores sobre os signos e como eles operam. Considere um conjunto formalmente definido de símbolos como aqueles que aparecem no cálculo de predicados de primeira ordem. Um texto de lógica de primeira ordem estipula que vários tipos de marcas que aparecem em um livro de introdução – por exemplo, letras em caixa alta e em caixa baixa em alguma fonte ou outra (a, b, c, ... P, Q, R...), parênteses, talvez alguns símbolos especialmente criados como ├, ≡, ou o til (~) para operador de negação – constituem a sintaxe do cálculo. O objetivo usual é deixar claros e explícitos os papéis semânticos relevantes dos signos estipulados: algum texto de lógica, por exemplo, poderia estipular que o símbolo complexo "(x)Fx" deve ser lido como o quantificador universal "(x)" aparecendo antes do signo do predicado "F" e do signo da variável "x", e "Fx" constituindo uma "sentença aberta" com uma variável, e o todo com um quantificador é uma proposição/declaração com o efeito de que F é uma propriedade que todos os indivíduos x possuem. Em termos gerais, os signos escolhidos são arbitrários e as razões para sua escolha são transparentes: a preocupação maior dos lógicos não é com as belezas da sintaxe, contanto que os elementos estipulados sejam "transparentes" quanto a suas tarefas. Seu objetivo é ajudar a semântica como a concebemos. Os lógicos reúnem alguma sintaxe que possa destacar as propriedades e relações que eles consideram semanticamente importantes. Eles estão principalmente interessados na verdade e na referência e na preservação da verdade de vários tipos de inferências e de estruturas de argumentos. Os signos em termos dos quais um cálculo é realizado são desenvolvidos para ajudar a garantir a explicitude e prover uma forma de evitar ambiguidades. Os usuários dos signos são tipicamente ignorados.

Com esse tipo de foco, a visão tradicional da semântica se torna o estudo dos signos sintaticamente caracterizados, mas concebidos como itens fora da cabeça, e tratados em termos de suas relações (supostamente) com as coisas e circunstâncias "fora" do signo, usualmente pensadas como as coisas e circunstâncias no mundo ou talvez em um modelo. A discussão semântica em geral, então, focaliza aquilo que tradicionalmente tem sido chamado de questões da verdade (para as sentenças) e a referências (para os termos), logo em aspectos do que os filósofos chamam "intencionalidade".

Como mencionado em outra parte, muitos que fazem semântica das línguas naturais trabalham dentro do ponto de vista de como uma teoria semântica deveria ser construída, introduzido pelos esforços de Gottlob Frege no final do século XIX e início do século XX para elaborar uma semântica para a Matemática. Frege delineou um terceiro elemento além do signo, das circunstâncias e das coisas (para ele, "entidades" em um mundo de entidades matemáticas abstratas). Ele introduziu o que chamou de "sentidos", e estes são concebidos como mediando palavras e coisas. A razão para introduzi-los depende da seguinte observação: aquilo que ele chamou "nomes próprios" (que em seu "Sobre o sentido e a referência" incluía qualquer termo singular – termo que se refere a uma única entidade – e assim incluía descrições definidas também) poderia ter a mesma referência enquanto diferindo no significado, ou no que ele chamou de "sentido". Por exemplo, ambos os termos singulares "a estrela da manhã" e "a estrela da tarde" se diz que referem a Vênus, mas diferem em significado ou sentido. Um exemplo matemático poderia notar que "√9" e "3" têm a mesma referência, mas diferem no sentido também. Frege via o sentido como um objeto abstrato. Outros o tornaram uma entidade psicológica (Fodor, 1998) ou o transformaram em uma função de um signo para um referente, oferecendo visões levemente diferentes sobre o que aquela função poderia ser e o que ela envolve. Introduzir os sentidos complicou as coisas um pouco, mas o foco principal permaneceu como antes: a semântica estuda uma relação (talvez mediada, talvez não) entre palavras e "coisas" – talvez abstratas, talvez concretas.

Como notado antes, o próprio Frege parecia ter dúvidas sérias sobre aplicar essa perspectiva de uma semântica para a Matemática ao estudo das línguas naturais. É suficientemente fácil ver por quê. Ele presumiu que, dentro de uma comunidade, um signo expressa um único sentido (nenhuma ambiguidade pode ser permitida), e que cada sentido "determinava" um único referente (no caso de uma sentença, um valor de verdade). Ignorando os sentidos, a semântica usual assume uma relação signo-coisa de algum tipo determinado. Nada como esse mapeamento unívoco de signo para referente(s) se encontra nos usos das línguas naturais, embora as condições para tais mapeamentos sejam razoavelmente próximas das práticas tradicionais dos matemáticos.

A questão é muito diferente na visão chomskyana da sintaxe e da semântica das línguas naturais. As premissas básicas sobre semântica apresentadas antes permanecem mais ou menos no lugar, mas somente com qualificações estritas. A sintaxe das línguas naturais lida com as propriedades internas aos "signos", como usualmente se supõe. Contudo, esses signos estão dentro da cabeça, e sua sintaxe não é a sintaxe dos sistemas construídos formalmente. Os signos têm algo a ver com o significado; mas isso se demonstra não relacional, e os significados e os signos em si mesmos permanecem dentro da cabeça, mesmo "dentro" do signo na forma de traços semânticos. Claramente, o estudo dos signos não é o estudo das marcas em uma página (nem daquelas entidades supostas, sons linguísticos públicos), mas os itens na mente. Seu estudo não é o estudo ortográfico trivial das marcas escolhidas em uma página e suas operações combinatórias inventadas nem – nesse sentido – o estudo dos conjuntos escolhidos de códigos binários em uma máquina linguística. Ao contrário, seu estudo sintático é uma forma de estudo naturalístico de variedades de estados/eventos dos tipos que figuram nas computações linguísticas – isto é, de qualquer coisa que esteja envolvida na produção de pares som/significado. Esse estudo mostra que os tipos relevantes de signos são encontrados nas cabeças humanas. Talvez haja aspectos deles nas cabeças de outros organismos, como discutido anteriormente, mas também devem ser traços fonológicos e semânticos distintivamente humanos das "palavras" e/ou outros elementos. Nem os traços fonológicos/fonéticos nem os traços "semânticos" são referenciais. A visão tradicional do estudo dos signos nos convida a pensar em termos de intencionalidade, de modo que um signo é um signo de alguma coisa, e dizer o que o "valor semântico" ou "conteúdo" do signo é significa dizer o que é seu "referente", em que o referente é distinto do signo. Chomsky sustenta, ao contrário, que é não apenas perfeitamente possível especificar o que ele chama de significado de um signo sem introduzir qualquer coisa como a semântica tradicional, mas isso porque, de toda evidência contra a existência de algo como a semântica referencial para as línguas humanas (veja o texto e o Apêndice VI), essa é a única forma de proceder.

Uma maneira plausível de conceber o que Chomsky propõe é dizer que ele adota algo como a noção de sentido fregeana, mas nega que o sentido ou o significado de um signo/expressão seja uma entidade separada – talvez uma entidade abstrata, como Frege parece ter acreditado. Um sentido é, ao contrário, intrínseco ao signo/expressão em si mesmo, o signo está localizado dentro da cabeça, e o signo e seu sentido podem ser estudados por meios científicos naturalísticos. Um signo é de fato uma entidade mental – um estado/evento localizado na cabeça que figura em uma computação linguística e provê "informação" com seus traços para outros sistemas. E os traços de significado ou traços "semânticos" mais os traços fonológicos (e talvez os formais) não são apenas traços dos signos linguísticos internos em si mesmos, mas constituem esses signos internos: traços semânticos são parcialmente constitutivos dos itens lexicais. Eles são os traços que, como resultado de uma derivação/computação linguística, terminam na "interface semântica" (SEM ou, algumas vezes, "FL" para "forma lógica") e lá eles constituem a "informação" semântica ou o que pode ser chamado de "interno" ou "conteúdo intrínseco" de uma sentença/expressão. Ou, em termos fregeanos: eles servem como modos de apresentação.

Em relação à variedade palavra-mundo, para Chomsky se torna um problema de uso pelas pessoas, e assim um problema pragmático, e não para sua versão da semântica. Pode o estudo da pragmática ser, ou se tornar, uma ciência? Primeiro, vamos concordar que pragmática ou o estudo do uso da linguagem é parte de uma "teoria da linguagem" geral (veja Chomsky, 1999) em algum sentido geral. Mas isso não está em questão; o problema é se o uso da linguagem pelos humanos pode ser uma ciência natural que pode ser investigada usando as ferramentas da pesquisa científica natural. No caso da linguagem, essas ferramentas assumem algum grau de regularidade de base biológica. Contudo, com algumas exceções, isso não será encontrado nas ações linguísticas dos humanos; o aspecto criativo do uso da linguagem proporciona uma grande quantidade de evidência, com a consequência de que não há princípios causais que vinculam estímulos ambientais e cerebrais às formas específicas do comportamento linguístico. É uma questão empírica, e não pode ser decidida definitivamente nem agora nem nunca. Mas o peso da evidência no momento é grande contra a existência desses princípios de causalidade. Para uma discussão ampla, veja o texto principal e os apêndices V e VI. Contudo, caso se incluam sob o título "uso da linguagem" certas formas de inferências que as pessoas fazem, pode-se encontrar casos em que as inferências são pelo menos licenciadas pelas estruturas e informações semânticas encontradas nas SEMs e nas computações que levam a elas. Ao assumir a verdade de *A vaca marrom da Joana não está produzindo*, pode-se inferir que Joana tem uma vaca marrom, e, se ela tem uma vaca marrom, infere-se que ela tem uma vaca. Uma visão "conjunctivista" importante de por que isso acontece é encontrada em Pietroski (2005). E de *Você pode pegar bolo ou sorvete*, há pelo menos uma consequência que lhe permite ter um ou outro, mas não ambos; veja Pietroski e Crain (2005). Essas inferências são determinadas pela sintaxe estrita, o núcleo do sistema da faculdade da linguagem e seu *output* em SEM? Isso é uma ampliação; assumi-lo seria incluir essas inferências nas fontes computacionais proporcionadas por *Merge*. Além disso, elas são sancionadas pelas computações da faculdade da linguagem e pelas informações semânticas que se tornam disponíveis em SEM de uma forma que muitas inferências que as pessoas fazem não são.

Apêndice XII: Uma visão internalista de como os conceitos "funcionam"

Nos comentários sobre a discussão no texto, falei de conceitos como "configurando" a experiência e a imaginação; a terminologia está repetida nos apêndices anteriores. O seguinte trecho aponta de forma diferente as visões expressas por Chomsky (1966, 2002, 2009):

> As teses fortes sobre estruturas mentais inatas feitas pela Psicologia racionalista e pela Filosofia da mente eliminaram a necessidade de qualquer distinção fina entre uma teoria da percepção e uma teoria da aprendizagem. Em ambos os casos, essencialmente os mesmos processos estão em curso; um estoque de princípios latentes é trazido para a interpretação dos dados dos sentidos. Há, claramente, uma diferença entre a "ativação" inicial das estruturas latentes e o uso dela assim que tenha se tornado prontamente disponível para a interpretação (mais apropriadamente, a determinação) da experiência" (2009, p.102).

Há um problema óbvio com essa afirmação, aparente na conjunção de duas sentenças. O sistema de disparo que depende do *input* perceptual/sensorial para produzir um conceito poderia tornar um conceito específico disponível, que não seja, contudo, sensorial/perceptual. Se perceptual ou não, isso não fixa seu emprego ou uso. Contudo, isso não afeta o ponto crucial. O ponto crucial para os propósitos atuais é que os mecanismos inatos conceituais, linguísticos, sensoriais e outras formas "cognitivas" internas parcialmente determinam a experiência no sentido de que – não o "mundo lá fora" – fixam como alguém pode ver e compreender. Considerando isso seriamente, sugiro que SEMs, que são construídas aqui como complexos de conceitos inatos especificados lexicalmente, façam seu "trabalho" de forma "adverbial". Eles fixam – ou com outros sistemas contribuindo para fixar – os "comos" da experiência: os vários modos ou formas em que alguém pode fazer conjecturas, compreender, imaginar e experienciar. A interpretação não é um problema de procurar pelo conceito correto ou pela descrição correta que se encaixe em alguma experiência pronta pré-formada, mas uma questão de "criar" a experiência, aqui entendida como participando em um exercício cooperativo envolvendo vários sistemas mentais, cada um com sua forma única de contribuição. Esse ponto foi antecipado na discussão anterior, mas precisa ser atacado com mais detalhe porque é fácil entrar em um beco sem saída.

A ideia básica vem da discussão feita várias décadas atrás por filósofos do que foi chamada uma abordagem adverbial da sensação visual. (Para constar, ela foi ignorada mais que rejeitada, em parte – suspeito – porque entrou em conflito com as intuições externalistas guiadas pelo senso comum e intuições antinativistas que dominaram muito da discussão filosófica sobre sentidos e percepção). Essa abordagem dos sentidos foi introduzida para minar a adesão mantida nas abordagens do sentido e da percepção oferecidas por duas visões incorretas – de acordo com os adverbialistas – das sensações visuais. Uma era a visão dos "dados visuais", a ideia de que o sistema visual ("a mente"/"o cérebro") produz coisas chamadas "sensações" ou "*sensa*", que essas sensações (por exemplo, as sensações das cores) são objetos mentais de algum tipo, e que seu papel é servir como "objetos imediatos" sensoriais e perceptuais – não as "coisas lá fora". Eles, por sua vez – em algumas visões –, medeiam a percepção das coisas "lá fora" ou – em outras – até mesmo constituem o conteúdo completo da experiência visual. A outra era a visão de que os sentidos somente podem ser classificados e individualizados apontando do que ou sobre o que eles são, de modo que dizer o que a sensação de vermelho é significa dizer o que ela é sobre – geralmente assumida como sendo uma propriedade da superfície das coisas "lá fora". O perigo que reside na primeira visão, os dados sensoriais, é que ela parece depender do que deve certamente ser uma visão incorreta dos conteúdos sensoriais da mente, a qual parece requerer que, quando tenho uma sensação de verde, eu (ou alguma coisa) sinto alguma coisa verde em minha mente/cérebro. O perigo da segunda visão é que ela parece suportar uma visão externalista de estados sensoriais e eventos – sugerindo que, para dizer o que elas são, é preciso falar de coisas "lá fora" e de suas propriedades, e tornar os estados e eventos internos meras "re-apresentações" das várias coisas que estão lá fora, sem evidência de que qualquer coisa "lá fora" corresponda ao modo como a sensação a retrata. Esse é um dos pontos em que Locke e outros tocaram quando falaram de "qualidades secundárias" – não que eu esteja subscrevendo sua abordagem deles, nem da diferença alegada entre qualidades secundárias e "primárias".

A descrição adverbial ofereceu uma abordagem alternativa das sensações – isto é, do papel da mente/cérebro na experiência sensorial. Sugeria que, ao invés de pensar a mente como um teatro povoado por sensações verdes para as quais algum homúnculo interno (ou a pessoa, nesse caso) olha fixamente, deveríamos pensar a mente ao contrário como "contendo" vários eventos sensoriais – "sensores" – e que esses eventos diferem um do outro de formas que são determinadas pela natureza dos mecanismos sensoriais da mente/cérebro. Esses eventos poderiam requerer estimulação de algum tipo, seja externa, via impulsos no olho (assumido como o caso usual), seja interna, mas, dado esse estímulo, eles participam da construção de uma cena visual ou imaginada preenchida com o que a mente torna superfícies coloridas. Intuitivamente, quando uma pessoa poderia estar inclinada a dizer que ela *percebeu verde* ou *viu verde*, deveria cuidadosamente resistir e dizer ao contrário que seu sistema/mente/cérebro visual sente *verdemente* – isto é, que o sistema mental relevante funciona na ocasião em uma das formas que são características de um organismo com o tipo relevante de maquinaria mental, maquinaria que constitui cenas visuais. Uma cena visual mínima pode ser pensada com uma atribuição particular de valores para coordenadas de um volume retinocêntrico de seis dimensões.[1] Cada um dos pontos nesse volume tem um conjunto específico de valores de coordenadas "espaciais" e de "cores", as coordenadas espaciais sendo profundidade (visual), altura e azimute, e as coordenadas de cores tom, brilho e saturação. Pense em um conjunto específico de atribuições derivadas pelos estímulos para essas coordenadas como uma representação no sentido internalista. Ela não re-apresenta; o organismo em sua totalidade a "usa" para fazer isso, virtualmente de modo automático no caso da experiência visual. É uma representação da mesma forma que uma SEM ou uma FON linguísticas, um evento mental complexo descrito na terminologia teórica que na

1 Seu volume espaço-cor não é um "mapa para o mundo em um dado tempo". Ele é uma forma de representação, entendido internalisticamente. Ele pode ser "usado" para lidar com o ambiente atual do organismo. Mas "usá-lo" não é uma questão de inspecionar alguma cena interna e empregá-lo para navegar. Essa forma de pensar seu uso é uma variação da visão de dados dos sentidos.

teoria da mente é tratado como uma configuração específica de uma interface com outros sistemas mentais. A vantagem para o internalista nessa forma de ver o problema é que ele coloca cores não "nas" sensações, o que quer que elas possam ser, mas as torna atribuições específicas de valores a cores, valores específicos de *output* de um subsistema da mente. Pense nesses valores de *output* em 3D como descrevendo eventos mentais particulares complexos que momentaneamente constituem um espaço visual mínimo, em que o último é compreendido como o que a mente produz. Eles são "objetos" teóricos, variedades dos quais são especificadas por uma teoria que oferece uma forma de descrever e explicar como um sistema da mente/cérebro funciona, e suas contribuições para as operações de um organismo mental. Em relação às SEMs, uma atribuição específica no caso de uma SEM representa um conjunto estruturado de traços semânticos específicos que ajudam a "criar" uma forma de compreender e, especificamente em cooperação com a visão e outros sistemas relevantes (por exemplo, a configuração dos objetos), perceber as coisas no mundo *como* assim ou assado.

Pelo ponto de vista do organismo em sua totalidade e sua experiência e suas ações, a ciência da visão proporciona uma forma de pensar como o sistema visual parcialmente constitui a experiência, "tornando" coloridos "objetos" visuais localizados. Em razão de a experiência visual em cooperação com outros sistemas, tais como sistemas de configuração de objetos e faces, usualmente se comprovar confiável para um organismo e oferecer "*outputs*" parciais, mas não necessários, que com as contribuições dos outros sistemas geralmente se mostram suficientes para permitir que o organismo navegue e identifique nutrientes e inimigos em seus esforços para lidar com "o mundo", "as coisas" que estão reunidas (em parte) por meio das contribuições de um sistema sensorial interno e muitas outras são tratadas como "realmente lá fora", embora as propriedades e superfícies e classificações dessas coisas como pessoas e amigos, ou maçãs e comida, sejam criadas pela mente. Elas podem ser pensadas como "projeções" da mente. Voltando às cores, a abordagem adverbial propõe que, do ponto de vista da ciência da cor (como oposta à concepção do senso comum da cor e das entidades do mundo do senso comum), cores são formas de um evento mental, formas de sentir e perceber que diferem uma da outra de modos determinados pela natureza do sistema visual. Elas não são propriedades das coisas "lá fora", embora os objetos criados pela experiência visual se mostrem confiáveis para propósitos práticos, e embora seja tentadora a visão do senso comum sobre o mundo com seus objetos coloridos. Contudo, elas servem aos interesses práticos de um organismo para ver e pensar as cores como propriedades dos objetos "lá fora".

O sistema visual tipicamente contribui para a "experiência" – normalmente compreendida como uma reação do organismo a um *input* causado a certa distância. Algumas vezes contribui para cenas imaginadas. A faculdade da linguagem, em contraste, somente algumas vezes contribui "*online*" para a experiência – para conceber alguma coisa vista ou ouvida como assim ou assado tendo essa e aquela funções, por exemplo, e portanto "a" constituindo como uma coisa com aquelas funções e outras propriedades. Ela muitas vezes contribui "*off-line*" para casos de imaginação, especulação, proposição, pensamento etc. – formas de compreender e conceber. É um sistema de competência, não de *input*. Contudo, pode-se pensar as SEMs e outras formas de entidades mentais como trabalhando de uma forma adverbial também. Assim construídas, elas não "existem na mente" como objetos conceituais inspecionados e talvez manipulados e usados como ferramentas por algum tipo de homúnculo interno "compreendedor" e agente, portanto analogamente à forma em que a teoria dos dados sensoriais constrói as entidades do sistema visual. Ao contrário, elas podem ser vistas como tipos específicos de modos em que uma pessoa pode – talvez com contribuições de outros sistemas – compreender, imaginar, classificar, "pensar sobre" coisas e eventos, e assim por diante. Elas são eventos mentais que diferem umas das outras de modos determinados pela faculdade da linguagem e pelo que ela proporciona na SEM. Esses modos são descritos e explicados por uma teoria da faculdade da linguagem e suas SEMs possíveis, dada qualquer Língua-I específica (isto é, configuração de parâmetros e léxico). Supondo que elas contribuam com outros sistemas de alguma forma, os traços dos "valores de interface" que a faculdade da linguagem e outras faculdades tornam disponíveis em suas interfaces contribuem para as capacidades cognitivas humanas.

A propósito, pode-se considerar que pelo menos algumas das formas em que a mente configura a experiência, o pensamento etc. são proporcionadas – pelo menos no caso dos sistemas sensoriais que são virtualmente idênticos àqueles encontrados em alguns outros primatas, não a linguagem – por sistemas que a mente do organismo possui disponíveis para ele como resultado de recebê-los de um ancestral comum ou ancestrais há milhões de anos, talvez mesmo de uma classe completa de organismos que empregam rodopsina na visão, se Gehring estiver correto. Pode-se ainda considerar que os sistemas que oferecem esses modos para configurar a experiência não se mostrariam tão úteis para propósitos práticos sem essa origem enquanto, contudo, negando que os modos em que a mente configura a experiência de alguma forma mapeia o modo como as coisas "lá fora" realmente são, ou ao contrário, como eles são do ponto de vista das ciências das entidades relevantes. A ciência da visão das cores proporciona um lembrete útil de como pode ser equivocado concluir que, dado que os objetos do senso comum parecem ter as propriedades que nossas mentes lhes atribuem (especificamente, alguns deles parecem ser coloridos), e dado que a abordagem se mostra tão útil a ponto de servir a nossos interesses práticos, que os objetos do senso comum e suas propriedades – não as mentes que ancoram e atribuem as propriedades – são ambos "reais" e devem ser, pelo menos em parte, alvos de uma ciência das cores. O ponto deveria ser ainda mais óbvio com os conceitos e complexos de conceitos expressos nas sentenças das línguas naturais humanas. Como Chomsky aponta na discussão no texto principal, se você quer descobrir o que os objetos do senso comum "são" e podem ser, esqueça sobre olhar lá para fora. Ao contrário, construa uma ciência dos conceitos (aqui pensados como modos de configurar e constituir o pensamento, a imaginação e a experiência) que temos disponíveis e que empregamos em nossos pensamentos, especulações e relações com o mundo. Para fazer isso, olhe para dentro da cabeça. Se você quer conhecer o que as pessoas são, olhe para o conceito de PESSOA interno e proporcionado pelo sistema mental com suas características ricas e práticas, características que permitem aplicações fixas por humanos quando eles falam e empregam esse conceito, em uma ampla gama de casos. Não se concentre em aplicações específicas do conceito – formas específicas em que ele se configura. O conceito (ou pelo menos versões similares), portanto, pode muito bem ser universal à espécie humana porque ele é fixado pelos sistemas envolvidos em trazê-lo para dentro da mente. Contudo, seus usos por sistemas cognitivos múltiplos e (visto a partir de outro ponto de vista) por humanos são qualquer coisa menos fixos. E, ao olhar dentro da cabeça, pode-se também evitar a ideia aparentemente tentadora (pelo menos para muitos filósofos – embora não para Locke ou Hume) de que o conceito de uma pessoa é algum tipo de re-apresentação de uma pessoa, ou pessoas.

Por que a ideia de que nossas mentes representam o mundo é uma visão tão tentadora – a ponto de Fodor e outros simplesmente aderirem a ela, tratando-a como um axioma que não pode ser disputado? Uma resposta está implícita no que foi dito antes: objetos do senso comum (com suas propriedades viso-espaciais e coloridas, todas atribuídas pela mente) se mostram úteis. Mas eles o são apenas somente para propósitos práticos. Eles não se prestam aos interesses de cientistas.

Antes de continuar, um comentário sobre a terminologia que Chomsky frequentemente emprega quando fala dos sistemas do outro lado da SEM. Chomsky fala deles como sistemas "conceituais-intencionais" para os quais as SEMs "dão instruções". Essa forma de colocar isso pode, eu acho, enganar; veja a nota 3 no Apêndice VI. Na discussão e nos comentários sobre isso, eu compreendo SEMs como complexos de conceitos (lexicais) em si mesmos, coleções organizadas de informações semânticas oferecidas nos itens lexicais. Essa é uma forma de evitar a sugestão nos termos chomskyanos, "conceitual-intencional". Sua terminologia sugere que as SEMs, o que quer que sejam, são itens que se relacionam com conceitos "em" outros sistemas, ou talvez – como Pietroski algumas vezes diz – instruem outros sistemas a construir conceitos. Essa forma de falar nos convida a tomar com seriedade noções como a linguagem do pensamento de Fodor, o *locus* dos conceitos. Sugiro evitar isso. Por boas razões, acredito, Chomsky explicitamente rejeita a visão de Fodor no texto principal da discussão, e implicitamente (Chomsky, 1996, 2000) em outros lugares. A abordagem adverbial oferece um modo de evitar aquela sugestão, e pensar as SEMs como eu sugeri, como complexos de conceitos lexicais – conceitos compreendidos como formas de configurar a experiência que são articulados em termos de traços semânticos (aqui um termo técnico). Mais cuidadosamente, pense as SEMs como a contribuição da faculdade da linguagem para as capacidades (configuracionais) humanas conceituais. A contribuição é parcial, como apontado: a informação semântica da faculdade da linguagem proporciona "perspectivas" a partir das quais se veem "aspectos do mundo como ele é visto por outros sistemas cognitivos" (Chomsky, 2000). Essa forma de declarar isso reconhece que a informação semântica que as SEMs proporcionam à cognição deveria ser vista somente como uma contribuição parcial para os modos em que nossas mentes formam o pensamento, a imaginação e a experiência direta. Ocasiões em que uma única faculdade opera de forma isolada provavelmente são raras, pelo menos em casos reais, não experimentais. Contudo, como a discussão também enfatiza, as contribuições da linguagem são plausivelmente únicas, e, portanto, em princípio separáveis – como são as contribuições da visão e de outras faculdades. Se for assim, é possível dividir as contribuições específicas da linguagem para a cognição e a compreensão daquelas da visão, audição e assim por diante.

Racionalistas internalistas sempre pensaram que a localização apropriada dos conceitos (uma variedade do que Descartes chamou de "ideias") era a mente, não as coisas "lá fora" e suas propriedades. Contudo, eles foram atormentados pela locução (em português e algumas outras línguas) "conceito de..." (ou "ideia de...", "pensamento sobre..." etc.), uma locução que convida e estimula as intuições externalistas, fazendo parecer que, ao dizer o que um conceito é, se deve dizer o que ele é "sobre" ou "de". A abordagem adverbial de um conceito, e mais geralmente das contribuições de vários sistemas mentais, como a abordagem adverbial de uma cor, enfraquece aquela intuição ao tratar um conceito como uma forma de compreender e experenciar e de seu *status* na teoria da mente como uma configuração (estabelecida em termos teóricos) da interface de um sistema. Minando as intuições externalistas, essa é uma razão para adotar a abordagem adverbial, e para pensar as SEMs como conceitos expressos linguisticamente e formas de compreender. Mais cuidadosamente, a informação semântica trazida pela SEM por meio da computação linguística é "colocada em uso" por outros sistemas não da forma que as pessoas colocam uma língua em uso para resolver problemas práticos, ou qualquer coisa parecida com isso. Ao contrário, a informação constitui uma contribuição parcial – mas, para os humanos, crucial (e unicamente humana) – para nossas fontes cognitivas, fontes que – mudando para o modo agentivo de falar descartado na ciência da mente – usamos para dizer e fazer o que queremos e precisamos dizer e fazer.

Essa visão é também atrativa por outro motivo, acredito. Ela satisfatoriamente coloca o estudo do significado linguístico – a contribuição da linguagem para os modos humanos de compreender – diretamente na sintaxe, e especificamente na sintaxe da faculdade da linguagem. De fato, como Nelson Goodman sugeriu várias décadas atrás em relação ao que ele chamou de "significados" linguísticos, para evitar o equívoco, não diga "o conceito de X", mas "X-conceito". Mais especificamente para a linguagem, para o que aparece na SEM, não diga "SEM de X", mas diga "X-SEM". Isso se baseia no que segue da discussão no texto principal.

Comentários

Capítulo 1

Página 25, Sobre os usos da palavra *função*

O termo "função" possui vários usos, incluindo aqueles em seu emprego cotidiano pelo senso comum e seu uso na Matemática e nas ciências naturais. Também parece haver alguns usos especializados para certos tipos de projetos em Biologia. Uma revisão de alguns dos vários usos do termo se encontra no Apêndice II.

Página 28, Sobre opções criativas e seu papel

Esses últimos apontamentos sobre as "opções criativas" que a introdução da linguagem nos proporcionou (e somente para nós) refletem uma tensão importante no pensamento de Chomsky. Comento aqui brevemente sobre a ideia de que o uso da linguagem humana é "livre" e dá a nós humanos vantagens cognitivas não disponíveis para outras criaturas que não possuem linguagem.

Diferentemente do que parece ser o caso com os sistemas de comunicação animal, a produção de linguagem humana (na cabeça ou externalizada) não depende em qualquer nível distinto de antecedentes causais, pode tomar muitas formas ilimitadas, e ainda assim geralmente permanece apropriada para circunstâncias discursivas. Nós podemos e de fato produzimos (usualmente somente em nossa cabeça) algum número de sentenças e fragmentos disso, sem nenhuma explicação causal a ser encontrada no ambiente ou em outro lugar na cabeça, e ainda tratamos de ser "racionais" no que produzimos. Cordemoy, como discípulo de Descartes, e outros apontaram que circunstâncias internas e externas podem nos incitar ou nos levar a dizer ou pensar que nós somos, mas elas não são a causa. Sem dúvida, quando torturadas ou sujeitas a ameaças contra a vida, as pessoas podem muitas vezes ser forçadas a confessar ou a proferir todo tipo de coisa. Contudo, elas podem e algumas vezes escolhem, de fato, não falar – embora com um custo considerável.

Liberdade de antecedência causal ("liberdade de estímulo"), flexibilidade ilimitada no que é produzido ("infinitude", "inovação"), e coerência e racionalidade ("adequação") são os três elementos daquilo que Chomsky chama de o "aspecto criativo do uso da linguagem". No trabalho que remonta pelo menos a seu *Linguística cartesiana*, de 1966 (as raízes estavam colocadas antes disso, incluindo a resenha de 1959 de *Comportamento verbal*, de B. F. Skinner), Chomsky explora as implicações do fato que o uso da linguagem cotidiana pode ser e muitas vezes é não somente sem causa (tanto por circunstâncias atuais externas ou internas), mas também virtualmente sem limite (ilimitada) no "*output*" possível, e ainda (como sem causa e ilimitada) geralmente apropriada para quaisquer circunstâncias de conversação e pensamento que possam acontecer. A produção ou o ato de fala parece ser uma forma de ação livre, ainda que racional – e não aleatória. Mesmo em uma corte marcial, onde se deve restringir o que se diz e prover uma descrição objetiva de um evento particular, cinquenta testemunhas darão cinquenta diferentes descrições utilizando muito mais que cinquenta sentenças diferentes para descrever "a mesma coisa" – e sem dúvida elas farão isso, não importando o que lhes foi pedido para descrever. Todas suas sentenças expressam a forma como elas veem a circunstância, e parece não haver um limite máximo naquilo que conta como apropriado para esse evento único, mesmo que todas tentem convergir no interesse da objetividade.

O impacto do aspecto criativo do uso da linguagem no estudo da linguagem e, mais geralmente, na ciência cognitiva (ou melhor, qual impacto deveria ter) é discutido com alguma profundidade em minha introdução à terceira edição de *Linguística cartesiana* (2009). Por enquanto, é suficiente apontar que foi provavelmente a introdução da linguagem na espécie humana que levou àquilo que Jared Diamond chamou de o "grande salto para a frente" no alcance da cognição humana, dando aos humanos meios únicos para "revolver problemas".

Página 30, Sobre o que é distintivo na natureza humana (veja também o Apêndice III)

O Apêndice III discute o que é distintivo nos seres humanos e aponta duas formas proeminentes que tentam explicar isso, a abordagem biolinguística-racionalista endossada por Chomsky e apoiada por sua teoria da linguagem como um objeto natural, e uma abordagem empirista adotada pela grande maioria dos psicólogos, filósofos e cientistas sociais contemporâneos.

Páginas 31-2, Como ver a matemática elementar da operação *Merge*

Aqui está uma forma de expressar como *Merge* restrito a um elemento que é concatenado novamente pode produzir o sistema dos números naturais. Comece com 0; se o concatenarmos, temos {0} <na verdade, 1>; concatene novamente e você tem {0,{0}} <2>; concatene novamente e você tem {0,{0,{0}}}<3>, e assim por diante.

Página 33, Sobre *Merge* externo e interno

Um exemplo linguístico de *Merge externo*: com os itens lexicais *comer* e *maçãs*, você tem {comer, maçãs}, frequentemente representado como:

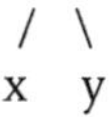

Merge interno surge em (e ajuda a constituir) computações/derivações linguísticas. Considere a derivação de uma questão: *o que (João) comeu o que*. Aqui encontramos *Merge interno* produzindo o que costumava se chamar de "movimento" ou "deslocamento" de "o que" de dentro de uma estrutura derivada para seu "limite"; o "o que" concatenado[*merged*] anteriormente que aparece à direita na verdade não se move nem é "apagado" da posição que originalmente ocupava como resultado de *Merge externo*. Ele permanece "lá" e está "copiado" no "limite" do conjunto derivado, mas – por razões consistentes com o Programa Minimalista que iriam requerer explicações adicionais consideráveis – não é pronunciado, a cópia é. Não o ouvimos (ou o vemos, se estivermos lidando com signos), embora "a mente" veja. Assim, *Merge interno* – Movimento em uma versão anterior do Programa Minimalista – é o substituto no Programa Minimalista de Chomsky para a transformação. Ele cumpre a função que as transformações cumpriam nos períodos iniciais e posteriores do trabalho de Chomsky pelos últimos cinquenta anos, mas com muito menos maquinaria necessária adicional – e que parece agora gratuita. O ganho em economia da maquinaria computacional é parte da razão para o rótulo "minimalista" para a nova forma de proceder que Chomsky apresenta (2005), o foco de grande parte de nossa discussão. *Merge interno* não somente – como sugerido – exerce um papel em tornar racional o fato de a estrutura derivada que se usa nesse exemplo ser "bem formada" na sentença *O que João comeu*; ele também ajuda a explicar por que o "o que" no lado esquerdo é tratado como um quantificador (*que coisa*) que liga uma variável x de tal forma que a variável x (o "o que" residual e não pronunciado) é interpretada (compreendida) como o objeto direto do verbo *comer*. Assim, enquanto se escuta *O que João comeu?*, a mente "vê" ou compreende que João está comendo alguma coisa (x), o "o que" que primeiro se concatenou. A representação da estrutura relevante e o "movimento" do elemento muitas vezes toma esta forma na Linguística:

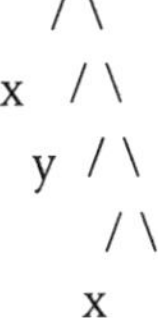

Como indicado, não há movimento na verdade.

Há uma discussão considerável sobre *Merge interno* na literatura linguística. Alguns argumentam que é equivocado e deveria ser abandonado, outros dizem que ele enfraquece outras teses, alguns ainda defendem que outras formas de *Merge* deveriam ser introduzidas, incluindo Chomsky (2001), que quer "*Merge* em pares" para lidar com o que os linguistas chamam de "adjunção". Não entrarei em detalhes; há várias questões técnicas e muitas vezes problemas bem profundos por trás disso, que valem ser explorados se o leitor possuir alguma compreensão dos problemas técnicos. Uma pesquisa na internet por "*Merge interno*: Linguística" [*internal Merge: linguistics*] dará uma ideia do que vários indivíduos pensam que está em jogo. Para nossos propósitos, a ênfase está em ver que, para Chomsky, *Merge interno* e, assim, as transformações, vieram a ser vistas como partes da maquinaria "conceitualmente necessária" da computação linguística. *Merge interno* torna o movimento e as transformações menos misteriosas do que elas pareciam antes. E se *Merge* em suas várias formas é tudo que é preciso para a linguagem, assumindo que se tenha itens lexicais ("elementos" acima) com pelo menos traços semânticos, quem sabe não os fonológicos, fica fácil compreender como a linguagem e o pensamento complexo poderiam ter sido introduzidos por uma única mutação. Também contribui com a ideia de que a linguagem é uma solução "perfeita" para o "problema do *design*" que pode ser concebido como o confronto com um engenheiro biológico – aquele de tomar os itens lexicais como traços de sons e significados (ou talvez somente traços de significado, se assumimos que a mutação original não envolvia qualquer ligação com os sistemas de produção e de percepção <"som" ou "signo">) e os combinando para gerar uma infinidade potencialmente discreta de sentenças (ou, pelo menos, conjuntos estruturados de traços semânticos), cada qual podendo ser compreendido.

Há o risco de falar de um engenheiro biológico resolvendo um problema de *design*; isso pode trazer consigo teses criacionistas. Nenhuma tese desse tipo se ancora nas afirmações de Chomsky. Em essência, ele sustenta que o núcleo do sistema computacional da linguagem, encontrado em *Merge* em suas formas disponíveis, é o resultado de uma mutação biologicamente transmissível em um indivíduo de 50 mil ou 100 mil anos atrás, uma mutação que se provou vantajosa para o mutante e sua prole, na medida em que a prole logo (no tempo evolutivo) a dominou. *Merge* proporcionou os meios para se envolver em pensamentos complexos e importantes e, onde/quando ligado a som/significado, ofereceu meios para comunicar, planejar e se organizar para executar projetos não relacionados.

Páginas 36-8, Ciência galileana e simplicidade

Para uma boa discussão de como Chomsky emprega a idealização em seu trabalho em Linguística, veja a introdução da segunda edição de seu livro *Regras e representações* escrita por Norbert Hornstein (1980, 2005).

Páginas 38-9, Sobre simplificação, idealização e explicação

As afirmações de Chomsky em relação à necessidade para simplificar e idealizar são centrais para a pesquisa científica natural do tipo que postula entidades "escondidas" com o objetivo de (entre outras coisas) explicar os fenômenos observados. Esse tópico aparece várias vezes, incluindo as páginas em que nossa discussão se volta para a relação de Chomsky com um mentor, Nelson Goodman, o qual enfatizou a conexão estreita entre ciência e simplicidade. Os esforços de Chomsky no que tange a idealização e simplificação são marcas dessa abordagem. A visão chomskyana de ciência natural é discutida no Apêndice IV.

Capítulo 2

Página 41, Sobre a Biologia como mais do que seleção evolutiva

Kauffman, D'Arcy Thompson e Turing (e seu trabalho sobre morfogênese) enfatizam que há muito mais na evolução e no desenvolvimento do que pode ser explicado pela seleção darwiniana (ou neodarwiniana). (Na verdade, o próprio Darwin reconheceu, embora isso seja esquecido muitas vezes). Cada um deles usa a Matemática no estudo dos sistemas biológicos de diferentes formas. Algumas das sugestões mais surpreendentes de Kauffman concernem aos sistemas auto-organizados e o uso de modelagem estatística na tentativa de obter uma pista sobre como o tempo da expressão da proteína dos genes pode influenciar a especialização das células durante o crescimento.

Páginas 42-3, Sobre o Problema de Platão e sua explicação

O termo "Língua-I" é explicado – juntamente com "Crença-I" e "Conceito-I" – no Apêndice I. Para a discussão, veja Chomsky (1986, 2000).

O "Problema de Platão" nomeia uma questão sobre a qual todo linguista construindo uma ciência da linguagem precisa falar: dizendo (oferecendo uma teoria que restrinja o crescimento da linguagem e dessa forma explique o fenômeno relevante da pobreza de estímulo) como qualquer criança, dado o *input* mínimo, consegue adquirir uma língua natural (ou várias) rapidamente, passando por aproximadamente os mesmos estágios que outras crianças adquirindo uma língua, e sem treino aparente ou "evidência negativa". Esse é o chamado "Problema de Platão" pois ele é um pouco como o problema com que Platão/Sócrates se deparou no diálogo *Menon*: um jovem escravo sem treino, e dada apenas a sugestão (não sendo ditas quais são as respostas), consegue chegar rapidamente aos princípios básicos do Teorema de Pitágoras. Ele não declara a fórmula, claro, pois não possui as ferramentas. Contudo, com o que tem, consegue produzir as soluções corretas para o comprimento da hipotenusa e vários triângulos retângulos. O mesmo faz a criança com a linguagem: a criança não tem treinamento e é exposta a um conjunto limitado de dados, mas não tem dificuldades para apresentar a competência linguística de um adulto por volta dos 4 anos. A criança também não consegue declarar os princípios que regem o que ela fala, claro; para isso, a criança precisaria ter uma ciência da linguagem disponível. Mas a falta de uma forma articulada de dizer o que ela sabe de forma alguma dá base para manter que, portanto, a linguagem deve ser um tipo de conhecimento consciente, ganho por meio de treinamento intensivo e familiarização.

A "explicação" de Platão para a capacidade do jovem escravo consistia em apelar para um mito de memória, em que a "alma" recebeu conhecimento antes do nascimento, e esse conhecimento veio a ser memorizado como resultado de *input* da experiência do tipo relevante. A explicação de Chomsky é, claro, naturalística, e um pouco diferente, que apela para esforços para compreender como o desenvolvimento automático e "canalizado" acontece.

Páginas 46-7, Sobre recursão e suas formas

Marcus Tomalin corretamente aponta (2007) que há várias estratégias formais (cálculo lambda, computabilidade, recursão geral, indução a partir dos postulados de Peano...) para definir recursão, e é importante dizer precisamente que tipo, já que nem todas as funções são definidas em cada uma dessas estratégias.

Ele argumenta que a preferível é indução, pois cria o que é necessário para aquilo que se defende no trabalho de Chomsky, é a menos ligada a um formalismo específico e enfatiza uma conexão entre a recursão linguística e a Matemática. Assim, ele recomenda falar de indução (matemática), não recursão. Seu ponto seria razoável se o problema fosse a definição de recursão, mas esse não é o caso. O problema, ao lidar com *Merge* e sua introdução na espécie humana, se concentra em um subconjunto extremamente simples de funções recursivas que parecem oferecer, nas abordagens indutivas e em todas as outras, uma definição geral de funções recursivas. Seria preciso evidência empírica que indicasse que abordagens mais complexas para a recursão como aquelas que Tomalin considera são relevantes.[1]

Mantenha em mente que a questão de como definir a recursão do tipo necessário no estudo da linguagem (e talvez em partes "nativas" da Matemática) é um tema para pesquisa empírica, não conveniência ou estipulação.

Páginas 47-8, Sobre conceitos humanos

Há vários pontos centrais aqui. Um deles é que nossos conceitos (RIO, CASA, PESSOA...) não parecem ter – como Locke teria colocado – "semelhanças" na natureza das coisas no mundo. Eles parecem ser construídos – não por pessoas, mas por suas mentes. Locke, um empirista, tinha pouca coisa de valor para contribuir ao dizer como a construção acontece. Uma resposta melhor, oferecida por um racionalista trabalhando na mesma época, veio de Ralph Cudworth, que disse que os conceitos que temos disponíveis são proporcionados por um "poder cognoscitivo inato" que pega "ocasiões" de *input* para colocar conceitos juntos que servem aos nossos interesses cognitivos. Ele não ofereceu nenhuma proposta específica para um mecanismo, mas pelo menos reconheceu que a aquisição de conceitos é virtual-

1 Agradeço a Chomsky por me esclarecer esse ponto nos comentários ao MS.

mente instantânea e não pode ser explicada de modo empirista, logo demandando um "poder" interno dedicado. De fato, nossas mentes produzem conceitos, e elas por sua vez podem moldar as formas em que experenciamos e compreendemos, sem sermos moldados por elas.

Outra resposta é que nossos conceitos não parecem estar ligados a algum tipo de correspondência unívoca com eventos ou estados do mundo lá fora, nem com estados internos. Gallistel chama essas correspondências de "homomorfismos funcionais", que são parcialmente "idênticos" na forma matemática abstrata; mapas ambientais empregados na navegação dos insetos são exemplos. Veja Gallistel (1990, 2008).

Uma terceira resposta é que eles (juntamente com a capacidade para produzir sons/signos) poderiam ter estado – e provavelmente estavam – no lugar antes da introdução da linguagem, pelo menos quando a linguagem é concebida como uma capacidade de fazer associações de som e conceitos ("palavras" ou itens lexicais) e, começando com um feixe desses, os combina/concatena com outros para produzir, em princípio, um número ilimitado dessas formas que chamamos "sentenças", e que Chomsky chama de "expressões" consistindo de conjuntos de instruções de pares de som e significado.

Uma advertência precisa ser feita para aqueles que lerem Hause, Chomsky e Fitch (2002), "The faculty of language" [A faculdade da linguagem] na *Science*, e para aqueles que tenham desenvolvido a impressão de que Chomsky endossa inteiramente a ideia de que as fontes conceituais humanas são bem parecidas com aquelas encontradas em outros organismos – provavelmente primatas, em particular. Aparentemente, a diferença foi discutida nas versões anteriores do artigo, mas muita coisa foi cortada pelo editor, incluindo a discussão dos conceitos e quase tudo sobre Linguística. Nos comentários sobre o manuscrito deste livro, Chomsky afirma: "Sobretudo o que permaneceu <acerca de

conceitos no artigo> foi "mesmo para as palavras mais simples, não há tipicamente nenhuma relação simples palavra-coisa, se 'coisa' deve ser entendida de forma independente da mente".

Uma forma possível de entender como poderia ter alguma sobreposição (como apareceu no artigo), mas também uma diferença considerável é começar por notar que, até onde se possa dizer, as fontes conceituais humanas diferem pouco dos outros primatas até a idade em torno de 1 ano, mas depois disso divergem. Algumas propostas feitas por Elizabeth Spelke (2003, 2004, 2007) e seus colegas sugerem isso. Se essa sugestão está no caminho certo, devemos nos perguntar como as fontes conceituais humanas vieram a divergir – que mecanismos estão em jogo e o que os dispara ou os ativa. Eu duvido que alguém tenha realmente uma boa ideia, mas aqui está uma possibilidade: talvez um mecanismo de aquisição conceitual distintivamente humano de algum tipo fique "*on-line*" nessa idade, talvez antes. Talvez esse sistema incorpore uma versão de *Merge*, que vimos de forma independente ser distintivamente humano. Talvez *Merge* reúna "partes" mais primitivas que são compartilhadas com outras criaturas. Ou talvez um mecanismo que "fabrique" conceitos distintivamente humanos estivesse em funcionamento antes da introdução da linguagem; isso serviria a Cudworth, entre outros. Mas isso é especulação.

Independentemente de uma hipótese específica, contudo, é plausível falar de mecanismos e não de algo como aculturação como uma forma de entender as diferenças, pois há bons motivos para pensar que fontes conceituais unicamente humanas são compartilhadas por toda a população de humanos, sem considerar a cultura e o ambiente, e que a aquisição de palavras (isso é, o pareamento de sons e significados em itens lexicais de modo que os deixe disponíveis para o sistema computacional operar) é tanto sem esforço quanto automática – requerendo que as fontes conceituais e "sonoras" estejam operacionais antes da associação e antes mesmo da produção da fala (para explicar a compreensão antes da produção). Na verdade, as fontes (conceituais) de som e significado relevantes para a linguagem (sua articulação e compreensão) devem ser inatas, e tudo que é necessário para a aquisição lexical é o pareamento de conceitos e sons já ativados. As questões são consideradas com mais detalhe no Apêndice V.

Páginas 50-1, Sobre referência; limitando o estudo (inclusive do significado) à sintaxe

Chomsky vê o estudo dos sons e significados expressos linguisticamente como uma forma de sintaxe. A ideia básica é que a sintaxe é o estudo das propriedades "intrínsecas" e os princípios combinatórios dos "signos". Se você pensar, como ele faz, as palavras e sentenças não como o que sai da boca das pessoas (nenhum tipo de som, mas "sinais" modulados com frequência e amplitude) ou marcas em um pedaço de papel ou outra mídia (marcas ortográficas, por exemplo, são claramente irrelevantes), mas como eventos ou estados mentais, o estudo da sintaxe linguística se torna o estudo das propriedades intrínsecas daquilo que uma teoria mentalista da linguagem considera como seu objeto de pesquisa. A sintaxe se torna, então, o estudo dos eventos/estados linguísticos na mente – suas propriedades, como são "computados", e o que acontece nas interfaces. A abordagem chomskyana da linguagem não é apenas sintática, mas internalista. Admitindo isso, ainda é útil ter em mente que muito do estudo da linguagem na Linguística até agora, e o foco principal do trabalho do próprio Chomsky, é a sintaxe em um sentido mais estrito, em que ela é compreendida como o estudo do mecanismo computacional (lexical + combinatorial) básico (ou nuclear). Para distinguir esse tipo de estudo de outras formas de estudo sintático, ele é muitas vezes chamado de "sintaxe estrita"; incluindo o estudo da morfologia, fonologia, e o significado linguístico em que esses são pensados como incluindo o sistema computacional nuclear da linguagem e o que ela produz em suas "interfaces" com outros sistemas mentais. A sintaxe nuclear corresponde àquilo que em Hauser, Chomsky e Fitch (2002) é chamado de "FLE" ("faculdade da linguagem em sentido estrito"). "FLA" ("faculdade da linguagem em sentido amplo") inclui FLE e os vários sistemas de performance que constituem os sistemas perceptuais, articulatórios e "conceituais-intencionais" do outro lado da interface do sistema nuclear.

Até onde vai a sintaxe linguística? Uma forma de responder isso é apontar – razoavelmente, dadas as áreas em que a pesquisa científica/naturalística da linguagem tem se mostrado bem-sucedida até agora – que se alcança um ponto na investigação de um fenômeno em que, enquanto permanece focado na mente, cessa de ser um estudo do que está ocorrendo na faculdade da linguagem em si mesma (naquele sistema mental, concebido estrita ou amplamente). O estudo do significado de Fodor perde esse ponto; ele coloca uma parte substancial do estudo do significado expresso linguisticamente no que ele chama de uma "Linguagem do Pensamento" (LP). Seus conceitos vão ainda mais longe; vão para fora da mente também, levando-os para fora do alcance da sintaxe, embora concebida de forma ampla; veja o Apêndice VI. Chomsky não considera nem o primeiro dos passos de Fodor, e por uma boa razão: impingir a tarefa do estudo dos significados expressos linguisticamente, a semântica, para outros sistemas na cabeça (relações com coisas "fora" estão excluídas do tema de pesquisa das teorias dos internalistas por outras razões) complica as coisas, e é aparentemente desnecessário. Eles precisam adicionar nessa teoria uma abordagem de outro sistema, e das relações precisas (elemento por elemento, presumivelmente) entre o sistema da linguagem e outros. Essa é uma das questões que Chomsky aponta na discussão imediatamente seguinte. A abordagem muito mais austera dos significados expressos linguisticamente inclui os estados, elementos, operações e o crescimento do núcleo da faculdade da linguagem. E como acontece, esse tipo de estudo é possível; veja os apêndices V e VI. Em relação aos estudos do restante da mente e das relações entre os componentes da mente: estes podem ser incluídos na sintaxe em um sentido ainda mais amplo, contanto que o tipo de estudo exclua de seu objeto coisas de "fora" (se abstratas como os sentidos e números fregeanos eram ou "concretas"), e relações com essas coisas, se é que há alguma.

Páginas 51-2, Sobre a visão de Chomsky do significado e da interpretação

A analogia entre fonologia/fonética e a semântica (internalista) foi desenvolvida em detalhe em Chomsky (2000, p.175-83). Lá e em outros lugares, ele fala que a faculdade da linguagem oferece, por meio de seu "significado", informações semânticas na SEM e os complexos de fontes que trazem formas de compreender ou configurar como as mentes humanas podem entender e – onde isso é uma questão (como os casos de percepção e pensamento sobre o mundo) – configurar nossa experiência e pensamento sobre o mundo. Especificamente, ele diz que

> a tese plausível mais fraca sobre a interface com a FL <SEM> é que as propriedades semânticas da interface concentram a atenção em aspectos selecionados do mundo tal como ele é concebido por outros sistemas cognitivos, e proveem perspectivas intricadas e altamente especializadas a partir das quais os veem, crucialmente envolvendo interesses humanos e preocupações até nos casos mais simples (Chomsky, 2000, p.125).

Por "outros sistemas cognitivos", ele presumivelmente quer dizer – para percepção – visão, configuração facial, gustação, audição, e coisas desse tipo – mais geralmente – imaginação, e outros sistemas auxiliares. O *status* preciso e o papel da "informação" semântica disponibilizada na SEM não são claros. Ele oferece um exemplo que ajuda um pouco, em que o conceito expresso linguisticamente CASA (que podemos pensar como um componente da informação semântica complexa oferecida em uma sentença na SEM) exerce um papel. Ele continua: "No caso de 'Eu pintei minha casa de marrom', os traços semânticos impõem uma análise em termos das propriedades específicas do *design* pretendido e do uso, um exterior designado, e ainda mais complexidade". Seu ponto pode ser colocado em termos dos tipos de premissas que os humanos provavelmente desenvolvem, e a coerência do discurso e das histórias que eles provavelmente aceitarão, dadas as fontes conceituais que essa sentença traz. Presumiríamos que a pintura marrom foi do lado de fora da casa, por exemplo, e se a história aparecesse em uma história mais extensa sobre como chegar até minha casa, teríamos o direito de ficar chateados se a pintura marrom fosse do lado de dentro das paredes porque estaríamos esperando que fosse do lado de fora. Além disso, com exceção do corretor que diz "Você gostaria de ver essa casa?" (onde "ver" é lido como inspecionar/olhar), não se pode ver uma casa estando dentro dela. *Casa* – algumas vezes chamada de "palavra recipiente" – em complexos sentenciais como esse, concentra a atenção nas faces exteriores, não interiores. Outra ilustração é encontrada na discussão de Locke do conceito de pessoa, que é mencionado conforme a discussão continua: na verdade, o conceito PESSOA atribui a pessoas em relação às quais é usado para fazer referência a uma noção de identidade pessoal de um tipo complexo, legal e moral relevante. Inclui continuidade psíquica, e subscreve atribuindo responsabilidade para as pessoas por atos cometidos e promessas feitas – e assim por diante. Nesse sentido, Locke diz que o conceito de pessoa é "forense": aquele que é desenvolvido para compreender as pessoas como agentes com compromissos (promessas e contratos) e responsabilidades que precisam ser cumpridas.

Quaisquer condições de identidade sobre as coisas às quais uma pessoa se refere, que são impostas pelos conceitos expressos na SEM pelas línguas naturais – e aquelas que surgem como resultado das interações complexas entre a linguagem e outros sistemas cognitivos –, de modo improvável são complicadas de ser definidas e caracterizadas independentemente do contexto, à diferença do que alguém provavelmente encontraria – ou ao contrário, o que os cientistas lutam por manter – nos conceitos para objetos e eventos da matemática e das outras ciências naturais. A discussão tradicional de Chomsky do experimento cognitivo do Navio de Teseu posteriormente ilustra isso (páginas 212-15). Quando Teseu reconstrói seu navio de madeira repondo ao longo do tempo uma tábua e um barrote depois do outro e jogando as tábuas e os barrotes descartados no depósito de lixo em que seu vizinho as pega e constrói um navio que tem as mesmas tábuas e barrotes na mesma configuração que o navio original, não supomos que o navio construído com as partes descartadas é o de Teseu, mesmo que sua composição seja a mesma do navio inicial. Isso se deve ao fato de que os navios e outros artefatos retratados dessa forma são possuídos pelos indivíduos específicos ou quase-pessoas como as corporações construídas em suas descrições. Sob outras descrições, contando histórias diferentes, não temos certeza, ou temos intuições diferentes.

Nos anos recentes, os filósofos têm construído experimentos mentais em que as pessoas – ou seus corpos ou suas mentes – são seccionadas ou fundidas e colocadas em circunstâncias variadas para explorar intuições sobre quando “nós” diríamos que a pessoa P no tempo t é a mesma ou está diferente da pessoa P’ em um tempo diferente. Nada fica decidido: as intuições podem ser direcionadas para um lado ou outro e alguém pode ser convencido a dar uma resposta firme em uma ocasião sobre uma história, e convencida do contrário com uma história diferente. Isso não deveria ser surpreendente; os conceitos do senso comum são ricos e usados com flexibilidade, mas ainda possuem limitações. A riqueza e complexidade dos conceitos do senso comum expressos em nossas línguas naturais lhes permitem servir aos interesses humanos e alcançar soluções razoáveis para problemas práticos em circunstâncias variáveis. Mas não todos: há razões para acreditar que um conceito do senso comum deveria ser capaz de oferecer respostas para todas as questões colocadas. Há evidência clara disso nas falhas óbvias encontradas ao tentar se colocar conceitos do senso comum em uso nas ciências. Contudo, eles revelam seus limites de outras formas também, como nos experimentos mentais mencionados. Não há nenhuma desvantagem nisso. Em função de sua riqueza e de sua complexidade, os conceitos do senso comum podem suportar um extraordinário grau de flexibilidade exibido em sua aplicação pelas pessoas quando elas usam a linguagem – uma flexibilidade que tem se mostrado muito vantajosa no domínio prático, embora de forma alguma no domínio da Matemática ou da ciência. E, enquanto produzem respostas para alguns tipos de questões e não outras – porque, presumivelmente, eles são produtos inatos de mecanismos de aquisição "dedicados" a produzir o que eles podem produzir –, isso também é uma vantagem. Por serem inatos, eles estão prontamente disponíveis mesmo para os jovens e podem, portanto, possibilitar que a criança rapidamente desenvolva uma compreensão das pessoas e de suas ações e coisas e do que se espera que elas façam.

As ilustrações da riqueza e da complexidade dos conceitos do senso comum – e Chomsky oferece muitas em seus estudos – não nos falam como as fontes conceituais/de significado fazem a SEM "trabalhar". Uma resposta naturalista de respeito requer uma ciência, que não existe e, por várias razões exploradas em outros lugares na discussão, pode jamais existir. Na medida em que a intuição externalista pode descaracterizar e enganar uma abordagem da percepção e do pensamento "sobre o mundo", contudo, é válido desenvolver uma imagem internalista alternativa de como eles "cumprem sua tarefa". Chomsky faz algumas sugestões quando fala de sentenças (internas) produzindo "perspectivas", "ferramentas" cognitivas com as quais uma pessoa pode compreender o mundo tal como retratado por outros sistemas mentais. Adiciono algumas sugestões no Apêndice XII.

Páginas 53-5, Sobre o que a "interface semântica" disponibiliza

Isto é, o sistema da linguagem disponibiliza o que seu "design" (um termo que precisa ser tratado com cuidado, como indicado no capítulo 8 permite em relação ao uso da linguagem no pensamento, compreensão e similares. Para evitar um possível equívoco: a linguagem (o sistema da linguagem) asserta ou declara? Não. Ela oferece a oportunidade de fazer isso; disponibiliza os meios para os indivíduos expressarem uma asserção – como diríamos no domínio do senso comum. Acho que essa é a forma como se deve compreender a visão de uma abordagem sintática, internalista da verdade de acordo com Hinzen (2007).

Capítulo 3

Página 59, Chomsky fala sobre representação, teorias computacionais e indicadores de verdade

Quando Chomsky chama sua teoria derivacional da sintaxe linguística uma "teoria computacional" e oferece por meio dela uma abordagem composicional do significado linguístico que não é só internalista, mas centrada nas operações da faculdade da linguagem, é óbvio que ele não está – diferentemente de Rey e Fodor – adotando uma teoria computacional de tipo re-apresentacionalista. Esse ponto está ligado a seu esforço de evitar referência (e verdade) na construção de uma abordagem dos significados expressos linguisticamente.

Isso dito, ele afirma que as SEMs – as contribuições da linguagem na interface "conceitual-intencional" – podem ser vistas como oferecendo "indicações de verdade". A citação relevante aparece em Chomsky (1996) imediatamente depois de apontar que o que ele chama de "tese referencialista" (que palavras como *água* referem por algum tipo de relação "natural" com uma substância "lá fora") deve ser rejeitado, porque "a linguagem não funciona assim". Vimos que ela não funciona porque as pessoas fazem referência a coisas; a linguagem não "refere diretamente". Na verdade, mesmo que alguém use uma palavra para referir, e seja bem-sucedida para um público ao fazer isso, nenhuma relação referencial se estabelece de modo que seja de interesse para uma ciência da linguagem naturalista e empírica. O que ele tem a dizer sobre verdade e condições de verdade parece paralelo a isso:

> Não podemos supor que as declarações (sentenças) possuem condições de verdade. No máximo elas podem ter algo mais complexo: "indicadores de verdade", em algum sentido. O problema não é "textura aberta" ou "similitude familiar" no sentido de Wittgenstein. Nem a conclusão empresta qualquer peso para a crença de que a semântica é "holística" no sentido de Quine de que as propriedades semânticas são atribuídas por todo o arranjo de palavras, não para cada uma individualmente. Cada uma dessas visões da natureza do significado parece parcialmente correta, mas somente parcialmente. Há boa evidência de que as palavras possuem traços intrínsecos de som, forma e significado; mas também textura aberta, que permite que seus significados sejam estendidos ou refinados de certas formas; e também propriedades holísticas que permitem algum ajuste mútuo. As propriedades intrínsecas são suficientes para estabelecer certas relações formais entre as expressões, interpretadas como rima, acarretamento, e de outras formas por sistemas de performance associados com a faculdade da linguagem. Entre as relações semânticas intrínsecas que parecem bem estabelecidas por bases empíricas estão as conexões analíticas entre as expressões, uma subclasse sem significância especial para o

> estudo da semântica das línguas naturais, embora seja de interesse independente no variado contexto das preocupações da Filosofia moderna. Somente *talvez*, porque não é claro que a linguagem humana tenha muito que ver com essas preocupações, ou que elas capturam o que era de interesse tradicional. (Chomsky, 1996, p.52)

Brevemente na mesma linha, Chomsky recusa as principais características da Filosofia contemporânea da linguagem que têm pouca ou nenhuma relevância para a ciência da linguagem e para a ciência do significado na língua natural em particular. Ele também enfatiza que o significado linguístico (de um tipo que possa ser investigado pela ciência da linguagem) é intrínseco para as expressões em si mesmas e o suficiente para estabelecer certas "relações formais" (na verdade, aquelas apontadas anteriormente na discussão em que as expressões "relacionais" foram mencionadas, e novamente na próxima seção); o estudo dessas relações é uma "sombra" da sintaxe. Em relação à textura aberta, aqui está sua explicação (comunicação pessoal, janeiro de 2009):

> Ao dizer que as expressões – digamos "rio" – possuem textura aberta, quero dizer apenas que suas propriedades linguísticas intrínsecas não determinam por si mesmas todas as circunstâncias de uso referencial apropriadas. Essas ações humanas complexas como referir podem e consideram todos os tipos de outras características da vida humana. Por exemplo, chamar algo de rio ou de córrego depende de fatores históricos e culturais complexos. Se o Rio Jordão fosse deslocado, precisamente tal como ele está, para o centro do Texas, as pessoas o chamariam de córrego (muitas vezes um córrego seco, dado que muito de sua água foi desviada para o sistema de distribuição de água de Israel).

Isso não nega que seja possível introduzir um sentido técnico de "referir" para uma versão da teoria de modelos; veja sobre isso

Chomsky (1986, 2000), e, particularmente, a posterior discussão da "relação R". Mas a referência nesse sentido é estipulativa. Argumentos similares podem ser feitos sobre a verdade-em-um-modelo.

Capítulo 4

Página 63, Sobre conceitos humanos, nativos e artefatos e suas teorias

Dois apontamentos. Primeiro, como indicado em um comentário anterior, a distinção entre as condições de verdade e as indicações de verdade é importante, refletindo a ideia de que a natureza dos conceitos (informação semântica) que a faculdade da linguagem torna disponível para os sistemas "conceituais-intencionais" na interface SEM não determinam as formas em que esses conceitos expressos linguisticamente podem – e muito menos deveriam – ser empregados por pessoas, mesmo supostamente por "outros sistemas", dado que as relações entre a linguagem e eles provavelmente não são determinadas. Os conceitos expressos linguisticamente, contudo, "instruem" em suas formas distintivas aqueles outros sistemas do outro lado da interface, e por extensão, eles proveem "indicações" de como podem ser usados pelas pessoas. Note a esse respeito que os falantes de português usam CASA diferentemente de (digamos) LAR. As diferenças nas formas em que usamos esses conceitos indicam algo sobre as naturezas dos conceitos em si mesmos – logo, os tipos de "instrução" que eles dão. Contudo, nada como determinação é relevante aqui. Nem, claro, se deveria ficar tentado pela ideia de que as naturezas dos conceitos em si mesmos são fixadas pelas formas em que eles são usados – contra a visão do "papel conceitual" popular dos conceitos (expressos linguisticamente) encontrada explicitamente no trabalho de Sellars e outros, e implicitamente entre muitos mais. Ao contrário, eles têm a natureza que têm porque é essa a forma em que eles se desenvolveram/cresceram naquele indivíduo, presumindo que o conjunto de conceitos que podem se desenvolver (e as formas possíveis em que isso é possível) é (são) mais ou menos fixo(s). Sendo fixos, eles podem ser finitos em número, mas, dependendo de como eles se desenvolvem, o problema de quantos deles podem existir permanece aberto.

Os conceitos expressos nas línguas naturais não são, contudo, aqueles encontrados nas ciências. No caso dos conceitos científicos, faz sentido falar deles como invenções humanas, criações, artefatos, pelo menos em parte. Sem dúvida há restrições inatas na construção de hipóteses e teorias, restrições atribuíveis à natureza de nossas capacidades de formulação científica (sobre as quais virtualmente não sabemos coisa alguma). Há também restrições de um tipo estabelecido pelo "mundo"; ciência é, no final das contas, uma forma de estudo empírico que objetiva disponibilizar uma descrição objetiva das coisas do mundo. Mas isso não muda o fato de que eles são "fabricados".

Segundo, não se segue da discussão sobre a atomicidade dos conceitos que MAÇANETA de Fodor (veja Fodor, 1998) seja um conceito atômico, nem mesmo que PORTA e PUXADOR o sejam (ou que CASA e LAR, e outros sejam). Todos os conceitos (ou, mais cuidadosamente, o aspecto do "modo de apresentação" de um conceito fodoriano) que Fodor considera atômicos poderiam ser compostos de elementos de "significado" mais primitivos, em que a composição acontece nas operações automáticas de algum tipo de sistema ou sistemas internos. Dessa forma, ambos os elementos (atômicos, mas em um nível diferente) e produtos ainda contariam como inatos, e se os sistemas fossem distintivamente humanos, poderíamos ser capazes de explicar o que há de distintivo nos conceitos humanos. Tudo o que se segue é que nossas mentes, ao fazer ciência, estão "configuradas" para procurar os elementos mais primitivos, e esses são aqueles vistos como atômicos – pelo menos até que um conjunto mais primitivo seja encontrado. Essa tendência é provavelmente atribuível à capacidade de se fazer ciência, uma capacidade que é única no reino animal e sobre a qual conhecemos pouco, exceto seus efeitos e a metodologia que parece demandar.

Capítulo 5

Página 69, Agentividade; a faculdade da linguagem e o que ela disponibiliza

Chomsky não está afirmando nessa discussão, e jamais afirmou, que há um homúnculo. Contudo, não há dúvida de que essa é a forma como os humanos pensam e falam sobre de que modo a mente funciona. Aparentemente precisamos alguma forma de compreender o que parece ser um fato, de que quando as pessoas agem, elas tratam de trazer uma extraordinária quantidade de informação de sistemas diferentes para suportar de modo coordenado a produção do que pensamos ser ações que uma pessoa unificada faz.

O comentário de Chomsky sobre a natureza "global" de fixar padrões entoacionais é autoexplicativo. Para aqueles não familiarizados com a teoria da ligação e com a Condição C, uma discussão informal aparece em *Language and Problems of Knowledge* [Linguagem e problemas do conhecimento] (1988) e uma mais formal, mas ainda assim facilmente compreensível, está em *Conhecimento da linguagem* (1986). Algumas definições informais e também técnicas e discussões também podem ser encontradas na internet. Os leitores não devem confundir a Condição C da teoria da ligação com o que é chamado de "c-comando". Sobre esse último (um tema importante que concerne à estrutura do sistema computacional), veja o Apêndice VII.

Uma advertência: dado que as visões da ligação e das variáveis são muitas vezes disponibilizadas por linguistas e filósofos e outros, que, em estudos e na semântica, na filosofia da linguagem e nas aulas de lógica alegremente falam de pronomes e nomes como referindo e de ligação como ligação de variáveis a coisas, tenha em mente que Chomsky toma como tese de trabalho para o teórico da linguagem que a ligação é sintática, embora (como indicado na discussão dos fatos globais envolvendo a interpretação) provavelmente sintática em um sentido amplo. É explicada por aquilo que está dentro da cabeça, incluindo, entre outras coisas, a Condição C. Não está claro se isso é estritamente linguístico ou não – como Chomsky indica. Contudo, ainda é sintático (propriedades intrínsecas e internas dos "signos" ou representações mentais em geral) e não requer apelo a nada fora da cabeça. Considerando isso seriamente, não se deveria falar que pronomes e nomes referem, mas que eles estão em "posições referenciais" nas sentenças. Colocando isso em um contexto mais amplo, pense nas pessoas fazendo referência, e nelas usando o que a linguagem lhes oferece – incluindo nomes e pronomes em posições referenciais – para fazer referência.

Capítulo 6

Página 75, Sobre parâmetros e canalização

Discuto variação nas línguas e o papel dos parâmetros no Apêndice VIII; os parâmetros aparecem também várias vezes no texto principal. Os princípios são as "leis naturais" da faculdade da linguagem, universais na espécie humana. A canalização – o fato de que o desenvolvimento produz um fenótipo robusto e distinto a despeito das diferenças nos genes, no ambiente, e no "*input*" – é discutida brevemente no Apêndice VIII também, e é considerada novamente no texto a seguir.

O que os parâmetros poderiam ter a ver – se é que têm – com a canalização? Usando por simplicidade o macroparâmetro do núcleo, suponhamos, como é razoável, que o estado inicial da faculdade da linguagem da criança, GU (como especificado no genoma), por qualquer razão, permita as duas opções. Suponhamos além disso – como indicado – que a escolha seja automática, resultado de algum tipo de "gatilho" (que possa, contudo, envolver algum tipo de experimentação). Suponhamos, finalmente, que as opções descritas pelas descrições do parâmetro estejam "escritas" ou na GU (no genoma), ou nas restrições ao desenvolvimento de outros tipos fixadas pela natureza, incluindo restrições físicas, químicas, computacionais e informacionais. Se é esse o caso, o estado inicial geneticamente determinado permite ainda vários caminhos de desenvolvimento e estado final. Nesse sentido, restringe o desenvolvimento a um conjunto limitado de caminhos. E assim as opções paramétricas, contanto que estejam escritas no genoma, ou outras restrições com base natural, podem exercer um papel na canalização. Era esse o raciocínio por trás de minha questão.

André Ariew (1999) sugeriu que as teses sobre inatismo deveriam ser lidas como teses sobre a canalização. Veja também Collins (2005); este faz sugestões úteis contra os esforços antinativistas da parte de Cowie (1999), Prinz (2002) e Samuels (2002). As teses básicas a favor da canalização são ferramentas úteis no esforço de dizer como a linguagem se desenvolve, embora se deva ter em mente que a canalização não é apenas um fenômeno biológico, se por "biológico" entendemos sob controle do genoma. Como as restrições do terceiro fator de Chomsky ao crescimento e desenvolvimento tornam claro, há quase certamente restrições não biológicas ao desenvolvimento/crescimento.

Página 75-7, Diferenças paramétricas e compreensão

O filme *Códigos de guerra* (2002) explorou o fato de que as diferentes configurações paramétricas produzem línguas de grupos diferentes e, se os parâmetros de uma forem estabelecidos de uma forma durante o desenvolvimento, configurações muito diferentes podem tornar uma língua fora do alcance para os adultos. O filme trata do papel dos falantes de Navajo em combate contra as forças japonesas na Segunda Guerra Mundial. Embora os japoneses pudessem monitorar as comunicações de campo por rádio das forças americanas com facilidade, os operadores de rádio japoneses e tradutores no campo não conseguiam compreender nem obter traduções das comunicações em navajo por falantes nativos de navajo que eram então traduzidas do navajo para o inglês pelas forças americanas. As configurações paramétricas do navajo são muito distantes daquelas do japonês (ou do inglês, nesse caso), embora não para a criança navajo crescendo em um ambiente com inglês e com navajo.

Páginas 77-9, Sobre Gramática Universal

A Gramática Universal, ou GU, se identificada com o que a Biologia (o genoma) especifica, poderia ser muito pequena ou incrivelmente simples (não como os primeiros modelos de "formatos" da GU) – talvez apenas *Merge*. E os parâmetros? Talvez alguns ou todos são devidos a restrições não genéticas, físicas e informacionais – restrições que controlam e canalizam a(s) forma(s) em que a mente se desenvolve e cresce. Uma vez que não está claro o que é geneticamente fixado e o que é motivado por outros – ao "terceiro" – fatores, não está claro o que a GU é. Contudo, esses outros fatores não genéticos podem ser tidos como inclusos na premissa de que a linguagem é inata. Como Christopher Cherniak (2005) apontou, deve-se permitir uma noção não genética de inatismo.

Para criar um rótulo para todos aqueles aspectos da linguagem que podem plausivelmente ser considerados inatos, se fixados geneticamente ou por outros meios – isto é, todos os aspectos exceto aqueles devidos ao que Chomsky chama de "segundo fator" (o papel do "*input*" ou da experiência no crescimento) –, pode-se inventar um rótulo, digamos "GU+". Isso apenas coloca um rótulo em um conjunto de fenômenos ou mecanismos, alguns deles muito pouco compreendidos, mas disponibiliza um termo geral que pode cobrir conceitos e sons linguísticos inatos, além de noções que não *Merge*.

Páginas 79-81, Sobre a diferença entre computação do "significado" e "som"

Um traço característico de várias visões recentes da gramática no projeto naturalista chomskyano é que elas constroem a natureza das computações que funcionam a partir da seleção de itens lexicais para a produção de um "conceito" complexo na interface semântica como uniformes – na terminologia atual, *Merge* de cima-a-baixo. O mesmo não é verdade em relação à computação que leva para a interface fonética/sinal. Há formas alternativas de construir essa diferença, ou representá-la na forma da gramática ou do sistema computacional que se inventa. De acordo com uma proposta – talvez a mais fácil de entender, a qual implicitamente assumi em outras explicações –, itens lexicais em certo sentido "contêm" os traços relevantes para determinar o conjunto de traços fonéticos/sinais que proveem instruções para outros sistemas que produzem um som ou um sinal (ou percebem um). Eles também "contêm" os traços semânticos que levam para a interface semântica. Mas os traços lexicais (traços fonológicos) que são relevantes para a produção de sons/sinais são em algum ponto despidos e alimentados em outra corrente computacional que leva para a produção de traços fonéticos/sinais. Chomsky chama de "*Spell Out*" o ponto no qual eles são despidos. Além de *Spell Out* (ou múltiplos *Spell Outs*, eles deveriam estar envolvidos), os tipos de algoritmos (*Merge*) que operam na computação "semântica" não se aplicam mais. Nas versões minimalistas recentes da gramática (Chomsky, 2001, 2008) pode haver vários estágios ("fases") da computação na construção de uma sentença/expressão, e, ao final de cada uma, tanto a informação semântica quanto a fonológica são transferidas para as interfaces relevantes.

Depois de *Spell Out*, a computação do som/sinal é diferente daquela que leva à interface semântica. Presume-se que permanece uniforme na corrente semântica, que continua utilizando as duas (ou três, ou...) formas de *Merge*. Por causa disso, parece razoável supor que – como Chomsky aponta na discussão anterior – a produção do som/sinal não é um traço essencial do sistema computacional da linguagem, mas *Merge* e a composicionalidade do pensamento que ela disponibiliza são.

Para uma revisão recente das razões de Chomsky para sustentar que há diferenças importantes entre computação para SEM e computação para FON, juntamente com reflexões sobre papéis secundários da comunicação e da articulação na evolução da linguagem, veja Berwick e Chomsky (2011).

Páginas 84-5, Sobre canalização: provavelmente o terceiro fator

Chomsky parece tratar a canalização como um problema de terceiro fator. Não é inteiramente claro o que exatamente Waddington tinha em mente ao usar uma explicação da canalização, embora um tema dominante seja seu apelo ao "*buffering*" por causa de "redes" epigenéticas – intuitivamente, interações entre os alelos e o ambiente. Um exemplo recorrente é a transformação das células-tronco (que podem virar "qualquer coisa", como a imprensa popular alardeia) em células de um tipo específico: seu DNA permanece o mesmo, e o ambiente as "especializa". As contribuições de "terceiro fator" são fatores epigenéticos? Plausivelmente, sim: elas envolvem mais que codificação genética.

Os fenômenos por si mesmos em geral são óbvios o suficiente. A "canalização" captura o fato notável de que, a despeito da variação genética e da mutação dentro de um genoma e da considerável variação ambiental, além de um monte de variação no "*input*" específico, o resultado do desenvolvimento é um fenótipo estável e claramente distinto. Em geral se concorda que a canalização depende de caminhos fixados de desenvolvimento.

Waddington inventou o termo "*creodes*" para esses caminhos. Os biólogos do desenvolvimento não adotaram esse termo, nem seu termo relacionado "*homeorhesis*", para os processos expressos biologicamente que constituem tais caminhos de desenvolvimento. Muita coisa aconteceu desde que surgiram os primeiros trabalhos de Waddington (1940, 1942) sobre canalização com asas de drosófilas e um gene de "*estresse do fogo*" [*heat stress*]; o campo atrai muita atenção agora, e a pesquisa continua. Para uma revisão razoavelmente recente dos desenvolvimentos e dos problemas, veja Salazar-Ciudad (2007).

Um programa de pesquisa contemporâneo conhecido como "*evo-devo*" indica claramente que o desenvolvimento e o crescimento se devem a mais do que instruções genéticas contidas no que são chamados genes "mestres", os genes que especificam que uma criatura terá, digamos, visão, ou que algum padrão irá aparecer nas asas da borboleta etc. As partes do genoma que não são do "mestre", além de vários fatores ambientais, restrições físicas etc., exercem um papel crucial no tempo do desenvolvimento, e na localização, na simetria, na modularidade dos componentes e outros fatores de "forma" (e de fenótipo). Para uma introdução informal e esclarecedora a *evo-devo*, veja Sean B. Carroll (2005). Para uma revisão útil do atual estado de *evo-devo* e seu papel na compreensão da evolução, veja Müller (2007). Para uma discussão útil, embora bem condensada, da relação entre *evo-devo* e os pensamentos iniciais de Waddington nos anos 1940 e 1960 sobre o desenvolvimento e a canalização, veja Gilbert (2000). Para uma apresentação cativante sobre a diferença que o estudo de *evo-devo* faz no estudo dos organismos e mente, veja Fodor e Piattelli-Palmarini (2010). Para uma discussão da noção chomskyana de perfeição e sua relação com algumas das teses *evo-devo*, veja seu "Some Simple Evo-devo Theses: How True Might They Be for Language?" [Algumas teses *evo-devo* simples: como elas podem ser verdadeiras para a linguagem?] (2010). Veja também Chomsky (2007c).

Capítulo 7

Página 87, Sobre os genes "mestres" e de "controle"

Gehring foi um dos primeiros a enfatizar o quão improvável era que o olho (ou algum tipo de sistema de detecção visual que depende de rodopsina) pudesse ter evoluído independentemente em tantos clados. Ele não evoluiu separadamente, Gehring alega; evoluiu de uma vez, e toma diferentes "formas" nas diferentes espécies em razão de outros traços do organismo envolvidos e pela forma em que a visão e esses outros fatores se desenvolveram. Seu trabalho sobre o papel do gene "mestre" ou de "controle" PAX-6 tem ajudado a enfatizar a importância de olhar para a codificação genética que aparece em muitas espécies (que é "conservada") e contribui para o desenvolvimento de algum órgão/traço ou outro que serve ao mesmo propósito em cada espécie.

Capítulo 8

Páginas 96-8, Sobre pensamentos ocultos ou inconscientes e o livre-arbítrio

Esses comentários poderão levantar dúvidas na mente de alguns leitores sobre se os humanos possuem livre-arbítrio, como Chomsky assume que temos. Se as decisões são inconscientes, como é que uma pessoa as toma? Decisões inconscientes parecem estar fora do controle de uma pessoa, embora elas pareçam ser, para a pessoa que está tomando a decisão, uma escolha que ela toma livremente, e algumas vezes com dificuldade. Note, contudo, que não há razão para acreditar que, mesmo se as decisões de um organismo forem inconscientes, elas sejam determinadas. Para ter razão ao acreditar nisso, é preciso ter à mão uma teoria naturalista decente da tomada de decisões em um organismo, e conseguir isso é extremamente improvável. Como apontado em outros lugares, os vários sistemas da mente operam relativamente independentes e possuem múltiplos *inputs* e *outputs*. Construir uma teoria determinista das ações/comportamentos de um organismo requereria aparecer com uma solução para um problema de *n*-sistemas. Isso é uma tarefa muito mais complexa do que aparecer com uma solução para os casos extremamente simples encontrados nos sistemas discutidos nos problemas de *n*-corpos. Há muito mais fatores variáveis, assumindo mesmo que nós temos uma lista completa dos sistemas mentais envolvidos e suas contribuições específicas.

A falta de conexão entre nossas assunções usuais em relação à ação, planejamento, deliberação e tomada de decisões e as descrições e explicações oferecidas pelas ciências naturais da mente podem continuar a incomodar o leitor na discussão que segue. Se somos criaturas biológicas, como parecemos ser, temos fontes cognitivas limitadas. Sabemos que temos o senso comum e a ciência; se temos outras, o aparecimento delas não é de meu conhecimento. Se limitados a essas duas fontes, muito provavelmente não podemos superar a desconexão. Os conceitos que temos para falar das ações dos organismos completos são aqueles disponibilizados pelo senso comum, um esquema conceitual virtualmente "elaborado" para servir aos interesses de falar de agentes (atores) e agentividade. Aqueles disponíveis para as ciências são os criados pelos cientistas quando inventam teorias dos sistemas que são construídos – geralmente – como determinados. Alguns filósofos como Fodor, com sua "teoria computacional da mente", parecem acreditar que a lacuna pode ser superada. Não é claro para mim que ele ataque o problema básico criado pelo que parecem ser formas muito diferentes de compreender o mundo. O senso comum coloca a agentividade na vanguarda e no centro e lida com um número sem fim de preocupações antropocêntricas; a ciência natural do tipo disponível para nós parece carecer completamente das ferramentas para lidar com isso. Fodor (1998, capítulo 7; 2008) aborda o problema. Contudo, ele continua a seguir Putnam e outros ao declarar que a propriedade ÁGUA é idêntica à propriedade definida cientificamente H_2O.

Páginas 96-8, O que está errado com o dogma externalista (novamente)

Ninguém deveria supor que Chomsky espera que a teoria que pode ter tal alcance seja uma teoria de aprendizagem baseada em algum tipo de procedimento de aprendizagem generalizado. Será uma teoria da maquinaria (amplamente) "dedicada", cujas operações explicam como a mente da criança reconhece padrões relevantes na fala da maioria das outras crianças e consegue trazer esses padrões para basear a produção da fala da própria criança. Fale de imitação se quiser, mas tenha em mente que isso é só um rótulo para uma tarefa a ser feita, a qual desenvolve uma teoria do(s) sistema(s) relevante(s) que explica considerações biológicas, físicas, computacionais... que restringem o desenvolvimento. Para uma discussão recente de alguns dos esforços atuais para minar as bases nativistas em que o estudo biolinguístico continua, veja Berwick e Chomsky (2011).

Capítulo 9

Página 109, Sobre inclusão como um princípio computacional

Inclusão é o princípio de que, depois da seleção (tecnicamente, "numeração") de um conjunto de itens lexicais (com seus traços) como "*input*" para uma computação linguística, nada novo é introduzido até que a computação produza um par complexo de som-significado, ou a computação falha. Isso pode ser pensado como um aspecto de uma versão da modularidade: que uma computação não pode depender de informação de fora, de sistemas ou princípios para que uma computação linguística venha a ter o resultado "correto", ou falhar. Isso também – como apontado por Chomsky a seguir – é um aspecto da simplicidade, pois incorpora uma noção de economia computacional. O rótulo "inclusão" foi introduzido primeiramente em Chomsky (1995b), mas em várias formas (como "projeção lexical"), por muito tempo exerceu um papel na visão de Chomsky da derivação linguística (a computação de uma sentença ou expressão complexa). Para uma introdução ao problema da complexidade e simplicidade na Linguística, veja o Apêndice IX.

Páginas 115-18, Sobre a criação de novas palavras

"Criar novas palavras" pode significar várias coisas. Um significado é trivial e sem interesse teórico, o problema da mudança de associações – associar o som "artrite" com o conceito DOENÇA NO ESTÔMAGO, por exemplo (veja "Internalist Explorations" [Explorações internalistas] em Chomsky <2000> para discussão). Outro é criar novos sons – novo para um indivíduo ou para a comunidade, ou na história – ou conceitos. Sons novos são restritos por quaisquer parâmetros que possam se aplicar: "*cremo*" é o.k. para os falantes de português (é um som possível de aparecer em português), mas não para falantes de árabe. Pode haver menos ou mais restrições sobre os conceitos novos (para qualquer lado); ninguém sabe, pois não sabemos muito sobre o que os conceitos são, como apontado. É claro que introduzimos novos: COMPUTADOR (no sentido entendido nessa época por crianças e adultos, talvez como "artefato <algo fabricado> que é usado <FERRAMENTA> para...)", que foi introduzido em um dado tempo e é prontamente compreendido ou adquirido por qualquer um. Claro que podemos introduzir outros, como aqueles para os quais não temos uso agora, mas poderemos ter mais tarde. E deveríamos esperar alguns tipos de restrições determinadas internamente e/ou pelo terceiro fator, de outra forma não desenvolveríamos as fontes conceituais virtualmente universais (capacidade de mobilizar rapidamente conceitos) que parecemos ter. De qualquer forma, pelo menos nesse estágio da investigação, a possibilidade de introduzir novas palavras em uma situação não aparece na discussão da computação linguística. Isto é, presume-se que uma computação "começa" com itens lexicais estabelecidos ou pacotes de "informação" fonológica, semântica e formal (incluindo os parâmetros). A Morfologia Distribuída (dependendo do que isso signifique) introduz variações sobre o tema, mas não discute introduções novas.

Capítulo 10

Página 119, Os esforços de Chomsky para convencer os filósofos

Veja Chomsky (1975, 1980-2005, 2000) para seus esforços em convencer os filósofos. Veja também as discussões nos apêndices III, V e VI.

Páginas 121-3, Sobre conexionismo e behaviorismo

Conexionismo é em parte uma tese em relação à arquitetura das ligações cerebrais: os cérebros são neurônios interconectados em que os impulsos nervosos dos neurônios individuais servem-se de suas conexões com outros neurônios para aumentar ou diminuir os impulsos nervosos dos outros neurônios. Contudo, essa não é a preocupação central daqueles que se consideram conexionistas. A tese central parece ser uma tese de aprendizagem – tese sobre como as "conexões" vêm a ser estabelecidas na arquitetura (assumida). A tese de aprendizagem é uma variação do behaviorismo e da velha escola do associacionismo. Os procedimentos de treinamento que envolvem repetição e (em algumas abordagens) "retropropagação" (ou alguma variante) levam a diferenças nos "pesos das conexões" nos caminhos neurais, mudando a probabilidade de que uma saída específica possa ocorrer, dada uma entrada específica. Quando a rede consegue produzir a saída "correta" (de acordo com o experimentador) para uma dada entrada e o faz com confiança suficiente sob diferentes tipos de perturbações, a rede aprendeu como responder a um estímulo específico. Chomsky parece se concentrar na tese da arquitetura do conexionismo nessa discussão. Suas visões sobre a aprendizagem correspondem às suas visões negativas sobre o behaviorismo, até onde posso dizer.

Sobre a tese de aprendizagem behaviorista/conexionista: é notável quantos estudiosos dedicam grandes quantidades de seu trabalho intelectual a levar esse programa tão longe quanto possível enquanto trabalham com modelos "neurais" bastante simples (modelos computadorizados simulando a suposta arquitetura e dotados com um dos vários algoritmos estatísticos de amostra possíveis). O trabalho de Elman, seus alunos e colegas dá uma ideia do que foi atingido com o que ele chama "redes recorrentes simples" (RRS [ou, na sigla em inglês, SRN, *simple recurrent networks*]). Dito isso, as conquistas não nos dão motivos, pelo menos até o momento, para abandonar uma estratégia de pesquisa racionalista e nativista a favor de uma conexionista ou outras empiristas em relação à linguagem ou outros sistemas internos que parecem ser inatos. Especificamente, não há razão empírica, pois não há motivo para pensar que a tese de aprendizagem do conexionismo oferece qualquer coisa que possa ser tratada como uma visão adequada do percurso do desenvolvimento linguístico da criança. Dizer isso não é negar que a "escolha" do procedimento que a mente da criança executa ao configurar os parâmetros poderia depender do que parece ser uma forma de amostragem estatística como aquela já apontada e comentada quando Chomsky fala sobre o trabalho de Charles Yang. Mas isso é irrelevante, pois o conjunto de opções possíveis parece ser fixado – tanto pela Biologia (o genoma) quanto por questões de terceiro fator, não sabemos ainda quais (embora haja razões independentes para colocá-las nas considerações de terceiro fator). Esse fato descartou a busca por uma estratégia que assume de saída algo como a visão de Joo e de outros empiristas de que a variação é irrestrita. Veja também o Apêndice VII, e note o comentário de Chomsky (2009) sobre a possibilidade de que há um número infinito de parâmetros. Se os parâmetros existem mesmo, há pontos de "escolha" com opções fixas.

Capítulo 11

Página 125, As regras linguísticas de Chomsky *versus* aquelas dos (muitos) filósofos

Há muitos filósofos que abraçam a ideia de que a "mente" de fato "segue regras", embora sem considerar "mente" e "regra" como qualquer coisa parecida com "mente" e "regra" tal como Chomsky entende esses termos. Sellars e seus discípulos, por exemplo, pensam a mente como uma rede neural que foi treinada para seguir as "regras da linguagem", em que estas são entendidas em termos epistemológicos. Isto é, a rede é treinada para seguir o que uma comunidade de usuários da linguagem considera como a linguagem de entrada epistemologicamente correta (percepção), a linguagem de saída (acionalmente relacionada) e as regras inferenciais internas à linguagem que uma comunidade particular adota como "as regras para o jogo da linguagem". Para Chomsky, regras são princípios incorporados nas operações da faculdade da linguagem, esta é um órgão biofísico que ocorre naturalmente, e não há sentido em perguntar se as regras/princípios que se observa são os epistemologicamente corretos para lidar com o mundo. Para discussão adicional, veja o Apêndice VI. Por enquanto, o ponto importante é que Sellars essencialmente considera a noção de senso comum de pessoas seguindo regras (o que para ele é prontamente entendido) e a aplica na ideia de treinar as pessoas para seguir regras (de maneira behaviorista, de novo rapidamente entendido) de como (ele acredita) se estabelecem "conexões" inferenciais em uma rede neural. Ele comete o mesmo equívoco que aqueles que acreditavam que a ação deve ser entendida em termos em que a mecânica de contato fez: ele acredita (sem, claro, reconhecer para si mesmo que está fazendo isso) que as noções do senso comum são suficientes para entender "a mente". A visão de Chomsky é que a linguagem e suas regras devem ser compreendidas em termos naturais e das operações de um sistema biofísico, e elas somente podem ser compreendidas apelando aos métodos das ciências naturais – uma visão que ele algumas vezes chama de "monismo metodológico", que se opõe ao dualismo metodológico (adotando uma metodologia diferente – que aqui parte do senso comum – para o estudo da mente). Behavioristas e seus seguidores cometem o mesmo equívoco.

Sellars também sustenta (em seu ensaio "Philosophy and the Scientific Image of Man [Filosofia e a imagem científica do homem]) que os conceitos que aparecem em nossas línguas "comuns" são artefatos, invenções de seres sociais – pessoas – ao longo dos milênios e que esses conceitos possuem as características que eles têm em função dos papéis dos termos correlacionados, com os papéis fixados pelas regras do uso. O conceito PESSOA é o que é devido ao modo como o termo "pessoa" é usado nessas línguas. Os conceitos – formas de compreender o mundo – e proeminentemente os conceitos PESSOA e AGENTE como criaturas das imagens "originais" e "manifestas" que os humanos inventaram – irão entrar em conflito com a "imagem científica" do mundo que emerge nas ciências emergentes. Assim, até certo ponto ele concordaria com Chomsky que, posteriormente na discussão, endossa a ideia de que o conceito do senso comum PESSOA não é do tipo que possa sustentar a investigação científica – assim como o conceito LINGUAGEM, e assim por diante. Mas o consenso é superficial. Os conceitos do senso comum para Chomsky são inatos, produtos de algum tipo de sistema ou de sistemas (talvez incluindo a faculdade da linguagem) que são em si mesmos biofisicamente baseados. E Chomsky não vê dificuldade em sustentar que PESSOA e LINGUAGEM (como entendida pela Psicologia popular) continuarão a ter seus usos em nossos pensamentos leigos e em nossas relações com o mundo, embora as ciências da mente não possuam esses conceitos e não lhes atribuam papel algum. A metafísica (e em particular a forma de eliminativismo do realismo científico de Sellars) não possui adesões.

Capítulo 12

Páginas 137-8, Computação do "significado" *versus* computação do "som": a contribuição intelectual de Chomsky

O que Chomsky faz aqui é enfatizar que as operações envolvidas ao disponibilizar "informação" (principalmente traços semânticos) na interface semântica não precisam depender de linearidade. Isso é preciso somente quando se lida com a interface fonética, em que os sinais linguísticos têm de ser produzidos e percebidos de forma temporalmente linear. Do lado do significado, os processos podem acontecer "em paralelo".

Sobre a contribuição intelectual mais ampla de Chomsky, note que ele começa por revitalizar e colocar em um contexto bem mais amplo como se pode conceber a linguagem como um órgão biológico na resenha devastadora de *Comportamento verbal* de B. F. Skinner. Antes disso ele deu sua contribuição não somente com a construção de uma teoria da linguagem plausível dentro da tradição racionalista, mas também com uma crítica do dogma empirista sobre como construir teorias da mente. A crítica ao behaviorismo se generaliza agora à forma ingênua de evolução que se encontra em pelo menos algumas visões do papel da seleção e da adaptação, agrupada com uma abordagem biolinguística da linguagem bem elaborada (ou, como apresentada em outros lugares, linguística bio-físico-computacional), sua evolução na espécie e seu desenvolvimento/crescimento nos indivíduos. Veja também o Apêndice II.

Capítulo 13

Página 141, Chomsky, simplicidade e Goodman

É útil ler esta seção e a próxima juntas (sobre a relação de Chomsky com Nelson Goodman), pois Chomsky retirou algumas de suas técnicas formais do projeto "construcionista" de Goodman (um projeto baseado em Carnap e em seu *Aufbau*) e de sua busca e apreço pela noção de simplicidade desse estudioso. Há diferenças importantes, claro, principalmente em relação ao behaviorismo de Goodman e a recusa de aprovar as bases nativistas que sua "solução" para a projeção (um aspecto da indução) e sua abordagem da simplicidade claramente precisavam. Esses aspectos são antecipados na discussão logo a seguir.

Para uma visão sobre a conexão entre a medida de simplicidade "interna" de Chomsky e o Programa Minimalista (e também a dívida de Chomsky para com Goodman), veja Tomalin (2003). Chomsky comenta sobre esses e outros assuntos relacionados mais à frente. Tomalin parte da introdução de Chomsky para a versão publicada de *The Logical Structure of Linguistic Theory* (1955) – claramente o melhor lugar para começar, para aqueles leitores interessados em Goodman e nas outras influências ao trabalho inicial de Chomsky. Para um estudo histórico que se concentra na influência das ciências formais no surgimento da gramática transformacional, veja Tomalin (2006).

Capítulo 15

Páginas 165-172, Sobre criatividade e sua base em uma natureza fixa; o problema do empirismo

Evo-devo, canalização etc. enfatizam o argumento no nível do desenvolvimento de formas que teriam surpreendido – mas também gratificado – Descartes e seus discípulos racionalistas, dos quais todos, com o acréscimo de uns poucos românticos

(Wilhelm von Humboldt, A. W. Schlegel, Coleridge), pareciam ter reconhecido de alguma forma que o indivíduo, a diversidade cultural e a criatividade requerem naturezas fixas. Chomsky oferece uma abordagem historicamente orientada iluminadora do argumento e de suas implicações em *Linguística cartesiana,* e eu toco nesses aspectos em minhas introduções para a segunda (2002) e terceira (2009) edições desse trabalho importante. Dado o quão óbvio esse ponto é, a popularidade da visão empirista de uma mente plástica é um problema. Muitas vezes (veja Chomsky [1996], por exemplo) Chomsky sugere que a "solução" não é um argumento, mas a terapia para filósofos de Wittgenstein (e de psicólogos e linguistas com inclinações similares). Wittgenstein sustentava que os problemas filosóficos são disputas desesperadoramente confusas criadas pela esquisitice das formas como falamos de nós mesmos, do tempo, do mundo etc.: "o uso cotidiano" é adequado para resolver problemas práticos, mas sem futuro para propósitos teóricos – uma conclusão que Chomsky endossa. A única forma de conseguir "soluções" para esses "problemas" filosóficos é parar de insistir em tentar resolvê-los. Não há soluções; os problemas são *Scheinstreiten* (pseudoproblemas).

Páginas 172-6, Uma possível faculdade moral

Marc Hauser publicou uma parte do trabalho que ele e outros fizeram sobre o tópico (2006). Mikhail deveria ser creditado por ser o pioneiro nessa área com sua tese de doutoramento em filosofia pela Cornell, completado com orientações de Chomsky (Veja www.law.georgetown.edu/faculty/mikhail/).

Capítulo 17

A partir da p.185, especialmente as p.188 e 189, Sobre Hume, o tom de azul que falta e o estudo da natureza humana

Hume parece ter sustentado que as cores que podemos listar e ordenar – dada sua premissa de que toda ideia "simples" na mente deve ser derivada de uma "impressão dos sentidos" simples – devem incluir somente aquelas que tenham sido de fato experimentadas. Se alguém não experenciou um tom específico de azul, então, não deveria – falando estritamente – ser capaz de ter uma ideia daquele azul quando apresentado a um espectro com aquele azul específico faltando. Apesar disso, a pessoa consegue. Para lidar com esse aparente contraexemplo à sua premissa, Hume acabou o recusando, dizendo que ele é único e que não valia a pena modificar sua visão básica das ideias "simples", de onde elas vêm e como elas dão as bases para experiências adicionais. Ele provavelmente recusou o contraexemplo por causa de suas visões empiristas. Se elas forem abandonadas, isso permite apelar para o "instinto" e logo para a operação de sistemas internos inatos (embora ele não acreditasse que esses pudessem ser investigados, diferentemente de Chomsky e de outros que perseguem a tarefa de construir teorias da mente a partir de bases nativistas). Para discussão adicional, veja o Apêndice X.

Retomar capítulo 16, Algumas referências cruzadas

Indicadores de verdade (em oposição às condições de verdade) são discutidos nos comentários do Capítulo 3. Para uma apresentação das diferenças entre as visões naturalistas de Chomsky da sintaxe, da semântica e da pragmática e aquelas encontradas nas abordagens tradicionais, veja o Apêndice XI. Para justificações adicionais, veja o Apêndice VI.

Capítulo 18

Página 193, Sobre a universalização de princípios morais

Parece que Chomsky e eu estamos falando de coisas diferentes. Eu estava me perguntando se, ao negar a universalidade (de um princípio moral), alguém se recuse a tratar os outros como humanos. Ele entendeu que eu estava perguntando se há pessoas que negam a aplicação universal de um princípio moral. Claro que há – pessoas como Kissinger, que faz isso abertamente, e racistas de todos os tipos, que o fazem de forma mais velada. Contudo, Chomsky aponta que, mesmo negando que se deva aplicar os mesmos padrões morais de nossas próprias ações às ações dos outros, é provável que Kissinger endosse um princípio universal adicional: os Estados Unidos sempre agem querendo o melhor para a humanidade ou talvez mesmo o melhor para aqueles contra quem agressões são cometidas. Se essa alegação universal pode ser justificada a partir de bases morais – ou factuais, nesse caso – é uma questão muito diferente.

Sobre um tema relacionado, veja os comentários de Chomsky sobre John Stuart Mill e "intervenção humanitária"; veja também seu artigo (2005b) e, mais recentemente, sua fala no debate temático sobre a responsabilidade de proteção na assembleia geral das Nações Unidas (2009). Sobre a universalização dos julgamentos morais de alguém e sua conexão com a responsabilidade do intelectual, veja Chomsky (1996, capítulo 3) e a reedição de seu artigo anterior sobre a responsabilidade dos intelectuais (1987) e em outros lugares. Para Chomsky, os intelectuais incluem todos aqueles que agregam, acessam e distribuem informação; isso inclui, então, pesquisadores na academia e jornalistas.

Capítulo 19

Página 201, Chomsky e a "fé na razão"

Sobre esse tema, veja a resposta de Chomsky para a questão "Você possui uma fé profunda na razão?", em entrevista a James Peck (Chomsky, 1987). Chomsky respondeu: "Eu não tenho uma fé nisso ou em qualquer outra coisa". Para a pergunta de Peck "Nem mesmo na razão?", Chomsky continua: "Eu não diria 'fé'. Eu acredito... é tudo que temos. Eu não tenho fé em que a verdade prevalecerá se ela se torna conhecida, mas não temos alternativa a não ser agir sob essa perspectiva, qualquer que seja sua credibilidade". Chomsky aparentemente vê a fé como a abolição da razão. Seu papel na manutenção da "religião de Estado" é um tema recorrente em seu trabalho político.

Páginas 209-10, Sobre o dualismo metodológico

O dualismo metodológico é a tese – raramente afirmada explicitamente, mas óbvia na prática de muitos – de que o estudo científico (natural) da mente, e especialmente da linguagem, requer uma metodologia diferente daquela empregada no estudo científico de todo o resto, tal como na natureza dos átomos de hélio. Chomsky algumas vezes menciona o trabalho de Quine quando dá exemplos. Quine sustentava que, no estudo da linguagem, "o behaviorismo é necessário". A linguagem, um aspecto crucial da mente, não pode ser estudada da mesma forma que o coração: não se pode "olhar lá dentro" ou postular um sistema interno que permite que os humanos, mas não as outras criaturas, falem. Outros exemplos incluem Wilfrid Sellars e muitos de seus discípulos e estudos conexionistas contemporâneos da linguagem e de outras capacidades mentais. Há muitos sintomas dessa atitude. Por exemplo, supõe-se que a linguagem seja um fenômeno "público", um conjunto de práticas dentro de uma comunidade, algo que as pessoas construíram e continuam a reconstruir – um artefato. Logo, ela não pode ser entendida como um órgão na cabeça que cresce automaticamente. Não pode ser vista como inata, mas deve ser vista como um artefato social, ser estudada como uma forma de comportamento regido por treino socialmente instituído e procedimentos educacionais. O mesmo se aplica ao domínio ético: valores são ensinados como o-que-se-deve-fazer, coisas que os grupos sociais e suas instituições (escolas, pais, instituições religiosas, governos...) inculcam nos jovens nascidos dentro daquele grupo social.

Capítulo 20

Páginas 216-18, Sobre as diferenças entre a(s) língua(s) natural(is) e as ciências naturais

Note que a discussão do navio de Teseu, do conceito PESSOA, de ÁGUA e coisas desse tipo está dentro do escopo daquilo que Chomsky entende por sintaxe, concebida amplamente. Eles se concentram na mente e no que ela disponibiliza (seus conteúdos e suas capacidades), não – pela impossibilidade – no modo como o mundo "realmente é" (ou não) para uma ciência ou outra. Eles também muito obviamente relembram uma discussão sobre os limites da mente humana e o ceticismo que data de Descartes e épocas anteriores. Uma reviravolta particularmente interessante na discussão aparece quando Chomsky propõe que a ciência cognitiva tome pelo menos como parte de sua tarefa a investigação desses limites. Como está, essa é uma visão não usual da ciência cognitiva.

O argumento de Chomsky sobre a diferença entre as línguas naturais e os sistemas simbólicos das ciências formais e da Matemática (e o argumento relacionado sobre a diferença entre a compreensão e a visão de mundo do senso comum comparadas com aquelas oferecidas pela ciência) não deveria, penso, ser entendido pela mesma ótica da discussão na filosofia da ciência sobre, digamos, a comensurabilidade da mecânica newtoniana e da mecânica quântica. Essa discussão se sustenta na medida em que um cientista que compreende mecânica quântica pode compreender a newtoniana (claro que o contrário não é válido) e, até onde entendo, me surpreenderia se ele não pudesse. Como muitos debates filosóficos, este frequentemente acontece de modo que exige profunda reflexão, incitando que o debate continue, sem jeito de decidir a questão. A lacuna entre as línguas naturais e os sistemas simbólicos das ciências é outro tipo de problema; ele se relaciona com uma questão que se resolve empiricamente e que pode ser apresentada de várias formas. Uma delas é: a criança consegue (ou um adulto sem conhecimento prévio de Física de partículas, ou grego antigo ou sobre o homem de Cro-Magnon) entender RIO? Ela pode entender (isso oposto a vocalizar) HÁDRON? Se as respostas são "sim" e "não" respectivamente, isso é evidência de uma lacuna. Assim são as diferenças na sintaxe, diferenças entre sistemas nativos e sistemas simbólicos criados (artefatos) etc.

Capítulo 21

Páginas 221-2, Novamente, o estudo externalista e a semântica

O argumento de Chomsky aqui parece ser que claramente pode haver projetos intelectuais envolvendo a linguagem; estudos do uso da linguagem, da comunicação, da cooperação e similares são externalistas e – como se vê – estão no domínio da pragmática. Se esses estudos são ou produzem ciência é outra questão: talvez sim, talvez não. Sobre o projeto de uma semântica externalista, como já indicado, Chomsky é claro: até onde podemos ver, não existe nenhum projeto viável desse tipo. Seus partidários parecem querer que ela seja uma contribuição para a ciência, mas seu objeto de estudo é o uso da linguagem, e não é provável que algum dia seremos capazes de oferecer uma ciência da aplicação da linguagem. Uma explicação para seu fracasso como projeto reside na falta de reconhecimento do aspecto criativo do uso da linguagem.

Capítulo 22

Página 223, Novamente, o estudo externalista e a semântica

O gracejo reflete um argumento sério que Chomsky tem feito muitas vezes, porque somos organismos biológicos, temos capacidades cognitivas limitadas. Filósofos muitas vezes trouxeram esse argumento ao falar da finitude humana. E, em geral, eles ofereceram panaceias e coisas piores para se conciliar com ou entrar em acordo sobre o seguinte fato: nossas vidas são trágicas, mas...; talvez jamais possamos saber, mas temos a certeza da fé (e da autoridade); somos finitos, logo sofremos da falta de conhecimento, mas, se formos bons (ou pelo menos tentamos bravamente ser), seremos recompensados com o Nirvana, com o paraíso, a visão de Deus, a fuga da reencarnação, a contemplação infinita... A visão aparente de Chomsky é incomum e tranquilizadora: aceitem nossas limitações; isso torna a vida interessante e desafiadora.

Tenha em mente que Chomsky vê seu trabalho sobre a linguagem como uma ciência natural –que revela as capacidades notáveis (e indubitavelmente úteis) de um sistema com o qual somente nós parecemos ser dotados. E provavelmente não é o único. Um candidato é a faculdade moral. Outro é a faculdade estética.

Capítulo 24

Página 233, Sobre as operações mentais

Não podemos provar que a mente não funciona por princípios deterministas. Mas também não há prova de que funciona.

Há, contudo, a observação de Descartes: acreditamos que somos livres para escolher as alternativas. É uma observação que deveria ser considerada seriamente, mesmo que não haja provas, de qualquer tipo. E há evidências históricas e antropológicas que Chomsky menciona. Junto com isso, se for plausível que a mente é constituída de múltiplos sistemas e as ações são o resultado de um efeito de interação massivo (isso não é certo, claro, mas é razoável, dado o que achamos que sabemos), é muito improvável que algum dia demonstremos que a ação humana é determinada. Temos, assim, a compreensão leiga das observações de nosso processo de tomada de decisões e as ações de outros para acreditar que somos livres, além da falta de evidência científica de que não somos, e boas razões para pensar que – porque nossas mentes são limitadas – jamais seremos capazes de provar o contrário.

Glossário

Anomalismo

Na discussão sobre a mente, o termo "anomalismo" é entendido tipicamente no contexto "anomalismo da mente". Donald Davidson, em "Eventos mentais" (1970), afirmou que, enquanto podemos e de fato entendemos os "eventos físicos" como sujeitos às leis causais com "condições limite" razoavelmente bem compreendidas (restrições em suas aplicações), e enquanto entendemos os "eventos mentais" como causando ou sendo causados pelos eventos físicos, os mentais não são vistos como sujeitos às leis causais com condições-limite bem compreendidas. Chomsky tem uma visão um pouco diferente das causas mentais, "físicas" e da noção de causas mentais.

Biolinguística

O nome atual para o estudo internalista e naturalista da linguagem empreendido por Chomsky e outros. Descrições iniciais dessa metodologia incluem "linguística cartesiana", "abordagem naturalista" e "monismo metodológico". Como esses nomes sugerem, aqueles que adotam essa metodologia presumem que a linguagem é um sistema na cabeça que é inato em algum sentido (cresce/se desenvolve como outros sistemas mentais fazem) e tem de ser estudado da mesma forma como outros fenômenos naturais, de acordo com o desejo usual da pesquisa científica naturalista. As premissas parecem ser razoáveis: elas e a metodologia geram boas teorias da faculdade da linguagem.

Canalização

Termo de C. H. Waddington para o fato de que os fenótipos parecem se desenvolver robustamente a despeito das variações nos vários fatores que contribuem para o crescimento ou desenvolvimento. Veja a página 465.

C-comando

"Comando do constituinte": uma restrição sobre um "formato" possível de uma estrutura sentencial. Veja o Apêndice VII.

Composicionalidade

Usualmente aparece no contexto da "semântica da composicionalidade". A ideia básica é que o significado de um conjunto finito de palavras veio a ser combinado pela aplicação de princípios composicionais afirmados explicitamente (regras, "leis") para gerar um conjunto ilimitado de significados sentenciais. Para Chomsky, a semântica linguística composicional é sintática e não envolve qualquer relação com as coisas do mundo.

Condição C

Uma das três condições na "teoria da ligação", em que a teoria da ligação é uma afirmação dos princípios que governam se um pronome, anáfora (como *si mesmo*), ou uma "expressão R(eferencial)" pode/deve ser "ligada" por um nome ou um sintagma nominal em uma sentença. Se ligado (necessariamente referindo a qualquer nome ou sintagma nominal sendo usado para referir), a anáfora, pronome ou expressão-R somente pode ser usada para se referir à mesma coisa que o nome ou o sintagma nominal. Se não ligado, ele é "livre", e pode ou deve ser usado para se referir a alguma coisa ou alguém. A Condição A afirma que uma anáfora deve ser ligada no domínio (mínimo) de um sujeito, a Condição B, que os pronomes (incluindo *ele, ela*...) são livres (embora possam estar ligados), e a Condição C, que as expressões-R devem ser livres. Não há forma teoricamente independente de dizer o que uma expressão-R é. É fácil apresentar um exemplo de uma violação da Condição C, contudo. *Ela* na sentença ruim que segue é uma expressão-R que é construída como ligada por *Jane*: **Ela*$_i$ *acredita que Jane*$_i$ *é fácil de agradar*. Veja Chomsky (1981, 1986) e o Apêndice VII.

Corpuscularismo

Como usado neste livro, qualquer teoria que postula um conjunto de elementos que são considerados como primitivos para os propósitos de quaisquer princípios combinatórios com os quais a teoria lida. A teoria estipula como esses elementos podem ser unidos para criar complexos. Na Química, os primitivos são átomos, os complexos moléculas. Na Linguística computacional, os primitivos são itens lexicais (combináveis) e os complexos são as expressões/sentenças.

Efeito-limite

Em geral, efeitos que surgem nos limites contrastantes. É usado na Biologia e na Ecologia para concentrar atenção nos efeitos trazidos nos limites ou nas interfaces entre itens como as florestas e os campos circundantes. No trabalho linguístico atual, tem um uso especializado na fonologia. Na sintaxe, poderia ser usado para falar dos efeitos de *Merge*. Se um item lexical (IL) é concatenado com um objeto sintático (OS), o OS se torna o complemento do IL. Pode-se também falar dos efeitos de *Merge* nas interfaces. Na interface fonética, *Merge interno* gera "movimento" ou "deslocamento". (Um *Merge interno* pega um

IL de dentro de um OS e o "copia" no limite do OS <veja Traço--Limite e a Teoria da Cópia>). Em relação à interface semântica, SEM, um *Merge interno* gera efeitos de escopo e de discurso como tópico e informação nova/velha. Um *Merge externo* gera estrutura argumental e hierarquia. Veja o texto principal (páginas 31-3) e Chomsky (2008).

Eliminativismo

A posição daqueles que sustentam que os princípios e "objetos" de uma teoria ou abordagem são elimináveis em favor dos princípios e objetos de outra. Por exemplo, vários filósofos argumentaram que a Química (incluindo a Bioquímica) é eliminável porque é redutível aos princípios e objetos da Física. Chomsky muitas vezes aponta que "acomodação" poderia ter um termo melhor. E ele indica isso a partir de um fato: a Física nos anos 1920 e 1930 teve de ser modificada para ser acomodada na Química – e não o contrário. A acomodação é motivada por considerações metodológicas: é um objetivo da pesquisa científica natural. As teorias de Chomsky caminham no sentido de se acomodarem com a Biologia. O eliminativismo é tipicamente motivado por um objetivo metafísico: a crença de que só há um tipo de "matéria".

Explicação por princípios [*Principled explanation*]

Chomsky (2008, p.134) afirma: "Nós podemos considerar uma explicação de alguma propriedade da linguagem como por princípios, na medida em que a atual compreensão alcança, até o ponto em que ela pode ser reduzida ao terceiro fator e às condições que a linguagem precisa preencher para ser usada – especificamente, condições codificadas na GU que são impostas pelos sistemas internos ao organismo com os quais a FL interage. Enquanto as propriedades das Línguas-I podem receber uma explicação por princípios, nesse sentido, caminhamos para um nível mais profundo de explicação, além da adequação explicativa".

Faculdade da linguagem

Chomsky tem usado o termo "faculdade da linguagem" há décadas para falar do sistema da linguagem, incluindo (muitas vezes) tanto o sistema computacional nuclear (a competência linguística) como os sistemas de desempenho, como aqueles envolvidos na interpretação – sejam eles articulatório-perceptuais sejam conceituais-intencionais. Em Hauser, Chomsky e Fitch (2002), afirma-se que a faculdade da linguagem consiste no sistema computacional estrito (FLE ou "faculdade da linguagem, estrita") e o sistema amplo que inclui a FLE e os sistemas de desempenho (FLA, ou "faculdade da linguagem, ampla"). Veja também: Sintaxe estrita, Terceiro fator.

FON

Juntamente com SEM, um dos tipos de interfaces entre os sistemas da linguagem (a faculdade da linguagem) do sistema computacional nuclear e outros sistemas na cabeça. FON é a interface fonética: ela provê informação (na forma de traços fonéticos) para os sistemas articulatórios e perceptuais. Chomsky algumas vezes fala de FON (e SEM) como "instruindo" ou "disponibilizando instruções para" os sistemas relevantes com os quais ela se comunica ou interage.

FOXP2

Houve certo entusiasmo durante um tempo pela ideia de que o gene FOXP2 – e em particular uma variedade humana dele – poderia ser tomado como pelo menos um dos "genes da linguagem". Aparentemente ele está envolvido no crescimento não do sistema computacional central – aquele que é crucial para explicar o caráter distinto da linguagem humana –, mas no crescimento das capacidades articulatórias. O FOXP2 humano homólogo em outras espécies está envolvido na produção dos sistemas de controle motor finos. E na família humana em que as anomalias do FOXP2 foram encontradas faltava não apenas capacidade articulatória completa, mas havia déficits no controle motor fino e em outros domínios.

Gatilho

Um termo cunhado por Jerry Fodor para falar dos meios automáticos (em sua terminologia, "causal") pelos quais um conceito ou outra entidade mental é ativado ou talvez formatado. Supõe-se que o gatilho seja motivado por algum tipo de maquinaria mental que é estimulada por algum tipo de *input*. Fodor presumiu que o *input* deve ser alguma fonte fora da cabeça, e ele tenta em seu trabalho (1998 e em outros) basear uma abordagem da denotação das coisas fora da cabeça em uma abordagem "informacional" do *input* causal. Uma visão mais geral do gatilho permitiria que a fonte não estivesse necessariamente fora da cabeça, nem é preciso que a ativação resulte de um único estímulo. Além disso, o "controle" do que surge não precisa ser primariamente motivado pela estimulação, próxima ou distante, mas, ao contrário, em razão da natureza da maquinaria mental. O "controle" interno parece ser parte do internalismo chomskyano: ele nota que, se se quer entender o que as pessoas "são", dever-se-ia olhar para o conceito PESSOA que parece ser inato. Veja o texto principal, capítulo 3, e a discussão do crescimento ou desenvolvimento. Fodor considerou possível que a falta de conexão entre estímulo e conceito produzia um problema (seu problema da "maçaneta/MAÇANETA"), mas, até onde sei, é um problema somente caso se insista em suas versões da semântica informacional e realismo.

GU

Abreviatura de "Gramática Universal", e assumido em geral como a contribuição biológica (o genoma humano) para o sistema mental unicamente humano conhecido como a faculdade da linguagem. Como explicado no texto, imaginava-se que a GU era complexa e rica, mas no formato minimalista pode ser apenas *Merge*. Veja "*Merge*", "Faculdade da linguagem".

Inclusão

A motivação por trás da visão de Chomsky, de que a computação linguística seja inclusiva, é fazer a gramática (a teoria da linguagem) compacta – isto é, fechada para influências externas. Isso está ligado à noção de modularidade: uma linguagem modular é aquela que se relaciona com outros sistemas somente nas camadas de *output* e (possivelmente) de *input*. Metodologicamente, a inclusão é bastante desejável: ela restringe o domínio com o qual a teoria da linguagem (a gramática) tem de lidar. Uma forma de manter isso na gramática é garantir que a computação "comece" com um conjunto (a "numeração") de itens lexicais e com essa "informação", e não outra gera, uma única expressão (um par FON-SEM); de outra forma, desanda.

Internalismo

Durante décadas Chomsky adotou uma metodologia para o estudo da mente e outros sistemas mentais que pode ser chamado "internalista". Na verdade: se você quiser construir uma ciência da mente, procure sistemas mentais (inatos) que parecem operar autonomamente, e ignore quaisquer relações supostas entre estados do sistema e as coisas "lá fora", concentrando-se em vez disso nas relações com outros sistemas, quando aplicável. O internalismo está relacionado com a visão modular da mente e seus sistemas. A ideia básica pode ser rastreada até Descartes, não a visão de Descartes (se de fato ele sustentou isso), que se pode inspecionar diretamente os conteúdos da mente de alguém, mas suas visões do inatismo, ceticismo, e o que Chomsky chama de "o aspecto criativo do uso da linguagem". Os detalhes estão além do escopo deste glossário.

Língua

No estudo natural, uma língua é uma "Língua-I" – essencialmente, qualquer dos estados possíveis biológica, computacional e fisicamente que uma faculdade da linguagem amadurecida pode assumir. O objetivo da ciência da linguagem é proporcionar em uma ciência natural as ferramentas descritivas e explicativas que permitem a definição de "língua humana possível". Veja os apêndices I e III.

Língua-I

O estado da faculdade da linguagem de uma pessoa. Veja "Língua" e o Apêndice I.

Machiano

Como usado no texto, "machiano" descreve a visão de Ernst Mach de que somente "fenômenos" (aquilo que alguém experencia diretamente) são reais, e sua rejeição da existência do átomo. Mach também era físico, fisiologista e psicólogo.

Merge

De acordo com as visões minimalistas atuais da gramática, o mecanismo combinatório básico da faculdade da linguagem e possivelmente o único componente da GU. *Merge* aparece em pelo menos duas formas, externo e interno. Para explicação e discussão, veja o texto, páginas 28-36.

Modularidade

Metodologicamente, uma visão dos sistemas mentais que sustentam que eles e suas operações podem, de modo frutífero para os propósitos da pesquisa científica, ser divorciados da consideração sobre os outros sistemas, com a possível exceção dos *loci* onde os sistemas "se comunicam" ou interagem. Veja também: "Internalismo".

Morfologia distribuída

Qualquer das várias versões de formas de conceber como as palavras poderiam no decurso de uma derivação ser unidas a partir de primitivos definidos teoricamente para gerar os complexos que ouvimos ou vemos (com sinais). Em geral, aqueles que defendem uma versão da morfologia distribuída sustentam que não há léxico tal como concebido em muitas teorias da linguagem, incluindo a de Chomsky até pelo menos seu trabalho de (1995b), em que um léxico inclui informação semântica, fonológica e talvez formal na forma de "traços" lexicais, e esses traços poderiam simplesmente percorrer a derivação para aparecer em uma interface (plausível com traços semânticos), ou eles estão sujeitos a regras/princípios adicionais, ou eles guiam o decurso da derivação. Os morfólogos da abordagem da morfologia distribuída sustentam ao contrário que, enquanto se poderia começar com algum tipo de pacto e de informação semântica, o resto do material colocado no léxico é adicionado no decurso de uma derivação.

Necessário conceitualmente

Intuitivamente, "sem isso, não concebível". Aplicado para o que se deve assumir ou pressupor no estudo da linguagem, usualmente se pensa que a linguagem deve ser um sistema que de alguma forma une sons e significados a partir de um domínio infinito. Em termos teóricos, representa a ideia de que uma teoria da linguagem deve introduzir certos "níveis de representação", estes sendo pelo menos (na atual compreensão chomskyana do sistema) SEM ou uma interface semântica com os sistemas "conceituais e intencionais", e FON ou uma interface fonológica/fonética com os sistemas articulatórios.

Nominalismo

Há muitas variedades de nominalismo, mas todas mais ou menos concordam que o que quer que exista deve ser concreto e "individual". A forma de nominalismo mais relevante para a discussão no texto principal é aquela devida a Goodman e Quine (1947). Entre outras coisas, eles tentaram eliminar a dependência dos conjuntos, considerando-os como equivalentes a seus membros, assim {a, b} é a mesma coisa que {b, a}, e também {b, {a, b}} etc. Respeitar esse princípio é respeitar o "princípio da extensionalidade".

O termo "nominalismo" deriva da palavra latina para substantivo. Intuitivamente, o nominalista está feliz o suficiente para afirmar que os predicados e os *termos* abstratos (termos que parecem denotar entidades abstratas) existem, mas ele se recusa a afirmar que as entidades abstratas e os universais existem (embora se possa insistir em uma distinção entre entidades abstratas e universais). Uma visão "projetista" como aquela esboçada no Apêndice XII poderia contar como nominalista nesse sentido, pelo menos se se assume que as entidades mentais são de fato eventos mentais únicos? Aspectos disso possivelmente sim, embora essa visão se recuse a adotar uma hipótese tanto dos nominalistas quanto dos realistas. Não há razão para supor uma relação referencial genuína entre uma entidade mental como uma SEM específica e todo o resto, seja ela universal, seja particular. Referir/denotar é algo que as pessoas fazem. Reconhecer isso requer que as questões metafísicas em jogo entre os nominalistas e realistas precisem ser repensadas juntamente com muitas discussões do "realismo" de várias orientações. Esse ponto é independente da sugestão de Chomsky no texto de que se livrar dos conjuntos com os quais a versão atual da concatenação está comprometida é um "projeto para o futuro".

O cérebro em uma cuba

Uma terminologia que se desenvolveu como resultado de um experimento mental: imagine que você não é o que pensa que é, uma pessoa com um corpo que vive e age no mundo, mas, ao contrário, é um cérebro em uma cuba com fluidos de subsistência que estão ligados de tal forma que um cientista alimenta seu cérebro com *inputs* necessários para fazê-lo acreditar que você vive e age no mundo. Esse experimento cognitivo é uma variação contemporânea de um experimento de Descartes: imagine que a mente é controlada por um *malin génie* (algumas vezes traduzido como um "demônio mal") que ilude uma pessoa em uma medida tão grande que poderíamos duvidar se 2 + 2 = 4.

Parâmetro

Como originalmente concebido no advento do programa de pesquisa "Princípios e Parâmetros" no início dos anos 1980, um parâmetro era uma opção disponibilizada por um princípio universal que explicava diferenças estruturais entre as línguas (na sintaxe, fonologia, e talvez na semântica). Os parâmetros são configurados no crescimento/desenvolvimento da linguagem, levando uma criança a desenvolver (digamos) o miskito em oposição ao francês. Em trabalhos mais recentes, a concepção original de um parâmetro tem sido questionada e muitos "microparâmetros" foram introduzidos. Além disso, agora eles são conectados não a opções dentro dos princípios, mas a contribuições das considerações do "terceiro fator". Veja o Apêndice VIII e o texto principal, especialmente páginas 85-8; 142-7.

PAX-6

PAX-6 é um gene de "controle" que vem demonstrando exercer um papel crucial no desenvolvimento/crescimento dos sistemas visuais em uma variedade de organismos em vários clados. Ele tem outros papéis além desse, e há clara evidência de que outros genes também participam no crescimento da visão, tais como o gene NOTCH. Veja também FOXP2.

Princípio

Até os anos 1980, um termo popular e usado amplamente para um princípio (lei) do sistema da linguagem era "regra". Regra se provou problemático, contudo, para – entre outras coisas – vários filósofos (John Searle é um exemplo) que insistiam, a despeito de falarem a eles o contrário, em considerar as regras, como Chomsky entendia o termo, como regras para o comportamento ou ação, dando-lhes um matiz normativo. Tendo começado por essa trilha, também se tornou muito tentador para os filósofos e para outros acreditar que as regras da linguagem são aprendidas de algum modo por algum tipo de procedimento de habituação. Veja a discussão de Sellars e Lewis no Apêndice VI. Falar de princípios ao invés de regras ajudou a se livrar desse erro. Os princípios chomskyanos (e o que frequentemente se chamava de "regras" antes dos anos 1980) não governam a ação ou o comportamento, nem são de modo algum normativos. Ao contrário, eles são leis (naturais) da computação linguística.

Problema da projeção

O problema de por que empregamos as palavras (ou, ao contrário, os conceitos) que empregamos com o propósito de falar de e classificar as coisas de modos que acreditamos que serão confiáveis. O problema da projeção é uma versão do "problema da indução" tradicional. Esforços para resolvê-lo estão relacionados com vários esforços para se livrar do ceticismo ou "responder ao cético". Veja "Projetabilidade".

Projetabilidade

Nelson Goodman, em seu *Fato, ficção e previsão* (cujo rascunho foi desenvolvido em alguns dos cursos a que Chomsky assistiu dele), não apenas estabeleceu seu famoso argumento "verdio" em relação à projetabilidade (aplicação bem-sucedida ou uso) de predicados como *verde* em oposição a *verdio* ("verde até o tempo t e azul depois disso"), mas ofereceu o que ele pensou ser uma solução: que os predicados projetáveis são aqueles projetados (por/em uma comunidade de usuários da língua). Chomsky naquele curso e posteriormente contra-argumentou que isso não era resposta, e que era preciso assumir que *verde* (ou ao contrário, VERDE) é de algum modo inato e influencia (não controla) o uso da língua com o propósito de conseguir uma resposta razoável para a questão do cético: por que verde e não verdio? Goodman rejeitou o inatismo de saída, adotando uma versão forte do behaviorismo.

Rótulo

Um termo técnico na gramática. Considere o *Merge externo* do IL *roupas* e do IL *lavar.* O resultado é {lavar, roupas}. Assim, surge a questão: o que a computação sintática estrita adicional precisa em termos de "informação" sobre seu par para que decorram *Merges* adicionais – para unir esse objeto sintático com outro IL, por exemplo? A resposta que nós conseguimos nos dias da teoria X-barra é que a computação adicional é necessária para "saber" que isso é um sintagma verbal com *lavar* como seu "núcleo". Um objetivo das gramáticas desenvolvidas dentro do projeto minimalista é eliminar estruturas estranhas e de outra forma inexplicáveis, como aquelas introduzidas automaticamente pela teoria X-barra – na verdade, para eliminar o que a teoria X-barra chamava de "nível barra". Para conseguir isso, abordagens minimalistas – seguindo a ideia de que a estrutura sintagmática deveria ser "nua" – atribuem a um membro de um par concatenado o rótulo do par. Para {lavar, roupas}, o rótulo é "lavar". Consegue-se o efeito do rótulo "XP" (aqui, SV) que a teoria X-barra introduziu como um problema naturalmente para todas as categorias lexicais; mas conseguimos isso sem a necessidade de introduzir a teoria X-barra. Isso vem "de graça". E o nível barra V' entre V e SV, que foi introduzido na teoria X--barra para permitir adjunção, é eliminado; lida-se com isso na sequência de *Merges*.

SEM

Um dos dois sistemas computacionais nucleares da linguagem que faz "interface" com outros sistemas na cabeça humana. O termo geral para os sistemas com os quais a linguagem se comunica na interface SEM é sistema "conceitual e intencional". SEM é a abreviação de "interface semântica", embora não se deve supor que "semântica" tem seu uso comum, em que isso significa relações "mundo-mundo".

Semântica aiciacional <*aitiational*>

Do grego *aitia*: fator responsável/explicativo. Desenvolvido por Julius Moravcsik (1975, 1990, 1998) e James Pustejovsky (1995), a ideia básica da semântica aiciacional pode ser ligada à visão de Aristóteles sobre como vemos as coisas do que considerarmos ser "nosso mundo" – o mundo tal como o experenciamos. Objetos naturais – água, árvores, animais – são concebidos por Aristóteles como sujeitos a quatro "causas" ou formas de explicar o que eles são. As causas/explicações são materiais, eficientes, formais e finais. A explicação material diz do que algo é feito; a eficiente, como surgiu (algo muito próximo da noção usual de causa); a formal, sua descrição estrutural; e a final, seu fim ou propósito. Para Aristóteles, essas causas são inerentes nos objetos, e nossas mentes as "abstraem" a partir da experiência. Para os internalistas como Chomsky, elas são motivadas pelas formas em que nossas mentes concebem, e estas são fixadas pela natureza da mente. Como ela concebe se deve às formas em que as mentes humanas se desenvolvem ou crescem. De fato, nossos conceitos do senso comum das coisas naturais são nativos para nós, e estruturam os modos em que concebemos "nosso" mundo (onde isso se opõe ao mundo da ciência). Se algo é visto como tendo um propósito, é porque consideramos isso como seu propósito ou função.

Sintaxe estrita

Sintaxe estrita é o estudo do sistema computacional nuclear da faculdade da linguagem – na terminologia atual, das operações entre uma numeração de ILs e as interfaces semânticas (SEM) e fonéticas (FON). Ela contrasta com a sintaxe ampla, que no estudo da linguagem usualmente é considerada como incluindo o estudo daquilo que "acontece" nas relações entre a linguagem e outros sistemas na cabeça, e naqueles sistemas em si mesmos. Em sua forma mais ampla, a sintaxe é o estudo das operações cognitivas da mente/cérebro, excluindo as relações entre quaisquer estados/eventos cognitivos/mentais e as "coisas no mundo". Se ampla ou estrita, a sintaxe é o estudo das propriedades internas, intrínsecas, dos estados/eventos mentais.

Teoria da cópia

Aparece no contexto da "teoria do movimento como cópia". Os primeiros esforços de Chomsky para construir teorias da linguagem (gramáticas) introduziram o que foi chamado de "regras transformacionais" (tanto obrigatórias como opcionais) que "moviam" elementos de uma estrutura linguística derivada de uma posição para outra na computação/derivação de uma sentença. A terminologia de movimento ("deslocamento") permaneceu ao longo dos estágios iniciais do desenvolvimento do Programa Minimalista, em que um princípio chamado "Mova" foi introduzido e distinguido de *Merge*. Chomsky, como o texto principal indica, por muito tempo pensou que, enquanto Mova era uma parte necessária de uma teoria da linguagem, ele era uma anomalia, não uma "necessidade conceitual virtual". Contudo, nos últimos esforços minimalistas, ele foi absorvido em *Merge* (interno) e não é mais visto como anômalo. Dado *Merge interno*, a teoria do movimento como cópia, introduzida em Chomsky (1993), se encaixa. Não há de fato movimento de um elemento; ao invés disso, uma "cópia" (que pode ser vista como um elemento que foi concatenado "antes" e é concatenado de novo em *Merge interno*) permanece no lugar. Ela é "vista" lá na interface semântica, embora não seja "pronunciada" – ela não aparece em FON.

Terceiro fator

Em um trabalho recente, Chomsky distinguiu três fatores envolvidos nas formas em que a faculdade da linguagem de uma criança se desenvolve. Um é uma contribuição biológica, frequentemente chamada "GU" e ligada ao genoma. A segunda é "experiência", ou o que poderia ser mais bem chamado de "dados" da linguagem relevantes que uma criança recebe. O terceiro, o "terceiro fator", Chomsky (2005a, p.6) descreve desta forma:

> 3. Princípios não específicos à faculdade da linguagem
>
> O terceiro fator se desdobra em vários subtipos: (a) princípios de análise de dados que poderiam ser usados na aquisição da linguagem e em outros domínios; (b) princípios da arquitetura estrutural e restrição ao desenvolvimento que entram na canalização, forma orgânica, e ação sobre uma ampla gama, incluindo princípios de computação eficiente, que se esperariam ser de significação particular para os sistemas computacionais tais como a linguagem. É a segunda dessas categorias que deveria ser de significação particular ao determinar a natureza das linguagens alcançáveis.

O segundo fator é relativamente sem importância. Note, por exemplo, que o primeiro fator deve prover meios para a mente humana, durante o crescimento da linguagem, selecionar somente dados linguisticamente relevantes e torná-los, e não um conjunto virtualmente infinito de considerações alheias, relevantes para os modos em que a língua pode se desenvolver.

Traço-limite

Os itens lexicais (ILs) possuem propriedades chamadas "traços". Estes caracterizam o efeito de um IL em uma computação ou em uma interface. Em um sentido, especificam propriedades combinatórias e um conteúdo "interno" (ou "intrínseco") do IL – o tipo de informação que ele carrega, ou seu caráter. A maioria dos ILs pode se combinar: eles se combinam com outros ILs e com combinações derivadas/geradas e checadas de ILs que podem ser chamadas de "objetos sintáticos" (OSs). Aqueles ILs que podem se combinar, podem fazer isso porque possuem alguma propriedade que "diz" que eles podem. Esse é seu "traço-limite". Por que "limite"? Suponha um OS derivado (gerado). Quando um IL se concatena com ele, tem-se isto: {IL, OS}. O IL está no limite do OS. O resultado é a estrutura sintagmática. O OS se torna o que é chamado de "complemento" do IL, e o IL é o "núcleo". Como resultado, a estrutura núcleo-complemento dos sintagmas linguísticos se reduz a uma propriedade de *Merge*.

Alguns ILs não possuem um traço-limite. Eles não se combinam com outros e são lidos/interpretados como interjeições, como "ai".

Uma forma de conceber o que os traços-limite dos ILs "fazem" é pensar os ILs com esse traço como "atomizando" um IL. ILs com esse traço são átomos até onde a maquinaria da concatenação está relacionada. Se os ILs são "compostos" de alguma forma (talvez somente como membros de um conjunto de traços) como o resultado de algum tipo de procedimento combinatório ou aglomerativo, os traços do IL em si mesmos seriam vistos como primitivos (átomos, corpúsculos) de uma ordem diferente, os "elementos" que se combinam de acordo com os princípios de formação de ILs, o que quer que eles possam ser.

Referências

ARIEW, A. Innateness is Canalization: A Defense of a Developmental Account of Innateness. In: HARDCASTLE, V. (Ed.). *Biology Meets Psychology:* Conjectures, Connections, Constraints. Cambridge, MA: MIT Press, 1999.

AUSTIN, J. L. *How to Do Things With Words*. Cambridge, MA: Harvard University Press, 1975.

BAKER, M. *The Atoms of Language*. New York: Basic Books, 2001.

______. The Innate Endowment for Language: Overspecified or Underspecified?. In: CARRUTHERS, P.; LAURENCE, S.; STICH, S. (Eds.). *The Innate Mind:* Structure and Contents. Oxford: Oxford University Press, 2005. p.156-74.

______. The Creative Aspect of Language Use and Nonbiological Nativism. In: CARRUTHERS, P.; LAURENCE, S.; STICH, S. (Eds.). *The Innate Mind.* V.III: Foundations for the Future. Oxford: Oxford University Press, 2007. p.233-53.

______. The Macroparameter in a Microparameter World. In: BIBERAUER, T. (Ed.). *The Limits of Syntactic Variation*. Amsterdam: John Benjamins, 2008. p.351-74.

BERWICK, R. C.; CHOMSKY, N. The Biolinguistic Program: The Current State of Its Evolution and Development. In: DI SCIULLO, A. M.; BOECKX, C. (Eds.). *The Biolinguistic Enterprise:* New Perspectives on the

Evolution and Nature of the Human Language Faculty. Oxford: Oxford University Press, 2011.

______. (forthcoming) Poverty of the Stimulus Revisited: Recent Challenges Reconsidered. MS.

BIEDERMAN, I. Recognition-by-Components: A Theory of Human Image Understanding. In: *Psychological Review* 94, p.115-47, 1987.

BOECKX, C. *Linguistic Minimalism:* Origins, Concepts, Methods, and Aims. New York: Oxford University Press, 2006.

BORER, H. *In Name Only:* Structuring Sense. V.I. Oxford: Oxford University Press, 2005.

BURGE, T. Individualism and the Mental. In: FRENCH, P.; UEHLING, T.; WETTSTEIN, H. (Eds.). *Midwest Studies in Philosophy.* V.IV: Studies in Metaphysics. Minneapolis: University of Minnesota Press, 1979. p.73-121.

______. Reply to Chomsky, Internalist Explorations. In: HAHN, M.; RAMBERG, B. (Eds.). *Reflections and Replies:* Essays on the Philosophy of Tyler Burge. Cambridge, MA: Bradford Books, MIT Press, 2003, p.451-70.

BUTTERWORTH, B. *The Mathematical Brain.* London: Macmillan, 2000.

CAREY, S. *Conceptual Change in Childhood.* Cambridge, MA: Bradford Books, MIT Press, 1987.

______. *The Origins of Concepts.* New York: Oxford University Press, 2009.

CARROLL, S. B. *Endless Forms Most Beautiful:* The New Science of Evo-Devo. New York: Norton, 2005.

CARRUTHERS, P. *The Architecture of the Mind.* New York: Oxford University Press, 2006.

CHERNIAK, C. Innateness and Brain-Wiring Optimization: Non-Genomic Innateness. In: ZILHAO, A. (Ed.). *Evolution, Rationality, and Cognition.* New York: Routledge, 2005. p.103-12.

CHERNIAK, Christopher et al. Global Optimization of Cerebral Cortex Layout. In: *Proceedings of the National Academy of the Sciences* 101 (4), p.1081-86, 2004.

CHOMSKY, N. *The Morphophonemics of Modern Hebrew.* MS University of Pennsylvania MA thesis; printed New York: Garland Press, (1951) 1979.

______. *The Logical Structure of Linguistic Theory.* Complete MS is currently available as a PDF document on the internet, 919 pages. Published in part in 1975. New York: Plenum Press, 1955/1975.

______. *Syntactic Structures.* The Hague: Mouton, 1957.

CHOMSKY, N. "A Review of B.F. Skinner, *Verbal Behavior*". *Language* 35, p.26-58, 1959. Reimp. com prefácio em JAKOBOVITZ, L.; MIRON, M. (Eds.). *Readings in the Psychology of Language*. Englewood Cliffs, NJ: Prentice-Hall, p.142-72.

______. *Current Issues in Linguistic Theory*. The Hague: Mouton, 1964.

______. *Aspects of the Theory of Syntax*. Cambridge, MA: MIT Press, 1965.

______. *Cartesian Linguistics*. New York: Harper and Row, 1966. <2 ed. com intr. de MCGILVRAY, J. Christchurch NZ: Cybereditions, 2002; 3 ed. com intr. de MCGILVRAY, J. Cambridge: Cambridge University Press, 2009>.

______. *Studies on Semantics in Generative Grammar*. The Hague: Mouton, 1972a.

______. *Language and Mind*. Expanded 2nd edition of 1968 version, New York: Harcourt, Brace, Jovanovich. 2006: 3rd edition with new preface and an additional 2004 chapter "Biolinguistics and the human capacity". Cambridge: Cambridge University Press, 1972b/2006.

______. *Reflections on Language*. New York: Harcourt, Brace, Jovanovich, 1975.

______. *Essays on Form and Interpretation*. New York: North-Holland, 1977.

______. *Rules and Representations*. Oxford: Blackwell. The 2005 edition has a new introduction by Norbert Hornstein. New York: Columbia University Press, 1980/2005.

______. *Knowledge of Language*. New York: Praeger, 1986.

______. *Lectures on Government and Binding*. Dordrecht: Foris, 1981.

______. *Modular Approaches to the Study of Mind*. San Diego State University Press, 1984.

______. *The Chomsky Reader*. Ed. James Peck. New York: Pantheon, 1987.

______. *Language and Problems of Knowledge*. Cambridge, MA: MIT Press, 1988.

______. A Minimalist Program for Linguistic Theory. In: HALE, K.; KEYSER, S. J. (Eds.). *The View from Building 20:* Essays in Linguistics in Honor of Sylvain Bromberger. Cambridge, MA: MIT Press, 1993. p.1-52.

______. Language and Nature. In: *Mind* 104, p.1-61, 1995a.

______. *The Minimalist Program*. Cambridge, MA: MIT Press, 1995b.

______. *Powers and Prospects*. Boston: South End Press, 1996.

______. Human Nature, Freedom, and Political Community: An Interview with Noam Chomsky. Entrevista com Scott Burchill. In: *Citizenship Studies* 2 (1), p.5-21, 1998.

______. An Online Interview with Noam Chomsky: On the Nature of Pragmatics and Related Issues. (Questions posed by Brigitte Stemmer). In: *Brain and Language*, 68, p.393-401, 1999.

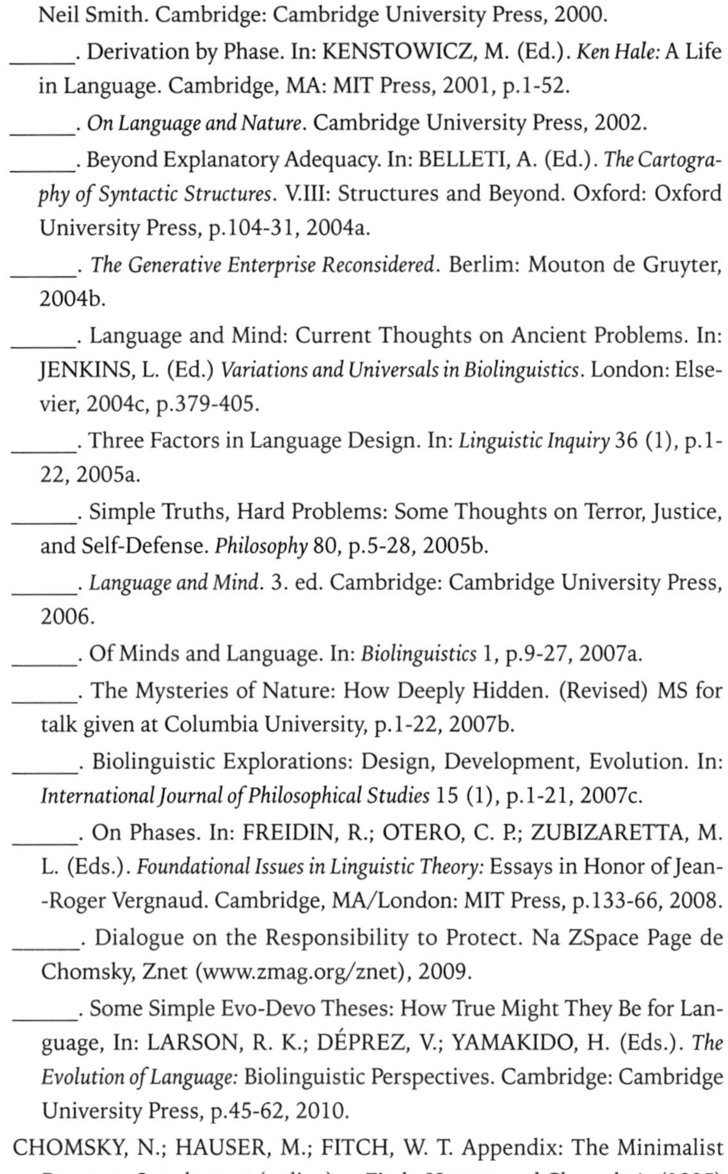

CHOMSKY, N. *New Horizons in the Study of Language and Mind:* Foreword by Neil Smith. Cambridge: Cambridge University Press, 2000.

______. Derivation by Phase. In: KENSTOWICZ, M. (Ed.). *Ken Hale:* A Life in Language. Cambridge, MA: MIT Press, 2001, p.1-52.

______. *On Language and Nature*. Cambridge University Press, 2002.

______. Beyond Explanatory Adequacy. In: BELLETI, A. (Ed.). *The Cartography of Syntactic Structures*. V.III: Structures and Beyond. Oxford: Oxford University Press, p.104-31, 2004a.

______. *The Generative Enterprise Reconsidered*. Berlim: Mouton de Gruyter, 2004b.

______. Language and Mind: Current Thoughts on Ancient Problems. In: JENKINS, L. (Ed.) *Variations and Universals in Biolinguistics*. London: Elsevier, 2004c, p.379-405.

______. Three Factors in Language Design. In: *Linguistic Inquiry* 36 (1), p.1-22, 2005a.

______. Simple Truths, Hard Problems: Some Thoughts on Terror, Justice, and Self-Defense. *Philosophy* 80, p.5-28, 2005b.

______. *Language and Mind*. 3. ed. Cambridge: Cambridge University Press, 2006.

______. Of Minds and Language. In: *Biolinguistics* 1, p.9-27, 2007a.

______. The Mysteries of Nature: How Deeply Hidden. (Revised) MS for talk given at Columbia University, p.1-22, 2007b.

______. Biolinguistic Explorations: Design, Development, Evolution. In: *International Journal of Philosophical Studies* 15 (1), p.1-21, 2007c.

______. On Phases. In: FREIDIN, R.; OTERO, C. P.; ZUBIZARETTA, M. L. (Eds.). *Foundational Issues in Linguistic Theory:* Essays in Honor of Jean--Roger Vergnaud. Cambridge, MA/London: MIT Press, p.133-66, 2008.

______. Dialogue on the Responsibility to Protect. Na ZSpace Page de Chomsky, Znet (www.zmag.org/znet), 2009.

______. Some Simple Evo-Devo Theses: How True Might They Be for Language, In: LARSON, R. K.; DÉPREZ, V.; YAMAKIDO, H. (Eds.). *The Evolution of Language:* Biolinguistic Perspectives. Cambridge: Cambridge University Press, p.45-62, 2010.

CHOMSKY, N.; HAUSER, M.; FITCH, W. T. Appendix: The Minimalist Program. Supplement (online) to Fitch, Hauser, and Chomsky's (2005) reply to Jackendoff and Pinker, 2004.

CHOMSKY, N.; KATZ, J. J. On Innateness: A Reply to Cooper. In: *Philosophical Review* 84 (1), p.70-87, 1975.

CHOMSKY, N.; LASNIK, H. The Theory of Principles and Parameters. In: JACOBS, J. et al. (Eds.). *Syntax:* An International Handbook of Contemporary Research (de Gruyter), p.13-127. Reimp. em Chomsky (1995b), 1993.

CHOMSKY, N.; MILLER, G. A. Introduction to the Formal Analysis of Natural Languages. In LUCE, R. D.; BUSH, R. R.; GALANTER, E. (Eds.). *Handbook of Mathematical Psychology*. V.II. New York: John Wiley, 1963. p.269-321.

CHOMSKY, N.; RAJCHMAN, J. *The Chomsky-Foucault Debate:* On Human Nature. New York: New Press, 2006. (O debate/discussão aconteceu em 1971 na televisão alemã. Uma versão impressa originalmente apareceu em ELDER, Fons [entrevistador e ed.], *Reflexive Waters*. Toronto: J. M. Dent, 1974.)

CHURCHLAND, P. *Neurophilosophy:* Toward a Unified Science of the Mind-Brain. Cambridge, MA: MIT Press, 1986.

______. *Brain-Wise:* Studies in Neurophilosophy. Cambridge, MA: MIT Press, 2002.

COLLINS, J. Faculty Disputes: Chomsky *Contra* Fodor. In: *Mind and Language* 19 (5), p.503-33, 2004.

______. Nativism: In Defense of a Biological Understanding. In: *Philosophical Psychology* 18 (2), p.157-77, 2005.

CORDEMOY, G. de. *Discours Physique de la Parole*. 1666. 2. ed. 1977; trad. para o inglês de 1668.

COWIE, F. *What's Within?* Nativism Reconsidered. Oxford: Oxford University Press, 1999.

CUDWORTH, R. *A Treatise on Eternal and Immutable Morality*. Ed. de Sarah Hutton. Cambridge: Cambridge University Press, 1688/1737/1995.

CURRY, H. B. Grundlagen der Kombinatorischen Logik. In: *American Journal of Mathematics* 52, p.509-636; 789-834, 1930.

CURRY, H. B.; FEYS, R. *Combinatory Logic*. Amsterdam: North Holland, 1958.

DAVIDSON, D. Mental Events. In: FOSTER, L.; SWANSOM, J. (Eds.). *Experience and Theory*. London: Duckworth, 1970. p.79-101.

______. Psychology as Philosophy. In: *Essays of Actions and Events*. Oxford: Oxford University Press, 1980. p.229-39.

DESCARTES, R. Discourse on the Method. In: DESCARTES (1984-5), 1637.

DESCARTES, R. *The Philosophical Writings of Descartes*. Trad. Cottingham, J.; Stoothoff, R.; Murdoch, D. Cambridge: Cambridge University Press, 1984-5. 2v.

______. *The Philosophical Writings of Descartes*. V.III: The Correspondence. Trad. COTTINGHAM et al. Cambridge: Cambridge University Press, 1991.

ELMAN, J. L. Representation and Structure in Connectionist Models. In: ALTMANN, G. (Ed.). *Cognitive Models of Speech Processing*. Cambridge, MA: MIT Press, 1990, p.345-82.

______. Incremental Learning; Or the Importance of Starting Small. In: *Proceedings of the Thirteenth Annual Conference of the Cognitive Science Society*. Hillsdale, NJ: Erlbaum, 1991.

______. Learning and Development in Neural Networks: The Importance of Starting Small. In: *Cognition* 48, p.71-99, 1993.

ELMAN, Jeffrey L. et al. *Rethinking Innateness:* A Connectionist Perspective on Development. Cambridge, MA: MIT Press, 1996.

ELMAN, J. L.; MORRIS, W. C.; COTTRELL, G. C. A Connectionist Simulation of the Empirical Acquisition of Grammatical Relations. In: WERMTER, S.; SUN, R. Sun (Eds.). *Hybrid Neural Systems Integration*. Heidelberg: Springer-Verlag, 2000.

ELMAN, J. L.; LEWIS, J. D. Learnability and the Statistical Structure of Language: Poverty of Stimulus Arguments Revisited. In: *Proceedings of the Twenty-Sixth Annual Boston University Conference on Language Development*. Mahwah, NJ: Lawrence Erlbaum Associates, 2001. p.359-70.

EPSTEIN, S. D. Physiological Linguistics, and Some Implications Regarding Disciplinary Autonomy and Unification. In: *Mind and Language* 22, p.44-67, 2007.

FERGUSON, T. *Golden Rule:* The Investment Theory of Parties and the Logic of Money Driven Politics. Chicago: University of Chicago Press, 1995.

FITCH, W. T.; REBY, D. The Descended Larynx Is Not Uniquely Human. In: *Proceedings of the Rjoyal Society of London B* 268, p.1669-75, 2001.

FITCH, W. T.; HAUSER, M.; CHOMSKY, N. The Evolution of the Language Faculty: Clarifications and Implications. In: *Cognition* 97, p.179-210, 2005.

FODOR, J. The Present Status of the Innateness Controversy. In: *Fodor, RePresentations*. Cambridge, MA: MIT Press, 1981, p.257-316.

______. *The Modularity of Mind*. Cambridge, MA: MIT Press, 1983.

______. *Concepts*. Cambridge, MA: MIT Press, 1998.

FODOR, J. *LOT 2:* The Language of Thought Revisited. Oxford: Oxford University Press, 2008.

______. It Ain't in the Head. Review of Tye, *Consciousness Revisited. Times Literary Supplement*, 16 out. 2009.

FODOR, J.; LEPORE, E. *The Compositionality Papers*. Oxford: Clarendon, 2002.

FODOR, J.; PIATTELLI-PALMARINI, M. *What Darwin Got Wrong*. London: Profile Books, 2010.

FREGE, G. On Sense and Reference. In: GEACH, P. T.; BLACK, M. (Eds.). *Translations from the Philosophical Writings of Gottlob Frege*. Oxford: Oxford University Press, 1952, p.56-78.

______. *Begriffsschrift:* eine der arithmetischen nachgebildete Formelsprache des reinen Denkens. Halle: Louis Nebert. Trad. ing. de BAUER-MENGELBERG, S.: Concept Script, a Formal Language of Pure Thought Modelled upon That of Arithmetic. In: VAN HEIJENOORT, J. (Ed.). *From Frege to Gödel:* A Source Book in Mathematical Logic, 1879–1931. Cambridge, MA: Harvard University Press, 1879 (1976).

GALLISTEL, C. R. (Ed.). Representations in Animal Cognition: An Introduction. In: *Animal Cognition. Cognition* 37, p.1-22, 1990.

______. The Nature of Learning and the Functional Architecture of the Brain. In: JING, Q. et al. (Eds.). *Psychological Science around the World.* V.I: Proceedings of the Twenty-Eighth International Congress of Psychology. Sussex: Psychology Press, 2006.

______. Learning Organs. English original of "L'apprentissage des matières distinctes exige des organs distincts". In: BRICMONT, J.; FRANCK, J. (Eds.). In: *Cahier no 88: Noam Chomsky*. Paris: L'Herne, p.181-7, 2007.

______. Learning and Representation. In: BYRNE, J. (Ed.). *Learning and Memory:* A Comprehensive Reference. V.I: Learning Theory and Behaviour. Ed. de R. Menzel. Oxford: Elsevier, p.227-42, 2008.

GALLISTEL, C. R.; GIBBON, J. Computational Versus Associative Models of Simple Conditioning. In: *Current Directions in Psychological Science* 10, p.146-50, 2001.

GEHRING, W. New Perspectives on Eye Development and the Evolution of Eyes and Photoreceptors. In: *Journal of Heredity* 96 (3), p.171-84, 2005.

GELMAN, R.; GALLISTEL, C. R. Language and the Origin of Numerical Concepts. *Science* 306, p.44-443, 2004.

GILBERT, S. F. Diachronic Biology Meets Evo-Devo: C. H. Waddington's Approach to Evolutionary Developmental Biology. *American Zoology* 40, p.729-37, 2000.

GLEITMAN, L. et al. Hard Words. *Language Learning and Development* 1 (1), p.23-64, 2005.

GLEITMAN, L.; FISHER, C. Universal Aspects of Word Learning. In: MCGILVRAY, J. (Ed.). *The Cambridge Companion to Chomsky*. Cambridge: Cambridge University Press, 2005a. p.123-42.

GLEITMAN, L.; NEWPORT, E. L. The Invention of Language by Children: Environmental and Biological Influences on the Acquisition of Language. In: GLEITMAN, L.; LIBERMAN, M. (Eds.) *Language:* An Invitation to Cognitive Science. 2. ed. Cambridge, MA: MIT Press, 1995.

GOODMAN, N. On Likeness of Meaning. In: *Analysis*, p.1-7, 1949.

______. *The Structure of Appearance*. Cambridge, MA: Harvard University Press, 1951.

______. *Fact, Fiction, and Forecast*. Cambridge, MA: Harvard University Press, 1995.

______. The Test of Simplicity. *Science* 128, p.1064-9, 1955-1958.

______. *Languages of Art:* An Approach to a Theory of Symbols. Indianapolis, IN: Bobbs-Merrill, 1968.

GOODMAN, N. *Problems and Projects*. Indianapolis, IN: Bobbs-Merrill. (Contains essays on simplicity), 1972.

GOODMAN, N.; QUINE, W. V. O. Steps toward a Constructive Nominalism. *The Journal of Symbolic Logic* 12, p.105-22, 1947.

GOULD, S. J. *The Structure of Evolutionary Theory*. Cambridge, MA: Harvard University Press, 2002.

HAHN, M.; RAMBERG, B. (Eds.). *Reflections and Replies:* Essays on the Philosophy of Tyler Burge. Cambridge, MA: Bradford Books, MIT Press, 2003.

HAUSER, M. *The Evolution of Communication*. Cambridge, MA: MIT Press, 1997.

GOODMAN, N. *Moral Minds:* How Nature Designed Our Universal Sense of Right and Wrong. Ecco. 2006

HAUSER, M.; CHOMSKY, N.; FITCH, W. T. The Faculty of Language: What Is it, Who Has it, and How Did it Evolve?. *Science* 298, p.1569-79, 2002.

HEIM, I.; KRATZER, A. *Semantics in Generative Grammar*. Oxford: Blackwell, 1998.

HINZEN, W. *Mind Design and Minimal Syntax*. Oxford: Oxford University Press, 2006.

______. *An Essay on Names and Truth*. Oxford: Oxford University Press, 2007.

HIRSH-PASEK, K.; GOLINKOFF, R. *The Origins of Grammar:* Evidence From Early Language Comprehension. Cambridge, MA: MIT Press, 1996.

HORNSTEIN, N. Empiricism and Rationalism as Research Strategies. In: MCGILVRAY, J. (Ed.). *The Cambridge Companion to Chomsky*. Cambridge: Cambridge University Press, 2005a. p.145-63.

HORNSTEIN, N.; ANTONY, L. *Chomsky and His Critics*. Oxford: Blackwell, 2003.

JACKENDOFF, R.; PINKER, S. The Nature of the Language Faculty and Its Implications for the Evolution of Language. *Cognition* 97, p.211-25, 2005.

JACOB, F. Darwinism Reconsidered. *Le Monde*, set. 1977, p.6-8.

______. *The Statue Within*. New York: Basic Books, 1980.

______. *The Possible and the Actual*. New York: Pantheon, 1982.

JENKINS, L. *Biolinguistics:* Exploring the Biology of Language. Cambridge: Cambridge University Press; 2000.

KAHNEMAN, D.; SLOVIC, P.; A. TVERSKY. *Judgment under Uncertainty:* Heuristics and Biases. New York: Cambridge University Press, 1982.

KAUFFMAN, S. *Origins of Order:* Self-Organization and Selection in Evolution. Oxford University Press, 1993.

KAYNE, R. *Parameters and Universals*. Oxford: Oxford University Press, 2000.

______. Some Notes on Comparative Syntax, with Special Reference to English and French. In: CINQUE, G.; KAYNE, R. (Eds.). *The Oxford Handbook of Comparative Syntax*. New York: Oxford University Press, 2005. p.3-69.

KRIPKE, S. Speaker's Reference and Semantic Reference. In UEHLING, T.; WETTSTEIN, H.; FRENCH, P. (Eds.). *Contemporary Perspectives on the Philosophy of Language*. Minneapolis: University of Minnesota Press, 1979, p.255-276.

______. *Naming and Necessity*. Oxford: Basil Blackwell, 1980.

LASNIK, H. *Minimalist Investigations in Linguistic Theory*. London: Routledge, 2004.

LENNEBERG, E. *Biological Foundations of Language*. New York: John Wiley and Sons, 1967.

______. *Foundations of Language Development*. New York: Academic Press, 1975. 2v.

LEWIS, D. Languages and Language. In GUNDERSON, K. (Ed.). *Language, Mind, and Knowledge*. Minneapolis: University of Minnesota Press, 1975. p.163-88.

LEWONTIN, R. The Evolution of Cognition: Questions We Will Never Answer. In SCARBOROUGH, D.; STERNBERG, S. (Eds.). *An Invitation to Cognitive Science*, V.IV. Cambridge, MA: MIT Press, 1998, p.107-32.

______. *The Triple Helix*. New York: New York Review of Books Press, 2001.

LOHNDAL, T.; HIROKI, N. Internalism as Methodology. *Biolinguistics* 3 (4), p.321-331, 2009.

MARANTZ, A. No Escape from Syntax: Don't Try Morphological Analysis in the Privacy of Your Own Lexicon. In: DIMITRIADIS, A. et al. (Eds.). *Proceedings of the Twenty-First Annual Penn Linguistics Colloquium:* Penn Working Papers in Linguistics 4 (2), p. 201-225, 1997.

MARCUS, G. *Kluge:* The Haphazard Construction of the Human Mind. New York: Houghton Mifflin, 2008.

MAYR, E. *What Makes Biology Unique?* Considerations on the Autonomy of a Scientific Discipline. Cambridge|: Cambridge University Press, 2004.

MCGILVRAY, J. Linguistic Meanings Are Syntactically Individuated and in the Head. *Mind and Language* 13 (2), p. 225-280, 1998.

______. *Chomsky:* Language, Mind, and Politics. Cambridge: Polity Press, 1999.

______. The Creative Aspect of Language Use and Its Implications for Lexical Semantic Studies. In: BOUILLON, P.; BUSA, F. (Eds.). *The Language of Word Meaning*. Cambridge University Press, 2001, p.5-27.

______. MOPs: The Science of Concepts. In: HINZEN, W.; ROTT,H. (Eds.). *Belief and Meaning:* Essays at the Interface. Frankfurt: Hansel-Hohenhausen, 2002a, p.73-103.

______. Introduction for Cybereditions. In: CHOMSKY, N. *Cartesian Linguistics*. New York: Harper and Row, 1966. [2. ed. com intr. de MCGILVRAY, J. Christchurch NZ: Cybereditions, 2002; 3. ed. com intr. de MCGILVRAY, J. Cambridge: Cambridge University Press, 2009], p.7-44, 2002b.

______. (Ed.). *The Cambridge Companion to Chomsky*. Cambridge: Cambridge University Press, 2005a.

______. Meaning and Creativity. In: MCGILVRAY, J. (Ed.). *The Cambridge Companion to Chomsky*. Cambridge: Cambridge University Press, 2005a, p.204-222.

MCGILVRAY, J. On the Innateness of Language. In: STAINTON, R. (Ed.). *Current Debates in Cognitive Science*. Oxford: Blackwell, 2006, p.97-112.

______. Introduction to Third Edition. In: CHOMSKY, N. *Cartesian Linguistics*. New York: Harper and Row, 1966. [2. ed. com intr. de MCGILVRAY, J. Christchurch NZ: Cybereditions, 2002; 3. ed. com intr. de MCGILVRAY, J. Cambridge: Cambridge University Press, 2009], p.1-52, 2009.

______. A Naturalistic Theory of Lexical Content? In: *Proceedings of the Sophia Linguistics Society*. Tokyo: Sophia Linguistics Society, 2010.

______. (Forthcoming) Philosophical Foundations for Biolinguistics. In: *To appear in a volume on biolinguistics, Boeckx and Grohmann,* eds. Cambridge University Press.

MIKHAIL, J. Rawls' Linguistic Analogy: A Study of the "Generative Grammar" Model of Moral Theory described by John Rawls in *A Theory of Justice*. Ithaca, NY: Cornell University, 2000. Tese de doutorado.

______. *Elements of Moral Cognition:* Rawls' Linguistic Analogy and the Cognitive Science of Moral and Legal Judgment. Cambridge: Cambridge University Press, 2011.

______. (Forthcoming) Moral Grammar and Intuitive Jurisprudence: A Formal Model of Unconscious Moral and Legal Knowledge. In: ROSS, B. H. (Ed. da série); BARTELS, D. M. et al. (Eds.). *Psychology of Learning and Motivation.* V.50: Moral Judgment and Decision Making. San Diego, CA: Academic Press.

MONOD, J. *Chance and Necessity:* An Essay on the Natural Philosophy of Modern Biology. New York: Vintage Books, 1972.

MORRIS, C. Foundations of the Theory of Signs. In: NEURATH, Otto (Ed.). *International Encyclopedia of Unified Science*. V.I. Chicago: University of Chicago Press, 1938. 2v.

MORAVCSIK, J. Aitia as Generative Factor in Aristotle's Philosophy. *Dialogue* 14, p.622-36, 1975.

______. *Thought and Language*. London: Routledge, 1990.

______. *Meaning, Creativity, and the Partial Inscrutability of the Human Mind.* Stanford, CA: CSLI Publications, 1998.

MÜLLER, G. Evo-devo: Extending the Evolutionary Synthesis. *Nature Reviews Genetics* 8 (10), p.943-9, 2007.

NAGEL, T. What Is it Like to Be a Bat?. *Philosophical Review* 83 (4), p.435-50, 1974.

NEVINS, A. I.; PESETSKY, D.; RODRIGUES, C. Piraha Exceptionality: a Reassessment. *Current Anthropology* 46, p.621-46, 2007.

ONUMA, Y. et al. Conservation of Pax 6 Function and Upstream Activation by *Notch* Signaling in Eye Development of Frogs and Flies. *Proceedings of the National Academy of Sciences* 99 (4), p.2020-5, 2002.

PETITTO, L. A. On the Autonomy of Language and Gesture: Evidence from the Acquisition of Personal Pronouns in American Sign Language. *Cognition* 27 (1), p.1-52, 1987.

______. How the Brain Begets Language. In: MCGILVRAY, James (Ed.). *The Cambridge Companion to Chomsky*. Cambridge: Cambridge University Press, 2005a. p.84-101.

PIATTELLI-PALMARINI, M. (Ed.). *Language and Learning:* The Debate between Jean Piaget and Noam Chomsky. Cambridge, MA: Harvard University Press, 1980.

______. *Inevitable Illusions*. New York: J. Wiley and Sons, 1994.

PIETROSKI, P. Meaning before Truth. In: PREYER, G.; PETER, G. (Eds.). *Contextualism in Philosophy*. Oxford: Oxford University Press, 2002. p.253-300.

______. *Events and Semantic Architecture*. Oxford: Oxford University Press, 2005.

______. Minimalist Meaning, Internalist Interpretation. *Biolinguistics* 2 (4), p.317-341, 2008.

PIETROSKI, P.; CRAIN, S. Why Language Acquisition Is a Snap. *Linguistic Review* 19, p.63-83, 2002.

______. Innate Ideas. In: MCGILVRAY (2005b), p.164-80, 2005.

PINKER, S.; BLOOM, P. Natural Language and Natural Selection. *Behavioral and Brain Sciences* 13 (4), p.707-84, 1990.

PINKER, S.; JACKENDOFF, R. The Faculty of Language: What's Special about It?. *Cognition* 95, p.201-236, 2005.

PRINZ, J. *Furnishing the Mind*. Cambridge, MA: MIT Press, 2002.

PUSTEJOVSKY, J. *The Generative Lexicon*. Cambridge, MA: MIT Press, 1995.

PUTNAM, H. The Meaning of 'Meaning'. *Mind, Language and Reality*. Philosophical Papers. V.2. Cambridge: Cambridge University Press, p.215-71, 1975.

QUINE, W. V. O. *Word and Object*. Cambridge, MA: MIT Press, 1960.

REY, G. Chomsky, Representationality, and a CRTT. In: ANTONY, L.; HORNSTEIN, N. (Eds.). *Chomsky and His Critics*. Oxford: Blackwell, p.105-139, 2003.

RUAN, C.-Y et al. Ultrafast Electron Crystallography of Interfacial Water. *Science* 2 304 (5667), p.80-4, 2004.

RUSSELL, B. *Human Knowledge:* Its Scope and Limits. London: George Allen and Unwin, 1948.

SALAZAR-CIUDAD, I. On the Origins of Morphological Variation, Canalization, Robustness, and Evolvability. *Integrative and Comparative Biology* 47 (3), p.390-400, 2007.

SAMUELS, R. Nativism in Cognitive Science. *Mind and Language* 17, p.233-65. 2002.

SELLARS, W. Some Reflections on Language Games. *Philosophy of Science* 21. p.204-28. Reimp. em Sellars (1963b), 1951.

______. Empiricism and the Philosophy of Mind. In: FEIGL, H.; SCRIVEN, M. (Eds.). *Minnesota Studies in the Philosophy of Science*. V.I: The Foundations of Science and the Concepts of Psychology and Psychoanalysis. Minneapolis: University of Minnesota Press, 1956, p. 253-329. Reimp. em Sellars (1963b).

______. Philosophy and the Scientific Image of Man. In: COLODNY, R. (Ed.). *Frontiers of Science and Philosophy*. Pittsburgh: University of Pittsburgh Press, 1963a, p.35-78. Reimp. em Sellars (1963b).

______. *Science, Perception, and Reality*. London: Routledge and Kegan Paul, 1963b.

SKINNER, B. F. *Verbal Behavior*. Century Psychology Series. East Norwalk, CT: Appleton-Century-Crofts, 1957.

______. *Beyond Freedom and Dignity*. New York: Alfred A. Knopf, 1971.

SPELKE, E. What Makes Us Smart? Core Knowledge and Natural Language. In: GENTNER, D.; GOLDIN-MEADOW, S. (Eds.). *Language in Mind:* Advances in the Study of Language and Thought. Cambridge, MA: Bradford Books, MIT Press, 2003. p.277-311.

______. Conceptual Precursors to Language. *Nature* 430, p.453-456, 2004.

______. Core Knowledge. *Developmental Science* 10 (1), p.89-96, 2007.

SPERBER, D.; WILSON, D. *Relevance*: Communication and Cognition (1. e 2. eds.). Oxford: Blackwell, 1986/1995.

TATTERSALL, I. *The Origin of the Human Capacity* (68th James Arthur Lecture on the Evolution of the Human Brain), American Museum of Natural History, 1998.

THOMPSON, D. *On Growth and Form*. Ed. de BONNER, John Tyler; prefácio de GOULD, S. J. Cambridge: Cambridge University Press, 1917/1942/1992.

TOMALIN, M. Goodman, Quine, and Chomsky: from a grammatical point of view. *Lingua* 113, p.1223-53, 2003.

______. *Linguistics and the Formal Sciences:* The Origins of Generative Grammar. Cambridge: Cambridge University Press, 2006.

______. Reconsidering Recursion in Linguistic Theory. *Lingua* 117, p.1784-800, 2007.

TURING, A. On Computable Numbers, with an Application to the Entscheidungsproblem. *London Mathematical Society*, Series 2 42, p.230-65, 1937.

______. Computing Machinery and Intelligence. *Mind* 59, p.433-60, 1950.

______. *Collected Works of Alan Turing: Morphogenesis*. Ed. de P. T. Saunders. Amsterdam: North Holland, 1992.

TVERSKY, A.; KAHNEMAN, D. Judgment under Uncertainty. *Science, New Series* 185 (4157), p.1124-31, 1974.

WADDINGTON, C. H. *Organisers and Genes*. Cambridge: Cambridge University Press, 1940.

______. Canalization of Development and the Inheritance of Acquired Characters. *Nature* 150, p.563-5, 1942.

WARRINGTON, E. K.; CRUTCH, S. J. Abstract and Concrete Concepts Have Structurally Different Representational Frameworks. *Brain* 128, p.615-27, 2005.

WECKERLY, J.; ELMAN, J. L. A PDP Approach to Processing Center--Embedded Sentences. In: *Proceedings of the Fourteenth Annual Conference of the Cognitive Science Society*. Hillsdale, NJ: Erlbaum, 1992.

WERNET, Ph. et al. The Structure of the First Coordination Shell in Liquid Water. *Science* on-line, 1 abr. 2004.

WITTGENSTEIN, L. *Tractatus Logico-Philosophicus*. Trad. de OGDEN, C. K. (prepared with assistance from G. E. Moore, F. P. Ramsey, and L. Wittgenstein). London: Routledge & Kegan Paul, 1922 (Parallel edition including the German text on the facing page to the English text: 1981.)

______. *Philosophical Investigations*. Trad. de Elizabeth Anscombe. Oxford: Blackwell, 1953.

YANG, C. *Knowledge and Learning in Natural Language*. New York: Oxford University Press, 2002.

______. Universal Grammar, Statistics, or Both?. *Trends in Cognitive Science* 8 (10), p.451-6, 2004.

ZUBAVICUS, Y.; GRUNZE, M. New Insights into the Structure of Water with Ultrafast Probes. *Science* 304 (5673), 14 maio 2004.

Índice remissivo

T

U

V

W

X

Y

SOBRE O LIVRO

Formato: 14 x 21 cm
Mancha: 23 x 44 paicas
Tipologia: Iowan Old Style 10/14
Papel: Off-white 80 g/m² (miolo)
Cartão Supremo 250 g/m² (capa)
1ª edição: 2014

EQUIPE DE REALIZAÇÃO

Edição de Texto
Silvia Massimini Felix (Copidesque)
Nara Lasevicius / Tikinet (Revisão)

Capa
Marcelo Girard

Editoração Eletrônica
Eduardo Seiji Seki (Diagramação)

Assistência Editorial
Jennifer Rangel de França

Impressão e Acabamento
assahi
gráfica e editora ltda.